作られた証拠

白鳥事件と弾丸鑑定

長崎　誠三　著

アグネ技術センター

編集にあたって

本書は白鳥事件の弾丸問題を中心にして、その経過と概要をまとめたものである。鑑定書、実験報告書など、すべての資料を掲載できないので、あるものは解説のみで、あるものは資料として巻末に付した。また、弾丸に関する報告書のみでは裁判の全容がわかりにくいので、判決、決定文も一部掲載した。しかし、これらは裁判所、検察側の考えを示すもので、被告人、弁護人側の趣意は反映されていない。弁護側の見解として「特別抗告申立」の一部と「最高裁判所決定批判」を末尾に掲載したが、二三年に及ぶ裁判の原資料は膨大なものなので、部分的にしか集録できなかったことをご了解いただきたい。

一、体裁について

裁判文書は縦書きなので、本文およびその資料（Ⅰ）は縦書きにした。一部を除き鑑定書、報告書、年表など（資料Ⅱ）は横書きにしたので、この部分は巻末から読んでいただきたい。

二、用語について

年は、裁判文書は元号を使っているので本文はそれに揃え、（　）内に西暦を併用した。

資料として添付し、または本文に引用したものの表記については原本にならい、明らかな誤字以外は訂正していない。例えば、旋条痕、綫条痕、線条痕、せん条痕など、さまざまな字が使われているが、そのままとした。

本書に登場する人物は、すべて敬称を略した。

三、内容について

本書は白鳥事件裁判記録、白鳥事件中央対策協議会発行の白鳥事件の各種パンフレットをもとにまとめた。実験記録ノート、メモなども参考にしたが、記憶違い、記載ミスなどあるかもしれない。誤まりに気づかれたかたはお教えいただければありがたい。

目次

資料Ⅰ

資料Ⅱ

（資料Ⅱの頁は巻末から始まる。）

まえがき

一九五六年九月、はじめて二発の弾丸を手にした時から、最高裁の特別抗告申立棄却決定が出た一九七五年五月まで、一九年もこの弾丸とつき合ったことになる。

一見して様相のちがう弾丸、当時のわれわれは決定的な鑑定の手段をもっていなかったが、幌見峠に長時間埋まっていたとは考えられない。与えられた設問に真正面から答えるものではなかったが、可能なかぎり二発の弾丸が異質のものであるという記録を残しておきたかった。

その後、一審二審とも、われわれの主張は取り上げられず、問題は最高裁に移った。

海外の協力ももとめ、さらに弾丸を観察すべく、薄暗い最高裁の一室に何度か出向いた。弁護団は口頭弁論ではスライドまで用意して、われわれが何をおかしいといっているのかを説いた。しかし、二審決定を変えるものとはならなかった。

ここから新しいたたかいが始まった。銃器鑑定の定本、ハッチャーとマシウズの大部の二冊も入手した。比較顕微鏡を本郷の光学機械店から求めることができた。たたかいの道具は揃ったが、何よりもわれわれを勇気づけたのは中国からの強力な支援であった。とくに野外に放置した弾丸が応力腐食割れを起こすということは学問的にも大変貴重な発見だった。

小銃弾の薬莢に使われた黄銅が応力腐食割れを起こすことはよく知られた事実であったが、そのためにはアンモニアなどの化学物質が環境中にあることが必要とされていた。それが単純な野外放置で割れを起こすのである。中国から寄贈された百発を使ったわれわれの実験もこのことを実証した。

裁判所は科学の真実に目をふさぎ、人のことばのウソを信じた。しかし、科学にはウソはない。本書は、ひとりでも多くの人にこのことを知っていただくために記録としてまとめたものである。

最後に、白鳥事件にかかわった北海道、仙台、東京の科学者たち、一審以来主任弁護人としてご尽力いただき、すでに故人になられた杉之原先生をはじめとする弁護団、そしてこの運動のために協力してくださったかたがたにお礼を申し上げたい。

一九九九年一一月

長崎誠三

著者長崎誠三は一九九九年一二月九日病没、本書は故人の遺志に副って比留間柏子が編集、完成したものである。

「裁判と科学」と「証拠構造」論

上田誠吉

一九六四年の年末もおしせまった一二月三〇日、私たち白鳥事件の弁護団は東京、銀座の第一法律事務所に集っていた。原善四郎さんも同席していた。この日、中国の実験場に旅だつ長崎誠三さん、松井敏二さんとの打合せをするためであった。やがてご両名がやってきた。ドアをあけて入ってきたお二人をみて、一同思わず声をあげた。寒冷の山地にのぼるお二人の重装備に感嘆したのだ。頭から爪先まで完璧な防寒具で武装していた。この年一一月から日本、札幌、幌見峠と、中国、東北部、延辺朝鮮族自治区、延吉の山のなかで、日中共同腐食実験が開始されていた。長崎さんたちが実験場に到着したとき、一メートル余の雪がつもり、気温は零下三〇度であったという。そこに小屋を建てて、数名が住み込んで現場の保守、点検にあたっていた。この実験は三年間にわたってつづけられた。これらの科学者たちの不屈の努力の結果、最高裁判所もその再審請求棄却の決定のなかで、「下平三郎教授らの弾丸の応力腐食割れに関する実験結果についての新証拠は科学的根拠のあるものとして尊重すべきものと認められる」とし、それらによると「証拠弾丸に関し第三者の作為ひいては不公正な捜査の介在に対する疑念が生じうる」といわざるをえなかった。

こうして白鳥事件は「裁判と科学」についての根本的な問題を提起するものとなった。

同時に白鳥事件は、再審請求についても「『疑わしいときは被告人の利益に』という刑事裁判における鉄則が適用される」として、その後の再審請求事件においてその再審請求が認容される諸例（免田、財田川、松山、島田事件など）をきりひらく端緒となった。いま白鳥事件の諸記録をみると、弁護団の提起した問題は、証拠物をめぐる「証拠構造」論であり、最高裁の回答もまた最高裁流の「証拠構造」論にもとづいて請求を棄却したものであったことが理解される。つまり相対立する「証拠構造」論の対決であった。白鳥事件後の再審事件において、「証拠構造」論がひろく論ぜられるようになったが、その議論のなかみはすでに白鳥事件の再審請求において十分に論ぜられていたのである。その意味で白鳥事件の提起した問題はいまにつながっている。

この本は、長崎さんと、その没後に遺稿を整理した比留間柏子さんが完成した、それらの貴重な記録である。

（元白鳥事件弁護人）

二〇〇二年一〇月四日

白鳥事件のあらまし

一、社会背景

戦後、占領軍による民主化政策の転換は、中国革命の勝利が近づきつつあった昭和二四（一九四九）年には明確に現れてきた。米ソの対立が顕在化し、日本が極東におけるアメリカの世界戦略の最前線基地として大きな位置を占めるようになった。対日政策は急速に反動化してきた。ドッジ・ラインの強行により中小企業の倒産、失業者の増大など深刻な恐慌状態になった。民間・官公庁労働者五六万人の首切りが行われ、それと並行して下山、三鷹、松川という奇怪な事件がおこる。

翌二五（一九五〇）年六月、マッカーサー司令部は共産党中央委員を追放、朝鮮戦争が始まる。一万二千名に及ぶ労働者がレッドパージにより職場から追放された。

白鳥事件の年の昭和二七（一九五二）年四月には、サンフランシスコ講和条約と日米安全保障条約が発効されようとしていた。この年は、各地で公安事件が続発、そのほとんどが権力が仕組んだ謀略事件であったことが、その後明らかになる。

二、事件発生

朝鮮戦争が長引き、ソ連領に近い北海道では米軍基地の拡大、強化が図られ、創設された警察予備隊の北海道での増強が進められていた。札幌でも燃料不足に悩む市民が米軍に石炭を徴発されることに反対する「石炭よこせ」闘争や、自治労労働者たちの「餅代よこせ」闘争など運動が盛んであった。その取締りの陣頭にたったのが白鳥警部である。

昭和二七（一九五二）年一月二一日午後七時四二、三分頃、札幌市内で、札幌市警警部白鳥一雄警備課長が自転車で帰宅する途中、何者かによって拳銃で射殺された。

事件直後から捜査当局は日本共産党による組織的な犯行と発表し、執拗な捜査をして共産党関係者を次々と逮捕したが、いずれも事件と結びつかず捜査は難航していた。その年の一〇月一日に、当時の日本共産党札幌地区委員会委員長村上国治が札幌市内で選挙運動中に逮捕されたが、別件勾留、別件逮捕が三年近く繰り返された。この頃になると、転向を強要され、脱党した元党員たちが検察官の想定に迎合した供述を始め、手記を書く。

三、「犯行」の組み立て

判決で認定された骨子は、白鳥警部射殺の実行行為者は佐藤博で、村上は佐藤博と共謀関係にあったという。その裏付けとして認定された間接的な事実は次のようになっている。

当時、共産党札幌地区委員会は拳銃と実包を入手、保管していた、村上らは白鳥警部殺害の謀議をし、佐藤博らに動静調査をさせていた、事件前の一月上旬、幌見峠で射撃訓練をしたが、その時に使った拳銃は村上らが保管していたもので、その拳銃で白鳥警部を殺害したという。試射をしたという幌見峠から、後に、弾丸が発見される。これらは追平雍嘉、佐藤直道、高安知彦らの供述証拠―また聞き証言であり、伝聞である―と状況証拠に拠っている。

四、唯一の物証、弾丸

この事件の物的証拠は白鳥警部の体内から摘出された一発の弾丸と、現場近くに落ちていた薬莢一個である。射撃訓練をしたという高安の供述によって幌見峠が捜索され、二八年八月、発射弾丸一個が発見される。科学捜査研究所の鑑定では、白鳥警部の体内から摘出された弾丸と同じ拳銃から発射されたものと断定することはできないという結果であった。

翌年四月、検察は幌見峠より発射弾丸一発を発掘する。科学捜査研究所は、前年発見された弾丸を含め三発の弾丸について旋条痕を調べたが、三発とも同一拳銃から発射されたとは認定できないという鑑定結果であった。この二つの鑑定書は、検察によって隠されたまま法廷には出されず、昭和四三(一九六八)年六月、再審請求の段階で、弁護団の要請によってはじめて提出されたのである。

検察は発見された二発の弾丸を証拠とし、東京大学の磯部孝に鑑定を委嘱する。磯部は米軍の極東犯罪捜査研究所のゴードン曹長の援助により鑑定書を作り、二発が異なる銃器から発射された確率は一兆分の一より小さいという結論を出す。磯部鑑定が実はゴードン鑑定であるということが明らかになったのは、昭和四二年一一月、再審の事実取調べの時である。

ゴードンが弾丸の比較顕微鏡撮影が終わった頃の昭和三〇年八月、村上国治は逮捕後三年近くかかって殺人罪で起訴される。

五、物証弾丸の科学的解明

三発の弾丸が同じ拳銃から発射されたものかどうか—旋条痕の問題と、発見された二発の弾丸が一九カ月と二七カ月それぞれ幌見峠に埋没していたものかどうか—腐食の問題について、以後二〇年近くにわたって科学的な検討が加えられることになる。

一審でまず東北大学の長崎誠三が二発の弾丸について、腐食孔が見られず、ニッケルめっきが残っているので、過酷な腐食条件のもとに長時間置かれたものではないという問題を投げかける。北海道大学宮原将平、松井敏二らによりいくつかの実験が行われ、長崎鑑定を追認する。二審に入って、腐食の専門家である東北大学下平三郎もわれわれの実験に加わった。札幌高等裁判所は北海道大学岡本剛に腐食問題についての鑑定を依頼する。岡本鑑定書は、金属の腐食形態から腐食環境や放置期間を推定することは不可能であるといい、この不可知論によって長崎鑑定は斥けられた。

上告審から再審請求の段階では、外国の科学者からも意見書、報告書が寄せられた。昭和四〇（一九六五）年からは日本と中国で、発射弾丸による野外腐食実験が行われ、地中に埋設された弾丸には応力腐食割れという現象が起ることが確認された。

発射拳銃の同一性については、東京大学の原善四郎によって弾丸の旋条痕の比較・検討がなされ、同一拳銃から発射されたとは認めがたいという鑑定書が提出された。

最高裁判所は、一般論として「疑わしいときは被告人の利益に」という鉄則が再審請求にも適用されるという判断を示したが、白鳥事件については特別抗告棄却の決定をした。

裁判所は、科学者たちの腐食実験の結果を「科学的な根拠のある尊重すべきもの」と認め、証拠弾丸は「ねつ造の疑いが生じうる」、「同一拳銃から発射されたか否か大きな疑問を生じた」と述べた。裁判所は、公判証言等人証の信憑性は物証弾丸の証拠価値が大幅に減退しても覆しがたいとして有罪判決を維持した。

再審は斥けられ、裁判は終わった。

六、裁判の経過

一審判決（札幌地裁）　昭和三二（一九五七）年五月七日

村上国治に無期懲役　村手宏光に懲役三年、執行猶予五年

二審判決（札幌高裁）　昭和三五（一九六〇）年五月三一日

村上国治に懲役二〇年　村手宏光の控訴を棄却

最高裁判決　昭和三八（一九六三）年一〇月一七日
上告棄却　有罪確定

札幌高裁に再審を請求　昭和四〇（一九六五）年一〇月二一日

札幌高裁決定　昭和四四（一九六九）年六月一三日
再審請求棄却

札幌高裁に異議申立　昭和四四（一九六九）年六月二一日

札幌高裁決定　昭和四六（一九七一）年七月一六日
異議申立棄却

最高裁に特別抗告申立　昭和四六（一九七一）年七月二二日

最高裁決定　昭和五〇（一九七五）年五月二〇日
特別抗告申立棄却

実行行為者といわれる佐藤博は行方不明のままである。共謀共同正犯により有罪となった村上国治は、一貫して無実を主張してきた。身柄拘束から一七年一カ月後の昭和四四（一九六九）年一一月に仮釈放、五二（一九七七）年六月二五日、刑期満了となったが、平成六（一九九四）年一一月に死去した。

はじめに―事件との出会い

突然の鑑定依頼

東北大学金属材料研究所の筆者宛に、札幌地方裁判所から速達便で鑑定依頼書が来たのは、昭和三一（一九五六）年八月下旬のことである。そこには、次のように書いてあった。

昭和三十一年八月十五日

札幌地方裁判所刑事第一部
裁判長裁判官　佐藤竹三郎

東北大学金属材料研究所
長　崎　誠　三　殿

鑑定依頼について（照会）

当裁判所に係属する刑事事件につき押収した拳銃弾丸三個について、左記事項の鑑定を求めたいのですが、貴殿において右鑑定を御承引して戴けるか否か、若し御承引して戴けるものとすれば鑑定の所要日数について、何分の御回答を煩したく照会致します。

なお、被告人は現在勾留の上審理されており急速を要しますので、至急御回答を御願い致したく、また貴殿の御承引を得まして貴殿に鑑定を委嘱することになります場合にも、貴殿に裁判所に出頭して頂くのではなく、当方で鑑定物件を携えて貴地に赴いて鑑定を委嘱することを考慮しておりますので、附言致します。

記

三個の弾丸（うち二個は土中から発掘されたもの）について
一、右各弾丸の腐蝕の有無。
二、腐蝕しているとすれば、その部位、程度、原因。
三、右腐蝕の状態から判断される各弾丸の発射後の推定経過時間。
四、土中より発掘された二個の弾丸について、発掘個所の土壌の成分及び土壌の状態が、その弾丸の腐蝕と因果関係があるか。

なお、右土壌については、当方で地質専門家の分析を願って、その結果を鑑定資料として戴くことを予定しております。

それに対し筆者は折り返し次のような返事をし、八月三〇日付で佐藤竹三郎裁判長名の正式な鑑定依頼の書簡が届いた。

八月十五日付の鑑定依頼に関する書類拝見致しました。休暇中で御返事がおくれましたがあしからず御了承ください。

さて、鑑定につきましては左記のような次第です。若しこの程度のことで宜しいのでしたら余り適任ではございませんが、出来るだけのお役に立ちたいと存じます。

— 記 —

鑑定事項の一と二は、先ず鑑定可能かと存じます。三と四はその結果如何は事件にかなり微妙な影響を持つのではないかと推察されますが、我々の現在持っている知識と技術では頗る曖昧なことしか申せないと思います。

詳しい事情と実物を拝見すれば多少の臆測を或いはと考えられますが余り期待は持てません。
以上
なお、万一、そちらに出むく必要が生じた場合、学会、出張その他で必ずしも御要求にこたえられないこともあるかと存じますから念のため。
八月二十五日
東北大、金研
長　崎　誠　三
佐　藤　竹　三　郎　殿

昭和三十一年八月三十日
札幌地方裁判所刑事第一部
裁判長裁判官　佐藤竹三郎
東北大学金属材料研究所
長　崎　誠　三　殿

御書翰拝読いたしました。先に御依頼した書面に書いてある鑑定事項中、一、二についてのみ鑑定を御願いしたいと存じますが、関係事件の証拠調は大体終りの段階に来ており、十月中には全部の取調を終了する予定になっております。それで、鑑定結果もこれに間に合うようにして頂く為め、なるべく早く御願いに行きたいと思いますから、九月十日前後の日で御都合のよい日をお知らせ頂きたいと存じます。当方からは鑑定物件を持って参上いたします。

具体的な事件名はない。また、どこからも事前に連絡はなかった。ただ「白鳥事件」の裁判が札幌で行われていることは新聞報道などで承知していたから、おそらくそれに違いないと推測した。筆者の研究の主なテーマは金属・合金の性質の物理的研究で腐食を専門としていないが、研究所にはその方面のメンバーもいることと思い、承諾する旨返事した。折り返し連絡があり、九月一二日に来仙したいということであった。

九月一二日、札幌地裁の佐藤竹三郎裁判長と、地検の沢井勉検事が書記官をともなって、研究所に来られた。あらかじめ用意しておいた記念室で、仮法廷を開き宣誓、鑑定事項の通達を受け、鑑定資料を受け取った。

仮法廷を開いた記念室は、研究所の初代所長であった本多光太郎の東北帝大在職二五年を記念して、長年本多の仕事を後援していた住友財閥などからの寄付によって建てられた建物（記念館）の二階にあった会議室で、ここには安井曽太郎の描いた本多光太郎の文化勲章を下げた肖像がかかっていた。（「玉虫先生像」などと並んで安井の肖像画の傑作のひとつといわれる。）この記念室は教授会など特別な集会に使われていた。閉廷後、所内を案内し、屋上で法文経教室の建物を眺めたりした。佐藤裁判長は確か東北大の出身とかで、なつかしがっていた。

アルミの三五ミリカメラのフィルムケースに綿に包まれて無造作に入っていた二発の弾丸、幌見峠に一九カ月埋まっていたという証二〇七号、二七カ月埋まっていたという証二〇八号、そして白鳥警部の体内から摘出された二〇六号、この三発の小さなピストル弾丸と二〇年もつき合うことになるとは、思いもよらないことであった。

一、事件の発生

現場目撃者

昭和二七（一九五二）年一月二一日「夜、ラジオが三つの歌の二人目の男の人が南から南からを歌っているとき」おもてでパンという*音（パンパンという人もいる）がしたのを事件発生現場付近に住む複数の人が聞いている。後のＮＨＫの調べによると、それは午後七時四二、三分頃であった。白鳥警部は、背後から一発のブローニング弾で射殺された。そのすぐそばを通行していた人が二人いた。一人は高橋アキノ（当時五二才）という女性である。

彼女は、「私のすぐ右を二台の自転車がすぎた。後方の自転車の前輪が前方の自転車の後輪にくっつくような状況だったので私は二人は連れかと思った。六尺ほど進んだと思ったら、パンと音がして火が出て前の人がとたんに倒れた。連れかと思っていた人はかまわずに行ってしまった（事件翌日の「北海タイムス」記事から）」と述べている。

もう一人は坂本勝広氏（当時二七才、道庁職員）。

「私はなにげなくふりかえったら二、三十メートル後方を二台の自転車が大体並行して進んで来るのが見えた。私はなお五、六歩すすんだところ、パンパンと音がしたので再びふりかえったら二台のうち一台が倒れた。パンクして倒れたなと思った。」（一月二五日付の供述調書）

白鳥警部射殺現場（検察側写真）

＊なぜか検察は、はじめから二発説にこだわった。三一年一月の公判で追平は「佐藤博は『二発目の薬莢が手拭に引っかかってしまい、あとが撃てなかった』といった」と検察に迎合する供述をした。この供述は「不自然で疑問」としながらも、二審判決は「連続二発発射したものと認めるのが相当である」と認定し、以後確定する。

射殺された白鳥一雄は当時三六才、昭和一一（一九三六）年北海道庁巡査となり、その後、当時の満州のハルピン学院の委託学生としてロシア語を修得した（この学院は戦時中の対ソスパイ養成機関の一つであったともいわれている）。その後道内の各警察署で外事係をやり、敗戦後は警備係となり、後に札幌市警の警備課長になった。警備課は、朝鮮人と共産党の行動をスパイするのが主な任務といわれていた。

解剖所見

事件直後、白鳥警部の解剖を担当した北海道大学医学部の渡辺孚（まこと）助教授はその当時の模様を次のように追想している。

『昭和二十七年一月二十一日の夜は札幌では珍しい大雪だった。私は帰宅したばかりでおそい夕飯をすませたばかりのところへ、雪だるまのようになって二人の警官が血相を変えてとび込んできた。本署の警備課長が市内の繁華街から程近い所で拳銃でやられたから来てほしいという。凶行の時刻は、ラジオが三つの歌を始めて間もない頃だと分った。スチームのとまった大学の解剖室は凍えるように冷たかったが、夜おそく助手を呼び出すのも気の毒だと思って、馴れた警察官を助手に仕立てて検査にとりかかった。その頃もう解剖台をとりまく警官達の間で、共産党員某や某などの名がしきりに口にされていた。正直いって、容疑者の名が浮かぶのは少し早いような気もしたが、それにはそれだけの根拠があってのことであったろう。右背部に射入口があり、それは後の検査でかなりの近射であることが知られたが、射出口がどこにも見当たらず、盲貫銃創であった。弾丸が体内に入るとそれから先は、まことに不思議な運動をすることがあるもので、盲貫の弾丸を体内から見つけ出すことはなかなか容易ではない。この場合もメスで射入口から進み入って小一時間程かかったと思うが、ちょうど左乳のところに、尖端をほんの少し外に覗かせて止まっているのがようやく発見された。明るい光のもとであったら、恐らく外表検査で捕えられていたに違いない。その部分の皮膚が少し変色していたが、あるいはそれは検査が進められて行く間におこった変化であったかもしれない。

弾丸は重要臓器や大血管を避けて射創管を形成しており、最後に竹の編棒ぐらいの太さの肋間動脈を破っていて、ここからの内出血が致命的となったものである。そしてこの時取り出された弾丸一個だけが唯一の物的証拠となった…以下略…

「白鳥事件」余話（渡辺孚「犯人を追う科学」講談社ブルーバックス、昭和四〇（一九六五）年三月二〇日刊）』

見込捜査

白鳥警部射殺事件について札幌市警小松本部長は直ちに「一応日共関係の犯行と見ている。警察の威信にかけても犯人を検挙してみせる。」と発表し、自由党（当時）はいち早く椎熊三郎を団長とする国会議員団を札幌に派遣して、調査もしないうちに、この事件が思想的政治的陰謀によるものであり、背後に共産党があることをマスコミを通じて強調した。北海道の新聞は連日のように白鳥事件のことを書きたて、「共産党がやった」という雰囲気を作りあげた。

警察は次々に共産党員を逮捕した。その年八月二八日に佐藤直道、一〇月一日には共産党札幌地区委員長村上国治を別件で逮捕した。追平雍嘉は翌二八年四月九日に、また高安知彦は六月九日に逮捕された。北大生村手宏光が逮捕されたのは同年九月一九日であるが、その時村手は自宅で療養中であった。佐藤直道、追平雍嘉、高安知彦等は転向に追い込まれた。彼らの供述から、「実行犯は佐藤博であり、二七年一月四日に村上国治が主宰した会合で白鳥警部殺害の段取りが決定され、これに基づいて実行された」という事件の筋書きが作られた。

昭和27年1月22日（火曜日）
白鳥札幌市警警備課長射殺さる
銃聲で通行人發見
帰宅の途次、背後から狙い撃つ
當局　日共関係者を洗う
白鳥警備課長
犯人の目星ない　小松本部長談
今朝二時から緊急捜査会議

事件翌日の北海道新聞記事

現場と証拠物件

白鳥事件の殺人に結びつく証拠としては、白鳥警部の体内から摘出された弾丸（のちに二〇六号と呼ばれた）一発と事件現場に落ちていた薬莢一個、そして白鳥警部の死体があるだけである。この弾丸と事件現場に落ちていた薬莢、白鳥警部が着衣していたオーバーは、事件の翌日、東京の警察庁科学捜査研究所（科捜研）に送られた。

四月九日付の科捜研岩井三郎技官の鑑定書（資料Ⅰ）によれば、①弾丸と薬莢とは発射前一体をなしていたこと、②弾丸は公称口径七・六五ミリの通称一九一二年型のブラウニング、もしくは同機構を有する自動装填式拳銃（資料Ⅱ）から発射されたものと思われること、③薬莢の底部の刻印によれば、フランス・パリーのフランス弾薬会社の製品であること、④また被害者のオーバーを調査した結果、硝煙痕は一カ所であることが報告された。

犯人が乗っていたという「黒塗りの自転車」はどこへいったのかわからない。雪道に数条残されたタイヤ痕も現場検証のときに石膏にとったが、その後裁判には出てこない。

拳銃による犯罪事件は、拳銃が決めてである。拳銃が発見されれば、試射をして、その弾丸と死体から摘出した弾丸の異同を調べ、同一拳銃からの発射弾なら事件当時の拳銃所持者から犯人を割り出すことができる。しかし、犯行に使った拳銃も、佐藤直道や高安知彦の供述に出てくる拳銃も、札幌市内数十カ所を家宅捜査したにもかかわらず発見されなかった。実行犯が佐藤博であるという根拠は、「やったのはひろ（佐藤博のこと）だと村上国治が言った」という佐藤直道の供述と、「やったのは俺だと、ひろから直接聞いた」という追平の伝聞証言のみである。佐藤博は事件後行方不明で、本人の言い分は聞けない。共謀関係にあるといわれる村上と佐藤博を結びつけるものも他人の供述証言だけである。弾丸一発と薬莢のみでは物的証拠は不十分だった。

証拠弾丸「発見」の経過

当時北大生だった高安知彦は、第一審第一九回公判で、事件直前の一月五、六日頃、ピストルの取り扱いと射撃の訓練のため、札幌市郊外の幌見峠で拳銃を使って雪の中に何発かの試射を行ったと供述した。

高安知彦の検察官高木一に対する昭和二八（一九五三）年八月一六日付第三回供述調書中の高安の供述によれば、「二十七年の一月上旬幌見峠滝の沢でブローニングを使って射撃練習をした。五人で一発ずつ雪の上の枯葉をねらって撃った。射程距離は二～三間、場所は二十度位傾斜していた」。また、「使ったピストルはブローニングで欧州の国の名と製作会社名が入っていた。弾は真鍮色、弾は確か八発入るやつだった」となっている。第八回の供述調書では「幌見峠の試射の時と佐藤博が持っていたブローニングとは同じもののようだ」と高安は述べている。この銃によって佐藤博が白鳥警部を撃ったというわけである。

幌見峠で弾丸の捜索がはじまった。八月一六日の高安の供述調書以前に、実は大規模な捜索が行われている。石川正止郎に対する銃砲刀剣類等所持取締令被疑事件で八月四日、六日、七日に警察員四六名を動員して草を刈り、土を掘り下げ、篩にかけ、徹底した捜索だったが、弾丸はみつからなかった。記録によると、八月九日には高安に案内をさせて、半日かけて実況見分をしているが、高安の供述調書はない。

さらに八月一九日、高木検事は高安を含む六人の立会のもとに幌見峠の捜索を行い、中垣内巡査部長が弾丸を発見する。一〇月一五日付の検証捜索調書によれば「地表上の落葉腐蝕土一センチ下位に埋れていた」、「弾頭から側面にかけてはニッケル色を呈して光沢があり、一見左程の変形をしていない。尾底面は相当変形したもので凹凸があり、一部灰白色に変色している。…右弾丸を立会人高安が覗き見て『うん、こんなやつだった』と云った…」。これが二〇七号弾丸といわれるものである。

昭和28年8月19日幌見峠で発見された第一弾（検察側写真）

二〇七号発見のあとも、昭和二八年八月二一日、二九日、九月一日、八日、一二日、二八日、三〇日、一〇月一日、二日、四日と、現場の捜索が行われたが弾丸も薬莢も一個も発見されなかった。

半年後の昭和二九（一九五四）年四月一五日から、再び幌見峠の捜索を行ったところ、四月三〇日に第二弾、二〇八号弾丸が発見されたという。前年二〇七号を発見した場所からわずか四メートルしか離れていないところである。二〇七号弾丸発見のあとだけでも、のべ一〇日間にわたって捜索が行われても発見できなかった第二弾が、半年おいた後に探してみたら突然みつかったという。不思議な経過である。

この時の模様を、当時札幌市警察本部警備課巡査部長木村健蔵は次のように書いている。

「…先着の高木検事から『土の発掘の深さ二、三寸位、一人一日一坪を綿密に捜索して、けん銃弾丸を発見するよう』指示された私たちは、それぞれ熊手を持ち、一列横隊になって谷川から約九メートル上を小刻みに土を掘り起こし、それを集めては、さらに篩に掛けた。…

幌見峠で弾丸を捜索する警察官（検察側写真）

次の日からは、常時、私以下九人〜十一人の捜索員が土工夫を装い、捜索を進めて行ったが、日を追うごとに苦労が多くなってきた。というのは、新たに捜索する場所は熊笹や雑木がうっそうとし、これを綿密に捜索するには、雑木を伐採し熊笹を刈ってはその根を掘り起こし、また、落葉も掻き集めては乾燥させ、これらを別々に焼いた灰と、熊手で小刻みに掘り起こした土を、さらに篩に掛けなければ、真に綿密な捜索といえないからである。

このような捜索が毎日繰り返されているうちに、四月三十日となった。この日は岡崎巡査部長以下五人が一列横隊になってそれぞれ熊手で土を小刻みに掘り起こしていたところ、中西巡査が、突然、『係長、弾丸が見つかった。』と大声をはりあげた。この時、私の時計は午前十一時二十七分を指していた。私は中西巡査のもとに駆けつけて弾丸を見た。まさしくブローニングの弾丸である。メッキも剥げていなかった。
直ちに特捜本部へ連絡、高木検事らの検証を受けた。…」
（警視庁警備局「回想戦後主要左翼事件」昭和四三年一月一日刊）

三発の弾丸

二〇八号弾丸の二九年五月三一日付捜索差押調書には、「…石塊、落葉等が多く含まれている腐食土下約二センチの個所に頭部を上に向けて埋没していた…表面は凹面、溝の部分等はニッケルメッキの残りのようなニッケル色が残っているが、その他の部分は全体に真鍮色、黒ずんだ色、鈍い光沢をおびた処が入り混じり斑点状をなし」ていた、と書かれている。

白鳥警部の体内より摘出された弾丸（206号）　19カ月後に発見されたという弾丸（207号）　27カ月後に発見されたという弾丸（208号）

弾丸の捜索期間は二九年四月一五日から七月一九日までで、第二弾が発見されたあとも捜索は続けられた。高安の供述によると、射撃訓練で、五発は撃ったという。薬莢もその数だけあり、弾丸よりも大きく土中にめり込まないはずなのに、いくら総力をあげて探しても何も見つからなかった。

発見された二発の弾丸は、射撃弾とは思われないほど、変形していない、きれいな弾丸である。射撃訓練をした時の弾丸であるならば、二〇七号弾丸は一九カ月、二〇八号弾丸は二七カ月滝ノ沢の枯葉と土にまみれてあったことになる。

幌見峠で試射をした弾丸と、白鳥警部の体内から摘出された弾丸とが同じ拳銃から発射されたものであるならば、拳銃を保管し、殺害を指揮した村上を事件と結びつけることができる。それは伝聞証拠によって作られた追平供述、高安供述を支える強固な物的証拠になる。

二〇七号が「発見」された時、二〇六号弾丸と二〇七号弾丸とが同一銃器から発射されたものかどうか、昭和二八年八月二一日付で札幌地方検察庁から東京の科学捜査研究所に鑑定が依頼された。さらに、二〇八号弾丸が「発見」された時も、二〇六、二〇七、二〇八号弾丸が同一銃器から発射されたものかどうかについて昭和二九（一九五四）年五月七日付で科捜研に鑑定が依頼された。

この二つの極めて重要と思われる鑑定書（高塚鑑定ともいう）は、最高裁までは法廷に出されたことはなく、昭和四三（一九六八）年六月、つまり再審事実取調べの法廷で弁護団の請求によりはじめて明らかにされたのである。

鑑定書が提出されるまでの経緯、鑑定内容については後述（六八頁参照）するが、結論は三発の弾丸は同一銃器から発射されたとは考えにくいということであった。しかし、それでは追平や高安の供述から組み立てられた事件の筋書きが成り立たなくなる。

幌見峠で弾丸が「発見」されたというが果して真実か。死体から摘出された二〇六号弾丸と二〇七号、二〇八号弾丸は果して同一拳銃から発射されたものかどうか—旋条痕の問題。また「発見」されたという弾丸は果して幌見峠に長期間埋まっていたものかどうか—腐食の問題。以後二〇年間にわたって裁判の焦点となり、弁護側と検察側が争ってきたのはこのことであった。

二、一審判決まで

磯部鑑定—異なる銃器の確率は一兆分の一

札幌地方検察庁検察官高木一は昭和三〇（一九五五）年七月九日付で東京大学工学部教授の磯部孝に弾丸鑑定をあらためて委嘱する。

鑑定事項は三発の弾丸の構造、特徴、発射銃器の種類、型等、さらに使用された銃器は同一の銃器であるか異なる銃器であるかということであった。

磯部鑑定書（資料Ⅰ）は昭和三〇（一九五五）年一一月一日付で提出された。

一、*旋条痕については、幅と角度の数値が重要な意味をもつのに、「綫丘痕の幅は約〇・七粍」、「傾角は五度半」と三弾丸まとめておおざっぱに書いている。綫丘痕の深さは調べていない。

二、発射拳銃は「三弾丸とも公称口径七・六五粍のブラウニング自動装填式拳銃又は同型式の腔線を有する拳銃」と推定しており、「三弾丸の条痕を比較顕微鏡下で比較対照し、鑑定者立会いの下にその状を撮影した二十葉の写真」が添付されている。

　条痕の比較にあたって、各弾丸の、ともにもっとも特徴のある痕を検出し、それをもつ綫丘痕の番号を1とし、弾頭を上にして順次綫丘痕の番号を2乃至6として、それぞれ等しい関係位置で行ったとする。

三、同一の銃器により発射されたものかどうかの考察については、「一般に同一の銃器の発射弾丸でも相互の条痕は必ずしも一致しない」としてその原因をいろいろ揚げ、「故に条痕が一致しないことは同一銃器から発射されたものではないとの証拠にならない」とし、また「異なる銃器により発射された弾丸が全く偶然に同じ外観で一致する条痕を生ずることも全くないとはいえない、いずれにしても同一の銃器で発射されたか、異なる銃器で発射されたかの判定は推定の問題であり、確率を以て表現されるべき性質のものである」とする。

四、三弾丸の旋条痕を比較顕微鏡により比較対照した結果は「何れにも極めて類似する一致点が発見された」。この一致点を検討した結果によれば、三弾丸が「仮に異なれる銃器によって発射されたとするならば、現弾丸に見られる如き、線条痕の一致の生起する確率は極めて小さく、大きく見積っても〇・〇〇〇〇〇〇〇〇〇〇〇一（編注・一兆分の一）より小さいことが認められる。」と述べている。すなわち、同じ拳銃から発射された確率が大きいということである。

＊ 拳銃の銃身に刻まれているらせん状の旋条（ライフル）によって、発射された弾丸にはキズがつく。弾丸に刻まれたタテのスジを綫丘痕といい、綫丘と綫丘との間に弾丸が滑走して触れることによってつくキズを綫底痕という。

綫丘痕、綫底痕を総称して旋条痕と呼んでいるが、人によって綫丘痕、旋条痕と使い分けている場合と、使い分けないでいる場合とがある。本文では（引用文は原文のまま）総称して旋条痕、タテのスジを綫丘痕、綫丘と綫丘の間のキズを綫底痕と呼ぶ。

綫丘痕の幅、傾角とは、図に示す位置をいう。詳細は資料Ⅱ（証第三二、第三三号）を参照してほしい。

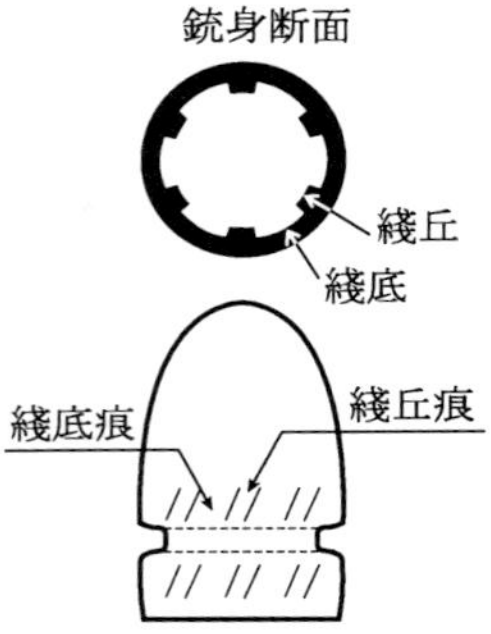

弾丸の旋条痕

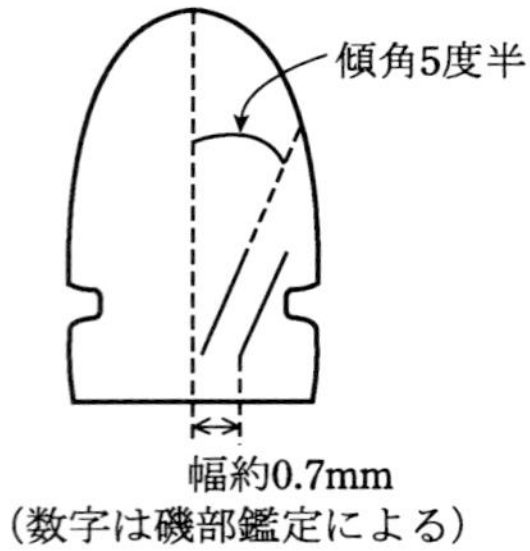

綫丘痕の幅と傾角

磯部供述―似ている条痕だけを比較

磯部鑑定人に対する一審の証人尋問は翌昭和三一（一九五六）年七月一一日に行われた。

ブローニング拳銃という名前を一番先に出して推定したのはなぜかという問いに対し、「別に深い意味はない」、さらにブローニングとなぜ特定したのかと聞かれて「本なんかも参考にしてこの言葉が一番先に浮かんだので」といい、

「拳銃についての予備知識は持っていないし、弾の実物は見たことはない」、また類似ということと一致ということをどう使い分けているかという質問に対し「言葉をはっきり区別して書いたつもりはない」と証言している。

条痕の比較検討は「すべて写真で判断した」、「相互の条痕の間によく合致している線があり、類似点を重視し、一致しない点は考えなかった」という。

尋問の後半は確率計算について多く述べている。

「確率計算」への反論―宮原、増山

北海道大学理学部教授宮原将平は、昭和三一（一九五六）年八月一三日の公判廷で、確率という科学的に厳密に見える表現も、使い方を誤るといかに誤った滑稽な結果を導き出すかを、平易な例をあげて次のように証言している。

弁護人　この鑑定方法は一口にわかりやすくいうとどういう方法をとっているのですか。

宮原証人　こういう鑑定方法のやり方に非常に大きな問題があるのは、まず写真で得られたのはこれは図形であります。図形というものは全体的に意味のあるものであって、これを要素に分解すると、それが似ているか似ていないか判断できない場合がある。……全体的な図形として意味をもっているものを分解して単純な量に還元するのがいいかどうかというそこに一つの問題があります。それから第二の問題はそういうものからある量をとり出して、その量に確率計算をほどこすときに、その確率計算の仕方が非常に難しいわけです。それを単純なやり方でしてしまうととんでもない誤りをおかすことがある。……

それをわかりやすい例で説明します。この例では非常に極端に見えるので全く違うことのように見えるかもしれませんが、本質的には同じことなのです。海岸に行ってひと

宮原教授

でを拾ってきたとします。それからそれと別にその辺に咲いているききょうの花を摘んできたとします。
　この二つのものを表面つまり形状だけの異同を議論しますと、この両方とも五つの突起があって星のように見える。更にこの角度を計ってみますと、その相互の角度が殆ど百八度である。ひとでというようなな動物の中には突起が三つあるものも、五つあるものも、それ以上あるものもいろいろありますから、仮にこの鑑定書と似たような考え方をするんですが、一から十まで任意の値をとり得るものとする。そうすればその持ってきたひとでというものが五つの突起を持つ確率は十分の一である。それから全くそれと別に持ってきたききょうの花が五つの突起を持つ確率も、そういう花の突起は五つのものも四つのものも、六つのものもいろいろありますから、五つでなくてもいいわけで、その種類を仮に少なく見積って五種類にしても、丁度五つの突起を持つ確率は五分の一である。そうすれば両方のものが全く偶然に五つという数を持つ確率は五十分の一である。この二つのものが何ら関係なしに偶然にその五つの突起を持つ確率は五十分の一でありますから、従ってその偶然一致したと考えられる確率は極めて小さい、だから二つのものは非常に類縁関係にあるという結論を生じかねない。…中略…
　確率計算というものは実に周到にやらないととんでもない間違いを生ずるのであります。こういうものが一様に出るであろうという先験的なことを予想して、それを単に掛け算かなんかでやりますととんでもない誤りを生ずるのであって、ここでもそういう誤りをおかしていると考えられます。

弁護人　その点を鑑定書の内容についてもう少し具体的に証言してください。

宮原証人　……確率的取扱いというのは、確率論をやった人でないと、昔高等学校時代に習った知識でやりますから、十七世紀の確率論をそのまま使う結果になる。もう少し詳しくいえば、この鑑定経過(二)の(2)に書いてあります様に、ここでは旋条痕の縁から五粍以内の範囲に限って任意の位置に一様に分布するとして計算する。そしてそれが〇・二粍の精度で一致する確率はこうなるということをいっているわけです。それから、それらが独立であるから同時にそういうふうになる確率はその積であるということをやっています。

ところが確率というのは、その基本確率集合をどう考えるかというところに確率論の一番肝心なところがある。それでそこに分布する確率が平等であるかどうかということは、これは経験的に確かめなければならない。つまり、沢山のそうした旋条痕、あるいは摩擦痕についての統計か何かを元としていわなければ意味がない。……似たようなことがこのほかにもあり、しかもそれらが全部独立であるというふうに考えますと、その確率は積になってしまって一兆分の一というようなことになるんですけれども、それはあまり意味のあることではない、というのは、例えば銃器が同一でなくてもそういうことはあるわけで、同一型式の拳銃から発射された場合にどの程度の一致が起るかどうかという基礎的な経験が積んでいない。そういう経験にも基づいての確率でなければこういう頭の中で作り上げた確率というものは殆んど意味がないというふうに考えられます。……

有名な統計学者で日本数学会評議員である増山元三郎は、弁護人より磯部鑑定の確率計算について意見を求められた。昭和三一（一九五六）年一〇月六日付回答書で、「確率計算の根拠には問題があり、問題点の調査あるいは実験によって別の値になる可能性がある、確率の値がどんなに小さくても真実か否かは別に立証する必要があり、工業製品の取引のように確率だけで決定を行うことはできない」と指摘している。

しかし裁判所は確率計算を除く部分の妥当性を主張し、磯部鑑定は有罪のもっとも有力な決め手とされた。問題点が指摘され、暴かれていくのは再審請求に入ってからである。

長崎鑑定—過酷な腐食環境に長時間あったとは考えられない

一方、二〇七号、二〇八号弾丸が幌見峠に一九カ月あるいは二七カ月という長期にわたって放置されていたものか、それを示す腐食の跡があるかどうかが続いて争われた。

この問題について、京都大学、早稲田大学、東京工業大学に対して札幌地裁から鑑定人の推薦依頼がされたが、「拳銃の専門家がいない、腐食の専門家がいない、適任の教員がいない…」という理由で断られた。それで、昭和三一（一九五六）年五月に入って東北大学に対して同様な依頼をしたが、「地理的に離れている関係上引き受けられない」と断られ、再度の依頼に対しても「造兵専門の教官がいない」と断ってきた。このような場合、大学ではかかわり合いを嫌って事務段階で処理して断ることが多い。また、たとえ鑑定を引き受けても、責任のある鑑定をする人がいかに少ないかという事実を物語っている。

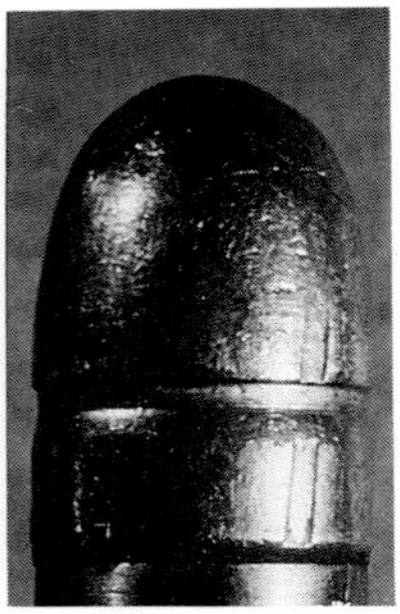
207号弾丸

208号弾丸

同年八月一四日、「弾丸の腐食についての立証を東北大学の長崎誠三助教授に、土壌については北海道農業試験場に選任するよう」弁護人側から札幌地裁に申し入れがあり、これが採用されて冒頭に述べたような筆者への鑑定委嘱となったのである。

鑑定の委嘱を受けたときには、率直にいって、弾丸が野外、とくに幌見峠のようなところに放置されてどのように腐食されるか、知識もないし推測のしようもなかったが、それらのことは、ある程度の条件が与えられればだんだん明らかになっていくと思われた。そこで、まず二〇七号、二〇八号弾丸について、われわれが当時持っていた実験手段を使い、電子顕微鏡室のメンバーの協力も得て、可能な限りの測定、観察をし、忠実に記録しておこうと考えた。

一見したところ、二〇八号弾丸は、表面のニッケルメッキはほとんどはげ、黄褐色をしていたが、二〇七号弾丸はメッキも残り白銀色をしていた。また、二〇七号、二〇八号は土中に長く埋まっていたというが、弾底のくびれた鉛心に接するところと側面のくびれたところとに、きれいにメッキが残っていた。

鑑定は次の三項目について行った。

一、各弾丸の腐食の有無
二、腐食しているとすれば、その部位、程度、ならびに原因
三、腐食の部位程度から判断される各弾丸の発射後の推定経過時間

鑑定の結果明らかになったことは、

① 二〇七、二〇八ともにくびれの部分と弾底の鉛心が接するところにはニッケルメッキがほぼ完全に残っていること。
② 二〇七と二〇八とは素材の加工組織が異なること（これは製造工程が異なることを意味している）。
③ 二〇七と二〇八とは被甲の黄銅（真鍮）の組成が異なる。亜鉛の含有量が二〇七のほうが多いこと（この指摘が正しかったことは、後に精密な蛍光X線分析法によって分析した戸苅報告(昭和四四年一月二八日付、七二頁参照）で実証された)。

さらに前述したように弾丸の外観が違うことも特記すべきことであった。

筆者の鑑定の結論は、「二〇七号、二〇八号弾丸ともに過酷な腐食作用の存在する環境に長時間置かれてあったとは考えがたい。長時間とはどのくらいかということについては、弾丸の外見的観察からでは決定は不可能なことである」。

では、どのようなところに二〇七号、二〇八号弾丸は置かれていたのか、ということに対しては、「空気中あるいは同程度の環境」というのが筆者の主張であった。幌見峠のようなところの土中に一九カ月も二七カ月もあったとは考えられないということである。

鑑定書は昭和三一（一九五六）年一〇月五日付で提出した（資料Ⅱ）。

弁護人は鑑定の内容をさらに明らかにするために一〇月一三日の公判で、長崎、増山の尋問を申請したが、裁判所は、その必要がないということで却下した。却下の理由として、増山については「宮原証人により確率計算については判断は可能」とし、また長崎については、札幌地裁からの鑑定照会に対し、「現在持っている知識と技術とでは頗る曖昧なことしか言えないと回答したこと」をあげている。

長崎鑑定に呼応する形で、北大の宮原が銅片等を使った腐食実験をし、その結果をまとめて昭和三二年二月一一日付で提出した。実験試料の腐食状態は長崎が鑑定した弾丸と同程度。鑑定した弾丸が土壌中に一部埋没していたとしたら、一カ月程度以上ということはないという内容である。

論告求刑

昭和三二年三月一一日、検事による論告、求刑が行われた。

論告は弾丸証拠については、「磯部鑑定は組合せの確率によって数学的に算定された疑う余地のないもので、経験則上より見るときは同一拳銃より発射されたものと認定できる。宮原証人の供述は具体的な拳銃の同一性に関する証言というよりは、磯部鑑定書に記載された組合せ式確率論に対する推計学の立場からの批判に過ぎない」としている。

また、「長崎鑑定によれば、発見された弾丸二発は過酷な腐蝕条件の下にあったとは考えられない、また過酷な腐蝕条件の存在する環境に長時間おかれてあったとは考えがたいということだが、いずれも推定の範囲を出ていない。…二弾丸は前述の如く乾燥した山地の落葉腐蝕土中浅く放置されていたもので、いわゆる土中や水中その他過酷な腐蝕作用の存在する環境に長時間埋没していたものでないことも亦極めて明らかである」としている。

求刑は村上国治に対し死刑、村手宏光に対し懲役五年。村上は白鳥警部殺害の主謀者、村手はその幇助としての責任を問われている。

一審判決

昭和三二（一九五七）年五月七日、札幌地裁において一審判決（資料Ⅰ）が下され、主謀者としての村上国治に無期懲役、これを幇助したとして村手宏光に懲役三年執行猶予五年の刑を言い渡した。

判決文には一〇の罪となる事実、二九〇に及ぶその証拠が記された。

第二の罪となる事実(二)に「被告人村上国治は、軍事方針に従い武器の製造、しゅう集を行うこととなった」として「昭和二十六年十月頃、前記宍戸均をして、石川重雄の仲介により札幌市琴似町字川添西斉藤方において同人よりブローニング型拳銃一丁およびその実包約百発(領置にかかる昭和二十八年領第二百六十一号の証二百七、二百八号はその一部)を買い受け入手させた上、その後昭和二十七年一月二十日頃までの間共謀し、……携行ないし保管せしめて、これを所持した。」という事実を認定している。

物的証拠である弾丸について判決は、「長崎鑑定は腐食と土壌との因果関係については現在持っている知識と技術ではあいまいなこととしかいえないという回答だったので、長崎鑑定が弾丸の腐食と土壌との因果関係を否定するものではない。したがって、弾丸が幌見峠の山中に放置されていたと認めることの妨げとはならないと解する。宮原鑑定は弾丸を使っての実験ではなく、実験室での実験なので、自然環境に置かれた弾丸の条件との相異はわからない。したがって、鑑定の結論を直ちに本件の場合に当てはめることはできない」とした。

磯部鑑定書については「ただし、確率計算に関する部分を除く」、磯部証人の尋問調書は「ただし、確率計算に関する供述記載部分を除く」という簡単な表現だけで、証拠として採用している。

認定された証拠の主要部分は佐藤直道、高安、追平による供述証言である。供述証言は不確かであったり、伝聞であったり、矛盾にみちたものであったが、これらの証言に基づいて、保管していた拳銃と弾丸で試射をし、同じ拳銃と弾丸で村上の指示により佐藤博が白鳥警部を射殺し、弾丸は同じ拳銃から発射されたものであることを（結果的に）磯部鑑定が証明したことを認定した。三発の弾丸によって事件を組み立て、村上に結びつけたのである。

弁護団はただちに控訴し、一〇月三一日に趣意書を提出した。

三、控訴審（二審）へ

翌昭和三三（一九五八）年三月には控訴審第一回公判が始まり、八月一五日付で東京大学工学部教授の小川芳樹（湯川秀樹の実兄）に腐食問題についての鑑定が委嘱された。

しかし、小川はインドに出張中に事故に遭い、それが原因で鑑定書が完成する前の三四年三月二七日に急逝した。札幌高裁は、預けてあった証拠弾丸を引き上げ、代わる鑑定人ということで東北大、東工大、京大などに推薦方を依頼したが、やはり断られた。

このような経緯を経て、札幌高裁は北海道大学工学部電気化学（腐食学はこの中に含まれる）教授の岡本剛に、昭和三四（一九五九）年七月七日、鑑定を委嘱した。

岡本鑑定と岡本供述―腐食形態から環境、期間の推定は不可能

昭和三四（一九五九）年一一月二〇日付で提出された岡本鑑定書（資料Ⅰ）は、写真も何も添付されていない極めて簡単なものであった。光学顕微鏡観察で、「ピット状腐食孔がある」、「結晶粒界部に比較的浅い選択的腐食溝が認められる」と指摘しているが、顕微鏡の倍率、その方法、認められた位置の記録すらない。

岡本鑑定は「腐食された金属の腐食形態からその金属の置かれた腐食性環境の推定、すなわち腐食の原因を求める

ことは不可能である。また、腐食金属と腐食環境とが与えられた場合も、金属の腐食形態だけから腐食環境に放置された期間を推定することは不可能である」と結論する。

岡本鑑定人の証人尋問は同年一二月の二審三四回公判で行われた。「地金属の結晶粒界は八〇〇倍の光学顕微鏡で見えた、その写真は撮っていない。結晶の大きさは千分の一ミリ、ピット状腐食孔と選択的腐食溝は認められたが、どの部分か覚えていない、記録もしていない、メッキ層の金属は表面の光沢からニッケルと判断し、エックス線などで解析していない、素地の金属も銅色は銅、真鍮色は真鍮、と、通常そういうものを用いているという立場で考えた。ある一定期間放置されて腐食したものかどうかを判断するために科学的に確定することは必要はない」と証言。現場実験をしても腐食の形態はさまざまだからわからないといって実験の意義を否定し、さらにエスカレートして、「同じような弾丸を一つは一〇〇年、一つは一年放置した場合の違いはわかるか」という質問に対し、「答えることは困難」という科学を冒涜する発言までしている。

「推定することは不可能である」という岡本鑑定は、その後長崎鑑定をしりぞけるために利用された。

長崎供述―弾のくびれと底にメッキが残っていることは不自然

翌昭和三五（一九六〇）年一月二五日、東京高裁で長崎尋問が行われ、鑑定書について補足説明をする。

一、「あいまいなことしかいえない」と鑑定照会の時に回答したことについて

弾丸についてのある程度の材料が与えられれば推定はできても、正確な情報が得られなければ厳密には特定できないという意味である。

二、「過酷な腐食作用の存在する環境」とは

水はけが悪く湿った土壌で、落葉、枯れ葉などが堆積し、それらの有機物が破壊され、炭酸ガスや硫化水素が存在するところである。

三、「過酷な腐食条件の下にあったとは考えにくい」ということは

　二つの弾丸ともくびれた部分と底の鉛との境の部分に、ニッケルメッキが非常にいい状態で残っていることである。もしそのような環境にあったなら、くびれた部分も同じように腐食が進行していたはず。物理的作用が加わったなら、でっぱった部分が影響を受けてメッキが落ち、くぼんだ部分にメッキが残るという可能性はある。とくに二〇八は、表面はメッキがほとんどはげているのに、くぼみにはきれいにメッキが残って光っているのと比べると差がありすぎる。ニッケルメッキはそれほど耐食性のいいものではないので、地中にあってきれいに残っているのは不自然である。

四、メッキはくぼんだ部分の方が厚いのではないか。

　われわれの常識ではくぼんだほうがメッキが薄いといわれる。一般的なメッキのやり方で電極に電圧をかけて銅合金の上にニッケルを沈着させると、出っぱった部分の方が電解密度が高くなり、メッキが厚くなる。

五、「二〇七と二〇八は加工組織が著しく異なる」とは

　鑑定依頼では求められていなかったが、組成や加工が違えば腐食に対する効果が違う場合が多いのでその点について調べた。一般に加工が甚しいところは腐食も甚しい。X線で撮影した写真（右上）を見ると、二〇七の方は濃淡のあるリングが二本、二〇八の方は均一の濃さのリングである。これは加工組織が違う、つまり加工の仕方が違うということである。二〇七の方は結晶粒が一方向に揃っている状態、二〇八は非常に細かい結晶粒があるが、一方向に揃っていないことを示す。

六、同じメーカーが同一の機械で同一の素材で弾丸を作った場合、組成の違いが生じ得るか。

208号

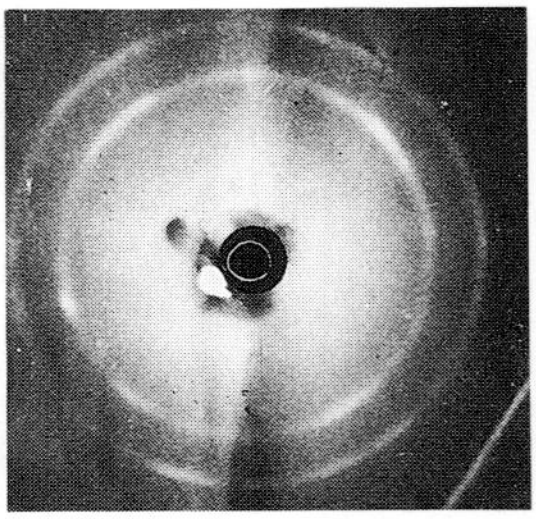

207号

弾丸側面のX線回折写真（長崎鑑定書より）

大きなメーカーが一度に数百個、数千個作るわけだから、いろいろな素材を使うということは考えられない。一応揃った素材と揃った加工方法をとっていると思う。

七、同じくその場合、弾丸の大きさが違うということはあるか。

あり得ない。サイズが厳密だからちょっと違えばひっかかってしまう。

八、弾丸を破壊しないで組成を調べることは可能か。現在ならもっと詳しく調べられるか。

電子顕微鏡もX線回折も非破壊だが、今では組成を確認できる手段はある。二〇七と二〇八の差は、私のやった実験よりもっと詳しくやれる。

この尋問の際、再鑑定をする必要性を主張したが、裁判官も取り上げず、弁護団もその必要はないという見解であった。

筆者の尋問のあと一月三〇日には宮原鑑定人に対し証人尋問が行われた。宮原鑑定人も筆者も専門は金属物理である。金属物理学者の立場から、宮原鑑定書添付の光学顕微鏡、X線回折写真について、長崎鑑定写真とも関連して説明がされた。また、岡本鑑定についての尋問では、「光学顕微鏡で本件弾丸の結晶粒界は絶対に見えない、それは長崎鑑定のX線写真で結晶粒が細かいことが明らかだから。弾丸の腐食状況を見るのに、光学顕微鏡の倍率は二〇〇倍か三〇〇倍が限度である」ことなど、筆者と同じ考えの供述をされた。

磯部鑑定人は外国出張のため証人尋問が実現しなかった。

二審判決

昭和三五（一九六〇）年五月三一日、札幌高裁において二審判決（資料Ｉ）、村上国治は原判決を破棄し懲役二〇年、村手宏光は控訴棄却となった。

都合のよい素材のみを選んで組み立てた想定

二審判決は白鳥警部動静調査の謀議の日を「一月四日であったと認めるのを相当とする」と認定した。一審では「四、五日頃、門脇方か寺田方で」とあいまいであった。一月三日から六日までの村上のアリバイは認めた。しかし、四日の十時からの研究会の前、九時頃から高安らとの謀議に出席し、中座して二五、六分離れた佐藤方の研究会に出席することは必ずしも不可能ではないとした。高安は門脇方での会合の日ははっきりせず、開始の時間は一〇時前後から、二時間前後（かかった）と供述している。判決文は、「このような想定をたてることは、率直にいって、都合のよい素材のみを選んで組み立てた想定であるとの非難を受けなければならないと思われるが、経験則上まったく許されない想定であると断定することはできないのである。」という。

磯部鑑定は間接事実認定のための証拠

原判決（一審）が磯部鑑定および磯部供述の確率計算の部分を除いて証拠にしたことについて、

「磯部鑑定書の前段の記載は、三個の弾丸を、比較顕微鏡や拡大写真によって比較対照し、観察した結果を記載したものであり、確率計算がその要素をなしているとはいいがたい。従って前段の部分のみを証拠に採っても、必ずしも、採証の法則を誤ったものとはいえない。もちろん、確率計算の部分を除くと、三個の弾丸は、同一銃器から発射されたものと認定しても、ほぼ違いないとの結論を引き出すことはできないこととなるから、これらの証拠のみによって、そのような事実を認定することは、採証の法則を誤ったものというべきであるが、原判文は、磯部鑑定書及び磯部供述を事実認定の直接証拠として引用しているのではなく、単に右三個の弾丸と線条こんには、きわめて類似する一致点があるとの間接事実認定のための証拠に供している（傍線筆者）ことは、原判文の解釈上、容易に理解される。従って原判決には、採証法則の違反、これにもとづく理由の不備もしくはくいちがいがあるとはいえない。」確率計算以外の部分も、「相互に類似する線条こんのみを選んで観察を下したもので、類似しない線条こんの有無やその相異性に深い注意が払われなかったこと、類似する線条こんの比較対照は、主としてその線条こんの幅と長さにもとづいてなされたもの、その深さの測定、対照はされなかった。しかし、磯部鑑定人のとった方法によっても鑑定結果を結論づけることは可能であり、またその方法は必ずしも非科学的で信頼性に乏しいずさんな方法であるとはいいがたい。したがって、確率計算の部分を除いた部分を証拠としても採証の法則を誤ったものとはいえない」と述べている。

長崎鑑定は信頼すべき科学的根拠を具有することは認めるが…

長崎鑑定については、原判決が長崎鑑定を排斥した理由として適法な証拠調べを経ていないいわゆる「回答書」を引用していることは「採証の法則に反し違法であり」「はなはだしく妥当を欠くものといわざるを得ない」とし、原判決が理解するような意味合いで長崎鑑定人は記載したものではないことは証拠調べの結果認められたと述べている。

さらに、「両弾丸の発見された個所は、長崎鑑定書に記載してある過酷な腐しょく作用の存在する環境に該当するものであることを認めることができる。長崎鑑定の結果が疑いを容れる余地なく信頼するに足るものとすれば、右両弾丸の証拠価値に疑念を生じ、ひいては右弾丸の発見された場所附近で、拳銃の射撃訓練をしたという高安知彦の供述やこれに照応する村手被告人の供述の信用性に影響するところが少なくないと思われるのである。」とも述べた。

結論は、「長崎鑑定書は、相当信頼すべき科学的根拠を具有することは認めつつも、その結果について、疑を容れる余地なく信頼できるものであるとの心証を形成するに至らない。」として長崎鑑定を排除した。物的証拠よりも、人的証拠によって組み立てた犯罪の構図がくずれることを恐れたのであろう。排斥の根拠は岡本鑑定書である。

「岡本供述によると、金属の腐しょくは、金属の種類、環境条件によって、その進行の可能性にはいちじるしく差異がある。また同一の金属でも、金属表面状態と腐しょく性環境条件との相互作用によって、腐しょく反応の進行の速さにも、腐しょく形態にも、敏感に影響を与える。従って、一定の腐しょく金属と腐しょく環境とが与えられた場合においても、金属の腐しょく形態だけから、その腐しょく環境に放置された期間を推定することは、ほとんど不可能であるというにあることが認められるし、長崎鑑定書にいうところの長時間とは、どの程度の時間を意味するか、必ずしも明確でない点がある」と二審判決はいう。

二審段階で岡本鑑定の非科学性を具体的に明らかにしておけば、結果は異なったかもしれない。磯部鑑定についても岡本鑑定についても、ずさんなことは客観的に見れば明らかであるのに、その点を厳しく追及しなかった。弁護側が事態を甘く見たというそしりは免れない。

四、上告審へ

二審判決をうけて、弁護団は直ちに最高裁に上告した。

それとともに、弁護団は二〇七、二〇八の両弾丸が「作られた証拠」であることを立証すべく、新たな活動を開始した。実験室での実験はすでに宮原によって行われていたが、野外で、それも弾丸が埋まっていたという幌見峠で実験を行うことを計画した。

「証拠弾丸」への疑問

昭和三六（一九六一）年三月三一日付で上告趣意書が提出された。弁護団は原判決に対する批判と、さらにその後出された三六年八月および三七年九月の上告趣意補充書でも弾丸問題を重点とし、鑑定書、意見書、実験報告書も併

土中に直撃した弾頭（参考資料、36年上告趣意書より）

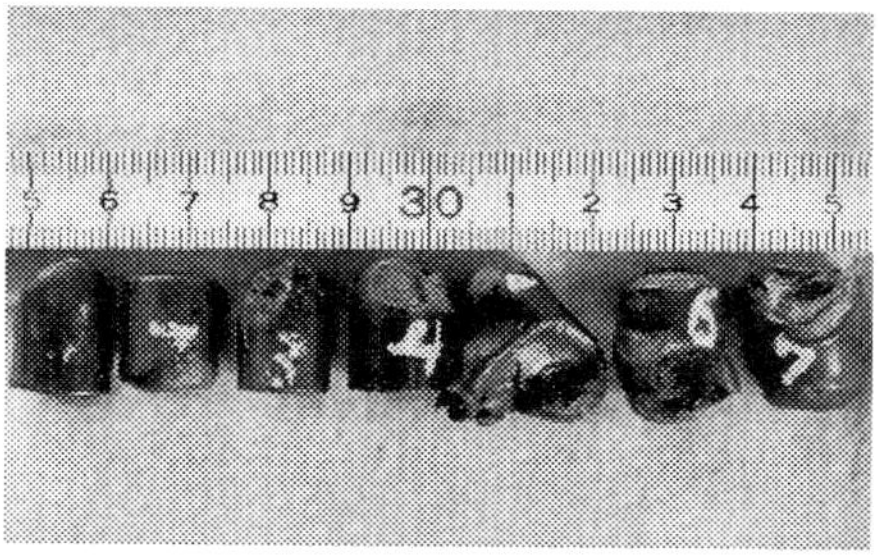

口径0.45インチ、自動拳銃で地中に直射した弾丸。射程約50メートル（上告趣意補充書より）

せて提出して、弾丸についての新たな問題点を提起した。

三二口径のブローニングでは銃口を出た弾丸の初速は音速（一秒間に三四〇メートル）に近く、物に命中した場合の破壊力は三〇キログラム内外だという。弾丸の中心は鉛で、その被覆は通常銅である。銅はかたい金属とはいえないのでキズは発生しやすい。高安供述によると、試射の際、二〇度の斜面で四五度下方に向けて四・五メートル先に撃ったというが、積雪があったとはいえ、石塊などゴロゴロしていた土に当って当然キズがつくはず。

命中弾二〇六号の弾頭には人間の骨に当たったため小さなくぼみがあるが、二〇七号、二〇八号には土中の石英質の擦過傷すらない（写真左）。五〇メートル先から土中に撃ちこんだ弾丸はいずれも変形している（写真上）。

チェコスロバキアのチャールス大学の実験によると、高安供述と同じ条件で同じ型の拳銃から雪の中へ一五発撃ちこんだ弾丸は、八～一二センチの深さに達した。発見された弾丸が「地上より一～二センチのところで上に向いて立ってい

206号

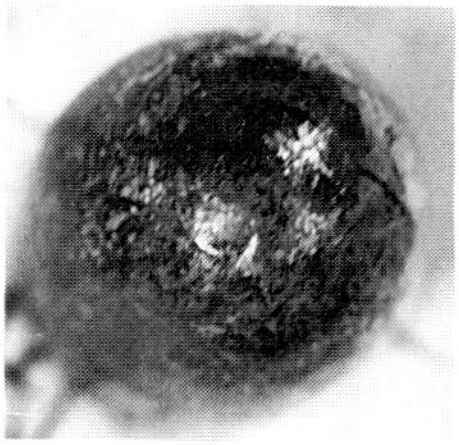

207号

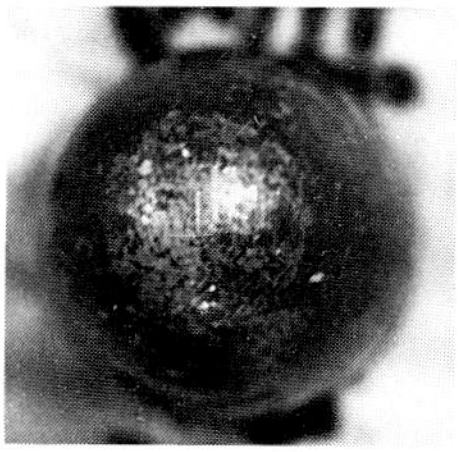

208号

証拠弾丸頭部（36年上告趣意補充書より）

た」というのは不思議である。発見場所の写真によると弾頭が露出している。

拳銃について原判決は，射殺の拳銃と試射の拳銃とは同一で、ブローニングであると認定しているが、その物的根拠は何もない。ブローニングも、「右方向の六旋条」という拳銃も多種類（資料Ⅱ）あり、非常に一般的なもので、旋条の溝もあまり変わらない。したがって、特定は不能だと趣意補充書はいう。

また弾丸についても、通常同じ種類（同一メーカー）のものが一つのケースに詰められている。メーカーの違うもの、あるいは材質の違う弾丸がバラバラに存在することはまれである。三発の弾丸は、観察の結果、いずれも材質が異なると考えられる。「このことは射殺拳銃と試射を行ったと称する拳銃の相違を裏付ける」と述べている。

銃鑑識を学ぶ

磯部鑑定の比較顕微鏡写真には、一見して旋条痕が合っていないと思われるものがある。端の方の一致を強調する

同型式の異なる拳銃から発射された弾丸条痕の比較顕微鏡写真
Hatcher: Firearms Investigation Identification and Evidence p.363

よく一致している条痕の比較顕微鏡写真
Mathews: Firearms Identification I p.42

だけで、微妙な条痕、とくに綫丘痕の一致はなされていない。写真も不明瞭である。

上告趣意補充書には、*ハッチャー（Julian S. Hatcher）の著書から、同型式の異なる拳銃から発射された弾丸の比較顕微鏡写真を引用している（前頁写真上）。端と端が合っているので同一拳銃かと思われるが、実際は異なる拳銃である。

日本には当時、銃鑑定の専門家はいなかった。あえていえば、科学捜査研究所がデータを集積し、もっとも研究が進んでいるといわれていたが、欧米に比べればはるかに劣っていた。筆者も弁護団も銃鑑識について深く研究がされている英、米の専門家の本を集めて勉強した。なかでもハッチャーはアメリカにおけるこの道の権威で、銃の「同一性」についての鑑定は「名人芸」といわれている。これらの本によると、条痕の同一性に関する鑑定は難しく微妙なことがらとされている。まして本件のような場合、「拳銃」が未発見のままで、弾丸が同じ拳銃から発射したものと鑑定することは極めて困難である。ハッチャーは「ほんの僅かでも疑点があれば、決して断定的な結論を下してはならない」とその著書で強くいましめている。

アメリカのウィスコンシン大学教授の**マシウズ（J.Howard Mathews）の著書を見ても、拳銃鑑定というものが、いかに細心の注意と完備された装置を必要とするものか明らかである。そこに載っている写真は、同一拳銃から発射された弾丸の条痕だが、こうならと納得できる鮮明なものである（前頁写真下）。

＊　Firearms Investigation Identification and Evidence, Telegraph Press, 1957

＊＊Firearms Identification, The Univ. of Wisconsin Press, 1962

幌見峠で銅片の土中腐食実験

幌見峠での実験は、一審判決後の昭和三三年一一月から開始されていた。北海道大学触媒研究所助教授の松井敏二は札幌市郊外幌見峠の滝ノ沢（ここで試射が行われ、弾丸が発見されたという）土中に市販銅片とニッケル線、鉛を

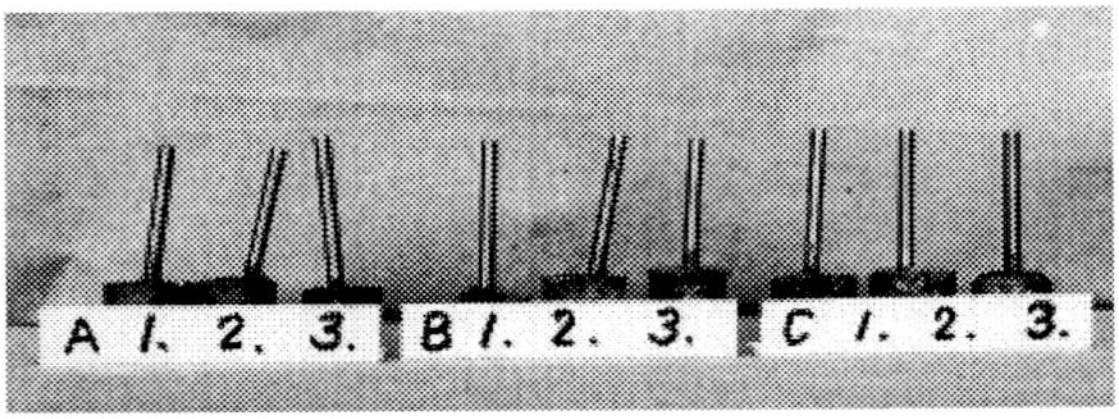

幌見峠に埋められた試験片（証第２号より）

電気的に結合した試験片（証拠弾丸に近い組成のもの）を六カ月から一年埋設して、腐食状況を調べた。その結果、六カ月の埋設でもかなり腐食され、いずれの試験片にも緑色の腐食生成物が認められたという。その報告書は昭和三六年八月二五日付でまとめられ、電子顕微鏡写真添付の上、上告趣意補充書証第一号として最高裁判所に提出された。

幌見峠滝ノ沢でのニッケルメッキを施した銅の現場腐食実験

一方、金属材料の腐食および防食の研究が専門である東北大学金属材料研究所教授の下平三郎は、杉之原弁護人に腐食に関する意見を求められた。下平は昭和三五（一九六〇）年一二月五日札幌高裁に赴き、肉眼ならびに立体顕微鏡を用いて三発の証拠弾丸の表面観察を行った。さらに、下平は昭和三六年九月から現場腐食実験を始めた。試験片は、弾丸に類似したニッケルメッキを施した銅の丸棒を用いた。松井が実験をした滝ノ沢の弾丸の発見現場はすでに石材採石場になっていたため、現場より少し上方の雑木林の土中に翌年の六月まで九カ月間試験片を埋めた。

下平の実験は、腐食が進行しない冬期間だけだったため、ニッケルメッキ層はほとんど腐食されていないが腐食孔は肉眼でも少数認められ、立体顕微鏡で観察すると多数認められるという内容の報告書である。その実験結果と、札幌高裁と一年半後に最高裁で証拠弾丸を観察した結果を併せて、昭和三七（一九六二）年八月三日付で報告書を作成し、これも九月六日、上告趣意補充書（証第二号）として最高裁に提出された。

証拠弾丸の観察（下平）

三五年一二月五日　札幌高裁にて

二〇六号弾丸　機械的な微小なくぼみがあり、腐食孔に類似した微小孔が一つ認められる。

二〇七号弾丸　腐食孔は一つも認められない。

二〇八号弾丸　頭部に腐食孔らしきものが二、三認められる。

三七年六月二二日　最高裁にて

二〇六号弾丸　腐食孔に類似した微小孔が二つ認められる。

二〇七号弾丸　頭部には腐食孔なし、胴部に少数の腐食孔に類似した微小孔が認められる。尾部に腐食孔一つ。

二〇八号弾丸　頭部に明らかな腐食孔が数個、胴部に浅くて小さい腐食孔、尾部にはなし。

約一年半の間隔をおいた観察結果が異なる原因は、保管中に大気中腐食が進行したこと、観察調査の際の人間の指紋による腐食の促進が考えられる。

結論として、二〇七号、二〇八号弾丸は幌見峠の土中にそれぞれ一年七カ月、二年三カ月の間埋もれていたにしては孔が浅く、小さく不明瞭で、かつ数が少なすぎる。

昭和三七年六月六日には、腐食の問題を討議するため、東京合同法律事務所で打合わせ会議が行われ、亡くなった小川芳樹の後任で、筆者の同窓で東京大学工学部冶金教授の久松敬弘を伴って出席した。その後久松は、弁護団に協力していろいろ意見を述べ、会合にも参加している。

世界の法律家・科学者へのアピール

白鳥事件の唯一の物証は弾丸である。地中から発見された発射ずみ弾丸の腐食状況を調べ、同一拳銃から発射されたものか否かを検証するためには、同じような組成の弾丸を土中に撃ちこんで実験することが望ましいが、われわれには拳銃や弾丸を入手することは不可能であった。弁護団は外国の専門家に実験・研究を依頼することを考えた。

昭和三七年六月、弁護団は世界の法律家、科学者に対して白鳥事件についてのアピールを送り、資料を添付して鑑定書に対する意見を求めた。

外国の友人へ

拳銃と弾丸の科学的検討についての訴え

私たちは、白鳥事件の弁護人である。この事件のあらましについては、自由法曹団からの訴えに記述してあるとおりである。私たちは、無実の共産主義者を、官憲の不当な弾圧から救うために、次の諸点について諸外国の友人の協力を求めたい。

一、発見された三個の弾丸

A、射殺された白鳥警備課長の体内から摘出された弾丸一個

B、山中の斜面に向って発射され、その後十九ヶ月間、放置されていたとされる弾丸一個

C、山中の斜面に向って発射され、その後二十七ヶ月間、放置されていたとされる弾丸一個

二、ある学生は「白鳥警部が射殺される少し前に数名の共産党員が山腹で拳銃の試射をしたことがある。BCの弾丸（編注・二〇七号、二〇八号）は、そのときに発射したものである」と供述した。

この供述は、長期の拘禁のあとに行なわれた。ある学者は、A（編注・二〇六号）、B、C、の弾丸は、その綫条痕が似ているから、同一の拳銃から発射されたものである、と述べた。これらの証拠によって、被告人

は有罪とされた。

三、私たちはＢ、Ｃの弾丸は、官憲によって、特別に用意されたものではないか、という強い疑惑をもっている。その主な理由は次の通りである。

(一) 弾丸は腐蝕していない。

Ｂ、Ｃの弾丸は、長期間、落葉腐蝕土の中に埋もれていた、とされる。その場所は、降雪が多く、炭酸ガスの発生が多い。金属に対する腐蝕条件は苛酷である。

弁護側の要請によって、金属物理学者（Ｎ）が、Ｂ、Ｃの弾丸を観察した。その結果、これらの弾丸の表面には腐食孔が存在せず、とくに弾丸のくぼんだ部分には、ニッケルメッキが光沢を保って、ほぼ完全に残っていることが判明した。この学者は、Ｂ、Ｃの弾丸は、長期間、土中に埋められていたものではないという意見を述べている。

また、ほかの学者（Ｍ）は、弾丸と同種の金属片を用いて実験した結果、（Ｎ）の見解を支持した。裁判所はこれらの学者の見解をとりあげなかった。私たちは、金属の腐蝕に関する文献、実験法などについて援助と教示を得たい。

(二) 弾丸の貫徹力

ブローニング三二口径の拳銃を用いて、約五〇㎝の積雪のある山腹で（約二〇度の傾斜）約五ｍ前方の落葉腐植土に発射した場合、弾丸は土中深く射込まれるのではなかろうか。

Ｂ、Ｃ弾丸は、地表一、二㎝のところから、何らの傷もない状態で発見された、とされている。この弾丸発見の状況は、いつわりではないか。

この疑問は、弾丸発射の実験によって解決される。私たちは、拳銃と弾丸の使用を禁止されているためにその実験を行うことができない。諸外国の友人が、実験の結果を私たちに知らせてくれるならば幸甚である。

(三) 拳銃の同一性

綫条痕の比較について、日本の拳銃鑑識学は著しく遅れている。諸外国の友人の教示と援助をえたい。

(四) 拳銃の消音装置について

私たちは白鳥警部の射殺に用いられた拳銃には、消音装置がついていたのではないか、という疑問をもっている。そこで、次の諸点について教示をえたいと思う。

Ⅰ 消音装置の種類構造

Ⅱ 消音装置をつけた場合の拳銃の発射音。その発射音は、日常経験する音(たとえばゴムタイヤのパンク音、水面に小石を投じた音など) と近似するか。

Ⅲ 消音装置をつけた場合、発射された弾丸に何らかの特別の痕跡を残すか。

Ⅳ 消音装置は、火薬ガスの痕跡 (硝煙痕) に変化を与えるか。

四、私たち白鳥事件の弁護人は、同時に松川事件の弁護人でもある。松川事件はアメリカ軍の日本に対する軍事占領を強めるために、特別に仕組まれたフレーム・アップ事件である。この事件は、十三年の公判闘争の結果、無罪の判決をうることができた。しかし官憲は、いまなお最高裁判所に再上告を行って、被告人たちを有罪にしようとしている。白鳥事件もまた松川事件と同様の政治的理由によってフレーム・アップされた。

私たちの闘いは困難である。

諸外国の友人の協力を得たい。

一九六二年六月

白鳥事件弁護団

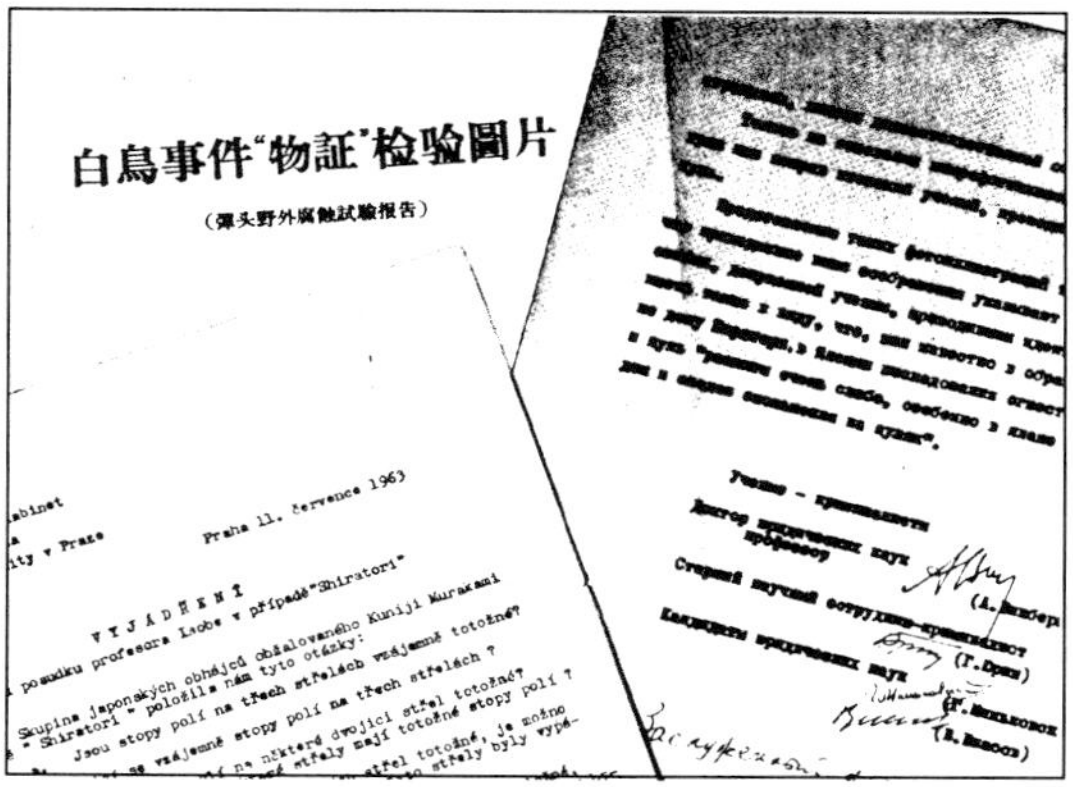

ソ連、チェコ、中国から寄せられた弾丸鑑定書の一部

アピールは「拳銃と弾丸の科学的検討についての訴え」が主体で、これを集約し日本の専門家から外国の科学者に宛てた質問」と「白鳥事件について世界の法律家とその諸団体に訴える」というものである。

さらに秋にはソビエト連邦対外文化連絡協会と、チェコスロバキアのチャールズ大学教授ピストリツキーに実験的研究を依頼してその承諾を得た。

よびかけに応えて

(一) 昭和三八(一九六三)年四月、まずソビエトの科学者、法律家からアピールに対する意見書が届いた。刑事学者ア・ビンベルグ他三名による回答書は「白鳥事件について弁護人の質問に対する回答」、「外国の学者によびかけた日本の専門家の質問に対する回答」、「白鳥事件に関する専門家=刑事学者の結論」の三通で、要旨は次のとおりである。

① 地中に長時間置かれた金属の腐食状態と埋まっていた期間を確定するためには緻密な科学的実験とその分析が不可欠であること。

② 旋条痕については、第一段階で綫丘痕幅と傾斜角を測って異なっていないか調べる(傾斜角は〇・五度までの正確さが必要)。二〇六号は二〇七号に比べ、綫丘痕幅が底部の方が頭部より狭くなっている。基本的な段階による緻密な研究をしなければ同一拳銃から発射された弾丸であるということを確定することはできないこと。

③ 弁護団からの資料を研究した結果、三発の弾丸は口径七・六五ミリ「ブローニング」一九〇〇年型標準

実包と思われるが、一九〇〇年型標準実包に合わせて設計された拳銃は約一〇〇種類あり、警察がなぜ「ブローニング」拳銃を選んだのか明らかでない。「ブローニング」以外の拳銃から発射されたものではないことを立証していない。

(二)チェコスロバキアからはプラーグ（プラハ）のチャールズ大学刑事学研究室のヤン・ピエシチャックが作成した「鑑定」、「東京の白鳥事件弁護団への手紙」が届いた。概要は次のとおりである。

①射撃訓練場に最長六カ月間土中に埋もれていたニッケルメッキのスチール製弾丸を掘り出して調べたところ、弾丸の表面は金属光沢を失い、激しい腐食が進行していた。

②四発の弾丸を土中に撃ちこんで二週間放置したら、弾丸表面にさびは発生しなかったが、旋条痕の部分は金属光沢を完全に失っていた。

③白鳥事件と同種同型の拳銃と同じマークの実包によって地中に撃ちこんだところ、弾丸は雪を通して地中約十センチに達した。

④拳銃の同一性を証明するためには、痕跡の類似性は証拠として不十分で、完全に同一であることが必要である。写真によると、とくに二〇七号弾丸の条痕の幅は他に比べ狭く、類似すらしていない。

⑤写真に示したＦＮマークの拳銃には消音装置はつけられない。消音装置は銃口にゴムが当ててあるから弾丸に特別の痕跡を残すことはない。

⑥弾丸が土壌中に埋められていた場合、土壌が固着して、とくに条痕部分に付いている。地中に埋めたものの腐食は電気化学的過程によって起こる。ピッティング腐食の他に化学的な過程による腐食が進行している。腐食形態を調べるには屋外実験によればもっとも明瞭に解き明かすことができる。

⑦自転車に乗りながら自転車に乗って動いている的を、消音装置のついた拳銃から発射したという犯人の

射撃は極度に困難であり、それは高度に熟練した射撃であるように思われる。

「磯部教授の鑑定書に対する意見」は三八年七月に届いた。

① 拳銃は口径七・六五ミリ、ＦＮマーク、一九一〇年型か一九二二年型のブローニングと思われる。

② 弾丸の細かな痕跡の比較は底部に近いところがもっとも適当で、時には上部にある痕跡も適当である。中間では細かな痕跡はしばしば消失している。磯部鑑定書は下部には何らの注意をはらわず、中間にあらわれたこまかな痕跡、とくに条痕の端の部分にすべての注意を集中している。端の痕跡（edge）は、発射によって銃身の腔綫に刻まれるときに、弾丸の被甲の材質がはがされることによって起こる。たとえ、別の銃器から発射された弾丸についても、非常にしばしばよく似て見えるのである。

③ 弾丸の旋条痕幅にまず何よりも注意したが、二〇七号の弾丸の少なくとも四本の旋条痕は二〇六号、二〇八号の旋条痕より狭いことが明瞭である。

弾径の小さい弾丸の場合、銃身の中を滑走（slipping）するため、旋条痕は不正確に刻まれ、幅はふえるが、本件の弾丸は旋条痕はよく刻まれており、滑走していない。旋条痕の幅の変化は、銃身がたくさん弾丸を撃つと起こり得るが、同じ型式の拳銃で三〇発の実包を発射して旋条痕を写真比較してみたが、幅は変っていない。

いかなる弾丸のいかなる旋条痕も銃身の幅より狭くなることはどんな理由によっても絶対に起こり得ない。

④ いくつかの写真は明瞭でなく、シャープでもない。このことは同じ痕跡をちがうように見せ、他方ちがう痕跡を似たように見せている。相似した細かな痕跡の他に完全に相異する細かな痕跡があるが、磯部鑑定書はこれを無視している。弾丸二〇八号と二〇七号の比較、二〇八号と二〇六号の比較の結果は同じ銃器から発射されたことはあり得ないことを証明している。

弾丸二〇八号と二〇六号の比較については、旋条痕は大体同じ幅をもっている。磯部鑑定で同一であるという細かな痕跡のいくつかは相似しており、いくつかは相違している。

提供された資料は意見を表明するのに十分ではない。写真は痕跡がシャープではなく、比較するためには不適当である。二〇七号の弾丸は他の弾丸よりも照明度が強い。

⑤　磯部鑑定書はあいまいであり、納得できないばかりでなく、その正確性については深刻な疑問がある。弾丸二〇七号は二〇六号と二〇八号を発射した銃器とは別の銃器から発射されたという確実な可能性がある。同様に、それよりは少し小さいが同じ可能性は弾丸二〇六号と二〇八号の間にもある。

ヤン・ピエシチャック教授の意見は、後に比較顕微鏡による撮影や、その写真を検討する上で、原をはじめわれわれにとって大いに参考になった。

ソビエトからの三通の意見書は証第三―一〜三号として、チエコスロバキアからの「鑑定」は証第四号として三八年五月三〇日に、「弁護団への手紙」（証第五号）は七月一一日にそれぞれ最高裁判所に提出された。

そして、弁護団は中国にも弾丸の実験、鑑定を依頼した。

支援運動のひろがり―白対協の結成と映画「白鳥事件」

白鳥事件に関する運動もひろがりつつあった。二審判決後、「白鳥事件被告を守る会」が結成され、昭和三六（一九六一）年一月二〇日から二一日にかけて事件発生九周年を期して第一回の現地調査が行われ、道内外から二〇〇名以上の参加をみた。

昭和三七（一九六二）年三月一六日には、白鳥事件中央対策協議会（白対協）が総評を中心に四六団体の参加で結成された。北海道から九州に至るまで三〇〇余の「村上国治を守る会」がつぎつぎと結成されて、全国民的規模の運

映画「白鳥事件」より（長崎）

動へと発展していき、活動のための財政的基盤も作られてきた。

運動の一環として映画製作が計画され、同年九月五日にクランク・インした。筆者は九月一六、一七日にわたって撮影に立ち会った。この映画は一〇月一五日、映画「白鳥事件」として完成、東京と北海道で試写を行った。

証拠弾丸の旋条痕を測る

外国の科学者へのアピールと同時に、国内では裁判を支援するための科学者の協力をひろげることが求められた。

東京大学生産技術研究所の教官で筆者の同窓の西川精一と原善四郎に事情を話して協力を要請し、早速六月二八日に原、上田弁護士と同道、最高裁で証拠弾丸の金属顕微鏡写真を撮る。仙台からは下平、北海道からは宮原も上京し、今後の方針について弁護団との打合せが続く。

七月九日には上田弁護士、原と三人で工具顕微鏡を持って最高裁へ。記録閲覧室で三発の物証弾丸の綫丘痕の角度の測定をする。角度は確かに違うようだが、測定はきわめて難しかった。幅はのちに顕微鏡写真の引き伸し印画で、ノギスを用いて実測した。この測定をまとめたのが、原善四郎による「白鳥事件弾丸の旋条痕の幅および角度測定報告」（証第六号）である。不十分な設備と測定方法であったが、それでも弾丸の相異が明らかになった。原は、旋条痕幅の測定について「弾丸によって高度に有意な差がある」、旋条痕角度の測定については「弾丸によって相当の差がある」と指摘している。

上告審口頭弁論―最高裁法廷でスライド上映

上告審の口頭弁論が昭和三八（一九六三）年七月一六日から四日間にわたって行われた。

関原弁護人は証拠弾丸のカラースライドをうつし、三つの弾丸の旋条痕の幅と角度がそれぞれ違っていることを原報告に基づいて説明、上田弁護人は総論として、この裁判は、たくさんのアクセサリー事件（白鳥事件をとりまいているいくつかの関連事件）が白鳥殺害の証拠欠如を雰囲気で補っている雰囲気裁判だと述べた。土中から「発見」されたという弾丸には腐食がなく、キズもなく、旋条痕の違いも立証された。弁護人側には禁じられている拳銃と弾丸を使っての実験を、裁判所は当事者立会いのもとにやるべきであると述べ、原判決破棄を求めた。また到着したばかりのヤン・ピエシチャックの「磯部鑑定書に対する意見書」（証第七号）も紹介された。

一六日は弁護側七人、一八日は弁護側九人、一九日検察側、そして二〇日は土曜日だったが午前に弁護人による最終陳述が行われた。四日間にわたって行われたことも、スライドを使っての弁論も、異例のことであった。この口頭弁論の模様は各紙とも大きく紙面を割いて報道した。

この時点では弁護団もわれわれも手応えがあったと信じた。唯一の物証弾丸の持つ欺瞞が科学者に暴露され事件のデッチ上げが立証されたのだから、上告は採択されるに違いないと思った。

朝日新聞夕刊（昭和 38 年 7 月 16 日）

最高裁「上告棄却」判決

昭和三八（一九六三）年一〇月一七日、最高裁第一小法廷は「上告棄却」の判決を下し（資料Ｉ）、有罪が確定した。

判決の理由は、主として杉之原弁護人および鎌田弁護人の上告趣意書に答える形で述べている。

上告審は、「村上国治が白鳥警部の射殺を命じ」、「佐藤博が自分が射殺したと言った」という佐藤直道、追平雍嘉、高安知彦らの供述は任意性、信憑性があるとした原審の判断を維持した。

幌見峠で発見された二発の弾丸は、射撃訓練を行った際に発射されたもので、一年七カ月ないし二年三カ月間現場に埋没していたものかどうかについて、原審が金属の腐食形態だけからその腐食環境に放置された期間を推定することは不可能であるという岡本鑑定を採用したことに対し、正当と認めた。

三発の弾丸は極めて類似した条痕があるという磯部鑑定、磯部供述により、三発の弾丸は同一拳銃により発射されたものであり、すなわち、射撃訓練をした際の拳銃と白鳥警部を射殺した際の拳銃とは同一であるという一審判決の認定を、原判決（二審）が支持したことを上告審は認めた。

上告趣意補充書として最高裁に提出した新たな鑑定書、意見書の証第一号から証第七号は「新たな主張を包含しないと認められる限度において判断の資料とした」と書かれているが、実際はほとんど無視されている。

唯一の証拠として検察が出してきた弾丸についての鑑定は、きわめて不十分なものだった。旋条痕については、磯部鑑定書のみである。鑑識について素人である磯部鑑定人は、「似ている」といっただけで、正規の鑑定方法に従ったわけではないし、「同一拳銃」であると断定したわけでもない。腐食についても岡本鑑定人の「推定不可能説」は、ある意味で「実験をしなければわからない」ことを意味し、その点では筆者と変わらない。われわれには銃器を使っての実験は許されていない。しかし、一審の鑑定当時に比べ、科学は進歩し、解けなかった問題も今なら解くことができる、と筆者は証人尋問の時にも主張した。疑問を残したまま人間の生命を左右することは、許されなかった。

判決が下った日、村上国治は全国の支援者にメッセージを送った。

メッセージ

村上国治

全国の皆さん！　判決を聞いて、いま一時間くらいたちました。

怒りにふるえて、どうしようもなくたのまれたメッセージも書きようがありません。私はあくまで闘うのみであります。無実であるがゆえにたたかうのみであります。

裁判官はめくらでありましょうか。ぱっと光った弾がみえないのでしょうか。

一人の人間が同時に三ヵ所にあらわれることができると裁判官はいうのでありましょうか。

生まれて始めて、札幌の町にきたばかりの私を、白鳥という人を見たことも逢ったこともない私を、ニセ弾丸と他人のウソによってただそれだけで、今まで十一年もとじこめてこの上さらに二十年も牢獄に閉じ込めるということ、これはぜったいに裁判ではありません。

石にかじりついても生きぬいて、再びシャバにたち、きっとこのデッチ上げのウラミを私は晴らします。党派をこえ、長い間私の真実のためにたたかって下さった全国のみなさん！

雨の日も、風の日も、街頭に立って、人々に真実を訴えつづけてくださった皆さん！

私は貴方がたのことを一瞬も忘れない。皆さんのことを思うと私は怒りにふるえそうになる。

本当にありがとう。心からありがとう。

日はまた昇る。必ず昇る。怒りの涙でこれ以上書けない。

一九六三年十月十七日午前十一時頃　　札幌市大通り拘置所

弁護人の判決訂正申立てが却下された一一月二八日、村上国治は札幌大通り拘置所から厳寒の網走に送られた。

五、再審請求と科学鑑定

昭和三九（一九六四）年に入って、再審請求の申立てのため、札幌、仙台、東京に散らばっていた鑑定人たちが協力体制を組んだ。腐食についてどのような実験をすべきか、何が問題か、旋条痕についての測定の精度を上げるにはどうしたらいいか、勉強を始め、新たな実験、調査が開始された。

中国、現場実験をはじめる

実験セットを視察する左から余柏年中国側腐食実験責任者。一人おいて長崎、松井。

三九年二月、中国がさきのアピールに応えて札幌と気象風土、土質の似たところを選んで、実弾を使っての大規模な屋外腐食実験を開始したとの連絡が入った。弾丸の、土中での具体的な腐食状況を知るためには、野外の腐食実験を長期に行うことによってはじめて、より確実な結果を得ることができるということで、弾丸を土中に埋め、七カ月、一九カ月、二七カ月後に掘り上げて観察する予定という。

五月、関原勇、福島等両弁護人が中国を訪問、続いて原が中国に渡り現地で意見交換、「物証検査の意見書」（磯部鑑定書に対する）を受け取る。

内容は、旋条痕により同一銃かどうかを認定する問題、確率の問題、弾の腐食の問題についてである。旋条痕については北京政法学院助教授王広沂、確率については北京大学数学力学系教授許宝騄、程民徳、腐食については中国科学

院金属腐食研究員余柏年、鋼鉄研究員顧国成が担当した。要旨は、

同一銃から発射した弾であることが認定できるのは、条痕の特徴（個性の特徴）を根拠とした検査によって一致しているときであり、条痕の幅がちがい、特殊な条痕の特徴が一致しないときは同一銃から発射されたという結論はひきだせない。磯部鑑定書の写真によっても多くの点で特殊な条痕の特徴は一致していないので、異なる拳銃から発射されたと思われ、磯部鑑定の結論は明らかに主観的な憶測による推定である。確率計算は科学的根拠はないが、そのような計算の「結果」は意義もなく、この「結果」を利用して推定したいかなる結論も事実に合わない。射撃場に一八カ月埋まっていた弾丸は、表面は完全に光沢を失い、真鍮本体もひどく腐食している。これによって腐食土中に埋まって十九〜二七カ月経た弾は絶対に「もとのニッケルメッキの光沢をとどめる」可能性はない、等々である。

腐食性の日中比較実験

昭和三九（一九六四）年八月、下平は北京シンポジウム参加のため訪中し、その帰途、中国試験場と札幌幌見峠の腐食性について共通試料を用いて比較実験をすることを中国側と打合わせる。

この打合わせに基づいて一一月一四日に、中国側試験場のある延辺朝鮮民族自治区の延吉と札幌幌見峠に、比較試験片の設置を同時に行い、日中共同腐食実験を始めた。

一二月三〇日には中国側の招請で北海道大学の松井敏二と筆者とが羽田を飛び立った。

中国の試験場は旧ソビエトと朝鮮との国境の地、延吉にある。第一試験場は海抜三二〇メートル、第二試験場は海抜一一〇メートルで、到着した一月一一日は一メートルあまりの雪、零下三〇度という寒さだった。そこに小屋を建てて常時三人から四人の人が監視、定期点検をして、三年に及ぶ実験をしている。実験は発射ずみ弾丸を土中、地表、大気中に放置したものと、弾丸を土中に直射して放置したもので、実験に使われた弾丸は総計四八〇個。また、試験

片を使っての腐食性の比較試験も行っていた。

担当した科学者は余柏年、顧国成、王正樵など中国の最前線の腐食研究者である。

弾丸は割れた―中国での腐食実験

中国側との会議で、実験開始七カ月後の第一回の引き上げ弾丸に応力腐食割れがあったことが報告された。この報告は、われわれにとっては、まったく予想外のことであった。

中国側の昭和四〇（一九六五）年一月一一日付の実験報告書を帰京後直ちに翻訳する。この報告は、中国側が第一試験場と第二試験場を選定した理由として、気象条件、土壌等の地質条件、植性などが札幌と比較的似ていることを述べ、次いでどういう実験をやっているか、その結果はどうであったかについて記している。訳文にしてレポート用紙二〇ページに及ぶ詳細なものであった。

延吉の大気中腐食試験台の前で

われわれは二〇七号、二〇八号弾丸について、割れがあったのを見落としていなかったか。長崎鑑定も岡本鑑定も下平報告書（証第二号）も、また旋条痕を観察した原報告書（証第六号）も見落としていなかったか。原報告書作成の際に撮った写真を皆で首っぴきで調べたが、「割れ」らしいものは見られない。

札幌と中国試験場との応力腐食に対する条件は違わないか。黄銅の応力腐食割れはアンモニアの存在下で起こるとされている。中国試験場に動物の排泄物などがいろいろあって、応力腐食割れを起こす環境だったのではないか。中国側の実験によると、実験後七カ月では中国製弾丸には割れが見られなかった。弾丸の組成のせいか、あるいはメッキ層がとくに厚いためか(ドイツ製、ベルギー製が二ミクロンであるのに対して中国製は五ミクロンであった)。

これらの疑問に答えるために、日本側はいろいろ協議して次のような結論に達した。

①応力腐食性を調べるために、組成の異なる黄銅片について、応力を変えた試験片を作り、現場実験をする。

②弾丸試料を使い、札幌幌見峠に放置して果して割れるかどうかの現場実験をする。

①については、応力試験片は中国側で作り、そのホルダーは日本で作る。

②については、雪がとけ、幌見峠の現場に行くことができるようになったら、弁護団が中国側から提供を受けたベルギーとドイツ製弾丸を用いて埋設実験を開始する。

この計画に従い、中国側は銅六〇、六五、七〇、七五、八〇、および八五パーセントの六通りの試験片を作って日本側に提供、日本からは応力腐食試験用のホルダーを中国に送った。

実験を開始するにあたって日本側の体制について協議し、次のように合意した。筆者が中心になって科学者と弁護団との連絡調整、中国との打合わせ、連絡をする。松井は北海道での実験の保守、管理を、下平は腐食実験の総指揮をとる。

昭和四〇(一九六五)年一〇月二一日、村上国治、弁護人は再審請求申立書を札幌高裁に提出、証拠として証第一号から証第七号を同時に提出した。これらは上告審の際にも提出したものである。

応力腐食割れ

四一(一九六六)年六月二〇日、中国の余柏年、顧国成教授の野外腐食試験二回目の報告書を入手した。拳銃から発射された弾丸四八〇個を野外に一九カ月および二七カ月放置したら、すべての弾丸に応力腐食割れが発生したとい

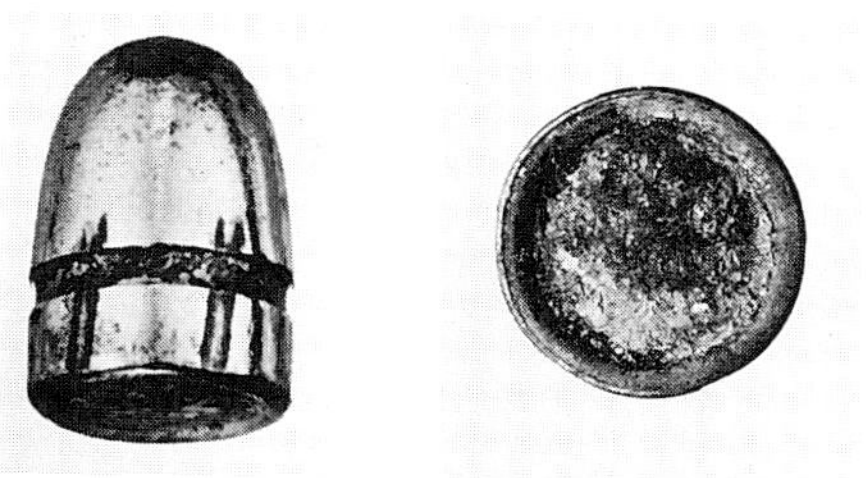

土中に19ヶ月放置したベルギー製弾丸およびドイツ製弾丸底部（証第20号より）。くぼみと底部の腐食が激しい。

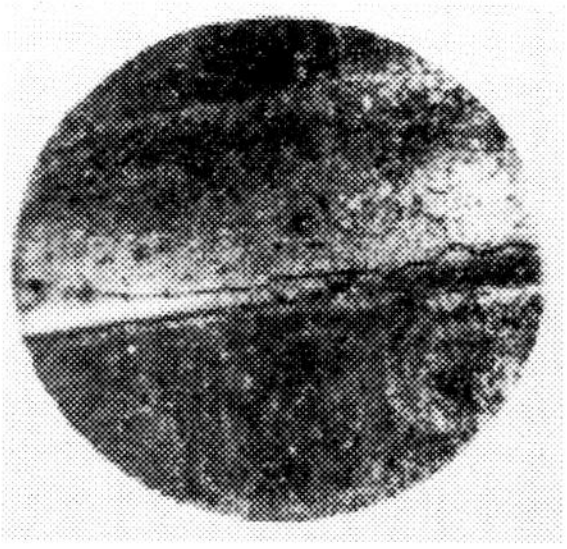

大気中に放置したドイツ製弾丸の応力腐食割れ（証第20号より）。

うものである。

下平は、中国での野外腐食試験の報告書と、中国で実験したすべての弾丸と比較試験片および北大宮原、松井から提供を受けた資料と試験片を下平研究室で測定・観察した結果を、「拳銃から発射された黄銅製弾丸の腐食割れに関する実験報告」（証第二〇号、資料Ⅱ）、としてまとめた。

日本と中国で同時に行われた腐食性の比較実験の結果は、幌見峠の方が中国試験場より腐食性が強いということが明らかになった。下平は「幌見峠の山林においては弾丸は必ず応力腐食割れを発生するものと思われる」と結論している。

黄銅（銅・亜鉛合金）の応力腐食割れについては、下平報告（証第二〇号）で詳しく述べているが、古くからよく知られている現象である。応力（固体をひずませた場合に固体内部に発生する一種の力）とアンモニアが同時に存在するときに起こる割れで、学問的にも工業的にも重要な問題なので世界的にひろく研究されている。小銃の薬莢の腐食割れは問題になっていたが、発射ずみ弾丸に応力腐食割れが発生したという実験は世界でもはじめてである。

また、今回の実験ではアンモニアのない環境で割れていて、割れは弾丸のくびれの部分と条痕から多く発生した。これは発射するときの爆発で加えられた力により弾丸に旋条痕が刻まれ、その部分にひずみと応力が残り、この残留応力が原因の応力腐食割れと考えられる。空気と水分の環境だけで残留応力が大きい場合には、七三黄銅（亜鉛を約三〇パーセント含む）は応力腐食割れを起こすということを示したこの実験は非常に貴重なものといえる。下平はこの結果を腐食研究の専門的立場から整理して、日本学術振興会腐蝕防止第九十七委員会の「防蝕技術」誌（証第二七号）に発表、日本科学者会議の機関誌「日本の科学者」にも投稿した。

幌見峠で弾丸の腐食実験はじまる

日本で弾丸の現場実験をはじめたのは昭和四〇（一九六五）年三月二一日である。弁護団より提供を受けた発射ずみの黄銅製弾丸を札幌市幌見峠の山林に埋めた。実験に使用したのは、ブローニング拳銃から発射されたニッケルメッキを施したドイツ製、ベルギー製弾丸各二〇個である。

実験九カ月目の一二月一二日、雪が深くなる前に、松井らが保守状況を点検したところ、応力腐食割れが確認された。松井は、翌昭和四一（一九六六）年一月二一日に幌見峠を訪れた現地調査団に、応力腐食割れの新事実について発表した。

中国と日本での現場実験を進める一方で、われわれはこの運動をひろげるために、学者、研究者たちにも呼びかけた。四〇（一九六五）年三月一九日には衆議院議員林百郎、田畑忍同志社大学教授らを招いて日比谷公会堂で講演会を、翌四一年一月一八日には東京の私学会館で弾丸問題シンポジウムを、一一月には同じ私学会館で弾丸問題研究会を開いた。

昭和四一（一九六六）年一一月、筆者は再び中国に向かった。すでに文化大革命が始まっており、空港でもどこでも毛沢東語録や毛沢東バッジを渡され、町には紅衛兵があふれていて、かつての清潔な町の様相はすっかり変わってしまっていた。日本の科学者が中国の試験場を訪問するのはこのときが最後だったと思うが、文化大革命のなかで試験場がどうなったか、余柏年、その他の科学者たちはどうなったのか、その後の情報は聞いていていない。

一二月、白対協が制作した映画「かえせ国治」が完成、村上国治の救援と正しい裁判を要求する運動の武器として各地で上演された。

非破壊で弾丸の組成分析は可能

筆者は、蛍光X線分析法とX線回折法という非破壊的な手段を用いて証拠弾丸の組成を知ることが可能であるということを実証するために、証拠弾丸と組成が同じと推定される弾丸を用いて実験し、その結果を「弾丸試料の非破壊分析について」（証第二一号）という報告にまとめた。

筆者が昭和三一（一九五六）年にX線回折法によって証拠弾丸の材質の結晶構造を調べたとき、二〇七号弾丸の方が二〇八号弾丸より格子定数（常数）が僅かではあるが、大きかった。格子定数は、結晶格子をつくって並んでいる原子と原子の間隔から計算することができるが、銅・亜鉛合金の銅に亜鉛が入る量がふえると格子定数は大きくなる。したがって、二つの弾丸の組成が違うのではないか、二〇七号の方が二〇八号より亜鉛含有量がいくらか多いのではないかと思われた。組成を定量的にきちんと出すためには、当時は分析する試料を酸で溶かして化学分析する以外に手段がなかった。証拠弾丸を破壊しないで調べることができる蛍光X線分析装置はまだ開発中で国内には一台くらいしかなく、筆者がいた東北大学にもなかった。二審の頃には二〇台から三〇台と装置はひろまり、四二年には千台以上に達し、研究や生産管理に日常手段として利用されるようになった。

蛍光X線分析法は、試料にX線を照射して試料中の元素から特有の波長をもつX線を発生させて元素の量を調べる方法である。

発射弾丸の野外腐食実験で応力腐食割れの事実が明らかになった。黄銅（銅・亜鉛合金）の応力腐食割れは亜鉛を三〇～三〇数パーセント含有している場合がもっとも発生しやすいといわれている。証拠弾丸の組成はどうなのか、ぜひ調査したい（のちに戸苅報告で物証弾丸は七三黄銅であることが明らかになった）。実験の結びとして長崎報告はまとめている。「以上の測定結果から、蛍光X線とX線回折を併用することにより、非破壊的に弾丸の材質を腐食問題を討論するのに充分な精度で決定できることが明らかにされた。」

宮原、長崎、松井、原は討議をかさね、共同で「岡本鑑定書批判」（証第二二号、資料Ⅱ）をまとめた。岡本鑑定と控訴審での岡本供述に対する科学的な立場からの批判書である。岡本鑑定のいう腐食原因や放置期間の推定不可能説は、弾丸の材質と材質に対する腐食現象の具体的検討もしないで腐食現象の一般論から導いた形式的理論であると述べている。

証第二〇号、二一号、二二号は、再審申立補充書として昭和四二（一九六七）年二月、札幌高裁に提出された。

幌見峠でも応力腐食割れ

昭和四二（一九六七）年六月一八日は弾丸を埋設して二七カ月目で弾丸を引き上げる日である。弁護士、科学者、北大の協力者たちが集まって幌見峠の実験場へと登った。引き上げた弾丸の土を軽く取り除いて見ると、肉眼でも割れが認められた。旋条痕のところ、くぼみのところの亀裂、底部の鉛心の腐食生成物、メッキ層の腐食のしかたといい、中国の実験結果と同じである。

幌見峠から下りて双眼顕微鏡で観察、弾丸試料は同時に引き上げた比較試験片とともに東北大の下平のもとでさらに詳しく調査をした結果、実験弾丸三二個中三〇個に応力腐食割れが発生していた。なお、室内に同じ期間保管していた弾丸一〇個には割れの発生はまったく見られなかった。この実験報告書は翌昭和四三（一九六八）年五月、再審申立補充書証第二九号として札幌高裁へ提出した。

実験弾丸を引上げる松井助教授

ドイツ製弾丸 No.22

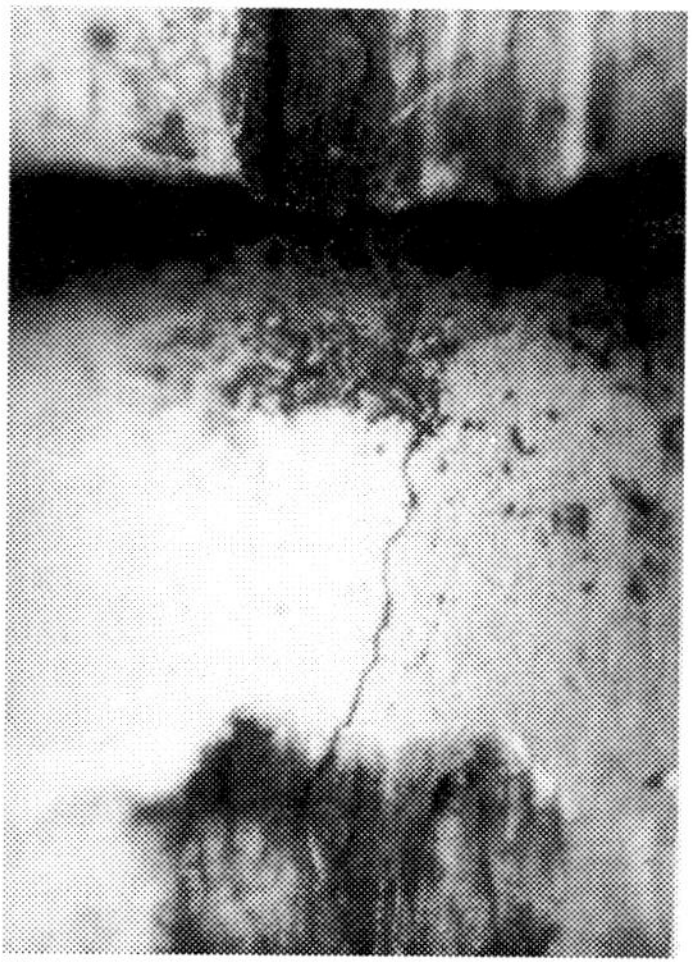

ベルギー製弾丸 No.4

実験弾丸の応力腐食割れ（証第29号より）

二七カ月間の腐食実験は終わった。中国の実験では一〇〇パーセントの割れであったが、幌見峠では九四パーセントの発生率である。もう一度実験をすべきか否か。結果が出るのは二七カ月先で、裁判もどうなっているかわからない。消極的な弁護団の意見をおしきって、われわれは実験を続行することにした。

八月二八日の朝、再び札幌へ飛び、残っていた発射ずみ弾丸一八個を幌見峠の実験場に埋設、北大松井らにあとの保守、管理を頼んで、その日の夕方の便で東京へもどる。

再審請求事実取調べの開始

昭和四二(一九六七)年八月三〇日、札幌高裁より再審請求に基づく事実取調べをしたいという連絡が弁護団に入る。まず最初は下平証人で、一一月一八日、尋問は仙台高裁で行われた。

下平証人は尋問に答えて、金属腐食学の歴史から国際会議、国内の学会、組織、腐食専門雑誌、文献などの紹介、証第二号、証第二〇号の下平報告について補足説明を行った。また金属の腐食の形態について、全面腐食、ピッティング、応力腐食割れ、選択腐食から結晶粒界腐食、結晶粒の話まで、詳細に丁寧に話している。その中でピッティング(孔食、腐食孔)について、アメリカの「コロージョン ハンドブック」の中の「土による腐食」という項目から、金属は「土の中ではピッティング孔があくような腐食の進行をする」という記事を引用している。土のようなかたまりや石や砂とか、接触が不均一なので腐食が孔状にできる場合が多いという。

実験の評価について問われた下平は、「会社、大学などほとんど

白鳥事件 再び弾丸論争
下平教授が証言
再審請求事実調べ「弾丸二個はニセ物」

毎日新聞夕刊（42年11月18日）

全部が実験をしているわけで、その実験をまとめて腐食の理論が作られる。『コロージョン』という雑誌を見ても、ほとんどが実験結果の報告である。実験を抜きにして何かを考えるということはナンセンスに近いわけで、ほかのサイエンスと同じように、実験があくまでも基礎である」と答えている。

二日目は東京地裁で原尋問が行われた。

原証人は証第六号の旋条痕の幅と角度の測定方法、幅の位置（幅の底）の決定とその理由などについて説明した。「旋条痕幅の二〇六号と二〇七号の差〇・〇三ミリは、工業における加工の公差が〇・〇一ミリというオーダーに比べると意味のある数字で、同一の加工の標準によって作られたものではないという疑いがかなり濃い」、角度についても「（証第六号提出後）弁護団から提供されたブローニング一九一〇年型の同一拳銃から発射されていることが保証されているチェコ、ドイツ、ベルギー製の弾丸一二発について測定したら総平均値は五度五六・六分、この場合の標準偏差は三・六分であった。二〇七号の五度三四分は二〇六号（五度五七・七分）、二〇八号（五度五七・四分）に対してかなりかけ離れた値を示している」と述べている。この測定結果は証第二八号「同一ピストルから発射された弾丸の旋条痕の角度の測定結果」として、四三年三月二八日付で提出された。

磯部鑑定書は米軍ゴードンの指示によるもの

三日目の一一月二一日は磯部尋問である。この尋問で、驚くべき事実が磯部証人の口から明らかにされた。

昭和三〇（一九五五）年七月、磯部は高木検事より三発の弾丸が同じ拳銃から発射されたものであるかどうかの鑑定を委嘱された。磯部は弾丸の鑑定については素人で経験はない。東京大学には銃器鑑識に必須の比較顕微鏡もない。磯部は測角器を使って角度を測り、図面に弾丸表面の凹凸を書いていたが、なかなか結論が出ず、困っていた。そこへ最高検察庁の人が来て米軍の極東犯罪捜査研究所へ連れて行き、拳銃鑑識に詳しいゴードン曹長に会わせた。磯部は弾丸を預け、立ち会うこともなくゴードンが写真撮影し、渡されたフィルムとメモによって作られたのが磯部鑑定書である。当日の証人尋問から一部を抜粋して紹介する。

弁護人　あなたは相模原のアメリカ軍のそういう捜査機関に行けば、そういうもの（編注・比較顕微鏡）が使えるという知識はどこから得られたんでしょうか。

磯部証人　それは検察庁のほうからこういうのが利用できるけれども行ってみないかという話があって行きました。

弁護人　それは最高検察庁からですか。

磯部証人　はい。

弁護人　あなたとこの研究所で直接接触なさったのはゴードンですか。

磯部証人　はい。

弁護人　この人は拳銃鑑識について知識をもっている人ですか。

磯部証人　非常な経験をもっている人のようです。

米軍に証拠弾丸渡す　島田事件

撮影した写真で鑑定

磯部教授、新事実を証言

“すり替え”の疑い　弁護団

北海道新聞（42年11月22日）

弁護人　弾丸を比較顕微鏡の載物台にのせてごらんになったわけですね。

磯部証人　ええ。全部。

弁護人　そういう操作をやってくれたのはゴードンさんですね。

磯部証人　ええ。

弁護人　光はどういうふうにあてたほうがいいというようなことも彼は非常に豊富な経験をもっていたわけですね。

磯部証人　はい。

弁護人　彼がそういう作業をしてくれたですか。

磯部証人　はい。
弁護人　写真撮影についても同様ですね。
磯部証人　はあ。
弁護人　あなたはカメラを持参したんですか。それともそこのカメラを利用したんですか。
磯部証人　カメラは向こうのカメラで、その人にとってもらったんです。
弁護人　どの部分のどういう映像をとるかということもまたゴードンさんがいろいろ決めたわけですね。
磯部証人　そうですね。
弁護人　その線は似ているというようなことについてもゴードンさんはあなたにいろいろ知識を提供しましたね。
磯部証人　ええ、提供は。
弁護人　フィルムも、もちろんアメリカ軍のフィルムですね。
磯部証人　もちろんそうです。
弁護人　何枚の写真をとったのか、あなたは知っておりますか。
磯部証人　…実際に何枚とったかは。
弁護人　知らないわけですね。
磯部証人　ええ。
弁護人　二、三度そこを尋ねたというお話でしたが弾丸をそこへ預けてきましたか。
磯部証人　預けたこともあります。
弁護人　誰に預けたのですか。
磯部証人　その。
弁護人　ゴードン。

磯部証人　ええ。
弁護人　この写真はあなたが同席しているところでとったものですか。あなたが不在の間、預けてある間にゴードンがとったものですか。
磯部証人　それは不在の間にとったものもあります。
弁護人　それは区別はつきますか。
磯部証人　つきませんね。

…………

明けて昭和四三（一九六八）年も引き続き事実取調べが行われた。一月一九日岡本鑑定人、五月一五日から一七日原鑑定人、磯部鑑定人は五月一七日に再度確認の尋問がされている。

裁判長　…もう一度確認する意味でお聞きしたいと思います。鑑定書に添付された写真は証人自身が撮影された写真ではございませんね。
磯部証人　ありません。
裁判長　ゴードン曹長だったですか、が撮影された写真ですね。
磯部証人　はい。
裁判長　そのとき、写真を撮影するときには証人は立ち会われなかったわけですか。
磯部証人　写真を撮影するときには立ち会っておりません。（編注・鑑定書には「鑑定人立会の下にその状を撮影した…」とある。）
裁判長　何か、顕微鏡でのぞいたことがあるような証言は前にされておりますね。それはどんな機会でしょうか。
磯部証人　最初に行ったときのような気がしますが、はっきりおぼえておりませんが、たぶん最初に行ったときだと思いますが。

裁判長　そのときはゴードン曹長も一緒でしょうか。

磯部証人　ええ、もちろん一緒です。

裁判長　どんなことをごらんになったんでしょう。

磯部証人　さあ……

裁判長　具体的に言いますと、この条痕が似ているとか、似ていないとか、そういうことをごらんになったんでしょうか。

磯部証人　そういうことはやらなかったと思います。

裁判長　じゃ、弾丸をただのぞいて見た程度ですか。

磯部証人　ええ、何か器械を見せてもらったような気がしますが、そういう細かい点についてはやらなかったと思います。

裁判長　それ以外には顕微鏡で直接弾丸をごらんになったことはございませんね。

磯部証人　そのときまではないはずです。

裁判長　いえ、その条痕を比較して見られたことはございませんね。

磯部証人　ございません。

裁判長　一昨日も証言されておりましたが、どの条痕とどの条痕を合わせて写真をとるということもゴードン曹長の判断で決めて撮影したということになりますね。

磯部証人　そういうことです。

最後に磯部証人は、「この鑑定書は（同一拳銃であると）断定する趣旨のものではないということなのです」という。しかし、一兆分の一という数字を出せば、本人の本意はともかくとして同一拳銃と解釈されるのは当然である。

鑑定書、証言の訂正—岡本証人

一月一九日の岡本鑑定人に対する事実取調べは、四二（一九六七）年に提出された宮原・長崎・松井・原による「岡本鑑定書批判」を中心にしての再尋問であるが、岡本は昭和三四（一九五九）年一二月の二審のときの証言および鑑定内容をも訂正する発言をした。

二審尋問では結晶粒界は「八〇〇倍の顕微鏡で見える」と述べていたのを、「一〇〇倍か二〇〇倍ぐらいで眺めた」、「結晶の大きさを千分の一ミリと話したのは結晶粒界と間違って答えたようで、結晶の大きさは一〇〇分の一ミリ程度ではないか」といい、鑑定書で「結晶粒界部に比較的浅い選択的腐食溝が認められる」と記したことについては、「〇・一ミリくらいのもので一ミリか一ミリ半くらいの長いひも状になったものが結晶粒界のかたちのような感じがしたので選択的腐食溝ということばを使った。…今改めて考えると、これを結晶粒界と考えるのは正しいか、正しくないか疑問だ」と述べ、原審の証言を撤回している。

中国の腐食実験については「かなりコントロールされた条件下における腐食に関する非常に詳しいデータが得られたという点で有用である」と評価した。しかし「応力腐食割れが起こるかどうかということを現場試験をして調べる必要があるのではないかと考えるが、ただ非常に強調したいことは、非常に管理された条件下でしなければ、こういう実験は意味がない」と証言している。

岡本は発見された弾丸が現地に二七カ月間放置されていたか、あるいは放置されていなかったか、いずれも推定できないという。その証言の一部を引用する。

弁護人　鑑定事項四の質問を若干変えて「放置されていたと推定できる可能性の有無について」というのを「放

置されていなかったと推定できる可能性について」ということに対してはどういう鑑定になりますか。
岡本証人　やはり、それもわからないといっていいと思います。
弁護人　これもやはり、それを推定できる可能性はないということになるんでしょうね。
岡本証人　はい。
弁護人　結局、これは、あなたの鑑定の結論からすると土中に、これこれの期間、この弾丸が放置されていなかったと推定する可能性もやっぱりないということになりますね。
岡本証人　ええ、そうですね。
弁護人　そうなりますね。
岡本証人　ええ、まあ、いずれともわからないということになりますね。
弁護人　私どもが、あなたに、いろいろうるさく聞くのは、以前の第二審の判決のなかで、あなたの、この鑑定を引用されて、この鑑定を見るならば、土中に放置されていなかったとはいえないと、ちょうど、今、あなたが言われたのと反対の結論をだしておられるんです。それで、私どもが、うるさく聞いているんです。あなたは、そういう結論は、だされないわけですね。現在でも。
岡本証人　ええ、いずれともわからないということです。
弁護人　そういうことですね。
岡本証人　はい。
弁護人　そうすると、その判決は、あなたがお書きになったことを、素人考えかなんかで、勝手に反対の意味にとって結論をだしたということになるんでしょうか。
岡本証人　そうですね。私は、ですから不可能であるという、この式の意味を、どうも私自身の書き方がまずかったんでないかと思いますが。

弁護人　いや、いや、あなたは、そうは書いていないから。あなたが、そう、特別に書いていないことを奇貨として反対の意味にとってるんでないでしょうか。
岡本証人　いずれとも判断できないわけです。
弁護人　ですから、放置されていたと推定できる可能性がないと同様に、放置されていなかったと推定できる可能性もないというのが、あなたの科学的な結論なんですね。
岡本証人　そうです。

なお、岡本証人は、二発の弾丸は幌見峠から実際に出たものと信じて、はじめから何の疑問も持っていなかったという。中国の実験結果をみて、実験の有用性を認めてきているが、弾丸は放置されていたか、いなかったか、いずれも推定できないという岡本鑑定の結論は、磯部鑑定同様有罪の証拠として利用された。

隠されていた科捜研鑑定書

弁護団はかねてより疑問に思っていた証拠弾丸の科学捜査研究所の鑑定書の存在について札幌高裁に照会書を提出した。科捜研（昭和三四年に名称が変わり、警察庁科学警察研究所となった）は犯罪事件の科学的鑑定を行う、わが国における銃器鑑識の唯一の鑑定機関である。専門の技官がいて、比較顕微鏡や万能投影機などを備え、過去の事件で押収された拳銃、弾丸、および鑑定の記録が保管されている。新しい事件の弾丸証拠物件は、すぐこの研究所に回されて調べられ、鑑定書が作られることになっている。白鳥警部の体内から摘出された弾丸（二〇六号）については科捜研の鑑定書がある。幌見峠で発見された二発の弾丸を鑑定していないはずはない。しかし法廷に出されたことはない。

昭和四三年六月七日付で札幌高裁が科警研に問い合わせた結果、「鑑定の事実はあるが鑑定書はない」という回答

記載事項				
依頼府県その他	事件名	鑑定物件	鑑定事項	鑑定結果
札幌地検	銃砲取締令違反	X Bt	発射痕	異と認む

「科学捜査研究所年報（昭和23～30年）」より

があった。その後、弁護団は鑑定記録の中にこれらの鑑定書が札幌地検あてに出されていることを発見し、再び札幌高裁に照会を要求した。このような経緯を経て、八月五日、札幌地検から取り寄せられた鑑定書がようやく弁護団の手元に届いたのであった。

昭和二八年八月一九日に幌見峠で発見された最初の弾丸二〇七号は、八月二一日付で札幌地検荒谷検事より科捜研に鑑定依頼されている。主要な鑑定事項は摘出弾丸（二〇六号）と二〇七号弾丸が同一銃器から発射されたものかどうかということである。担当技官物理課の高塚泰光は二八年九月四日付で鑑定書（資料Ⅰ）を提出した。鑑定結果の要旨は「各発射痕特徴に極めて類似した点が発見されるが、前記四項の（一）及び（二）に記載した理由（編注・弾底部の化学的変化および弾頭部の摩擦痕）により、二〇七号弾丸が二〇六号弾丸を発射した銃器から発射されたものと直ちには断定することが出来ないものと認められる」というものである。なお、理由として書かれている弾丸の痕が、条痕の比較、対照に何の影響もないことは、われわれの観察によって明らかである。

昭和二九年四月三〇日に幌見峠で発見された二〇八号弾丸は、五月七日付で札幌地検高木検事より科捜研に鑑定を依頼し、同じく高塚技官が五月三一日に鑑定終了、二カ月後の二九年七月三〇日付で鑑定書（資料Ⅰ）を提出している。鑑定結果は「二〇八号弾丸と、二〇六号弾丸との間には、同一銃器によって発射されたと認定するに足る程度の類似発射痕特徴を発見し得なかった。」、「二〇八号弾丸と二〇七号弾丸との間には、同一銃器によって発射されたと認定するに足る程度の類似発射痕特徴を発見し得なかった。」というものであった

二通の鑑定書はともに同一銃器であるという表現の結論ではない。はじめの鑑定は「似ている」ことを強調し、あとの鑑定は「同一銃器かということ」を前提としているが、結論はいずれも「否」である。権威ある警察の機関が

「同一銃器ではない」という鑑定をしていることは、請求人村上国治が無実であることを証明している。

この鑑定書については、四五年九月一六日、さらに岡部弁護人が東京弁護士会に照会請求書を出している。科警研（旧科捜研）発行の「科学捜査研究所年報」昭和二三年～三〇年に、二通の高塚鑑定書が登載されているかという問合わせである。これに対し、一〇月一六日付で科警研年報のコピーを添えて回答がきた。その中の鑑定実績表によると、二〇七号弾丸の発射拳銃の「犯罪経歴」は「無」、二〇八号弾丸鑑定の時の三発の弾丸の「発射痕」の鑑定結果は「異と認む」と記されている。

作られた証拠

白鳥警部の体内から摘出された一発の弾丸しか物的証拠のなかったこの事件で、検察側は幌見峠より二発の弾丸を発掘し、幌見峠で試射した拳銃と白鳥警部を射殺した拳銃は同じものということで新たな証拠としようとした。しかし、その弾丸は科捜研の鑑定で同一銃器から発射されたものではないと否定された。村上国治を逮捕してから三年になろうとしている。検察は公訴を維持するためにどうしても同一銃器であるという「証拠」が必要であった。科捜研の二通の鑑定書を隠し、高木検事が磯部教授にあらためて鑑定を委嘱したのは昭和三〇（一九五五）年七月九日である。

鑑定嘱託書には、参考添付物件及び書類として弾丸を発見したときの高安の供述調書、検証調書など多くの資料、物品が記されている。科捜研の高塚鑑定書は隠された資料なので記載はないが、磯部鑑定書の前段の部分は高塚鑑定書に非常によく似ている。高木検事と磯部鑑定人との間にどのような接触があったのか明らかにされていないが、検察は磯部鑑定人をゴードンに引き合わせ、磯部ノートによると、基本的な作業は七月から八月頃にはほぼ終わり、事実上のゴードン鑑定書が作られた。鑑定書が提出された一一月一日を前にして、三〇年八月一六日に村上国治を殺人罪で起訴したということは、鑑定書の結論を検察がわかっていたとしか考えられない。

科捜研の鑑定書が一〇年以上も隠されていたこと、有罪の根拠としている磯部鑑定書に米軍曹長ゴードンが関与していたという事実は、ますますわれわれの実験、研究に確信をもたせた。

昭和四三（一九六八）年八月三日、原と筆者は札幌高裁で証拠弾丸を観察した。

応力腐食割れの判定―下平証人

八月五日、下平は再び札幌で事実取調べを受ける。五月一七日付で提出した「幌見峠における現場実験報告書」（証第二九号）の内容についての尋問が中心である。下平は、「空気中や土中で金属に影響する腐食性の物質は非常に微量な場合が多く、また金属材料の種類によって腐食の仕方が違うので、長時間の現場実験が必要なことは腐食学者の常識になっている、この弾丸の腐食についてはじめて弁護団から質問を受けたときから現場の実験をしないでいろいろなことをいっても無駄ではないかと実験を主張してきた。しかし、実際にピストルを発射することも発射弾丸を入手することもできず、昭和四〇（一九六五）年はじめ、弁護団から中国での発射ずみ弾丸の提供を受けたので現場実験を始めた」と、実験に至った経緯を述べた。そして尋問を受けて次のように証言している。

一、幌見峠での現場実験の弾丸の回収数は三十二個だが、この数についてはどう考えるか

実験は試験回数と試験片が多いほどよい結果が得られるといわれるが、弁護団から提供を受けた弾丸は五十個と限られていたので、そのうちの四〇個を実験に使った。一三カ月目に保守状況の点検のために八個を引き上げたため、最終的に回収したのは三二個である。実験は再現性が高く信頼性が高いことが必要で、実験の測定値を扱う数学が古くからあって公式が作られている。試験片の数を増やせば誤差は小さくなる。実際的な計算では三〇を少し越せば、何百回、何千回行ったのと同じ価値があるという数学的な根拠に基づいて実験をした。

二、中国の実験では一〇〇パーセント割れ、幌見峠の実験では九四パーセントであったということについては

黄銅の応力腐食割れは、応力、亜鉛の量、アンモニア、水、空気によって割れる確率を掛けたもので決まるといわれている。応力以外の要因は日本と中国では大差はないが、応力については、中国で発射した弾丸を一年以上経てから日本で実験に使ったので、中国の実験時よりも旋条痕部分の応力は開放されて残留応力が小さくなっていることが考えられる。残留応力が小さくなると荷重と割れるまでの時間(寿命)の関係を表す曲線によると、割れるまでの時間はずっと長くなる。実験を数理統計的に扱う場合には、三二発のうち三〇発割れたら全部割れるものと考えていいと工業的にはいわれている。

三、すべての旋条痕に応力がかかっていると思うが、割れの発生したものと発生しないものがあるのはなぜか

金属の結晶構造はきちんとしたものではなくて、格子の並び方が整然としていない、配列が変わった場所がある。格子欠陥というその欠陥の部分に応力荷重をかけると、金属の変形、つまり金属のすべりが起る。なぜすべりが起るのかということはよくわかっていないが、条痕なら全部同じように変形が起るとはいえない。応力腐食割れは、すべりの部分に腐食の環境の要因が侵入してきて発生する。土中の場合、弾丸と土との接触は場所によって違うので、そのことも原因の一つと考えられる。

証拠弾丸の組成わかる―戸苅報告

昭和四三(一九六八)年八月、北海道大学理学部助教授戸苅賢二は札幌高裁より証拠弾丸の組成分析の依頼を受けたが、翌四四年一月、報告書をまとめて提出した。分析の方法は、筆者が証第二一号「弾丸資料の非破壊分析について」で提案した蛍光X線分析法とX線回折法を用いた。測定結果は表に示すように、三個の弾丸はいずれも亜鉛を約三〇パーセント含み、応力腐食割れを最も起こしやすい七三黄銅であることが明らかになった。

二〇八号弾丸の表面層は脱亜鉛腐食が著しいため、亜鉛含有量の値が低くなったと思われる。のちに下平は脱亜鉛による亜鉛含有量の時間変化の実験から、二〇八号の最初の亜鉛含有量は三一～三二パーセントであると推定してい

る（証第三一号）。

表・測定結果の概要

弾丸名	弾殻 成分	弾殻 亜鉛含有率	弾芯 成分	メッキ膜 成分	メッキ膜 厚さ
二〇六号	銅、亜鉛	二九・七％	鉛	ニッケル	絞り部にのみ残存　測定不能
二〇七号	〃	三二・二％	〃	〃	〇・五〜二ミクロン
二〇八号	〃	三一・〇％	〃	〃	絞り部にのみ残存　測定不能

札幌高裁への再審請求以後、弁護団から提供された弾丸を使って一部は現場実験に、一部は組成の分析、綫丘痕の撮影、弾丸の直径、綫丘痕の幅と角度の測定などをして、証拠弾丸の真実を解明するためのデータとした。

われわれはかねてから自分たちの研究手段がぜひ欲しいと願っていたが、ようやく精密投影機を購入し、筆者の青山の事務所に設置した。比較顕微鏡は本郷で中古品を見つけた。ゴードンが使ったのと同じアメリカのボシュ・ロム社製である。

昭和四三（一九六八）年一〇月、東京で比較顕微鏡の撮影テストをしてから顕微鏡は札幌に送られ、一一月一九日から二〇日まで松井らが証拠弾丸の比較顕微鏡撮影を行った。

再審請求棄却決定―弾丸の証拠価値は薄らいだ

昭和四四（一九六九）年三月一五日、弁護人は札幌高裁に意見書を提出、三月二二日に最終意見陳述を行う。三カ月後の六月一三日、札幌高裁は再審請求を棄却決定（斎藤決定）した。

この決定は、証拠の新規性と明白性についての裁判所の判断を冒頭に述べ、提出された個々の証拠の証拠価値について、その新規性と明白性を検討している。

腐食問題については、いずれの証拠も金属の腐食形態だけから、岡本鑑定および岡本供述の「一定の腐食環境に放置された期間を推定することはほとんど不可能である」という原判決の認定を覆すことができるかという観点で、新規性も明白性も否定された。

ただ、発射弾丸の中国での実験報告（証第二〇号）と幌見峠での実験報告（証第二九号）と下平供述は、弾丸の応力腐食割れは原裁判所の予測し得なかったことなので、新規性を有すると判断したが、明白性については、いずれも否定している。

そして二〇七号、二〇八号弾丸については「十九月又は二十七月幌見峠に埋没されていた可能性を否定することはできないとしても、その度合いはむしろ小さいと認められること、および岡本鑑定人がこれを認めたとする選択的腐食溝の存在が疑わしくなったことなどにより、本件各弾丸の証拠価値が原判決当時に比べいささか薄らいだことは否定できない」といわざるを得なかった（傍線筆者）。

しかし、弾丸の腐食状況についての証拠が前記のような限度ならば、高安らの供述する拳銃射撃訓練の事実がなかったとまではいえない、従って高安らの供述の信憑性を否定し去るわけには行かない、以上によって、これらの証拠は白鳥警部殺害の事実につき明白性を有しないといわなければならない、とする。

弾丸の綫丘痕等の問題は、提出された六件の証拠価値について綫丘痕の幅、角度の測定結果の新規性と明白性について検討している。新規性については、原訴訟の証拠と検討の方法あるいは結論が異なるものについては新規性を有するとした。明白性については確定判決の基礎となった全証拠と再審請求で提出した証拠との関連で有罪の確定判決を覆せるかどうかを問題として判断している。

いわゆるゴードン鑑定については、「ゴードン曹長が撮影した写真に基づく類似条痕の有無等の観察判定は磯部鑑定人がゴードン曹長等の意見を求めることなく自ら行い、その結果を鑑定書に記載したことが認められるから、その限りにおいてなお鑑定たる実を有し、前記の諸点があるからといってただちに一片の証拠価値もないものとして排斥することは相当でない」、「鑑定書作成の過程においてゴードン曹長なる余人が介在した等の事実および鑑定書中で相互に類似するとされていた本件各弾丸の条痕中に類似性が疑わしいものが現われたこと等によって、その信頼性が低下したことは否めないけれども、右条痕中に明確に類似性を認め得るものあるいは類似性を否定できないものが存在する事実を認定できるという限度でなお証拠価値を有するものと認め」ている。

科学捜査研究所の高塚鑑定書については、「三個の弾丸が同一銃器から発射されたと認定できる程度の類似条痕を発見し得ないというもので、類似条痕の存在をまったく否定するとか、あるいは本件各弾丸が異なる銃器から発射されたことを認定できる条痕等の存在について言及しているわけではない。」とし、綫丘痕の対照写真に三個の弾丸相互間に類似条痕の存在することが示されていることから、「高塚鑑定書は、磯部鑑定書に現れている条痕の類似性に関する認定に影響を及ぼすものではないといわなければならない」とする。

結論は、「三個の弾丸の発射拳銃の同一性に関する所論（編注・再審請求理由書）引用の証拠は、原判示の白鳥警部殺害準備行為の一環としての幌見峠における拳銃発射訓練の事実、およびその際用いられた拳銃と白鳥警部殺害の用に供された拳銃とが同一である事実、さらに、ひいては白鳥警部殺害の事実につき明白性を有しないといわなければならない」。

六、再審請求棄却への異議申立

異議申立書の提出

札幌高裁の再審請求棄却決定に対し、村上国治と弁護人はただちに異議申立書を提出した。申立書は「原決定は憲法、刑事訴訟法、および判例に違反し、理由不備、理由のくいちがい、審理不尽の違法があり、かつ重大な事実の誤認があり、取消されなければならない」と冒頭に述べ、この決定は「予断と偏見を抱き、思いあがって科学法則に挑戦し、基本的人権の擁護の任務を放棄し、ただただ確定判決を維持するという「政治的」使命感によって請求人の「無実」の主張をじゅうりんしたもの」であり、確定判決は「政治裁判」であったと断じた。

明白性の基準については疑問を抱く。確定判決を一〇〇パーセント否定しない限り明白性はないというような基準は、新証拠をどう科学的に評価するかにかかわってくるが、「実験の結果は科学的に貴重なもの」といい、「証拠価値が原判決当時に比べ、いささか薄らいだことは否定できない」というならば再審に道を開くべきだと思うが、それができないのが「政治的」使命感なのであろうか。

日本でも一〇〇%の応力腐食割れ―第二回弾丸腐食実験

再審申立棄却決定の後もわれわれは引き続き実験、研究を行った。

昭和四四（一九六九）年一〇月二九日には幌見峠より第二回目の実験弾丸の引き上げをする。引き上げた弾丸を、札幌市内の宿舎に持ち込んだ顕微鏡で何個かのぞいてみると、みごとに割れている。詳細な調査をするために試料は下平が仙台に持ち帰った。この結果は下平、松井により「実験弾丸の応力腐食割れに関する実験報告（第二回目）」（証第三〇号、資料Ⅱ）としてまとめられた。

第二回の実験は、実験回数を増すほど結果の信頼性が高くなるということから、第一回の実験に引き続いて行ったものである。

実験に用いた発射ずみ弾丸は第一回と同じく弁護団から提供を受けたもの一八個、実験条件、実験場所も同じで、期間は二七カ月。実験の結果、すべての弾丸に応力腐食割れが発生したと報告している。

また、下平は応力腐食割れについて内外の文献を引用して考察しているが、要旨は次のとおりである。

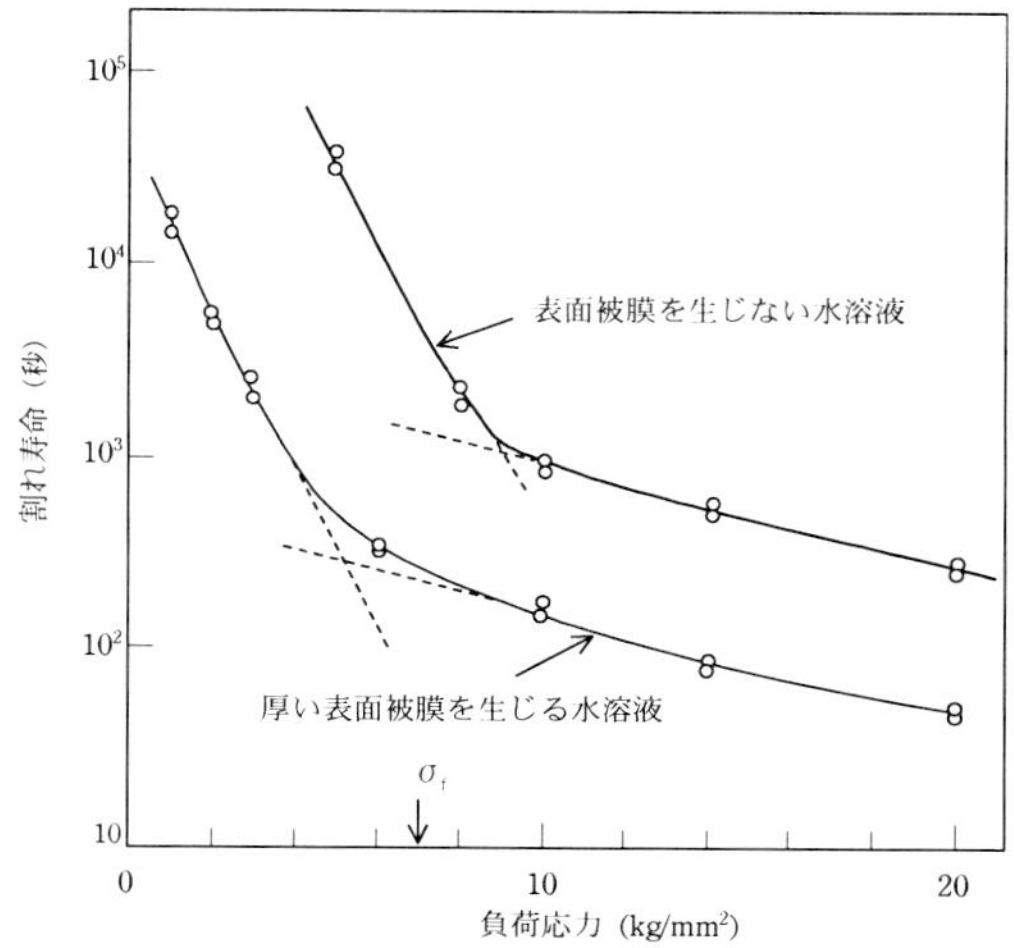

黄銅の応力腐食割れにおける応力と割れ寿命の関係
（証第30号より）

一、応力腐食割れにおけるバラツキ

応力腐食割れの発生はデタラメにバラツイテあらわれるのではなく、一定の法則（割れ寿命と割れ発生の確率における直線関係）にしたがってあらわれることを理解することは、応力腐食割れに関する実験結果を正しく評価する上できわめて重要である。

二、応力の大きさと割れ寿命の関係

応力腐食割れでは、一般に応力の大きさと割れ寿命の対数は直線関係にある。直線は金属材料の降伏点（編注・わずかな荷重によって生じた永久的な変形点）で曲ってあらわれる。黄銅の場合、応力があまり大きくない場合、応力の小さい変化によって割れ寿命は大きく変化する。残留応力は応力の小さい範囲に入る。したがって発射拳銃弾丸は土中に直撃した場合と発射時間が経過して応力が緩和された弾丸を土中に埋めた場合との残留応力の大きさの差は割れ寿命に敏感にあらわれる。

三、残留応力の緩和

一般に加工を受けて金属材料に発生した残留応力は、時間の経過とともに減少する。残留応力をあらわす式があるが、はじめの応力が大きいほど応力緩和速度は大きい。大阪、ソ連での暴露試験の結果にあるように、亜鉛の含有量三〇％以上の黄銅は、残留応力によって自然環境で一～二年間に応力腐食割れを発生することが結論される。

四、火薬燃焼物の影響

黄銅製薬莢が火薬の分解生成物によって応力腐食割れを起すことは国際会議で報告されている。土中直撃弾には発射の際発生した火薬の分解生成物がそのまま付着しているが、本実験では試料弾丸の表面をよく洗浄し、付着物を除去した。実験結果を検討する場合、この点を考慮に入れなければならない。

五、応力腐食以外の腐食形態

（一）幌見峠、中国の実験ともに、弾丸のくびれ、綫条痕、底の部分が最も腐食されやすく、ニッケルメッキが脱落しやすい。

（二）くびれ、旋条痕、底以外の場所ではニッケルメッキは腐食されて脱落しない。中国の場合、全面が黒色に変色したものが多く、幌見峠は金属光沢を保ち、ニッケルメッキはどちらも腐食して脱落していない。

（三）幌見峠の実験弾には脱亜鉛腐食は発生しなかった。

（四）幌見峠の実験弾には粒界腐食の発生は認められなかった（二回の現場実験に使った弾丸五〇個全部を切断して断面を金属顕微鏡で調べた）。

以上の腐食形態は二〇八号弾丸の腐食形態と全く相反する。

報告書は結論として次のようにまとめている。

（一）土中に直撃したまま放置すれば、拳銃弾丸は二七月後には一〇〇％応力腐食割れを発生することが推定される。

（二）幌見峠ではニッケルメッキを施した拳銃弾丸には二七月間に脱亜鉛腐食、粒界腐食を発生しない。

（三）上記（一）（二）により、二〇八号弾丸は幌見峠の土中に二七月間埋没していたのではないことが推定できる。

腐食学の立場からの意見—下平

「再審棄却理由書に対する意見書」（証第三一号）の提出にあたって、下平は新聞記者に次のように述べている。

「実験結果が誰に不利になるか有利になるかに関心はない。科学者としてあくまで事実を追究するだけだ。前

下平教授

回の鑑定内容を裁判所は恣意的に取り上げた。…裁判所はこの事件に関し、唯一の物的証拠といわれる弾丸三個の実験すらしていない。私がやってきたこのような実験はずっと以前にやれたはずだ。科学に対する基本的態度が欠けているとも思えるので、再審請求却下判決にさかのぼってその『非科学性』について意見書を出すつもりだ。」（昭和四五年二月二四日読売新聞）

下平は再審棄却理由書が弾丸の腐食についての判断で、岡本鑑定書を採用して実験に基づくわれわれの鑑定、報告書を採用しないことについて、腐食学の立場から意見を述べた。

一、岡本鑑定書、岡本供述について

(一) 鑑定書によれば、証拠弾丸はピット状腐食、粒界腐食溝、脱亜鉛腐食、くびれの部分にニッケルメッキの残留が観察され、応力腐食割れは発生していないということであるが、現場腐食実験はまったく正反対であった。現場実験を行わなかったための、現実を無視した鑑定書である。

(二) 岡本鑑定人は証拠弾丸をただ眺めて見ただけで鑑定書を作ったことを何度も供述している。眺めて見ただけでは「すべて推定することは不可能である」と結論することは当然である。

(三) 裁判では証拠弾丸が幌見峠にあったかなかったかが争われているのに、鑑定人は幌見峠にあったものと信じて鑑定書を作ったことが供述から明らかである。このような予見をもって作られた鑑定書が「埋没放置されていた可能性を否定することはできない」という判断の根拠にされていることは正しくない。

(四) 現場腐食実験を行っても腐食期間を推定することは不可能であるという鑑定書は現場腐食実験の正当性をふみにじっている。

腐食実験で弾丸が割れるまでの期間はバラバラであるが、そのバラツキを通じてすべての弾丸が割れるまでの期間を正確に推定することができる。バラツキからアテにならないという考え方は応力腐食割れの法則を知らない誤った考え方である。

二、再審棄却理由書に対する意見

(一) 理由書で、ひとしく応力のかかった綫条痕の中には割れない箇所があるというが、すべての場所から割れが発生するものでもなく、同一試料が全部同時に割れるものではないことは応力腐食割れの特徴である。割れが発生しない綫条痕があるのは、応力分布の不均一さと割れ発生による応力緩和にもとづくものである。割れるか割れないかが問題であって、割れの数は問題にならない。

(二) 理由書は、中国の実験では一〇〇個中一一個、幌見峠の実験でも三二個中二個割れなかったことは、二七カ月間土中にあっても応力腐食割れを見出し得ないことがあるのではないかというが、一〇〇個中一一個というのは地表、大気中のものまで合わせた数である。

証拠弾丸は土中に埋設されていたとされているので、土中に直撃した場合のみをとるべきである。直撃の場合、一九月間に九二％、二七月間に一〇〇％割れたのは応力腐食割れの法則にしたがって割れているので、弾丸全体に全く応力腐食割れを生じないものがあり得る可能性を証拠付けるものではない。

(三) 理由書は、中国の試験弾の表面は黒変して金属光沢を失っているから中国の方が腐食性が強いのではないかというが、金属の表面の酸化皮膜の色が黒いから腐食が激しいという判断の仕方は、皮相な誤ったものである。黒褐色は酸化皮膜がもっとも薄い（腐食量が小さい）ことを示している。

下平は次のように結論している。

「腐食学の立場からみれば、岡本鑑定書ならびに再審棄却理由書は、発射拳銃弾丸の幌見峠の土中腐食における腐食形態について全く無知であり、黄銅の応力腐食割れの本質について無知であるために、誤った現象論を展開して誤った結論を導き出したものである。」

証第三〇号と三一号は、異議申立理由補充書（第一）として、四五（一九七〇）年五月、札幌高裁へ提出された。

同一拳銃かの判定、比較顕微鏡写真

磯部鑑定の実体はゴードン鑑定であるということは磯部供述によって明らかになっている。証拠弾丸の三発が同じ拳銃から発射された可能性が高いという磯部鑑定を、われわれは信頼しがたいものとして、研究、調査を積みかさねてきた。

再審請求棄却決定は、原供述で指摘した、磯部鑑定の比較顕微鏡写真が類似しているとして比較している二本の条痕の位置が異なるものがあり、類似性が疑わしいことを認めている。それでもなお、「条痕中に明瞭に類似性を認めるもの、あるいは類似性を否定できないものが存在する事実を認定できるという限度でなお証拠価値を認められる」とした。

われわれは磯部鑑定の誤まりを具体的、客観的に明らかにするために実験計画をたてた。証拠弾丸の比較顕微鏡による条痕の撮影と投影機による角度と弾径の測定を弁護団が行って、その結果を科学者が考察するという計画である。弁護団は顕微鏡と投影機の操作を学び、同一拳銃から発射された弾丸を用いて予備実験をくり返し行った。

昭和四四（一九六九）年一〇月二七日から一一月一日まで、弁護団は、札幌高裁で筆者の指示にしたがって証拠弾丸の角度と弾径の測定と旋条痕の撮影を行った。測定に用いた比較顕微鏡は東京から持参し、投影機は送ったものである。

磯部鑑定写真も科捜研写真も、比較顕微鏡で弾丸を撮影するとき、光源は右側から照射しているので、弁護団は右光源でも撮影できるように光源位置を改造し、右側（条痕のドライビング・エッジ側・資料Ⅱ「拳銃と弾丸」参照）と左側（トレイリング・エッジ側）両方の光源位置から撮影した。このようにして得られた弁護団の撮影写真、右光源で一五三枚、左光源で四八枚と磯部鑑定写真二〇枚、科捜研写真一〇枚の計二三一枚の写真は原に提供された。原はこれらの写真を比較検討し、七七枚を鑑定書に掲載し、異議申立理由補充書（第二）として昭和四五年八月、札幌高裁に提出した（証第三二号、資料Ⅱ、写真は抜萃）。

原鑑定書は磯部鑑定書付属のゴードンが撮影した比較顕微鏡写真に対する批判書である。同一銃から発射されたものかどうかを判定する手段の一つとしての比較顕微鏡写真とはどういう意味をもつものかということについて、決定に対する弁護人の異議申立理由書（昭和四四年六月二一日札幌高裁へ提出）は科捜研の技官だった岩井三郎らの著書を引用して的確に述べている。

「そもそも、線条痕の比較対照とは実際鑑定人が顕微鏡をのぞいて条痕を観察することである。写真というのは、その観察の結果鑑定人が抱いた判断を保存し、証明する手段なのである。このことは疑う余地がない。日本評論社の刊行にかかる岩井三郎、木村金造共著の「銃器火災鑑識」四〇頁をみると次のとおりの記載がある。『比較顕微鏡で弾丸の検査を行なうには単眼で二個の被検物を同時に同一視野に見ながら前後左右に動かして比較しながらある基準に従って少なくとも腔線痕のある数だけの回数、すなわち四条腔線の銃身から発射された弾丸である場合、まずおのおのの線丘痕を痕の関係位置を同じく保ちながら一条ずつ順々に四本について調べて行く。次に線底痕についても同様の方法で次々と検査して行くのである。その結果、これら二個の弾丸が同一銃身から発射されたものと判定出来るおのおのの腔線痕の特徴を発見したならば付属のカメラでその都度、その部分の比較写真を撮影しておく。この特徴の一致した二個の弾丸については、いつでも要求に応じて比較顕微鏡を使用して以前に撮影した比較写真と同一の状態を当事者以外のものに示したり、あるいは新たに写真を撮影したりすることが可能である。』

本当はこの引用を待つまでもなく、これが鑑定の常識である。写真撮影は鑑定人の観察の結果をそのまま記録にとどめたものであって、その意見を表現するものなのである。原決定（編注・四四年六月、札幌高裁の再審棄却決定）も言うとおりゴードン曹長が類似している条痕を選択し、又対照の位置も自らこれを択んでこれを写真撮影したということは、ゴードン曹長がこうすれば条痕が一番似ているという写真を作成して交付したというこ

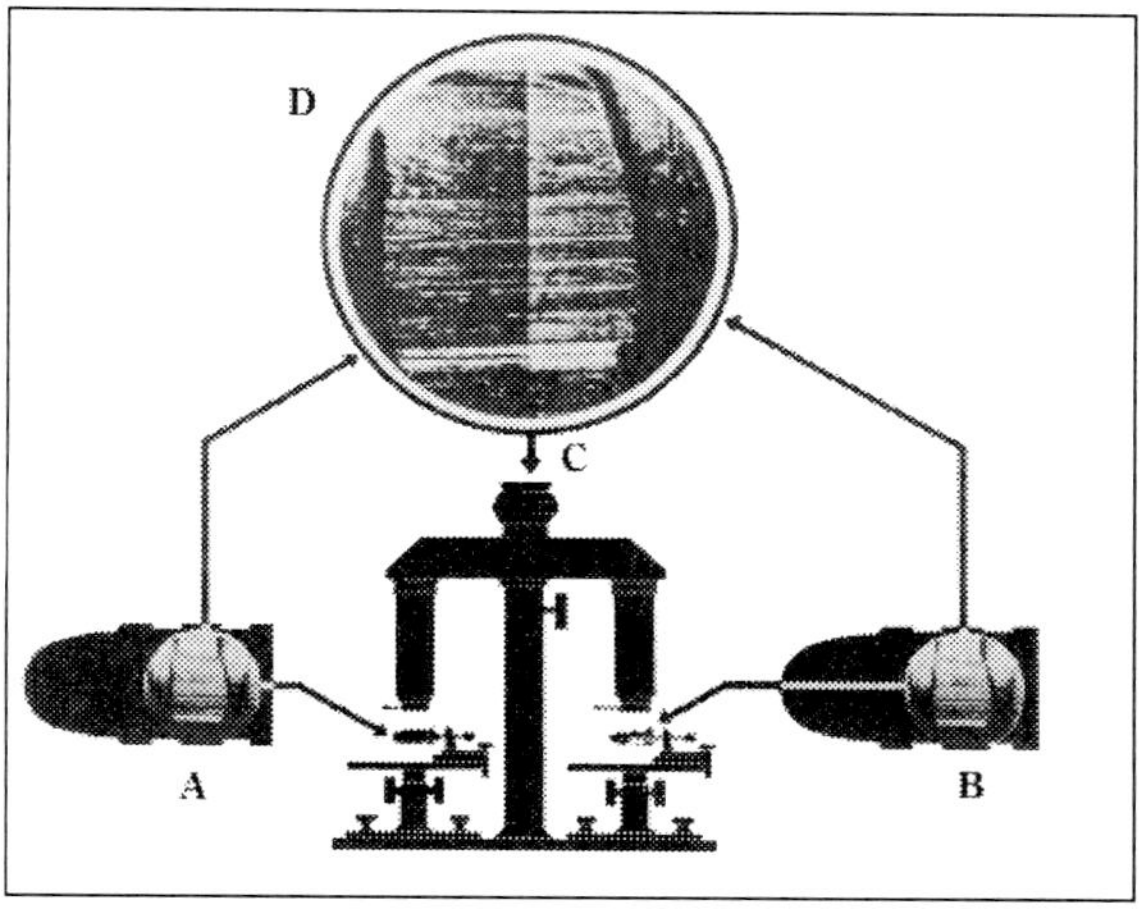

比較顕微鏡による写真撮影

とである。磯部氏自身、事実調において、二〇六号と二〇八号の三番線条痕の比較写真がないのは『たまたまその一号（二〇六弾のこと - 弁護人註）と三号（二〇八号弾のこと - 同上）を比較するようなところがたぶんうまいキズがなかったんだろうと思います』と述べ、又比較の位置の選択についても『顕微鏡写真で非常に特徴として合うところをさがすわけですからその上には（くびれから上の条痕部分のこと - 弁護人註）特になるほどと思わせるような特徴がなかったんだろうと思います』と供述し、このことを自認しているのである。」

図は、比較顕微鏡の載物台に弾丸A、Bを設置し、Cからのぞくと A（左）とB（右）の条痕部分がDのように同一視野に見える状態を示している。Cの上にジャバラと写真機を取り付けて撮した写真が比較顕微鏡写真である。

弾丸のこまかいキズを比較するためにもっとも適当なのは、銃鑑識上、綫丘の底部の方に見られる痕跡だといわれている。チェコのピエシチャックも証第七号で同様に指摘していた。

磯部＝ゴードン写真を比較・検討

ゴードンが撮影した磯部鑑定書写真は、撮影条件の詳細はわからない（もっともゴードンが証拠弾丸を持って行って磯部鑑定人の立会いもなく撮影したのだから、本当にこの事件の証拠物件なのかどうかを疑うこともできる）。試料台の左右それぞれの弾丸の焦点距離や倍率を変えることは可能である。磯部写真には上下写真の一方だけ不明瞭なものや実体の異なる条痕を一致するかのように撮ったものがあり、一致しない条痕が集中している位置の写真は撮影していない。弁護人は「写真操作による写真の偽造」の可能性を指摘した（異議申立書）。

写真に不明瞭なものがあることは磯部鑑定人も認める供述をしている。また、比較位置は本来同じ位置でなければ意味がないのに離れた位置を合わせた写真がある。事実取調べにおける原供述の指摘によって、決定では「類似するとして上下に合わされている二本の条痕は、弾底又はくびれからみて必ずしも同一の位置のものを比較しているわけではなく、両者が相当異なる位置にあるというようなものもある」と認めざるを得なくなった。

原は比較顕微鏡写真二三一枚について比較検討し、このうち七七枚を鑑定書に掲載した（資料Ⅱ、写真は抜萃）。

磯部鑑定書添付写真は綫丘痕第一から第六まで、二個の弾丸を組合わせて比較顕微鏡写真を撮っている。磯部鑑定書には「各写真の下にその関係位置を示した」と書かれているが、写真1のⅠ、1のⅡ、1のⅢについてのみ左図に示す（磯部鑑定書および証第三二号では図は略）。

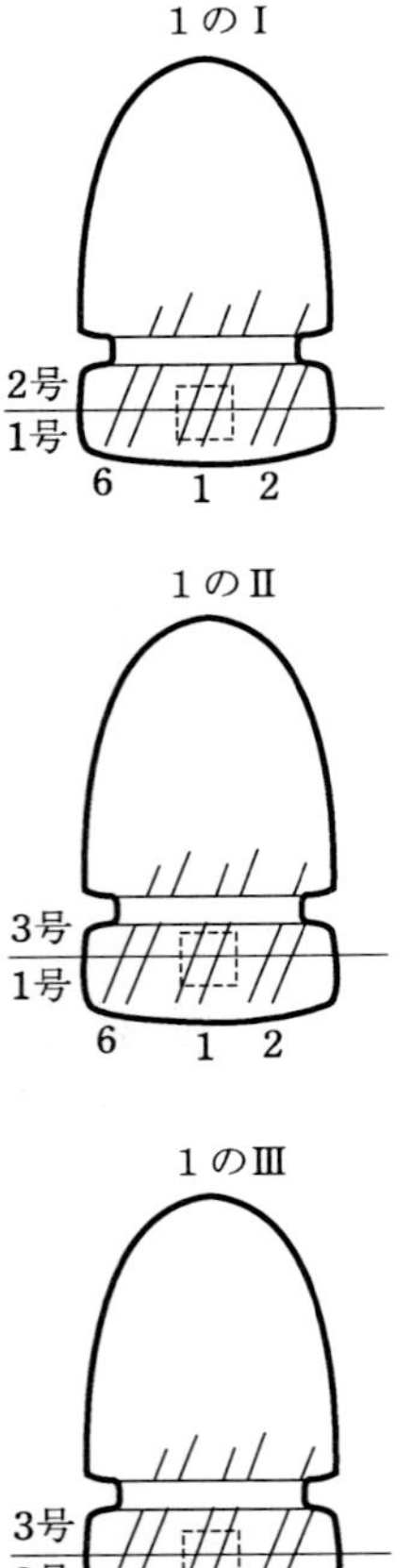

比較弾丸と撮影位置
（磯部鑑定書より）

1のⅠの1は、第一の綫丘痕をいい（以下6まで同じ）、図の下部に記してある数字と同じである。横線を境にして1のⅠの1は弾丸二号（二〇七号）と一号（二〇六号）の組合わせ、Ⅱは三号（二〇八号）と一号の組合わせ、Ⅲは三号と二号の組合わせで、「　」は比較撮影した位置を示す。

綫底痕の写真は七に示している（証第三二号参照）。

七のⅠは綫丘痕3と4の間の綫底痕、弾丸は三号と一号の組合わせ、

七のⅡは綫丘痕4と5の間の綫底痕、三号と一号の組合わせ、

七のⅢは綫丘痕4と5の間の綫底痕、三号と二号の組合わせである。

基準の条痕が一致しない

一、原鑑定書の鑑定方法

(一)まず磯部鑑定書において一致するものとされている多くのキズの実体を明らかにし、相互に一致するか否かを調べた。

同一部位に異なる光源から照射して撮影することによって、キズの実体は一層明確に把握できる。

下図は弾丸の断面の一部を示したものである。綫丘痕EFにGHIという溝形のキズがあるとする。光源(X)が左にある時は溝の右側壁HIが明るく、左側壁GHは暗く表れる。光源(Y)が右にある時は、溝の左側壁GHは明るく、右側壁HIは暗く表れる。写真でいうならば、光源位置を左にした写真では左に暗線、右に輝線があり、光源位置が右の写真では左に輝線、右に暗線があるならば、そのキズの実体は溝であると判定できる。逆に光源位置が左の写真では、左に輝線、右に暗線となって表れ、右光源で

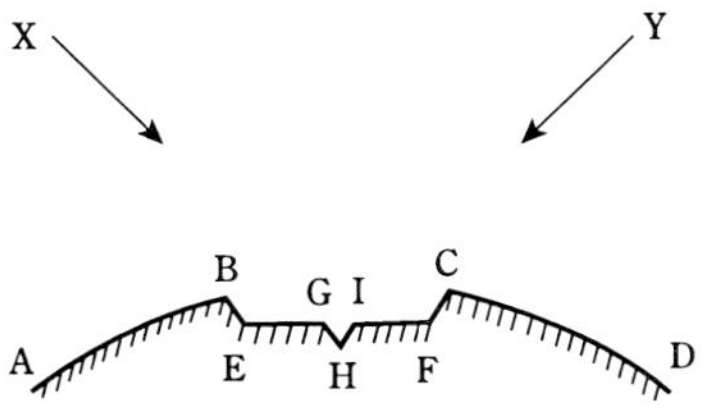

は左に暗線、右に輝線が表われている場合には、そのキズの実体は突起（山）であると判定できる。

(二) 綫丘痕、綫底痕の比較写真で一致しないキズがあるかどうかを調べた。

(三) 磯部写真で欠落した弾丸の部位については、弁護団が撮した写真で調べた。

(四) 写真の比較、検討はまず綫丘痕について、ついで綫底痕について行った。

二、基準の条痕1,1′1″

磯部鑑定書は、「先づ各弾丸につき共に最も特徴のある痕（添付写真其の一の（Ⅰ）（Ⅱ）（Ⅲ）〈第一の綫丘痕〉に於ける1,1′1″）を検出し、それをもつ線丘痕の番号を1となし、弾頭を上にして順次右の線丘痕の番号を2乃至6として…」、「1,1′1″の条痕は顕著な特徴で一致するからこれを以下基準条痕と呼び他の条痕の位置の基準とする。」と記している。再審棄却決定も右のことを認め、「1,1′1″の条痕の類似性が崩れるとするならば、右条痕からの距離を基準として本件三個の弾丸の対応する線丘痕および対応する他の条痕を定めている磯部鑑定書はその信憑性を大きくゆすぶられることとなろう」と述べている。

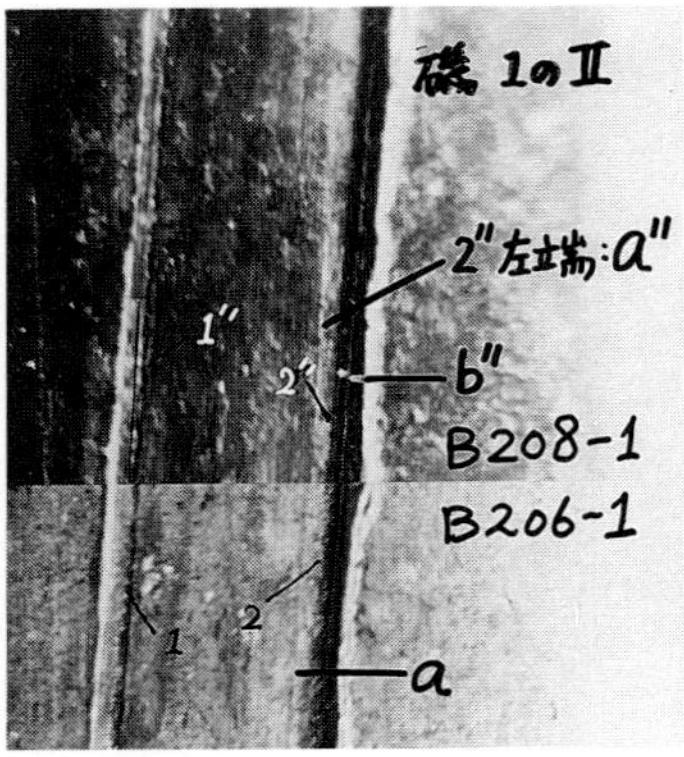

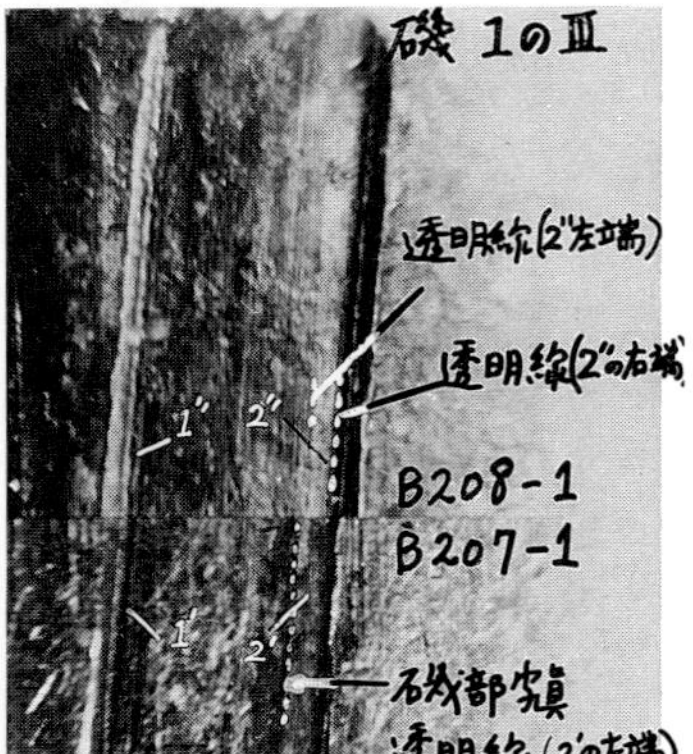

原鑑定書によると、「1は綫丘痕左側壁からやや左よりの溝で、幅は広く、上部で消えている」。「1′は綫丘痕の左側壁に接している溝で、幅は1より狭く、下部で消えている」。「1″は同様に溝で、綫丘痕内の各部で消えている。その幅は1よりも明らかに狭い」。以上をまとめると、1′と1″は、幅、位置に類似性が認められるが、1と1′、1と1″の間には、幅、位置、長さなどすべての点で類似性が認められないとした。

磯部鑑定人も決定も「基準条痕」と呼んだ1 1′ 1″の条痕は一致しないのである。

他の綫丘痕、綫底痕についての説明は省略するが、証第三二号（資料Ⅱ）を参照してほしい。詳細な比較・検討の結果、原鑑定書は次のようにまとめている。

（一）磯部鑑定書で指摘していない、いずれも相互に対応しないキズが綫丘痕に二六本、綫底痕に八本、合計三十四本も存在することが明らかになった。

（二）磯部鑑定書で一致するとして指摘されている一五組のキズのほとんどすべてがその実体が異なっている。

（三）以上の結果から、白鳥事件物証の三弾丸は同一拳銃から発射されたものとは認められないと判定される。

綫丘痕角度、幅、弾径の測定値の統計的検定

同一拳銃から発射された弾丸か否かを鑑定するためには、まず最初に綫丘痕の幅と角度の測定を行い、幅と角度が一致すると認められた場合に次の段階として条痕の比較検討を行う。幅が有意な差で異なっていれば異なる銃器と判断し、比較顕微鏡による比較、検討はしないとハッチャーは書いている。

昭和四〇（一九六五）年一〇月に提出された証第六号の原報告書は、証拠弾丸の綫丘痕の幅と角度の測定報告である。幅については測定値から平均値と標準偏差を求め、t分布の方式によって平均値の差の有意性を検討した。角度については測定手法からくる系統的ばらつきが生じたが、測角の総平均値は弾軸と旋条痕のなす角度に相当する結果

となった。ビビリや測定誤差などの偶然の原因による差を除去する統計的手段を用いて計算している。

再審事実取調べで、「ビビリが原因で同じ拳銃から発射された複数の弾丸についても測定値に差が出るということはないだろうか」という裁判官の質問に対し、原証人は次のように供述している。

「おそらく、そういうビビリのでき方というのは、いわばアトランダムにできるわけでありましょうから、或る弾丸を多数撃った場合に特定の弾丸だけにいわば、せまくなるような原因が集中する、いわば特定の弾丸だけに広くなる原因が集中するということはないというふうに考えられます。線条痕の数も六本もありますし、そういう点は、ですから測定を多数繰り返すと結局、平均値としては一致してくるような値になるのではないかというふうに考えております。」（四三・五・一七尋問）

しかし再審請求棄却決定は、弾径の大小やビビリ、ガタツキなどによって綫丘痕の幅や角度に影響を及ぼすから、これらから発射銃器の異同を識別するのは疑問だといい、また角度の測定方法や測定回数の不十分さなどに疑問を呈した。

旋条痕の違いを説明する原助教授

ビビリとは、弾丸が銃身を通過する時、銃身の綫丘の刃が弾丸を削り取り、その金属粉末が綫丘に付着して太くなると、削り取られた部分は幅が広くなり、またある所まで行くと付着したものがとれて細くなると、削られる方も幅が狭くなるという現象をいう。機械学の分野では構成刃先の脱落という。ガタツキは、弾径が小さいと銃身を通るときガタツキ、綫丘痕幅が大きくなったり小さくなったりする原因にもなると、磯部証人が四三年五月に供述している。

われわれは決定が示した疑いを解明し、原報告書のデータを確認するために、あらためて証拠弾丸の綫丘痕の角度の測定を行うことにした。同時に証拠弾丸の弾径の測定と、同一拳銃から発射された弾丸を用いて弾径の大小ビビリその他の条件によって幅、角度に差異があるかをデータによって実証したいと考えた。

昭和四四（一九六九）年一〇月、筆者は弁護団より証拠弾丸の角度と弾径のデータの提供を受け、統計的検定と考察を依頼された。この測定は、筆者が指示した別記の方法によって、昭和四〇年一〇月下旬に弁護団が札幌高裁で行ったものである。同時に発射ずみの弾丸五〇発の提供を受け、同一拳銃から発射された弾丸の綫丘痕の角度と幅の差異、拳銃が異なる場合、同一拳銃の場合の弾径の大小、ビビリ、ガタツキなどと角度、幅の相関関係を実証するために測定をし、考察を行った。

一、物証弾丸の綫丘痕角度と弾径の測定
（一）三発の弾丸の綫丘痕各六本につき五回ずつ角度を測定し、平均値を求め統計的検定をした。平均値は二〇六号五度四六・七八分、二〇七号五度三六・一二分、二〇八号五度四七・〇二分。
（二）弾径は綫丘痕を正面にして各六回測定した。
平均値は二〇六号七・八二六ミリ、二〇七号七・七九七ミリ、二〇八号七・八二〇ミリ。
（三）統計的検定によると、二〇六と二〇七、二〇七と二〇八の角度の間には高度に有意な差がある。原報告では測定の方法からくる系統的な誤差が含まれていると考えられるが、相対的な傾向としては同じである。弾径は測定箇所により多少違うが、これは発射時に綫丘から受ける圧縮加工によって引起されたものと思う。
二、同一拳銃から発射された弾丸の綫丘痕角度、幅、および弾径の測定
（一）弁護団から提供を受けた弾丸は、一九一〇年型ブローニング拳銃二挺から試射されたもので、五〇発のうち五種、各三発を任意に抽出し、一五発を測定に用いた。綫丘痕幅は各綫丘痕につき五回、計三〇回、角度は同じく計三〇回、弾径は各弾丸について六回測定をし、得られたデータの統計的検定を行った。
（二）検定結果は、弾径、材質が異なっていても同一拳銃である場合には、発射痕の角度と幅の値には有意差は

認められない。同一拳銃でない場合には、同一モデルであっても有意差は認められる。

綫丘痕の角度、幅、弾径の測定方法と考察

一、測定方法

(一) 綫丘痕角度の測定方法

従来「物証弾丸」について測定を行った原報告書(証第六号)と科警研報告書六巻三号(一九六三年九月所載のデータで、本件弾丸の科捜研鑑定ではない)およびマシウズが測定方法についてまとめた記述がある。原報告書の場合は基準となる弾軸の決定を弾底部でおこなっており、試料をVブロックに載せている。科警研は投影機を使って測定している。マシウズは原報告書と同じように工具顕微鏡を使っているが、試料は回転ホルダーにセッティングしている。

弁護団からの要請は、恒常的に高い精度を得る測定方法を確立することであったので、以上三者の測定を参考にして次のような方法を考えた。

角度測定では弾軸をきめることをより精度高く、確実容易にするために、結晶解析用のゴニオメーターに弾丸試料をとりつけ、精密投影機を用いて測定を行った。対物レンズ一〇倍を使用。弾軸のY軸になす角度と長く明瞭な条痕の角度との差から求めることができる。

(二) 弾径の測定方法

対物レンズ一〇倍を使用。同じく精密投影機のゴニオメーターにとりつけた試料の弾軸と十字線のY軸とを一

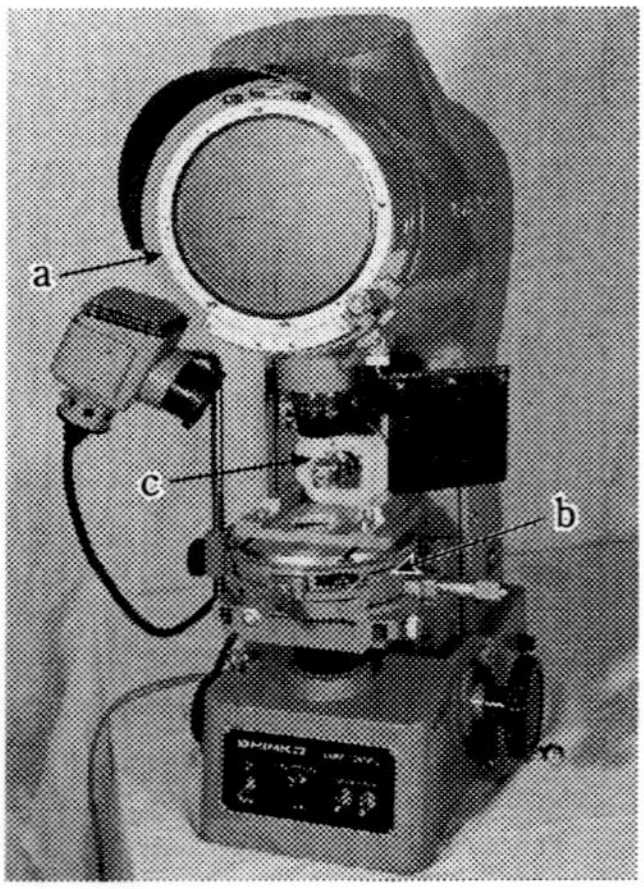

精密投影機

a：回転スクリーン
b：簡易微動載物台
c：ゴニオメーター

致させ、綫丘痕の中心を十字線の真上に置く。

弾丸を移動して弾丸左端（投影上）にY軸が接したときのX軸の座標をよむ。同様に、弾丸右端にY軸が接したときのX軸座標をよみ、その差から弾径を求める。

（三）綫丘痕幅の測定方法

マシウズが推奨しているのは、「双眼実体顕微鏡の鏡筒の一方の接眼レンズにクロスを入れ、これを指標とする。マイクロメーターをとりつけ、試料を移動させて測定する。」という方法で、科警研でも同様の方法を採用している。

本測定では対物レンズ二〇倍を使用。精密投影機でドライビング・エッジ、トレイリング・エッジとY軸の一致したところをX軸のマイクロメータでよみ、両者の差を幅の値とする。約四十五度の角度をもって斜めから綫丘痕を照明し、明部と暗部の境目をもって幅として測定した。エッジがシャープでない場合には境目の判定にあいまいさがあるが、このことは双眼実体顕微鏡を用いても同様である。

二、測定値の考察

（一）精度（測定値のバラツキ）

角度と幅の測定値について科警研報告、原報告、本測定の母平均値、平均値、標準偏差、変動係数などを計算してまとめた。変動係数にみられるように、角度、幅ともに本測定がより高い精度をもっていることが明らかである。原報告がこれにつぎ、科警研報告がもっとも劣っている。

（二）正確度（測定値は真の値とどれだけちがうか）

マシウズのかかげている一〇挺のブローニング一九一〇年型の値の範囲内に本測定値はいずれも入っている（J.H.Mathews ; Firearms Identification vol.1, p.103, The Univ.of Wisconsin Press,1962）。したがって、今回の測定結果は妥当なものといえよう。

結論は次のようなことである。

一、同一拳銃から発射された場合は、弾丸のメーカー、材質、弾径などの異なる場合でも綫丘痕角度、幅の値には有意差は認められない。すなわち、ビビリ、ガタツキなどによる影響は認められない。

二、綫丘痕角度および幅の測定値を統計的に処理すれば、複数弾丸の発射銃器が同一か否かを検討、鑑識することが可能である。

三、白鳥事件の弾丸は、綫丘痕角度および幅の値差からみて、二〇六号と二〇七号および二〇八号は、いずれも同一拳銃から発射されたものとは考えられない。

以上の結果は「綫丘痕の角度と幅に関する報告書」としてまとめられ、異議申立理由補充書（第三）証第三三号（資料Ⅱ）として、昭和四五年一〇月二四日、札幌高裁に提出された。

「裁判と科学」シンポジウム

昭和四六（一九七一）年五月二〇日、札幌で「裁判と科学」第一回シンポジウムが開かれた。日本科学者会議北海道支部と白鳥事件対策協議会北海道支部との共催である。会場の北大農学部講堂には、三百人を越す参加者、弁護士、法律学者、科学者、活動家、学生、一般市民などが集まり、いっぱいになった。

白鳥事件上田弁護人の基調報告、下平、原、長崎鑑定人の報告、戦後発生した謀略事件、冤罪事件における裁判と科学、再審事由の明白性の問題、

哲学者の立場からの発言などがあり、科学的真実の追求と正しい裁判の実現に向けて科学者はいかにあるべきかについて討論がなされた。また、白鳥事件は不可知論とのたたかいであり、不可知論に対する批判を強める必要があることも確認された。

異議申立棄却決定—事件全体がねつ造の疑い

昭和四六（一九七一）年七月一六日、札幌高裁は再審請求棄却決定異議申立に対し、棄却の決定（武藤決定）を下した。

一、新証拠による弾丸の証拠価値の低下について、「発射ずみ弾丸を長期間土中に放置した場合、これに応力腐食割れを生ずる蓋然性は、当審において新たに提出された証第三十号等により、原決定が認めるよりもさらに高度のものとなったと認められる。」、「二個の弾丸が十九月ないし二七月幌見峠の土中に埋没していた可能性は、絶無であるかどうかは別として、きわめて小さくなったと考えられる。」とする。

また、三個の弾丸の発射拳銃の同一性に関し、前記のような有力な反証が提出された以上、「これらが同一の拳銃から発射されたことについては、その可能性が絶無であるかどうかは別として、少なくとも大きな疑問を生じたといわなければならない」と認めざるを得なかった。

二、弾丸に関する新証拠の明白性の有無については、「より有力な反証のないかぎり、右二個の弾丸の証拠価値は、原決定のいうように、たんに『原判決（編注・二審判決）当時に比べいささか薄らいだ』というに止まらず、大幅に減退したと言わざるを得ないのであるが」として、明白性を否定した原決定の結論に影響を及ぼすかという観点で検討を進めている。

原判決は、二個の弾丸の長期埋没の可能性を否定した「相当信頼すべき科学的根拠を有する長崎鑑定」よりも重要な証拠として高安供述、村手供述の信ぴょう性を認め、原決定がとくに重視したという手榴弾の存在がその信ぴょう性を裏付け（編注・『二個の弾丸をもって射撃訓練の裏付けとしたものではない』という）、拳銃試射の事実は否定できない」とする。

原判決は追平、佐藤直道、党関係者の供述その他関連する多数の有力な証拠ないし間接事実を挙げているとし、「申立人と共謀のうえ、佐藤博が白鳥警部を射殺した」との事実からすれば磯部鑑定は一個の間接事実に過ぎないので、「その意味において、前記二個の証拠弾丸および磯部鑑定は、もともと原判決の事実認定上、所論のいうほど重要な決定的地位を占めていたものではないというべきであろう」として、弾丸問題は重要ではなかったという論法にすりかえた。

新証拠の明白性の有無について、二個の弾丸の「発見の経緯にかんがみ、当然何人かの作為によるものとの疑いを生じ、いきおい、右弾丸発見の過程において、あるいは捜査機関関係者の作為が介在したのではないかという疑いを生み、ひいては、事件全体が捜査関係者のねつ造にかかるものではないかとの疑いも生じないではない」（傍線筆者）と述べている。しかし、「申立人（編注・村上国治）が本件犯行に関与したという原判決の認定は、有力な物的裏付けのある多数関係者の詳細な供述により、確固とした基礎を有すると認められ、」「原決定が申立人提出の新証拠は白鳥警部殺害の事実につき明白性を有しないとしたその結論は、結局において相当として是認できる」と結論している。

七、最高裁へ特別抗告

村上国治とその弁護人はただちに最高裁に特別抗告を申し立てた。四六年七月提出の申立書（資料Ⅰ）では、武藤決定は弾丸問題が重要な決定的地位を占めていた。客観的事実を否定するものとして、「証拠弾丸の位置づけ」、「捜査官の不正行為」等について述べ、四七年五月提出の申立理由補充書では、検察官が間接事実だけでは不安で、物的証拠として弾丸を出現させ、その役割を重要視してきたことの経過、また白鳥事件と同じ検察官が証拠物の隠匿、偽造を行った芦別事件について述べている。四八年九月に提出した申立理由補充書では、最高裁の上告棄却の判決理由は現在では維持されなくなっている、この十年間に証拠弾丸については多くのことが解明された、最高裁の判決理由のうち事実誤認問題についてはほとんどが誤りであるといい、武藤決定は「原判決が弾丸を事実認定の骨格としてきたことはまぎれもない事実であった」のに、「証拠弾丸は重要ではない」といって確定判決の事実認定を変更した。武藤決定は「事実の認定は証拠による」という刑事訴訟法三一一条に違反する。最高裁は武藤決定を破棄して再審の扉を開くべきであると述べている。

最高裁特別抗告棄却決定―白鳥決定

昭和五〇（一九七五）年五月二〇日、最高裁は異例の四年近い審理を経て、再審請求の特別抗告申立に対し棄却の決定（資料Ⅰ）をした。異例の長文の決定であった。

最高裁はこの決定の中で、再審開始のためには「疑わしいときは被告人の利益に」という刑事裁判における鉄則が、再審請求についても適用されるという考え方を示した（白鳥決定）。しかし、白鳥事件については、証拠弾丸の新証拠は、原判決の認定について合理的な疑いを抱かせるのに十分でなく、証拠の明白性がないとした原決定の判断は、その結論において正当なものとして認めた。

弾丸の新証拠について最高裁が新たに言及したのは次の件である。

一、弾丸の応力腐食割れに関する実験結果についての新証拠は、科学的根拠のあるものとして尊重すべきものと認められる。もっとも、合成金属の応力腐食割れ現象は環境条件によって大きく左右される。下平教授らのした実験の際の環境条件と、証拠弾丸が発見押収されるまでの環境条件とが全く同一であったという保障はないので、実験結果がそのまま直ちに本件証拠弾丸にあてはまることには疑問が残るとしなければならない。

二、新証拠は、たかだか証拠弾丸が射撃訓練のときのものではないことを示すだけで、「射撃訓練当時のものであって、しかも摘出弾丸を発射した拳銃とは異なる拳銃によって発射されたものである」という趣旨のものではないので、拳銃の同一性を否定する積極的な意義をもつものではない。

「間接事実の信憑性は覆しがたい」

最高裁は原決定の示すとおり、弾丸の証拠価値が「原判決当時に比べ大幅に減退したといわざるを得ない」とするならば、これと相互関係にあるものとして、証拠弾丸に関し「第三者の作為ひいては不公正な捜査の介在に対する疑念を生じうることも否定しがたいといわなければならない」といい、弾丸の証拠価値の低下が、他の証拠の信憑性、さらに原判決の事実認定に影響を及ぼすか否かを検討している。その結果、原判決が認定した多数の間接事実によって明らかにされた事情によれば、「申立人と当時申立人の下で活動していた佐藤博とが、白鳥警部の殺害につき共謀関係にあったとする原判決の認定は、証拠弾丸の証拠価値の変動にかかわらず、覆しがたいものといわざるをえないのであり、「原判決の正当であることを基礎づけるものである」」として抗告を棄却した。

裁判の終わり

弁護団、白鳥事件中央対策協議会は声明を発表し、村上国治は「あくまで闘う」という決意を述べた。翌日の新聞の朝刊はいっせいに社説（資料Ⅰ）で最高裁の白鳥事件再審棄却決定についてとり上げた。いずれも弾丸の証拠価値が下がり、しかもねつ造された疑いも否定できないという認定をしながらも再審を認めなかったことについて国民に疑問を投げかけた。弁護団は翌五月二一日、「最高裁判所決定批判」の文書（資料Ⅰ）を発表した。

再審の道は閉ざされた。しかし証拠弾丸についてのわれわれの実験、鑑定結果はほぼ全面的に認められた。最高裁はわれわれの「弾丸は作られた証拠」という長年の主張に対し、「第三者の作為、不公正な捜査の介在に対する疑念」をいわざるを得なかった。裁判という形式には勝てなかったが、科学によって「物証弾丸」が偽りであることをあばくことができたのである。

あとがき

「弾丸のくびれの所が光っているのがとにかくおかしい」と、長崎さんから白鳥事件の弾丸の話をはじめて聞いたのは上告審のときだった。長崎鑑定人の直感は、その後中国の現場実験、幌見峠の現場実験で証明された。

二〇年にわたる科学者たちの「弾丸」についての研究、実験記録をまとめておきたいと、かねてから長崎さんは願っていた。まだこれからというお齢で、宮原先生、松井先生があいついで亡くなられ、大学の同期でもあった原先生が一九九三年に急死されると、自分がやらなければという思いを強くし、折をみては資料を整理しはじめた。しかし、本の完成を待たずに一九九九年一二月、還らぬ人となった。再審請求の時期から白鳥裁判にかかわってきたものとして、私がその遺志を継いでまとめざるを得ない。長崎さんの書きためたものを編集し、資料を揃え、ようやくこのたび一冊の本ができ上がった。長崎さんが意図していた本になっているか不安である。

資料のひとつとして、米軍占領下で起きた謀略事件、弾圧事件と、「白鳥決定」により再審の扉を開いた冤罪事件のいくつかについて、とくに科学鑑定に注目して概要を記したが、裁判の恐ろしさに今さらながら慄然とした。

時の権力者は、自分たちにとって都合の悪いものを罰し、社会的弱者に罪を着せようとする。しかし人間は思想、信条、身分の区別なく法の下に平等である。裁判においてこそ人権と真実は守られなければならない。

科学的追究によって真実が明らかになった白鳥事件も、裁判で真実は否定され、無実の村上さんは有罪となった。「納得がいかない」と長崎さんがつぶやいたのも無理からぬことである。

白鳥事件の発生から今年は五〇年になる。この本が「裁判と科学」のあり方、正しい裁判とはどうあるべきかを考えるきっかけともなれば幸いである。

二〇〇二年一〇月

比留間柏子
（アグネ技術センター）

資　料　I

資料Ⅰ　目次

証拠弾丸に関する鑑定書・報告書一覧

原審

鑑定書　科学捜査研究所物理課　岩井三郎他
（発射弾丸二〇六号、打殻薬莢、冬ラシャオーバー）　昭和二七年四月九日　【資料Ⅰ】

鑑定書　科学捜査研究所物理課　高塚泰光
（二〇七号弾丸、二〇六号と同一銃器か）　昭和二八年九月四日　【資料Ⅰ】

鑑定書　科学捜査研究所物理課　高塚泰光
（二〇八号弾丸、二〇六号、二〇七号と同一銃器か）　昭和二九年七月三〇日　【資料Ⅰ】

鑑定書　東京大学工学部　磯部　孝
（二〇六号、二〇七号、二〇八号弾丸は同一銃器か）　昭和三〇年一一月一日　【資料Ⅰ】

鑑定書　東北大学金属材料研究所　長崎誠三
（二〇七号、二〇八号弾丸、腐食状況、その原因、推定経過時間）　昭和三一年一〇月五日　【資料Ⅱ】

回答書　日本数学会評議員　増山元三郎
（磯部鑑定書確率計算について）　昭和三一年一〇月六日

報告書　銅の腐食に関する二、三の実験
北海道大学理学部　宮原将平　昭和三二年二月一一日

鑑定書　北海道大学工学部　岡本　剛　昭和三四年一一月二〇日　【資料Ⅰ】
（二〇七号、二〇八号弾丸、腐食状況、その原因、推定放置箇所および経過時間）

原審・再審請求

証第一号　「幌見峠滝ノ沢附近の腐食土中における銅の腐蝕に関する二、三の知見」
　北海道大学触媒研究所　松井敏二　一九六一年八月二五日
証第二号　「北海道幌見峠滝ノ沢におけるニッケルめっきを施した銅の現場腐食試験結果報告書」
　東北大学金属材料研究所　下平三郎　昭和三七年六月三日
証第三号—一　ソビエト回答書　「白鳥事件についての弁護人の質問に対する回答」
　刑事学者　ア・ビンベルグ他　一九六三年三月二三日
証第三号—二　ソビエト回答書　「外国の学者によびかけた日本の専門家の質問に対する回答」
　同右　ア・ビンベルグ他　一九六三年三月二三日
証第三号—三　ソビエト回答書　「白鳥事件に関する専門家＝刑事学者の結論」
　同右　ア・ビンベルグ他　一九六三年三月二三日
証第四号　「鑑定—村上国治を被告とする白鳥事件について」—自由法曹団の行った鑑定依頼に応えて
　チェコスロバキヤ・チャールズ大学　ヤン・ピエシチャック　一九六三年三月
証第五号　「東京の白鳥事件弁護団への手紙」
　同右　ヤン・ピエシチャック　一九六三年六月一〇日
証第六号　「白鳥事件弾丸の旋条痕の幅および角度測定報告」
　東京大学生産技術研究所　原　善四郎　一九六三年六月
証第七号　「白鳥事件に関する磯部教授の鑑定書に対する意見」
　チェコスロバキヤ・チャールズ大学　ヤン・ピエシチャック　一九六三年七月四日

再審請求

証第二〇号　「拳銃から発射された黄銅製弾丸の腐食割れに関する実験報告」下平三郎
　（中国での発射弾丸の野外腐食実験、日中腐食性の比較実験報告）一九六七年一月　【資料Ⅱ】

証第二一号　「弾丸試料の非破壊分析について」長崎誠三　一九六七年一月二五日
　別紙報告　一〇種の七・六五ミリ拳銃弾の技術資料

証第二二号　「岡本鑑定書批判」
　宮原将平・長崎誠三・松井敏二・原　善四郎　一九六七年一月八日　【資料Ⅱ】

証第二七号　「防蝕技術」第一六巻第六号抜刷　日本学術振興会腐蝕防止第九七委員会発行
　「日本と中国における野外腐食比較試験」宮原将平他　昭和四二年三月三一日受理
　「発射された黄銅製弾丸の応力腐食割れ」下平三郎他　昭和四二年三月三一日受理

証第二八号　「同一ピストルから発射された弾丸の旋条痕角度の測定結果」
　原　善四郎　一九六八年三月一八日

証第二九号　「札幌市幌見峠において行なった拳銃から発射された黄銅製弾丸の応力腐食割れに関する実験報告」
　下平三郎・松井敏二　一九六八年四月一日

証第三〇号　「札幌市幌見峠において行なった発射ずみ拳銃弾丸の応力腐食割れに関する実験報告」（第二回実験報告）
　下平三郎・松井敏二　一九七〇年三月八日　【資料Ⅱ】

証第三一号　「再審棄却理由書に対する意見書」下平三郎　一九七〇年三月八日

証第三二号　「鑑　定　書」　原　善四郎
　（証拠弾丸の綫条痕写真による鑑定）　一九七〇年八月一一日　【資料Ⅱ】

証第三三号

報告書

「綫丘痕の角度と幅に関する報告書」長崎誠三　一九七〇年九月二六日　【資料Ⅱ】

（証拠弾丸と同一銃弾丸の統計的検定）

「非破壊分析法による拳銃弾丸の材質鑑定の報告」

北海道大学理学部　戸苅賢二　昭和四四年一月二八日

編注１　年月日は鑑定書、報告書に記されている日付とした。

２　タイトルで内容が明らかでないものは（　）内に補筆した。

銃鑑第三五七号

鑑　定　書

昭和二十七年一月二十二日付を以って札幌地方検察庁検察官検事原田重隆より左記事件に関し、鑑定を依嘱されたので科学捜査研究所物理課に於て左のように鑑定をした。尚本件は同年一月二十五日付中間報告書発送済のものである。

一、事件
(1) 事件名　殺人被疑事件
(2) 犯罪の年月日　昭和二十七年一月二十一日午後七時四十分頃
(3) 犯罪の場所　札幌市南六条西十七丁目路上
(4) 被害者住所職業年令　札幌市警察本部警備課
警部　白鳥一雄　当三十八年

二、鑑定資料
(1) 被害者胸部より摘出した　盲貫弾丸　壱個　(以下本件弾丸と呼称す)
(2) 現場より発見した　遺留薬莢　壱個　(以下本件薬莢と呼称す)
(3) 被害者が着衣していた　冬ラシャ半オーバー　壱個

三、鑑定事項
(1) 本件薬莢と弾丸は発射前に一体をなして居たものかどうか
(2) 本件薬莢と弾丸の新旧の程度
(3) 本件薬莢と弾丸の種類特徴

(4)　右により特定される銃器の種類、若し拳銃とすればその名称、年式、型、口径等の特徴
(5)　オーバーの射入口に硝煙附着の有無、あればその状況、特徴等
(6)　右オーバーの射入口の状況からする弾丸を発射した位置、方向遠近の関係
(7)　その他参考事項

四、鑑定結果

(1)　本件薬莢と弾丸は発射前一体をなして居たものと推測される。
(2)　本項については不明である。
(3)　本件薬莢及び弾丸は何れも公称口径七・六五粍自動装填式拳銃用標準実包の打殻薬莢及び発射弾丸である。
(4)　本件薬莢及び弾丸を発射使用した銃器は公称口径七・六五粍一九一二年型ブラウニングもしくは同機構を有する自動装填式拳銃と認められる。
(5)　オーバーの射入口には硝煙の附着が認められ、その状況は添付図のようである。（添付図参照）
(6)　発射時に於ける使用銃器と被命中体との距離は一米内外で、弾丸は被害者背部に略々直角に命中し体内に侵徹したものと認められる。
(7)　①昭和二十七年四月九日現在当所保管の資料によれば、本件弾丸及び薬莢を使用した銃器が他の犯罪に発射使用された事実はないものと認められる。
②本件薬莢の底部刻印によれば、本品は仏蘭西国パリー所在、仏蘭西（猟用、射的用、軍用）弾薬会社の製品と認められる。（添付写真参照）

本件鑑定は昭和二十七年一月二十二日着手同年四月九日終了した。

昭和二十七年四月九日

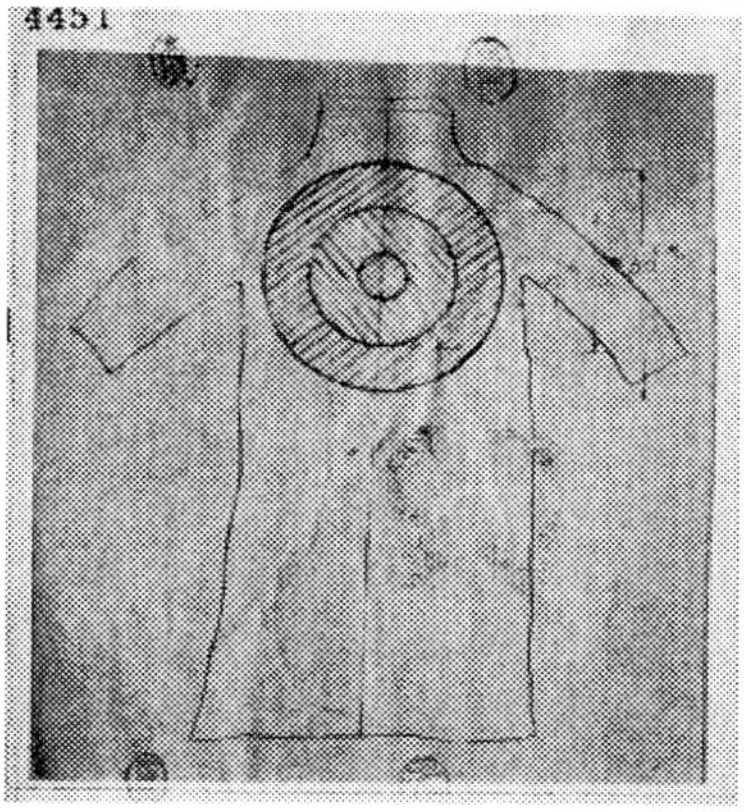

銃鑑第三五七号添付写真

被害者オーバーよりの亜硝酸採取位置
円内中央が弾丸命中点で之を中心とし
　1　半径5cmの範囲が陽性
　2　半径15cmの範囲も陽性
　3　半径25cmの範囲は痕跡

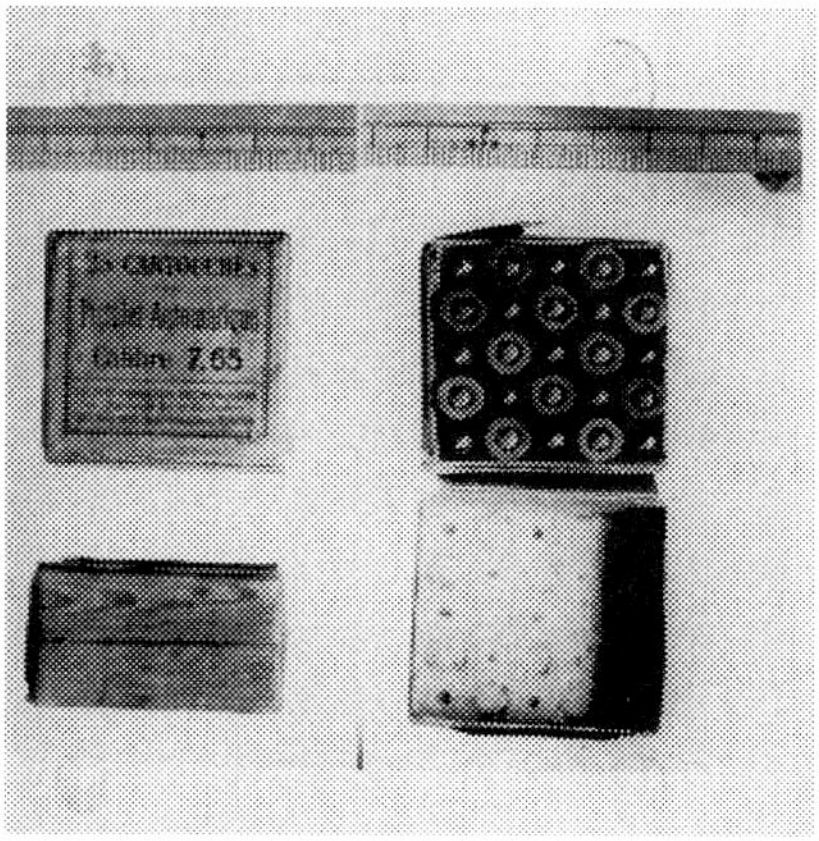

銃鑑第三五七号添付写真

実包ケース
本ケースは本件薬莢と同一刻印を有する実包を含包し厳封の侭神奈川県所在の火薬庫から発見されたものである。

国家地方警察本部
科学捜査研究所
物理課長　警察技官　岩井　三郎
物理課銃器係警察技官　早崎　淳
〃　警察技官　高塚　泰光
〃　警察技官　久保田光雅

銃鑑第七五九号

鑑　定　書

昭和二十八年八月二十一日付日記検第臨三九号を以て札幌地方検察庁検察官事務取扱検察官副検事荒谷小市殿より左記事件に関し鑑定を嘱託されたので科学捜査研究所物理課に於いて左のように鑑定をした。

一、事件
(一) 事件名　銃砲刀剣類等所持取締令違反被疑事件
(二) 被疑者　不詳

二、鑑定物件
実砲弾丸　壱個　(但し、右は鑑定嘱託書に記載された通りに記載した)

三、鑑定事項
(一) 右実砲弾丸の新旧の程度
(二) 右実砲弾丸の種類特徴
(三) 右実砲弾丸により、特定される銃器の種類、若し拳銃とすればその名称、年式、型、口径等の特徴
(四) 昭和二十七年一月二十二日付札幌地方検察庁検察官検事原田重隆より貴職(科学捜査研究所長)宛鑑定嘱託の殺人事件被疑者不詳に対する鑑定物件中の薬莢及び弾丸と本鑑定物件の実砲弾丸は同一銃器より発射されたものであるか、どうか。
(但し、右は本件鑑定嘱託書記載要領によって記載した。)

四、鑑定経過
(本件の鑑定物件として記載された実砲弾丸とは実包用弾丸の意と解釈し、以下之を本件弾丸と呼称して鑑

定するが、本件弾丸は昭和二十八年八月二十一日付日記第臨三八号を以て札幌地方検察庁検察官事務取扱検察官副検事荒谷小市より鑑定嘱託のあった鑑定物件と同一の弾丸である。）

（一）本件弾丸の外観、寸度及び構造を検討した結果本品は腔綫を有する銃器による発射弾丸と認められ、その検査結果は次の通りである。

(1)　型式　円頭型被甲鉛身弾で絞溝がある

(2)　弾長　約一一・六粍

(3)　弾径　約七・七九粍

(4)　弾量　約四・六瓦

(5)　綫条痕　六個の綫丘痕とその間に綫底痕が認められ、綫丘痕の幅は約〇・七粍、傾度は約五度半である。

(6)　其の他　(1) 弾底部に露出している鉛表面には白色状の化学的変化(塩基性炭酸鉛と推定される)が認められる。

(2) 弾頭部其の他に侵徹の際生じたと推定される摩擦痕等が認められる。

右の結果によれば本件弾丸は公称口径七・六五粍（三二径）の自動装填式拳銃用実包の制規の工場工程により製作された銃器による発射弾丸と認められ、その発射銃器は、ベルギー国製口径七・六五粍一九一二年型ブラウニング自動装填式拳銃もしくは同型式の腔綫を有する拳銃と推定される。

又弾底部の鉛表面の変化が発射後起ったものとすれば本件弾丸は炭酸瓦斯、湿度、気温等の外界の影響する箇所に長時間放置されたものと推定される。

（二）鑑定事項(四) に記載された事件の鑑定物件である盲貫弾丸を発射した銃器から本件弾丸が発射されたかどうかについては右盲貫弾丸と本件弾丸の綫条痕を比較顕微鏡下で比較対照した結果、添附写真其の二、其の三、其の四に示されるように各痕の特徴に非常に類似する点を発見したが、前記(四) 項の(一) の (6) 号に記載した理由により本件弾丸が右の盲貫弾丸を発射した銃器から発射されたものと断定することは出来ないものと思料される。なお、添附写真其の二、其の三、其の四の比較対照箇所の相互の関係位置は同じである。

五、鑑定結果

(一)本件弾丸は発射後に侵徹及滞留箇所に於ける外界の影響により、弾底部の鉛表面が変化を来たしたとすれば、発射後現在の状態に迄変化を起し得る箇所に相当の年月を経過したものと認められる。又本件弾丸の製造年月日については詳細不明である。

(二)本件弾丸は公称口径七・六五粍(三二径)自動装填式拳銃用標準型実包の発射弾丸で、右実包の適合銃器は著名国で製造されて居り、その種類は二百種以上に及んでいる。

(三)本件弾丸を発射した銃器は公称口径七・六五粍(実口径七・七三粍)一九一二年型ブラウニング自動装填式拳銃もしくは、同型式の腔綫を有する公称口径七・六五粍の制規拳銃と認められる。

(四)本件弾丸の綫条痕により検討した結果、前記本件弾丸と鑑定事項(四)に記載された本件の弾丸の綫条痕との比較対照において、各発射痕特徴に極めて類似した点が発見されるが、前記四項の(一)及(二)に記載した理由により本件弾丸が、鑑定事項(四)に記載された事件の鑑定物件たる盲貫弾丸を発射した銃器から発射されたものと直ちには断定することが出来ないものと認められる。

以上の鑑定は昭和二十八年八月二十五日着手同年九月三日終了した。

昭和二十八年九月四日

国家地方警察本部
科学捜査研究所物理課
警察技官　高塚　泰光

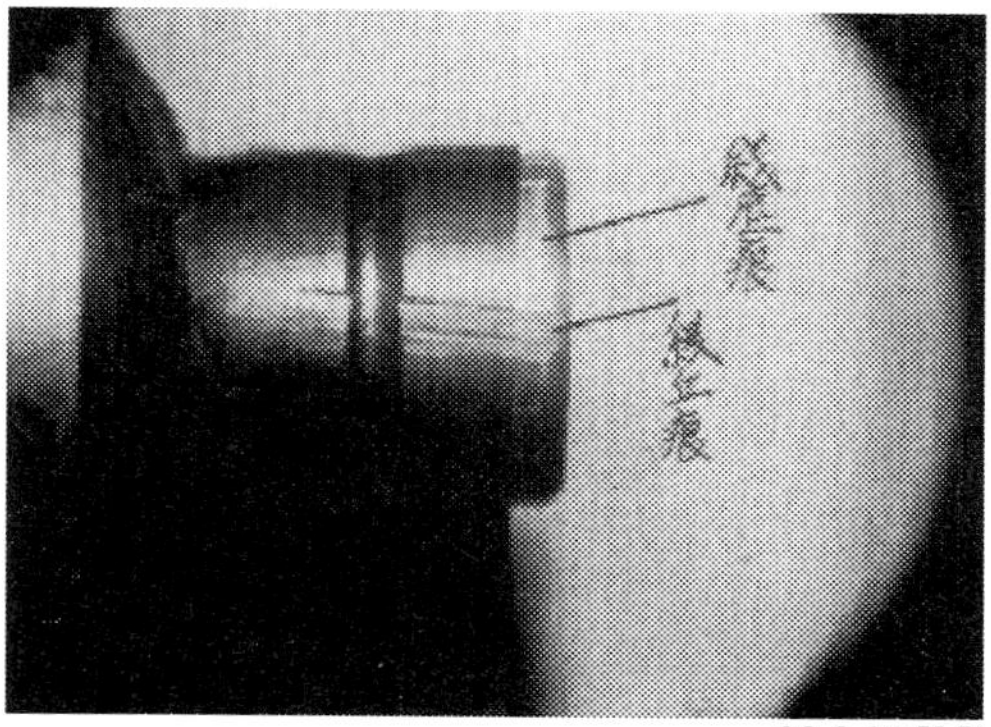

銃鑑第七五九号添付写真　其の一

比較顕微鏡写真　28.8.26 Y.T

（本写真は其の三の全景である）

鑑定事項（四）に記載された事件の鑑定物件である盲貫弾丸	本件弾丸

（境界線）

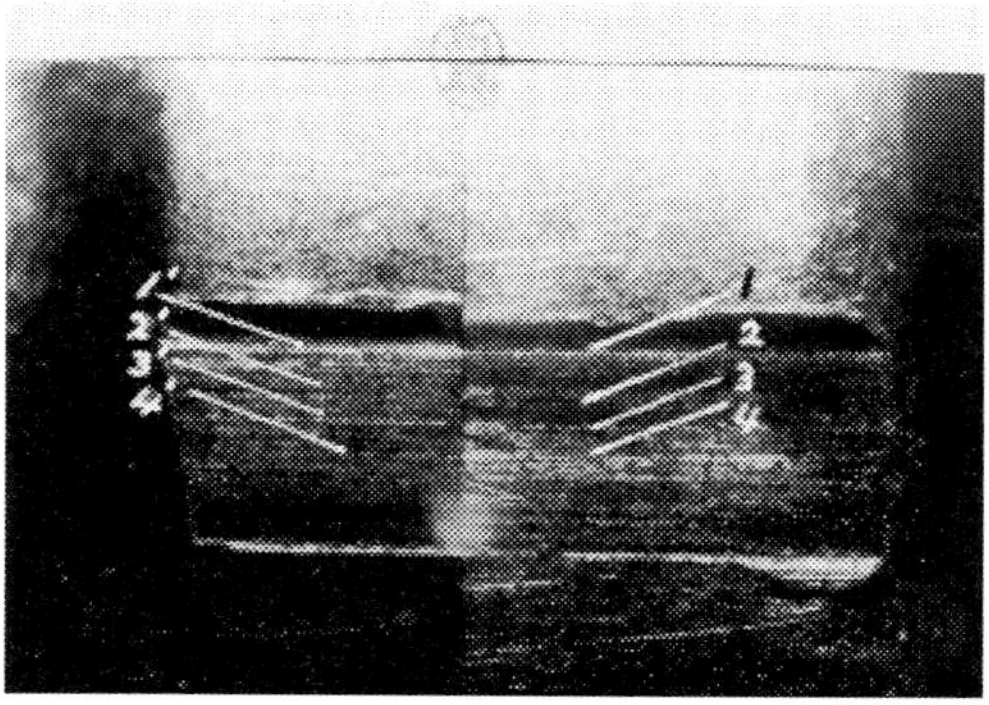

銃鑑第七五九号添付写真　其の二

比較顕微鏡写真　28.8.26 Y.T

鑑定事項（四）に記載された事件の鑑定物件である盲貫弾丸	本件弾丸

（境界線）

（註）数字は痕特徴の類似点を示す

銃鑑第七五九号添付写真　其の三

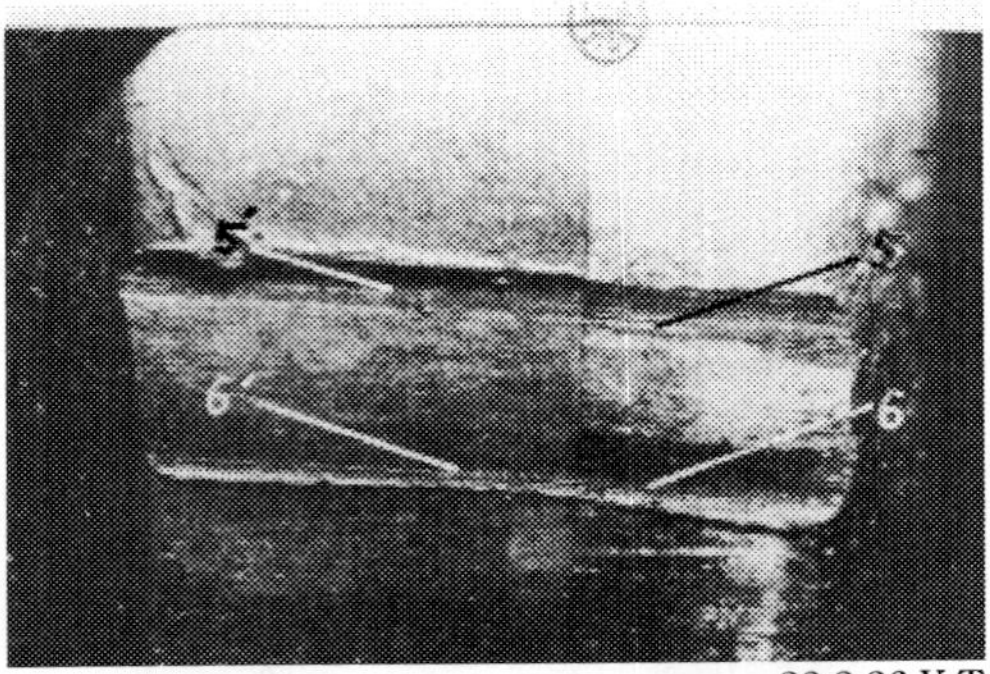

28.8.26 Y.T

比較顕微鏡写真

（本写真は其の一の中央を更に拡大したもの）

鑑定事項（四）に記載された事件の鑑定物件である盲貫弾丸	本件弾丸

（境界線）

銃鑑第七五九号添付写真　其の四

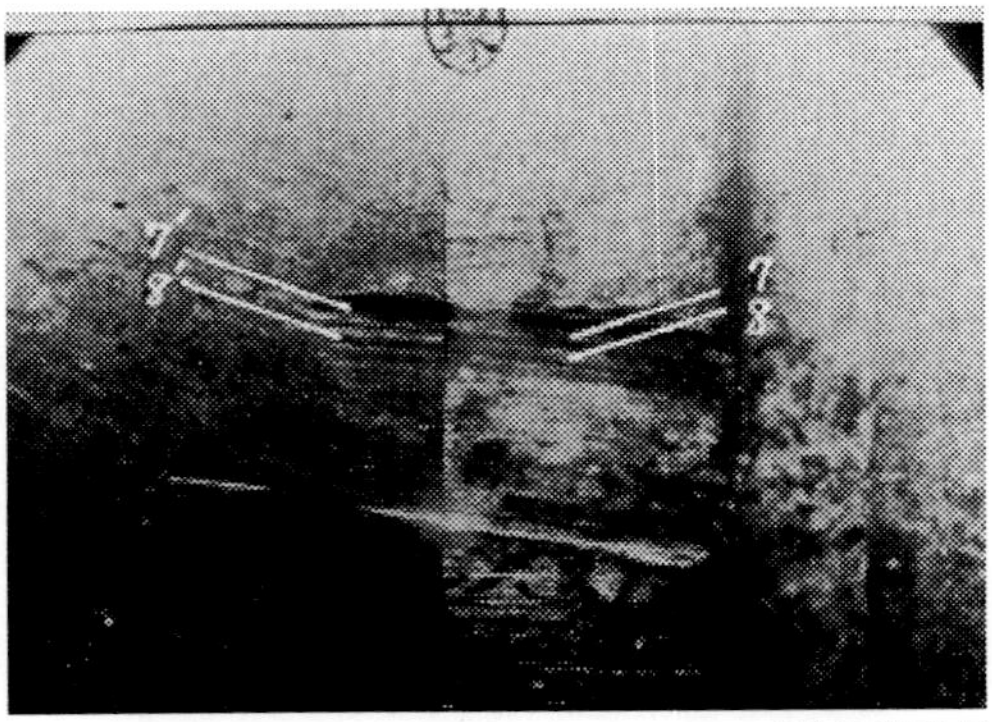

比較顕微鏡写真　28.8.26 Y.T

鑑定事項（四）に記載された事件の鑑定物件である盲貫弾丸	本件弾丸

（境界線）

（註）数字は痕特徴の類似点を示す

銃鑑第九七九号

鑑　定　書

昭和二十九年五月七日付日記特第四号を以て札幌地方検察庁検察官事務取扱検察官検事高木一殿より左記事件に関し鑑定を嘱託されたので科学捜査研究所物理科に於いて左のように鑑定をした。

一、事件
(一)　事件名　　銃砲刀剣類等所持取締令違反被疑事件
(二)　被疑者　　花井事　宍戸均

二、鑑定物件
実砲用弾丸　壱個
(札幌地検昭和二十八年領第七七三号第七一号)

三、添付参考物件
(一)　本件実砲用弾丸が埋没していた周囲の土(腐葉土)　十八瓦
(札幌地検昭和二十八年領第七七三号の第七二号)
(二)　後記四鑑定事項の(五)の実砲用弾丸　壱個
(札幌地検昭和二十八年領第七七三号の第七〇号)

四、鑑定事項
(一)　本件弾丸の外部より見た構造、種類、名称、特徴
(二)　本件弾丸の発射当時の原型よりの変化の程度及び之より推定される別添腐葉土中に放置されていた年月。
(三)　右実砲用弾丸により特定される銃器の種類、名称、年式、型、口径等の特徴。

（四）　昭和二十七年一月二十二日附札幌地方検察庁検察官検事原田重隆より貴職宛鑑定嘱託の被疑者不詳殺人被疑事件の鑑定物件の薬莢及び実砲用弾丸と本鑑定物件の実砲用弾丸は同一銃器より発射されたものかどうか。

（五）　昭和二十八年八月二十一日附札幌地方検察庁検察官事務取扱検察官副検事荒谷小市より貴職宛鑑定嘱託の被疑者不詳銃砲刀剣類等所持取締令違反被疑事件の鑑定物件の実砲用弾丸(札幌地検昭和二十八年領第七七三号の第七〇号)と本件鑑定物件の実砲用弾丸は同一銃器より発射されたものかどうか。

(以上鑑定事項は鑑定嘱託書そのままを記載した)

五、鑑定経過

(本件の二鑑定物件、三添付参考物件、四鑑定事項の各項に於いて実砲用弾丸と記載された中の「砲」は「包」の意と解釈する。)

（一）　本件弾丸の外観、寸度及び構造を検討した結果、本品は公称口径七・六五粍(三二径)自動装填式拳銃用標準実包の、制規の工場工程を経て製作された銃器による発射弾丸と認められる。

（二）　本件弾丸の発射痕一般特徴（綫丘痕が右巻六条で幅約〇・七粍、傾度約五度半）によればその発射銃器は、ベルギー国製公称口径七・六五粍(実口径七・七三粍)一九一二年型ブラウニング自動装填式拳銃もしくは同型式の腔綫を有する拳銃と推定される。

（三）　本件弾丸の表面は化学的変化を受けたものと認められ、此の変化は本件弾丸が発射された後に生じたものと推定されるが、此の変化が添付参考物件である腐葉土の中で起ったとしてもその中に放置された年月については判定出来ない。

（四）　本件弾丸は発射に伴う他物体侵徹とその後の表面の変化の為に本来の発射痕特徴を良好な状態では現在保持していないものと推定される。又鑑定事項（四）及び（五）に記載された事件の鑑定物件である弾丸の発射痕も、侵徹による影響を受けているものと認められるものである。従って本件弾丸と右両事件の弾丸との対照検査には、それぞれ多大の技術的困難を伴ったのであるが、判明せる限度においては、事件関係弾丸（両者）と本件弾丸とが、同一銃器によって発射されたと認定するに足る程度の類似発射痕特徴を発見することができなかった。

六、鑑定結果

（一）本件弾丸は公称口径七・六五粍（三二径）自動装填式拳銃用標準実包の制規銃器による発射弾丸と認められる。

（二）本件弾丸の表面は化学的変化を受けたものと認められるが、右変化が添付の腐葉土中に起ったとしても、その中に放置された年月については判定出来ない。

（三）本件弾丸を発射した銃器はベルギー国製公称口径七・六五粍一九一二年型ブラウニング自動装填式拳銃もしくは同型式の腔綫を有する拳銃と推定される。

（四）本鑑定時現在の状態においては、本件弾丸と、鑑定事項（四）に記載された事件の鑑定物件である弾丸との間には、同一銃器によって発射されたと認定するに足る程度の類似発射痕特徴を発見し得なかった。

（五）本鑑定時現在の状態においては、本件弾丸と、鑑定事項（五）に記載された事件の鑑定物件である弾丸との間には、同一銃器によって発射されたと認定するに足る程度の類似発射痕特徴を発見し得なかった。

以上の鑑定は昭和二十九年五月十二日着手、同年同月三十一日終了した。

昭和二十九年七月三十日

警察庁科学捜査研究所物理課銃器係

警察庁技官　高塚　泰光

警察庁研総発第一四〇号
昭和三十年八月一日

札幌地方検察庁検察官事務取扱
検察官検事　高　木　一　殿

警察庁科学捜査研究所所長

弾丸比較顕微鏡写真送付について

昭和三十年七月二十日付日記特第五六号を以て貴殿より送付された左記被疑事件に係る弾丸参個の発射痕比較顕微鏡写真七葉（科学捜査研究所物理課において比較対照撮影）本書に添付送付したから査収されたい。

記

一、昭和二十七年一月二十二日付札幌地方検察庁検察官検事原田重隆より鑑定嘱託のあつた殺人被疑事件、被疑者不詳に対する鑑定物件中の弾丸　壱　個
（以下第壱号弾丸と呼称する）

二、昭和二十八年八月二十一日付札幌地方検察庁事務取扱検察官副検事荒谷小市より鑑定嘱託の銃砲刀剣類等所持取締令違反被疑事件被疑者不詳に対する鑑定物件の弾丸　壱　個
（以下第弐号弾丸と呼称する）

三、昭和二十九年五月七日付札幌地方検察庁検察官事務取扱検察官検事高木一より鑑定嘱託の銃砲刀剣類等所持取締

令違反被疑事件被疑者宍戸均に対する鑑定物件の弾丸　　壱　個

（以下第参号弾丸と呼称する）

注：本書に添付の写真七葉中、添付写真其の一乃至其の四は発射痕特徴の類似した綫丘痕の比較。添付写真其の五乃至其の七は最も類似点の尠ない綫丘痕の比較で、添付写真其の一乃至其の四の比較対照した綫丘痕に対し、添付写真其の五乃至其の七の比較対照した綫丘痕の位置的関係はすべて同一である。

以上

編注・添付写真は抜萃した。なお其の六は証第三二号に掲載している。

銃鑑第九七九号添付写真　其の一

第壱号弾丸　第弐号弾丸

（境界線）

註：朱点は比較対照された弐個の弾丸の発射痕特徴の類似している部分を示す。（添付写真其の二乃至其の七においても同じ）

銃鑑第九七九号添付写真　其の三

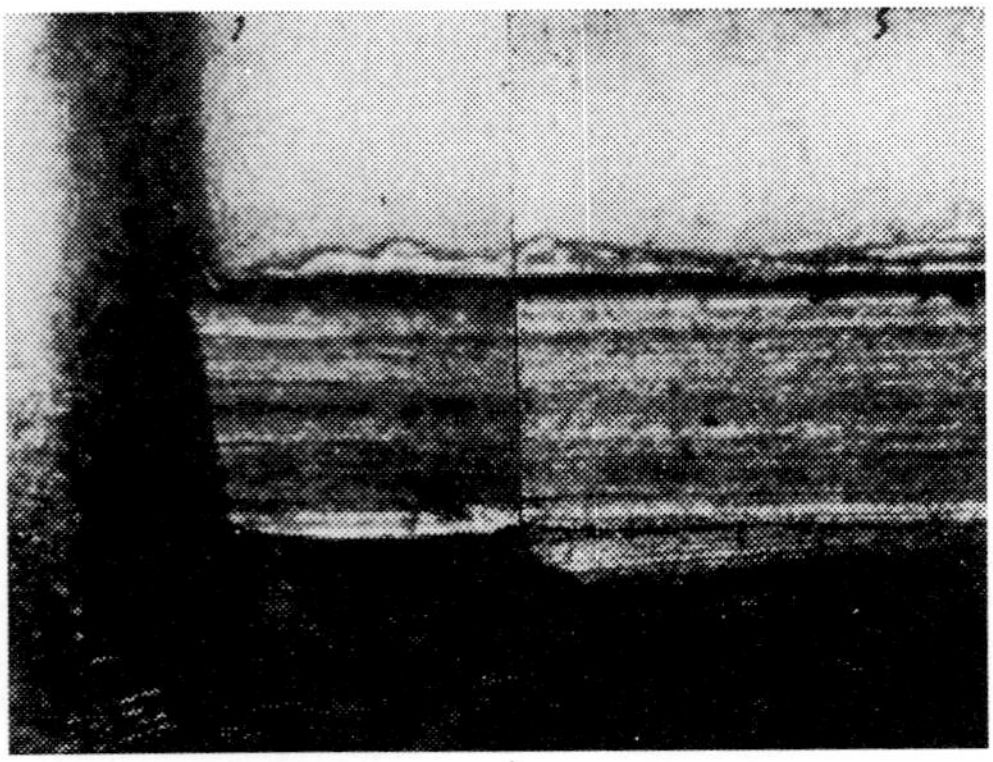

第壱号弾丸　第参号弾丸

（境界線）

銃鑑第九七九号添付写真　其の五

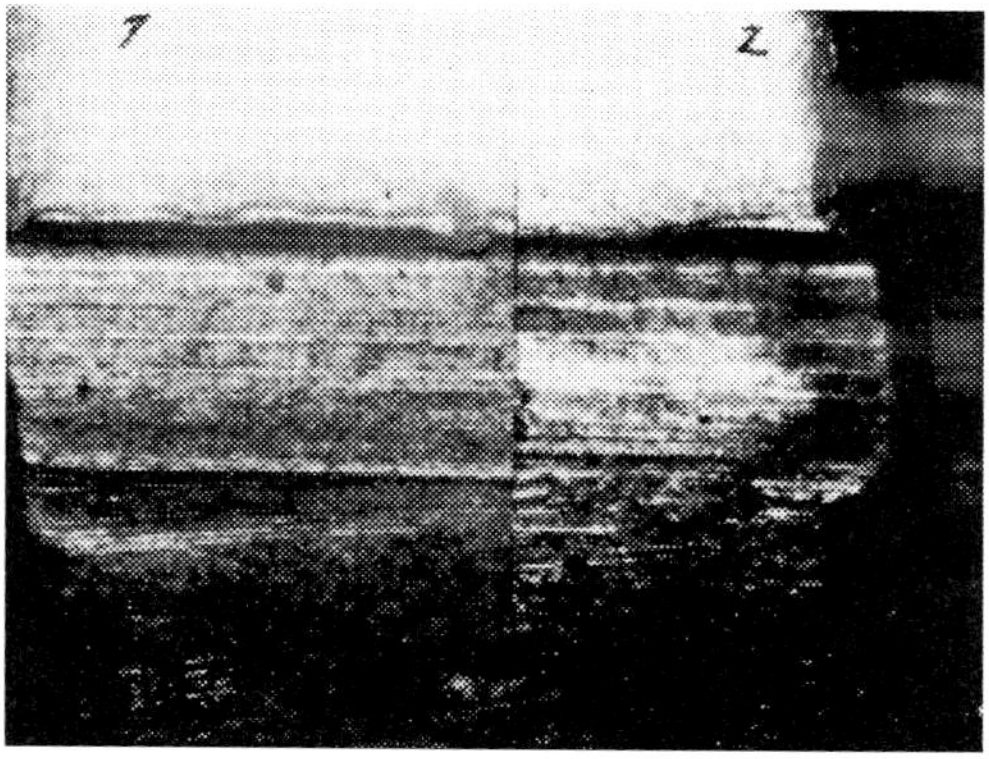

第壱号弾丸　　第弐号弾丸

（境界線）

銃鑑第九七九号添付写真　其の七

第弐号弾丸　　第参号弾丸

（境界線）

日記特第五三号
昭和三十年七月九日

札幌地方検察庁検察官
事務取扱検察官　検事　高　木　一

東　京　大　学
磯　部　孝　教　授　殿

鑑　定　嘱　託　書

殺　人　被　疑　者　不　詳

右者に対する頭書被疑事件の捜査上必要につき国家地方警察本部科学捜査研究所長より別途受領せられる鑑定物件に基き左記事項の鑑定を嘱託する

記

一、鑑定物件
(一)　実砲弾丸一個（外面主として真鍮色のもの）但し昭和二十七年一月二十二日付札幌地方検察庁検事原田重隆より国家地方警察本部科学捜査研究所長（以下捜研所長と略称する）宛鑑定嘱託の殺人被疑事件被疑者不詳に対する鑑定物件中の弾丸、以下本弾丸を一号弾丸と称する。
(二)　実砲弾丸一個（外面主としてニッケルメッキ色のもの）但し昭和二十八年八月二十一日付札幌地方検察庁検

察官事務取扱検察官副検事荒谷小市より捜研所長宛鑑定嘱託の銃砲刀剣類等所持取締令違反被疑事件被疑者不詳に対する鑑定物件の弾丸（札幌地方検察庁昭和二十八年領第七七三号の第七〇号）以下本弾丸を二号弾丸と称する。

(三)　実砲弾丸一個（外面黒色及び真鍮色等の斑のもの）但し昭和二十九年五月七日付札幌地方検察庁検察官事務取扱検察官検事高木一より捜研所長宛鑑定嘱託の銃砲刀剣類等所持取締令違反被疑事件被疑者宍戸均に対する鑑定物件の弾丸（札幌地方検察庁昭和二十八年領第七七三号の第七一号）以下本弾丸を三号弾丸と称する。

二、鑑定事項

(一)　一号乃至三号弾丸の現状における構造、特徴

(二)　一号乃至三号弾丸の発射前の原型よりの変化の部位、程度、之より推定せられる各弾丸原型の構造、種類、名称、特徴

(三)　二号及び三号弾丸の発射後の推定経過年月日

(四)　一号乃至三号弾丸を発射するに使用された各銃器の種類、口径、型、年式、名称、其の他の特徴

(五)　右(四)の発射に使用された各銃器は同一の銃器であるか、又は異なる銃器であるか。

三、参考添付物件及び書類

(一)　二号弾丸を発見した場所から採った石、土、木の根及び其の表面にあった腐葉、枯葉。（札幌地方検察庁昭和二十八年領第七七三号の第七三号の一及び二）

(二)　三号弾丸を発見した場所から採った石、土、木の根及び其の表面にあった腐葉、枯葉。（札幌地方検察庁昭和二十八年領第七七三号の第七四号の一及び二）

(三)　一号弾丸の盲貫銃創により死亡した死体の鑑定書

（四）　二号弾丸及び三号弾丸を発射したときの状況と認められる供述調書謄本（昭和二十八年八月十六日付被疑者高安知彦の供述調書謄本）

（五）　右発射現場より二号弾丸を発見押収したときの検証調書謄本（昭和二十八年十月十五日付検証調書並同日付差押調書及び押収目録謄本）

（六）　同所における三号弾丸の捜索差押調書謄本（昭和二十九年五月三十一日付捜索差押調書謄本）

右は謄本である。

昭和三十一年四月四日

札幌地方検察庁
検察事務官　柏　熊　清　治

鑑定書

東京大学工学部応用物理学教室
教授　磯部　孝

昭和三十年七月九日付日記特第五三号を以て札幌地方検察庁検察官事務取扱検察官検事高木一殿より左記事件に関し鑑定を嘱託されたので左の様に鑑定をした。

一、事件
二、鑑定物件
三、鑑定事項
（編注・いずれも鑑定嘱託書と同じなので省略）
四、鑑定経過
（一）一号乃至三号弾丸の外観、寸度、重量、比重、構造を検討した結果何れの弾丸も右旋六条の腔線を有する銃器による発射弾丸と認められその検査結果は次の通りである。
(1)　型　式　三品とも円頭型被甲鉛身弾で絞溝がある。
(2)　弾　長　一号弾丸　一一、五粍
二号弾丸　一一、五粍
三号弾丸　一一、七粍

(3) 弾　径　一号弾丸　約七、八四粍
二号弾丸　約七、八〇粍
三号弾丸　約七、八二粍

(4) 弾　量　一号弾丸　四、五二瓦
二号弾丸　四、五九瓦
三号弾丸　四、五三瓦

(5) 比　重　一号弾丸　一〇、四
二号弾丸　一〇、四
三号弾丸　一〇、四
比重の値より三弾丸とも鉛心の材料は硬鉛であると考えられる。

(6) 線条痕　三弾丸とも六個の線丘痕とその間に線底痕が認められ、線丘痕の幅は約〇、七粍、傾角は弾軸に対して五度半である。

(7) 其の他　(Ⅰ) 三弾丸の外面は夫々異り、真鍮色、ニッケルメッキ色、腐蝕せる青銅色を呈するが、三者の被甲材料は不明である。唯永久磁石に対する吸引力は何れも容易に認められぬから表面が仮にニッケルとするも、鍍金の薄い被膜であろうと想像される。
(Ⅱ) 二号及び三号弾丸には弾頭部その他に侵徹の際生じたと推定される摩擦痕等が認められる。

右の結果によれば三弾丸とも公称口径七、六五粍のブラウニング自動装填式拳銃又は同型式の腔線を有する拳銃により発射されたものと推定される。

(二) 三弾丸が同一の銃器で発射されたものであるかどうかについて、三弾丸の条痕を比較顕微鏡下で比較対照し鑑定者立会の下にその状を撮影した二十葉の写真を添付した（編注・資料Ⅱ証第三二号に同写真掲載、ただし五のⅡ、六のⅢは省略）。添付写真其の一乃至其の七がそれである。

先づ各弾丸につき共に最も特徴のある痕（添付写真其の一の（Ⅰ）（Ⅱ）（Ⅲ）に於ける1,1′,1″）を検出し、それをもつ線丘痕の番号を1となし弾頭を上にして順次右の線丘痕の番号を2乃至6として、夫々関係位置を等しくする六乃至七箇所の一号と二号、一号と三号、二号と三号の弾丸の比較を行ったものである。各写真の下にその関係位置を示した（編注・略）。

三弾丸の相互の条痕の間には著しく類似する点を見ることができる。

次にそれらが同一の銃器により発射されたものであるかどうかについて考察する。一般に同一の銃器の発射弾丸でも相互の条痕は必ずしも一致しない。その原因として銃器にも弾丸にもその直径に製造の公差があり接触面積が必ずしも等しくないこと。

又、長さに比べて直径の大きい弾丸では銃器内面との接触が短く、弾軸は銃身軸に傾いて入り、僅かではあるが首を振廻して前進する傾向もある。従ってかような弾丸では一方の側の線丘痕が反対側のものに比べて長くなり銃身の内面にある疵が長い条痕では深く刻まれ、短い線条痕には浅く又は表われないこともあること。又線底に接触する部分と全然触れない部分の生ずること又銃身内の錆、異物、前発射弾の残した金属粒等は一発射毎に除去されたり、新規に生じたりするために、条痕は夫々異る状況を呈し得る。又侵徹によって生じた摩擦痕が条痕をかくし、又は紛らわしくすることもある。

故に条痕が一致しないことは同一銃器から発射されたものではないとの証拠にはならない。それに比して特徴の明瞭に区別される条痕が微細な点迄一致することは、同一銃器で発射された弾丸であることの可なりはっきりした証拠となり得るのであるが、異なる銃器により発射された弾丸が全く偶然に同じ外観で一致する条痕を生ずることも全くないとはいえない。いずれにしても同一の銃器で発射されたか、異る銃器で発射されたかの判定は推定の問題であり、確率を以て表現されるべき性質のものである。

以下に本件の三弾丸の条痕に見出された一致点について、若しそれらが仮に異なる銃で発射されたものであり、偶然に生じたものとすればその偶然はどの程度の確率の下に生ずるものであるかを考察した結果を述べる。その際紛らわしい一致点は考慮外として可なり明瞭に一致すると見られる条痕のみ偶然にその特徴と位置が合致する確率を考える。

添付写真その一の写真（Ⅰ）（Ⅱ）（Ⅲ）（以下写真一の（Ⅰ）、一の（Ⅱ）等の名称で呼ぶ）に於て1 1′1″の条痕は顕著な特徴で一致するからこれを以下基準条痕と呼び他の条痕の位置の基準とする。

(1) 線丘痕内の条痕として添付写真に指示してある2 2′2″乃至8 8′8″条痕はその中6 6′6″と8 8′8″の相互の区別のみを除き、夫々互に他の条痕と区別できる特徴をもつ条痕である。

而してそれらは相互に独立であると考えられる。いま若し異なる銃器によって発射されたとして同じ特徴をもつ条痕が仮に現われたとすると（その様な確率自身が亦極めて小さい）相互の順序は全く無秩序である筈で偶然に全部が互に一致する場合は順序を入れかえた多数の場合の中の唯一つの場合にすぎない。仮に右側だけの2・4・5・6・8の五条について順序を入れかえた場合の数は6・8の区別を無視し、三六〇個 $\left(=\binom{6}{5}\times 5!\div 2\right)$ であり、すなわち確率は三六〇分の一であり、又他の側については3・7の二条について二〇個 $\left(=\binom{5}{2}\times 2!\right)$ の場合の一つ、確率は二〇分の一である。

両者の積をとり単に位置の順序だけを考えてこれらの合致は七二〇〇分の一の確率で生ずる。

(2) 次にこれらの条痕は主として線丘痕の左右の縁の近くに分布しているので仮に両縁から五粍以内の範囲に限って任意の位置に一様に分布するとして、それが夫々〇、二粍の精度で一致する確率は

（Ⅰ）2、2′、2″について 0.2—1.0 （Ⅱ）3、3′、3″について 0.2—3.0
（Ⅲ）4、4′、4″について 0.2—3.5 （Ⅳ）5、5′、5″について 0.2—2.0
（Ⅴ）6、6′、6″について 0.2—1.6 （Ⅵ）8、8′、8″について 0.2—1.0

であって、それらの同時に生ずる確率は積をとって約五〇万分の一である。

(3) 線底との接触によって生じた条痕の写真が添付写真其の七に三葉ある。

写真七の「Ⅰ」の条痕9・10・11、七の「Ⅱ」の条痕12・13・14・15、七の「Ⅲ」の条痕12・13・15についでは仮にそれらが偶然に生じたものとして単に位置だけが相互に合致する確率だけを考えても千分の一より大きくはないことが計算される。

(4) 以上(1)(2)(3)の夫々の一致は独立に同時に生じたものであるから総合的には各数字の積をとるべきであり、異なる銃器から発射され偶然に上述の一致を生ずる確率は一号と二号、一号と三号の弾丸について夫々の場合に甚だ大きく見積っても一兆分の一を越えない。同一特徴の条痕の現われる確率を考えれば更に遥かに小さい。

五、鑑定結果

（一）一号乃至三号の弾丸は何れも構造はほゞ同じく弾長一一、五乃至一一、七粍、弾径約七、八〇乃至七、八四粍、弾量四、五二乃至四、五九瓦で、比重が一〇、四であることから三弾丸とも硬鉛の鉛心をもつ円頭型被甲弾で右旋六条、傾角五度半の腔線を有する銃器により発射された弾丸と認められる。

（二）一号乃至三号弾丸には六個の線丘痕とその間の線底痕、二号、三号弾丸には弾頭部その他に侵徹の際生じたと推定される摩擦痕が認められ、三号弾丸の外面は特に外界の影響による腐蝕が烈しいが弾丸原型の構造、種類、名称、特徴の詳細は不明である。

(三)　二号及び三号弾丸の発射後の正確な経過年月日は推定できない。

(四)　一号乃至三号弾丸を発射するに使用された銃器は何れも公称口径七、六五粍ブラウニング自動装填式拳銃又は同型式の腔線を有する拳銃であることが認められる。

(五)　三弾丸の線条痕を比較顕微鏡を用い互に比較対照した結果、一号と二号、一号と三号、二号と三号の何れにも極めて類似する一致点が発見された。この一致点を検討した結果によれば、一号と二号並びに一号と三号弾丸が仮に異なれる銃器によって発射されたとするならば、現弾丸に見られる如き、線条痕の一致の生起する確率は極めて小さく、大きく見積っても〇、〇〇〇〇〇〇〇〇〇一より小さいことが認められる。

以上の鑑定は昭和三十年七月十五日に着手し同年十月二十五日に終了した。

昭和三十年十一月一日

第一審判決（抜萃）

昭和三二年五月七日　札幌地方裁判所

判　決

本籍　北海道上川郡比布村字比布北二線六号三十六番地
住居　不詳

団体役員　村　上　国　治
大正十二年一月五日生

本籍　愛知県中島郡千代田村大字坂田千四百六十六番地
住居　長野市南石堂町一五四番戸
（現在　札幌市南九条西二十六丁目札幌医科大学附属病院神経科分院入院中）

学生　村　手　宏　光
昭和四年二月二〇日生

右被告人村上国治に対する爆発物取締罰則違反、団体等規正令違反、地方税法違反、鉄砲刀剣類等所持取締令違反、火薬類等取締法違反、業務妨害、汽車往来危険未遂、暴力行為等処罰ニ関スル法律違反、脅迫、傷害、殺人、同村手宏光に対する脅迫、暴力行為等処罰ニ関スル法律違反、殺人幇助各被告事件について、当裁判所は、検察官高木一、同沢　勉、同小杉武雄出席の上審理を遂げ、次のとおり判決する。

主　文

被告人村上国治を無期懲役に、被告人村手を懲役三年に処する。
被告人村手宏光に対し未決勾留日数中六百五十日を右本刑に算入する。
ただし被告人村手宏光に対し本裁判確定の日から五年間右刑の執行を猶予する。

以下略

理　由

（事　実）略

（証　拠）

判事第一の事実〔一〕～〔八〕略
判事第二の事実〔九〕～〔三九〕略

〔四〇〕　第十九回公判調書中証人高安知彦の左記趣旨の供述記載。

この拳銃（領置にかかる証第二十二号のベルナルデリー・ガルドンネ小型拳銃）の外にブローニング型の拳銃を見たことがある。昭和二十六年十一、二月頃いわゆる第二回赤ランプ事件の時雁木の鉄橋の下で宍戸均から見せられたのが初めで、次は昭和二十七年一月上旬滝之沢の奥へ発射訓練に行った時である。この時は村手の下宿に僕達北大の者五名（鶴田倫也、大林昇、門脇戊、村手宏光および高安知彦）と植野光彦、宍戸均の七人が集り、皆で歩いて啓明中学の横を通り滝之沢を経て幌見峠へ行き、植野が持ってきた手りゅう弾の爆発実験をし、それからちょっと谷を登ったところの林の中で、使いなれるためにその拳銃で一発宛枯木や木の葉を目標にして射ってから、もと来た道を通り途中で二手に別れて帰ってきた。もっともその時宍戸と植野が射ったかどうかはっきりしないし、この時拳銃を持ってきたのは宍戸だと思うが、この点もはっきりしない。その拳銃がブローニングであることはこの時宍戸から聞いて知った。〔領置にかかる証第二十五号の（一）、（二）、〔後にそれぞれ証第二百七号、二百八号となる〕を示す。〕この発射弾（（一）を示す。）は覚えがないが、こちらのニッケル鍍金をしてある弾丸（（二）を示す。）は見覚えがある。これは昭和二十八年の夏から秋にかけて拳銃を発射した場所へ実地検証に行った時土の中から出てきたものだが、その場所から考えて僕達が射った弾の一つだと思う。また射撃訓練の三、四日か四、五日後に村手の家に集ってガルドンネ銃と一緒にこのブローニングの分解掃除というか、分解訓練というか、それをしたが、その時弾倉の中に七発か八発弾が入っていて、それも同じくニッケル鍍金をしてあった。なお、この時は宍戸が拳銃を持ってきたと思うが、同人は札幌の党の軍事の関係を担当しているので、その関係で拳銃を持つようになったものと思う。また昭和二十七年一月中旬頃白鳥課長の行動調査をしていた頃、一緒に行動調査に当っていた佐藤博の札幌市南六条西二十丁目の家で同人がそのブローニングを所持していたのを見た。拳銃は一般的には軍事行動の攻撃、防衛という目的で所持しているのであるが、この佐藤の場合は白鳥課長暗殺計画の実行というはっきりした目的のために持っていたものである。なお、その時の拳銃が前に幌見峠で使った物と同一物であることは型が同じであるし党にそんな拳銃がある筈はないということから言えると思う。

〔四二〕　高安知彦の検察官高木一に対する昭和二十八年八月十六日附第三回供述調書中同人の供述として左記趣旨の記載。

白鳥課長の行動調査中隊員の携帯品について特別の指示はなかったが、拳銃を持っていた者はいた。一番よく覚えているのは佐藤さんで、佐藤さんは一度白鳥さんをねらって引金を引いたが発射しなかったということがあったのではっきりわかったが、その時同人の自宅で見たブローニングと射撃訓練や村手の下宿で分解掃除をした時見たブローニングは、同型のもので大きさも同じだし包んであった布も同じだったように思うので同一物だと思う。その布というのは黒っぽい木綿様のもので大きさは広げてみないのでわからないが拳銃を二重か、三重位巻きつけることの出来る位のものだったと思う。

〔四二〕　略

〔四三〕　村手宏光の検察官久保哲男に対する昭和二十八年十月十三日附第十三回供述調書中同人の供述として左記趣旨の記載。

二十七年になってからで、白鳥事件の前であるが、円山の方の山へ拳銃の射撃に行った。誰々が行ったということは覚えていない。誰々が来たかというよりも十二月二十九日の会議の時に集った人が全部来たかどうかわからないのであるが、全員が射ったのではないかと思うが、一発ずつ射ち、僕も一つ射った。そこは坂になっていて傾斜に向い地面というか雪に当るようにして射ったのである。その場所は道路から三十米位離れたところで、草原ではなく木のあるところだった。なお、この時の拳銃は一個で外国製のものだった。

〔四四〕～〔四六〕　略

〔四七〕　検察官高木一作成の札幌市内通称幌見峠東南斜面通称滝の沢における昭和二十八年十月十五日附検証捜索調書。特に昭和二十八年八月十九日同所山道附近一帯を捜索して土中より弾丸一個を発見して、これを差押えた旨の記載。

〔四八〕　検察官高木一作成の昭和二十八年十月十五日附差押調書中同年八月十九日午後零時五十分発射弾一個を札幌地方検察庁昭和二十八年領第七百七十三号の第七十として差押えた旨の記載。

〔四九〕　検察官高木一外三名作成の札幌市通称幌見峠東南側斜面通称滝の沢山林一帯における昭和二十九年五月三十一日附捜索差押調書。特に昭和二十九年四月三十日右山林一帯を捜索して土中より弾丸一個を発見し、これを札幌地方検察庁昭和二十八年領第七百七十三号第七十一として押収した旨の記載。
〔五〇〕　領置にかかる発射弾一個（証第二百七号）（元証第二十五号の（一））
〔五一〕　同じく弾丸一個（証第二百八号）（元証第二十五号の（二））および後記〔八五〕の証拠を綜合して認める（ただし、〔四〇〕の証拠における証人高安知彦の、領置にかかる第二十五号の（一）の発射弾は見覚えがないが、ニッケルのめっきをした同（二）の弾丸は見覚えがある。これは昭和二十八年の夏から秋にかけ実地検証に行った時土中から出て来たものである旨の供述記載は、〔四七〕ないし〔五一〕の証拠と第十八回公判調書、特にその別紙押収目録の記載とを綜合すると、証第二十五号の（二）の弾丸はニッケルめっき色ではなくて黒色および真ちゅう色等のまだら状を呈しており、同（一）の弾丸こそがニッケルめっき色をしていること、高安知彦が立ち会った昭和二十八年八月十九日の検証の際に発見された弾丸は、本件の証第二十二号の（一）として領置されており、同（二）は昭和二十九年四月三十日に発見された弾丸であることが明らかであるから、右の証人高安知彦の供述記載中二個の弾丸を区別特定する証番号の「（一）」、「（二）」は、それぞれ「（二）」、「（一）」の言い間違いか、調書の誤記であると認める。）なお、前記の諸証拠に現れてくるブローニング拳銃が同一物であることは、石川正止郎、高安知彦、有岡襄らこれを二度以上現認している者が同一物と思うとの供述をしていること（〔三八〕、〔四〇〕、〔四五〕、〔四六〕の証拠による。）、右の三名を含む現認者達の、拳銃の大きさ、形状、包み布等についての供述がほぼ一致していること（〔二七〕、〔二九〕、ないし〔三五〕、〔三八〕、〔四〇〕、〔四五〕、〔四六〕の証拠による。）、元来厳にその所持等を禁止され、きびしい取締りの対象となっている拳銃を、しかも同一種類のものを、数個月という比較的短い期間内に入手するということは、そう容易とは思われず、更には、〔三七〕の証拠に見られるとおり本件ブローニング拳銃を入手するについても資金の調達に苦心しているが、そうした面からの制約も加わるから、同一種類の拳銃を短期間内に入手することは困難であろうと推認されること等をあわせ考えれば、同一物であると認めるのが相当である。次に前記の諸証拠に現れるブローニング拳銃の携行ないし保管者のおのおのと被告人村上国治が意思を通じていることについては、〔二六〕、

〔三七〕の証拠で明らかなとおり一般的に武器の保管、使用は軍事委員会の責任であること、既に認定したとおり札幌の軍事委員会の責任者は被告人村上国治であること、〔三七〕の証拠で認められるように、被告人村上国治が佐藤直道に対し本件ブローニング拳銃の購入資金の調達方を依頼していること、その後同人に対し入手した旨述べていること等の事実を綜合すれば、ゆうにこれを認めることができる。

〔五二〕〜〔二三三〕　略

〔二三四〕　東京大学教授磯部孝作成の昭和三十年十一月一日附鑑定書（ただし、確率計算に関する部分を除く）

〔二三五〕　当裁判所の証人磯部孝に対する尋問調書（ただし、確率計算に関する供述記載部分を除く）

〔二三六〕〜〔二九〇〕　略

被告人両名及び弁護人らの主張に対する判断

（一）〜（三）略

（四）主任弁護人は判示第二の（二）の（2）の（イ）、第二の（七）の事実に関し、検察官は、証第二百七号、二百八号の二個の弾丸は高安知彦らがブローニング拳銃の発射訓練をした幌見峠から発見されたもので、一は約一年七個月間他は約二年三個月間落葉腐しょく土の表面より一は約一糎、他は二糎の個所に埋没していたものであると主張しているが、鑑定人長崎誠三作成の鑑定書（以下「長崎鑑定書」という）には、右の弾丸は空中またはそれと同じ条件のもとに腐しょくしたものであって、か酷な腐しょく条件のもとに長期間置かれていたものではないとあり、また、宮原将平作成の「銅の腐しょくに関する二、三の実験」と題する書面（以下「宮原鑑定書」という）では、もし右の弾丸が当該土中に埋没していたとすればわずか一個月も経過しない内に現に右の弾丸に存する腐しょくとは比較にならない程はなはだしい腐しょくが生ずるとされているのであるから、検察官の主張は科学的にみて極めて問題であり、そうするならば一体誰が右の二弾丸をその場所に埋めたのか疑問が生ずるが、それは捜査官に聞くほかはない。また、長崎鑑定書によれば二箇の弾丸には亜酸化銅が表面に現れているとのことであるが、亜酸化銅はアルコールランプの炎の中心等酸素のほとんどない条件のもとにおいてのみ生ずるものであるから一体誰が如何にして、これを生ぜしめたのかという疑いが起るが、これを捜査官のみが解くことが出来るであろうと述べ、あたかも二箇の弾丸に関し、捜査官の何らかの作為が加わっているかの如き主張をしている。

たしかに長崎鑑定書では、本件弾丸は空中あるいはそれと同程度の環境で腐しょくしたとされているが、鑑定人長崎誠三は当裁判所の照会に対し、弾丸の腐しょくの状態から判断されるその弾丸の発射後の推定経過時間、土中より発見された弾丸の腐しょくと発掘個所の土壌との因果関係の有無に関しては、たとい右の土壌についての地質専門家の分析結果の提供を受けても同鑑定人らが現在持っている知識と技術ではすこぶるあいまいなことしか言えないとの趣旨の回答を寄せていたことは、当裁判所に顕著な事実である。そうして見れば同人作成の鑑定書が弾丸の腐しょくとすべての土壌（その成分、状態を問わず）との因果関係の存在を一切否定する趣旨をも含んだものとは到底解されないから、右鑑定書は必ずしも本件弾丸が幌見峠の山中に放置されていたと、認めることの妨げとはならないと解する。なお、弁護人は、亜酸化銅の被膜はアルコールランプの焔の中心等酸素のほとんどない状態のもとにおいてのみ生ずるというが、右の被膜は空中またはそれと同程度の環境で腐しょくされ生じたものであることは右鑑定書の記載から明らかで、もし弁護人主張のとおりならば同鑑定書はも早この点において措置し難いものとなるであろう。

つぎに宮原鑑定書についてみるに、同鑑定は直接本件弾丸あるいはこれに類似する弾頭をもって実験を行ったのではなく、これにかわるものとして、（イ）市販の銅片　（ロ）市販の銅　ニッケル　鉛を結合したものを用い、これを第三者が本件弾丸が発掘された現場附近から採取してきた土壌中に押し込んで（証人高橋昭一の当公判廷における供述参照）実験したというのであって、右の条件のもとに宮原鑑定書にいうが如き結果のあらわれたであろうことはあえて疑うものではないが、問題は右鑑定における与えられた条件と自然の環境におかれた本件弾丸との間にどの程度の類似性があったかが極めて重要であり、右鑑定の試料となった金属片と土壌（これについて右高橋証人は、積雪を除き去って土をひとスコップくらいの深さでとった。五寸位の深さであったろうと述べている。）およびこれらの置かれた実験の場における温度、湿度等の条件と本件弾丸の場合とにおいていかなる相違があったかは知るよしなく、従って右鑑定の結論を直ちに本件の場合に当てはめることはできない。

しかして、本件弾丸に関し、捜査官において何らかの作為を施したであろうことを疑うに足りる何らの資料も存しないばかりでなく、射撃訓練および本件弾丸（証第二百七号）の発見に関する証人高安知彦の供述に高度の信ぴょう性の認められる本件において、弁護人の主張は到底採用することができない。

以下略

以上の理由によって主文のとおり判決する。

昭和三十二年五月七日

札幌地方裁判所刑事第一部

裁判長裁判官　佐藤竹三郎

裁判官　服部一雄

裁判官　神田鉱三

鑑　定　書

別紙に記した資料につき依頼六事項にわたり鑑定を行った結果を別紙に報告する。

昭和三四年一一月二〇日

北大工学部
岡　本　　剛

一、鑑定資料

札幌高等裁判所昭和三二年領第八八号（札幌地方裁判所昭和二八年領第二六一号）の二〇七及び二〇八号各弾丸。以下之を夫々二〇七、二〇八とよぶこととする。

二、鑑定事項

1. 札幌高等裁判所昭和三二年領第八八号（札幌地方裁判所昭和二八年領第二六一号）の二〇七及び二〇八号各弾丸の腐食の有無。
2. 腐食しているとすれば、その部位程度原因。
3. 右腐食の部位程度から判断される右各弾丸の発射後の推定経過年月日。
4. 前記二〇七弾丸の腐食の部位程度からみて同弾丸が発見された個所の土中表面より一センチ位の所に埋没し、昭和二七年一月上旬頃から翌々年八月末頃までの間放置されていたと推定出来る可能性の有無について。
5. 前記二〇八弾丸の腐食の部位程度からみて同弾丸が発見された個所の土中表面より二センチ位の所に埋没し、昭和二七年一月上旬頃から翌々年三月末頃までの間放置されていたと推定出来る可能性の有無について。

6. 線条痕のみぞの部分と其の他の部分の腐食状況の差異。

三、鑑定結果

1. 二〇七及び二〇八号各弾丸いずれも腐食されている。

2. (A) 腐食の部位、程度。

弾丸の各部位に対して便宜上右の様に番号附をする。

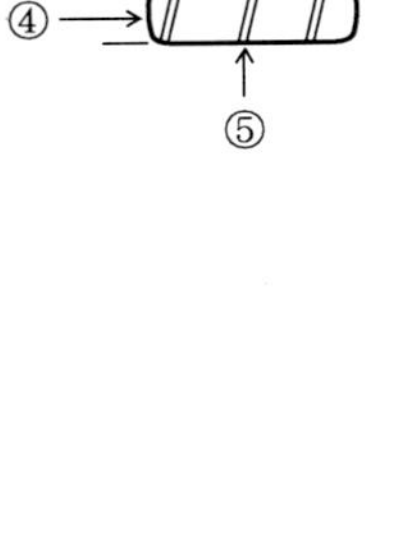

(a) 肉眼的観察

二〇七と二〇八との外観はかなり相違している。

二〇七は①、②の一部分を除いた表面の大部分に金属光沢のメッキ層が残っている。

二〇八は③の部分にメッキ層が認められるだけで、他の部分の表面にメッキ層の残っている個所はほとんど認められず、大部分が銅色あるいは真鍮色である。

(b) 光学顕微鏡観察

二〇七について。メッキ層の存在する部分即ちメッキ層表面には細い表面キズが認められ殆んど腐食されていない。メッキ層の剥離された部分には表面キズがほとんど認められず、ピット状の腐食孔が認められる。場所によっては地金属の結晶粒界部に比較的浅い選択的腐食溝が認められる。

二〇八について。メッキ層の剥離された部分即ち大部分の表面にはピット状の腐食孔が散在し、部分によっては地金の結晶粒界部に比較的浅い選択的腐食溝が認められる。

以上述べた光学的顕微鏡による観察結果からみてメッキ層の剥離された部分については二〇七、二〇八いずれの腐食形態も特に相違する点は認められなかった。

(B) 腐食の原因

金属の腐食は広義の金属の酸化現象であって、金属の種類、環境条件によって其の進行の可能性には著しく差異がある。

又同一の金属についても金属の表面状態（例えば表面組織結晶状態、異種金属の接触、不純物、きず、機械的ひずみ、温度等）と腐食性環境条件（酸素含量、湿度、pH、温度、流動条件、微量不純物（例えばアンモニア、亜硫酸ガス、硫化水素、塩素イオン等）微生物、有機物等）との相互作用によって腐食反応の進行の速さにも腐食形態にも敏感に影響を与えることが腐食科学の多くの実験事実の示すところである。

従ってある腐食金属の形態が示されたとしてもそれに対応する腐食性環境の種類は極めて多く腐食された金属の浸食形態から其の金属の置かれた腐食性環境の推定、即ち腐食の原因を求めることは不可能である。

又腐食金属と腐食環境とが与えられた場合に於ても、金属の腐食形態だけから其の腐食環境に放置された期間を推定することは不可能である。

3. 2.(B)項により本項の推定は出来ない。
4. 2.(B)項により本項に記載してある事項の推定出来る可能性はない。
5. 2.(B)項により本項に記載してある事項の推定出来る可能性はない。
6. 腐食の形態に関しては特に相違する点は見出し得ない。

追記

腐食反応の本質に関しては添附文献（編注・略）を参照されたし。

以上

第二審判決（抜粋）

昭和三五年五月三一日　札幌高等裁判所

昭和三二年（う）第二二九号

判　決

本籍　北海道上川郡比布村字比布北二線六号三六番地
住居　不詳
団体役員　村　上　国　治
大正一二年一月五日生

本籍　愛知県中島郡稲沢町大字坂田
住居　長野市南石堂町一五四番戸　村手順吉方
（現在　松本市蟻ヶ崎城西病院入院中）
無職　村　手　宏　光
昭和四年二月二〇日生

右村上被告人に対する爆発物取締罰則違反、団体等規正令違反、地方税法違反、銃砲刀剣類等所持取締令違反、火薬類取締法違反、業務妨害、汽車往来危険未遂、暴力行為等処罰ニ関スル法律違反、脅迫、傷害、殺人、村手被告人に対する脅迫、暴力行為等処罰ニ関スル法律違反、殺人幇助各被告事件について、昭和三二年五月七日札幌地方裁判所が宣告した判決に対し、被告人らから控訴の申立てがあったので、当裁判所は、検事升田律芳主席、取り調べの上、左のとおり判決する。

主　文

原判決中被告人村上国治に関する部分を破棄する。

被告人村上国治を懲役二〇年に処する。

同被告人に対し、原審における未決勾留日数中五〇〇日を右本刑に算入する。

同被告人から、領置にかかる発射弾二個（昭和二八年領第二六一号の証第二〇七、二〇八号、撃ち殻薬きょう一個（前同領号の証第一八七号）、命中弾丸一個（前同領号の証第二〇六号）、ビラ七五枚（前同領号の証第四二号）を没収する。

被告人村手宏光の本件控訴を棄却する。

理　由

第一～第三　略

第四

岡林弁護人の控訴趣意第二点、杉之原弁護人の同第二の一〇の（九）、青柳弁護人らの同第二、第三点、鎌田弁護人の同第四点、同弁護人の補充控訴趣意第一及び村上被告人の控訴趣意第一の（一四）（原判決は、原審証拠〔五〇〕〔五一〕〔二二〇〕の弾丸―原判示証第二〇七号、第二〇八号、第二〇六号弾丸―及びこれに関する鑑定書等に対する採証法則の違反、その証拠価値に対する不当な判断等による理由の不備もしくは理由のくいちがいがあるとの主張）

について。

（一）　原判決は、原判示白鳥事件の事実認定の証拠に供した磯部鑑定書〔二三四〕及び磯部供述〔二三五〕の中から、確率計算に関する部分を除外しているが、同証拠は、原判示証第二〇六号ないし第二〇八号の三個の弾丸が、異なった拳銃から発射されたものとする確率が、一兆分の一にすぎないという確率計算を要素とするものであって、これを除いたその余の部分のみを証拠として採用したのは、採証の法則を誤まり、ひいて理由の不備もしくは理由のくいちがいがあるとの主張についてまず判断する。原判決が、磯部鑑定書及び磯部供述を証拠として採用するにあたり、確率計算に関する部分を除外していること及び右証拠によって原判示白鳥事件の罪となるべき事実を認定する間接事実として、右三個の弾丸は、いずれも公称口径七・六五ミリブローニング自動装てん式拳銃または同型式の腔線を有する拳銃より発射されたものと認められる旨及び右三個の弾丸の線条こんには、きわめて類似する一致点が存する旨認定していることは、原判文に徴し明らかである。右間接事実の中、右三個の弾丸は、いずれも公称口径七・六五ミリブローニング自動装てん式拳銃または同型式の腔線を有する拳銃より発射されたものと認めるとの部分は、右鑑定書中、鑑定の結果（四）の記載及びこれに照応する同鑑定書中の鑑定の経過に関する記載と、磯部供述中のこれに関する供述記載とを総合して認定したものと推察されるのであって、所論（編注・控訴趣意書）確率計算に関する部分とは、直接の関係がないものといえる。つぎに右間接事実の中、右三個の弾丸の線条こんには、きわめて類似する一致点が存するとの部分は、磯部鑑定書中鑑定の結果（五）として、「三弾丸の線条こんを比較顕微鏡を用い、たがいに比較対照した結果、一号（証第二〇六号）と二号（証第二〇七号）、一号と三号（証第二〇八号）、二号と三号のいずれにも、きわめて類似する一致点が発見された。この一致点を検討した結果によれば、一号と二号ならびに一号と三号弾丸が、仮に異なる銃器によって発射されたとするならば、現弾丸に見られるごとき線条痕の一致の生起する確率は、きわめて小さく、大きく見積もっても一兆分の一より小さいことが認められる」旨の記載の中、その前段の部分と、同鑑定書中これに照応する鑑定経過の部分ならびに磯部供述中これに照応する供述とを総合して認定したものであること、かつ、原判決が、右確率計算に関する部分を除外したのは、原審証人宮原将平の原審第七四回公判廷における供述及び増山回答書等と対比し、右確率計算に関する部分は、信頼性に乏しいとの心証をえたことによるものと推察されるのである。さて、所論は右（五）の鑑定の結果中確率計算に関する部分は、その要素をなすものであるから、これを除いたその余の部分のみを証拠に採るのは、採証の法則に反すると主張するから、この点について、さらに考察するに、右（五）の鑑定の結果は、右三個の弾丸の発射に使用された各銃器は同一であるかまたは異なる銃器であるかとの鑑定事項にこたえるものであることは、右鑑定書の記載に徴し明らかであるから、（五）の鑑定の結果中、その前段の記載と後段の記載が、きわめて密接な関連をもつものであることはいうまでもないが、しかし採証上必ずしも一体不可分のものとして扱わねばならないものとは解せられない。何となれば、その前段の記載は、右三個の弾丸を、比較顕微鏡や拡大写真によって比較対照し、観察した結果を記載したものであることは、右鑑定書及び供述によって明らかであるから、所論のごとく確率計算が、その要素をなしているものとはいいがたい。従ってその前段の部分のみを証拠に採っても、必ずしも採証の法則を誤ったものとはいえない。もちろん、磯部鑑定書及び磯部供述の中、確率計算に関する部分を除くと、右三個の弾丸は、同一銃器から発射されたものと認定しても、ほぼ違いないとの結論を引き出すことはできないこととなるから、これらの証拠のみによって、そのような事実を認定することは、採証の法則を誤ったものというべきであるが、原判文は、磯部鑑定書及び磯部供述をそのような事実認定の直接証拠として引用しているのではなく、単に右三個の弾丸の線条こんには、きわめて類似する一致点があるとの間接事実認定のための証拠に供していることは、原判文の解釈上、容易に理解されるところである。してみると原判決には、所論のような採証法則の違反、これにもとづく理由の不備もしくはくいちがいがあるとはいえない。

(二)　つぎに、右磯部鑑定書及び磯部供述は、単なる肉眼的観察と非科学的な確率計算の方法を基礎とするものであり、その肉眼的観察も、はなはだずさんな方法によったものであるから、きわめて証拠価値に乏しく、これによって右三個の弾丸が、同一拳銃から発射されたものであるとの原判決の認定事実ないし前記間接事実を認める証拠とはなしがたいとの主張について判断する。

原判決が磯部鑑定書及び磯部供述中確率計算に関する部分は十分信頼するに足る科学的根拠に乏しいものとして、採証に際し、その部分を除外していることは、先に述べたとおりであるが、だからといって、その余の部分も、非科学的で、証拠価値に乏しいものであると、速断するのは当らない。なるほど、右鑑定書及び供述によると、右三弾丸の肉眼的観察に際し、相互に類似する線条こんのみを選んで観察を下したもので、所論のごとく類似しない線条こんの有無及びその相異性については、深い注意が払われなかったこと、類似する線条こんの比較対照は、主としてその線条こんの巾と長さにもとづいてなされたもので、その深さの測定、対照は、なされなかったことを認めることができるが、しかし右鑑定書及び供述によると、同鑑定人のとった鑑定の方法によっても、(一)、(四)及び(五)の前段の鑑定結果を結論づけることが可能であり、またその方法が、必ずしも非科学的で信頼性に乏しいずさんな方法であるとはいいがたいことを認められるから、原判示にかかる前記間接事実を認定するための証拠として、確率計算の部分を除いたこれらの証拠を採用しても、所論のごとく採証の法則を誤ったものとはいえない。

(三)　つぎに原判決が、長崎鑑定書を排斥するにあたり、適法な証拠調べを経ていない同鑑定人の原審裁判長に対する回答書を引用しているのは違法であるのみならず、その排斥の理由は非科学的な独断であって、自由心証主義の合理的な認定許容範囲を逸脱しているから、結局理由の不備もしくはくいちがいがあるとの主張について判断する。

原判決は原判示ブローニング型拳銃等所持の事実及び原判示白鳥事件の事実認定の用に供せられている前記

証第二〇七号、第二〇八号の二個の弾丸は、高安知彦らが、ブローニング拳銃の発射訓練をした幌見峠の現場から発見されたもので、一は約一年七ヶ月間、他は約二年三ヶ月間、落葉腐しょく土の表面より、一は約一センチ、他は約二センチの個所に埋没していた旨の検察官の主張を是認し、右二個の弾丸は、いずれも空中またはそれと同じ条件のもとに腐しょくしたものであって、か酷な腐しょく条件のもとに長時間放置されていたものとは推定できない旨の長崎鑑定書を、原判示のような理由（原判決書第二一四頁参照）によって排斥し、かつ、その理由づけの一根拠として、適法な証拠調べを経ていない所論回答書（記録第一一五五丁以下参照）を引用していることは、原判文及び記録に徴し明らかである。裁判長の鑑定依頼に対する鑑定人の回答書で、適法な証拠調べを経ていないものを、裁判所が閲読し、かつ記録中に編綴してあるからといって、そのことのみにより、該回答書に記載してある事項が裁判所に顕著であるとはいいがたいし、また右回答書に記載されている事項が、当然の事由として承認されるほど裁判所に顕著な事実であるとも認められない。のみならず、長崎鑑定人は、右回答書に記載されている事項を、原判決が理解するような意味合で記載したものでないことは、当審証拠調べの結果に徴しこれを認めるに難くないから、右回答書にもとづき、もしくは同回答書に記載されている事項は、裁判所に顕著な当然の事理として、これを理由に長崎鑑定書を排斥した原判決の判断は、採証の法則に反し、違法であるといえるし、たとえそれが罪となるべき事実認定の証拠に供せられるのではないから、厳格な証明を要しないとの説が許されるとしても、はなはだしく妥当を欠くものといわざるをえない。また原判決は、右二弾丸の亜酸化被膜は、空中またはそれと同程度の環境で生じたものと推定されるとの長崎鑑定の結果を排斥する理由として、右被膜は、アルコールランプ炎の中心等酸素のほとんどない状態のもとにおいてのみ生ずるという弁護人の主張自体と、右鑑定の結果が符合しないことを挙げているが、該判断も、首肯できない。そこで、長崎鑑定書の証拠価値について、さらに検討を加えることとする。長崎鑑定書及び同鑑定人に対する当審受命裁判官の尋問調書を総合すると、同鑑定書記載の経過により（1）証第二〇七号、第二〇八号弾丸のニッケルメッキがはげた素地の銅または銅合金の部分には、亜酸化銅の被膜が生じ、腐しょくしているが、これは空中と同程度の環境において生じたものと推定される。（2）ニッケルは空中では腐しょくされがたいが、水分に接触していると、いくばくもたたないで酸化被膜が生じ、灰白色にくもるのが普通であるが、右両弾丸のくぼんだ部分には、くもりのない金属光沢を帯びたニッケルメッキが、ほとんど完全な状態で残存している。（3）過酷な腐しょく条件のもとでは、銅及びその合金は緑色の炭酸銅（緑青）を生じ、炭酸銅は、取り扱い中に脱落することもあるが、脱落した後には腐しょく孔が残るはずである。しかるに右両弾丸には腐しょく孔が発見できない。以上のような理由から、右両弾丸は、過酷な腐しょく作用の存在する環境に長時間置かれていたものとは考えがたいとの結論に達し、右にいう過酷な腐しょく作用の存在する環境とは、炭酸ガスの存在する個所（たとえば湿った土じょう中）を意味し、長時間とは、鑑定対象物の外観的観察からは特定することが困難であるが、その置かれた環境が湿った土の中で、水分とか適当な温度というようなものにさらされているとすると、少なくとも半年以上置かれたものではないという意味らしく理解されるのである。原審証拠〔四七〕〔四九〕に当審検証の結果を総合すると右両弾丸の発見された個所は、札幌市郊外にある幌見峠東南斜面通称滝の沢のくまざさ、雑草等の生いしげった山林中で、発見当時、一は地表上の落葉の腐しょく土中の表面下一センチの個所に、一は同二センチの個所に埋没していたことが認められ、従って雨水や雪どけ水の浸透する個所であることが認められる故にもし右のような環境が長崎鑑定書にいうところの過酷な腐しょく条件の存在する個所に該当し、右鑑定の結果が疑いを容れる余地なく信頼するに足るものとすれば、右両弾丸の証拠価値に疑念を生じ、ひいては右弾丸の発見された場所附近で、拳銃の射撃訓練をしたという高安知彦の供述やこれに照応する村手被告人の供述の信用性に影響するところが少なくないと思われるのである。ところで、前記長崎供述によると、右両弾丸が、右認定したような個所に遺留されていたとすると、その環境は、鑑定書に記載してある過酷な腐しょく作用の存在する環境に該当するものであることを認めることができる。しかし他面岡本鑑定書及び岡本剛の当審第三四回公判廷における供述によると、(イ) 右両弾丸のメッキ層のはく離された部分には、ピット状の腐しょく孔が認められ、場所によっては地金層の結晶粒界部に比較的浅い選択的腐しょく溝が認められること、(ロ) 右両弾丸のメッキ層の部分も局所的には腐しょくして光沢を失っている部分があり、同一環境下に相当長く放置された場合にも、そのような腐しょく状況を呈する可能性があること、(ハ) 金属の腐しょくは、金属の種類、環境条件によって、その進行の可能性にはいちじるしく差異がある。また同一の金属でも、金属表面状態と腐しょく性環境条件との相互作用によって、腐しょく反応の進行の速さにも、腐しょく形態にも、敏感に影響を与える。従って、一定の腐しょく金属と腐しょく環境とが与えられた場合においても、金属の腐しょく形態だけから、その腐しょく環境に放置された期間を推定することは、ほとんど不可能であるというにあることが認められるし、これに長崎鑑定書にいうところの長時間とは、どの程度の時間を意味するか、必ずしも明確でない点があることに思いを致すとき、長崎鑑定書は、相当信頼すべき科学的根拠を具有することは認めつつも、その結果について、疑を容れる余地なく信頼できるものであるとの心証を形成するに至らない。従って原審証拠〔四〇〕〔四三〕〔四四〕〔四七〕ないし〔四九〕等の証明力をくつがえすに足る証拠価値があるものとしてこれを採用するに由なく、してみると、原判決のこの点に関する判断は、結果的には右と同旨に帰するものと解せられ、従って、これを排斥した理由中の前記瑕しは、判決に影響を及ぼさないと認められる。

(四) つぎに原判決が、宮原鑑定書を排斥した理由も、科学的根拠を欠く独断であって、結局理由の不備もしくは理由にくいちがいがあるとの主張について判断する。

宮原鑑定書及び宮原将平の当審第三五回公判廷における供述を総合すると、宮原鑑定書は、市販の銅、ニッケル、鉛の角片を第三者が、本件弾丸の発見場所から採取してきたと称する土じょう中に、右角片の半分を押し込み、半分は空中に残し、各角片を電気的に接触し、実験中は当初の湿度を保つため、適量の蒸留水を注いで実験し、なお、右と同様の方法で、銅片のみを電気的に接触した実験を併せ行ったものである。これは、異種金属の電気的接触ということが、金属の腐しょく作用上、重要な意義をもつものであって、その意味では弾丸そのものによって実験する場合と異ならないとの見解にもとづくものであり、また蒸留水を使用したのは、空気中の炭酸ガス等を含む雨水や雪どけ水等より、腐しょくの条件が、過酷でないとの配慮にもとづくものであるというのである。さて、右銅片のみの分については一ヶ月間、異種金属片の分については一〇日間実験した結果、後者の銅片の腐しょく状況は、長崎鑑定書に記載されている本件弾丸の腐しょく状況とほぼ同様であったことが確認されたとして、本件弾丸は、右実験に供した土じょうと同様の条件にある土じょう中に、一ヶ月以上埋没、または一部埋没もしくは地表に放置されていたものとは考えられないとの結論に達したことが窺われるのである。実験室における右の条件のもとに、宮原鑑定書にいうがごとき結果の現れたであろうことは、原判決も疑わない旨判示しておるのである。しかしながら、金属の腐しょく反応の進行速度、腐しょく形態などに関する前記岡本鑑定書及び岡本供述等に鑑みると、原判決が、その判示するような理由によって、宮原鑑定書を採用しなかったのは、必ずしも非科学的、非合理的な独断であるといって非難するのは当らない。してみると原判決に、所論のような採証法則の違反、理由の不備、理由のくいちがいがあるものとは認められない。

（五）　原審証拠〔四〇〕〔四三〕〔四四〕〔四七〕ないし〔四九〕〔六四〕〔六五〕〔六七〕を総合すると、証第二〇七号、第二〇八号の両弾丸は、高安知彦、村手被告人らが、昭和二七年一月上旬前記滝ノ沢の山林中で、拳銃の射撃訓練及び手りゅう弾の爆発実験を行った際に発射されたもので、発見当時まで、その現場に遺留されていたものであることを認めることができる。長崎、宮原両鑑定書、当審受命裁判官の長崎誠三に対する証人尋問調書、宮原将平の当審公判廷における供述によっても、右鑑定を左右しえないことは、上述のとおりであるし、記録をよく調べてみても、他に右認定をくつがえすに足りる証拠は発見できない。原判決が、右両弾丸を証拠として採用したのは、正当であって、所論のごとく採証の法則を誤ったものとは認められない。

第五　略

よって、主文のとおり判決する。

昭和三五年五月三一日

札幌高等裁判所第三部

裁判長裁判官　豊　川　博　雅

裁判官　雨　村　是　夫

裁判官　中　村　義　正

上告審判決（抜萃）

昭和三八年一〇月一七日　最高裁判所第一小法廷

昭和三五年（あ）一三七八号

判　決

本籍　北海道上川郡比布村字比布北二線六号三六番地
住居　不詳
団体役員　村　上　国　治
大正一二年一月五日生

本籍　愛知県中島郡稲沢町大字坂田
住居　長野市南石堂町一五四番戸　村手順吉方
無職　村　手　宏　光
昭和四年二月二〇日生

右村上国治に対する爆発物取締罰則違反、団体等規正令違反、地方税法違反、銃砲刀剣類等所持取締令違反、火薬類取締法違反、業務妨害、汽車往来危険未遂、暴力行為等処罰ニ関スル法律違反、脅迫、傷害、殺人、村手宏光に対する脅迫、暴力行為等処罰ニ関スル法律違反、殺人幇助各被告事件について、昭和三五年五月三一日札幌高等裁判所の言い渡した判決に対し被告人村上国治および被告人らの原審弁護人杉之原舜一からの上告の申立があったので、当裁判所は次のとおり判決する。

主　文

本件上告を棄却する。
被告人村上国治に対し、当審における未決勾留日数中七〇〇日を本刑に算入する。

理　由

一　被告人村上国治本人の上告趣意第一について　略

同第二ないし第四について　略

二　被告人両名の弁護人杉之原舜一の上告趣意第一部第一ないし第四について

所論は事実誤認、単なる法令違反の主張であって、刑訴四〇五条の上告理由に当らない。（第一審判決証拠番号〔二〇〕〔三七〕〔二二二〕〔二二五〕〔二三六〕〔二四一〕の証人佐藤直道の供述、同〔四六〕〔二三三〕〔二三七〕の証人追平雍嘉の供述、同〔二二三〕〔二二八〕〔二三八〕〔二四〇〕の証人高安知彦の供述、および同〔二三〇〕〔二三二〕の被告人村手の検察官久保哲男に対する供述調書中同被告人の供述記載について、任意性、信憑性を疑わしめるに足る証拠は、記録上認めることができない。そして原審が第一審判決判示第二(七)の事実の証拠として引用している各証拠を綜合するときは《証第二〇六号ないし第二〇八号の弾丸に関しては、弁護人鎌田勇五郎の上告趣意第一点に対する説示参照》、被告人村上は、昭和二六年一二月二七日自由労働組合の札幌市長高田富与に対する集団交渉をめぐって同市役所坐込み事件が発生し、札幌委員会所属党員ら約一〇名が札幌市警察本部警備課長白鳥一雄の指揮する警察官によって検挙され、札幌地方検察庁に送致後は同庁検事塩谷千冬の取調を受けることとなるや、これを不当弾圧であるとし、高田市長、白鳥課長および塩谷検事を目標とする、いわゆる反ファッショ闘争を盛り上げるとともに、この機をとらえて白鳥課長を殺害しようと決意するに至り、宍戸均をして当時千歳町方面の開拓農民部落に農村工作等のため派遣中であった中核自衛隊員鶴田倫也、大林昇、門脇戌、高安知彦および被告人村手の五名を急拠札幌に呼び戻させた上、宍戸均と相い謀って同月二九日札幌市内北海道大学構内学生会館内民主主義科学者協会の部屋に集合せしめ、ついで場所を同市南九条西一三丁目門脇甫宅に移し、同人らに対し前記市役所坐込み事件の責任者として、高田市長、塩谷検事および白鳥課長の三名に対しいわゆる反ファッショ闘争を開始し、塩谷検事に対しては当日夜、高田市長に対しては大晦日の夜、それぞれの居宅を襲撃して投石すべき旨指示してこれに同意せしめるとともに、白鳥課長に対しては年が明けてから慎重調査の上徹底的攻撃を加える旨をも告げて暗に同課長殺害の企図を打ち明け、ついで翌二七年一月一日頃宍戸均とともに同市北一四条西二丁目の北海道大学北学寮内の大林昇の居室に鶴田倫也ら五名を召集し、ファッショ的な警察官に対しては実力攻撃を加える準備があるとの趣旨を記載した宣言文を警察官に発送することを協議し、さらに同月四日午前九時頃から宍戸均とともに前記門脇甫方もしくは同市南四条西一六丁目の寺田トシ方に右鶴田倫也ら五名を召集し、白鳥課長殺害の方法は拳銃を使用する旨を告げ、これがため当面直ちに白鳥課長の動静調査を開始すべき旨指示して、右調査に当ることに同意せしめ、なおその際、調査中においても好機があれば殺害を決行する意図であることにも言及し、同人らをしてこれを了承せしめ、ここに被告人村上は宍戸均と白鳥課長殺害を共謀するとともに、同課長の殺害容易ならしめるため、前記鶴田倫也ら五名をして白鳥課長の動静を調査せしめることとなり、またその頃被告人村上は、宍戸均と相い図り、労働者出身の佐藤博に白鳥課長殺害の企図を打ち明け、同人を前記鶴田倫也ら五名に加えて宍戸均とともに調査隊を編成せしめ、宍戸均は隊長として調査活動全般の指揮および被告人村上に対する報告、連絡の事務を担当し、他の者を二班に分け、主として鶴田倫也、大林昇および佐藤博の三名を一班とし札幌市北一条西五丁目所在の札幌市警察本部付近を、門脇戌、高安知彦および被告人村手の三名を他一班として同市南九条西二三丁目の白鳥課長宅付近をそれぞれ受け持たしめ、連日白鳥課長の見張りまたは尾行等により、同人の出勤退庁の時刻、使用乗物、通行経路、同伴者の有無および立寄り先等調査せしめ、その結果はその都度宍戸均を通じて被告人村上に報告せしめる等緊密な連絡のもとに全員共同して調査活動を遂行せしめ、その結果同月一六、七日頃に至り白鳥課長の動静の大要を把握し一応調査の目的を達した折柄、被告人村上は今後も右のような全員による調査活動を継続するにおいては、かえってその企図を感知せられるおそれがあるとし、大林昇、門脇戌、高安知彦および被告人村手の調査活動を打ち切らせしめ、その後は宍戸均、佐藤博、鶴田倫也をして前記企図を実現せしめることとしたが、その間すでに被告人村上および宍戸均は、佐藤博を白鳥課長殺害の実行担当者に選び、佐藤博、鶴田倫也と白鳥課長の殺害を札幌市内において順次共謀するに至った事実、右共謀に基づき佐藤博においてブローニング拳銃を携行し殺害の機会をもとめているうち、同月二一日同市薄野付近において自転車に搭乗中の白鳥課長を発見し、決行しようと尾行中一たんその姿を見失ったが、再びこれを発見したので自転車に乗って追尾し、同日午後七時四二、三分頃同市南六条西一六丁目三輪崎寿太郎方前付近に差しかかった際、そのすぐ背後から同人を狙って所携のブローニング拳銃を二発発射し、その一弾《証第二〇六号》を背部中央脊髄骨の左側第一一肋骨付着部付近に命中せしめ、よって間もなく同所において肋間動脈破砕による出血多量のため死亡するに至らしめて、殺害の目的を遂げた事実、および被告人村手は前記のとおり被告人村上の指示を受けて白鳥課長殺害実行の資とするものであることを知りながら同課長の動静調査をし、よって被告人村上、佐藤博らの白鳥課長に対する右殺害行為を容易ならしめてこれを幇助した事実を認定した原判示は、これを是認することができる。なお、「組織と戦術」というプリントをテキストとする研究会が昭和二七年一月四日午前一〇時頃から夕刻まで同市南四条西二五丁目の佐藤直道宅で開かれ、被告人村上および宍戸均が同研究会に始終出席していたことは原判決の認定するところであるが、原審の確定した事実関係の下においては、被告人村上と宍戸均は、高安知彦ら五名と、前記門脇甫方または寺田トシ方において同日午前九時頃から会合した後、右佐藤直道方に午前一〇時過ぎ頃までに到着することが時間的に不可能であったとは言えないとした原判示も是認できるところであって、被告人村上は、一月四日は「組織と戦術」の研究会に出席していて右調査活動開始指示等の会合に出席する余地がない旨のアリバイの主張は採用し難い。）

同第二部第一について

所論（編注・上告趣意書）は、原判決の是認した共謀共同正犯の理論は憲法三一条に違反する旨主張するが、いわゆる共謀共同正犯成立に必要な謀議に参加した事実が認められる以上、直接実行行為に関与しない者でも、他人の行為をいわば自己の手段として犯罪を行なったという意味において、共同正犯の刑責を負うものであり、かく解することは憲法三一条に違反しないことは、当裁判所の判例とするところであって（昭和二九年（あ）第一〇五六号、同三三年五月二八日大法廷判決、刑集一二巻八号一七一八頁）、所論は理由がない。

その余の所論は、単なる法令違反の主張であって、刑訴四〇五条の上告理由に当らない。（共謀共同正犯を認定するにつき、謀議の行なわれた日時、場所またはその内容の詳細についてまでいちいち具体的に判示することを要しないことは前記大法廷判決の示すところである。そして、原判決が、本件殺人事件につき、刑訴の規定により証拠能力を有し、かつ適法な取調を経た証拠を綜合して判示する程度に謀議の行なわれた日時、場所、その内容を認定し得る以上、前記判例の趣旨に照らし、これを違法とすべき理由はない。）

同第二について

所論（一）（二）は、団体等規正令（昭和二四年政令六四号）は、昭和二〇年勅令五四二号に基づき制定されたいわゆるポツダム命令であって、憲法九八条一項に違反し、平和条約発効後はその効力を有しないものであり、したがってまた平和条約発効後一定期間その効力を有するものとした昭和二七年法律八一号二項および団体等規正令廃止後もなお従前どおり罰則を適用する旨を定めた破壊活動防止法（昭和二七年法律二四〇号）附則三項（論旨に第一項とあるのは第三項の誤りと認められる）もまた違憲無効である旨主張する。

しかし、右勅令五四二号は、平和条約発効前においては、日本国憲法にかかわりなく、憲法外において法的効力を有していたものであることは、つとに当裁判所の判例とするところであり（昭和二四年（れ）第六八五号、同二八年四月八日大法廷判決、刑集七巻四号七七五頁）、したがって、右勅令五四二号に基づき制定された団体等規正令もまた、平和条約発効前においては、憲法外において法的効力を有していたものといわなければならない。

ところで、原審の維持した第一審判決によれば、被告人は昭和二七年一月二三日頃から同月二七日頃までの間にその認定のごとき行為をなし、もって暴力主義的方法を是認するような傾向を助長し、かつこれを正当化する行為をしたものであるとして団体等規正令二条七号、三条により平和条約発効後において処罰されているのであるが、右団体等規正令の規定は、平和と民主主義を基調とする日本国憲法の趣旨と相い容れないものではなく、同九八条一項に違反せず、平和条約発効後失効したものではなく、したがって平和条約発効後一定期間その効力を有するものとした昭和二七年法律第八一号二項および団体等規正令廃止後もなお従前どおり罰則を適用する旨を定めた破壊活動防止法附則三項の各規定もまた違憲でないことは、当裁判所の判例とするところである（昭和三二年（あ）第二号、同三六年一二月二〇日大法廷判決、刑集一五巻一一号二〇一七頁）。それ故、所論は採るを得ない。

所論は、団体等規正令二条七号にいわゆる暴力主義云々の規定は抽象に過ぎ、裁判官の主観によっていかようにもその罪の成否の基準を左右することができるから、憲法の保障する思想、表現の自由また罪刑法定主義に抵触する旨主張するが、団体等規正令二条七号後段、三条の規定に違反した者を罰する同一三条一号の規定は、憲法の保障する罪刑法定主義に抵触せず、思想、表現の自由をおかすものではないことは、前記判例の示すところであるから、所論は採用することができない。

所論（四）は、単なる法令違反の主張であって、刑訴四〇五条の上告理由に当らない。

三　被告人両名の弁護人鎌田勇五郎の上告趣意第一点について

所論は事実誤認、単なる法令違反の主張であって、刑訴四〇五条の上告理由に当らない。（証第二〇六号の弾丸が、昭和二七年一月二一日白鳥課長の屍体解剖に際しその胸部から摘出され領置されたものであることは、医師渡辺孚作成の昭和二七年二月二八日付鑑定書《第一審判決証拠番号（二一六）》および検察事務官小川嘉寿衛作成の昭和二七年一月二二日付領置調書《同（二二一）》により明らかであり、証第二〇七号の弾丸が、昭和二八年八月一九日札幌市内通称幌見峠東南斜面通称滝の沢山道付近一帯を捜索して地表上の落葉の腐蝕土一糎下位の個所より発見され差し押さえられたものであることは、検察官高木一作成の昭和二八年一〇月一五日付検証捜索調書《同（四七）》、検察官高木一作成の昭和二八年一〇月一五日付差押調書《同（四八）》および証人高安知彦の第一審第一九回公判調書中における供述記載《同（四〇）》により明らかであり、また証第二〇八号の弾丸が、昭和二九年四月三〇日右山林一帯を捜索して腐蝕土下約二糎の個所より発見され差し押えられたものであることは、検察官高木一外三名作成の昭和二九年五月三一日付捜索差押調書《同（四九）》により明らかである。しかして、原判決は、前記証人高安知彦の供述記載、被告人村手の検察官久保哲男に対する昭和二八年一〇月一三日付第一三回供述調書《同（四三）》ならびに右調書末尾添付の図面一葉《同（四四）》、証人高安知彦の第一審第一二回および第一四回公判調書中における供述記載《同（六四）》、証人清野行雄の第一審第五回公判調書中における供述記載《同（六五）》、領置にかかる手榴弾一個《同（六七）》、等の証拠を綜合して、証第二〇七号、第二〇八号の両弾丸は、高安知彦、被告人村手らが、昭和二七年一月上旬前記滝の沢の山林中で拳銃の射撃訓練および手榴弾の爆発実験を行なった際に発射されたもので、それぞれ、発見当時までその現場に遺留されていたものであると認定しており、右原判決の事実認定は挙示の証拠に照らし是認できる。所論は、右両弾丸の腐蝕状況よりして、証第二〇七号の弾丸が約一年八ケ月間、証第二〇八号の弾丸が約二年三ケ月間にわたって幌見峠の現場に放置されていた可能性がない旨主張するが、北海道大学教授岡本剛作成の昭和三四年一一月二〇日付鑑定書の鑑定結果によれば、

「1、二〇七及び二〇八号各弾丸いずれも腐蝕されている。

2、(A)　腐蝕の部位、程度。

弾丸の各部位に対して便宜上右の様に番号付をする。（編注・図省略、資料Ⅰ岡本鑑定書参照）

(a)　肉眼的観察。

二〇七と二〇八との外観はかなり相違している。

二〇七は①、②の一部分を除いた表面の大部分に金属光沢のメッキ層が残っている。

二〇八は③の部分にメッキ層が認められるだけで、他の部分の表面にメッキ層の残っている個所はほとんど認められず、大部分が銅色あるいは真鍮色である。

(b)　光学顕微鏡観察。

二〇七について。メッキ層の存在する部分即ちメッキ層表面には細い表面キズが認められ殆んど腐蝕されていない。メッキ層の剥離された部分には表面キズがほとんど認められず、ピット状の腐蝕孔が認められる。場所によっては地金属の結晶粒界部に比較的浅い選択的腐蝕溝が認められる。

二〇八について。メッキ層の剥離された部分即ち大部分の表面にはピット状の腐蝕孔が散在し、部分によっては地金の結晶粒界部に比較的浅い選択的腐蝕溝が認められる。

以上述べた光学的顕微鏡による観察結果からみてメッキ層の剥離された部分については二〇七、二〇八いずれの腐蝕形態も特に相違する点は認められなかった。

(B)　腐蝕の原因

金属の腐蝕は広義の金属の酸化現象であって、金属の種類、環境条件によって其の進行の可能性には著しく差異がある。

又同一の金属についても金属の表面状態《例えば表面組織結晶状態、異種金属の接触、不純物きず、機械的ひずみ、温度等》と腐蝕性環境条件《酸素含量、湿度、ＰＨ、温度、流動条件、微量不純物（例えばアンモニア、亜硫酸ガス、硫化水素、塩素イオン等）微生物、有機物等》との相互作用によって腐蝕反応の進行の速さにも腐蝕形態にも敏感に影響を与えることが腐蝕科学の多くの実験事実の示すところである。

従ってある腐蝕金属の形態が示されたとしてもこれに対応する腐蝕性環境の種類は極めて多く腐蝕された金属の浸蝕形態から其の金属の置かれた腐蝕性環境の推定、即ち腐蝕の原因を求めることは不可能である。

又腐蝕金属と腐蝕環境とが与えられた場合に於ても、金属の腐蝕形態だけから其の腐蝕環境に放置された期間を推定することは不可能である。」

というのであって、これにより、原審が、証第二〇七号及び同第二〇八号の各弾丸がそれぞれ昭和二七年一月上旬頃から翌年八月末頃ないし翌々年四月末頃までの間発見された箇所に埋没放置されていた可能性を否定することはできない旨を判示し、また東北大学助教授長崎誠三作成の昭和三一年一〇月五日付鑑定書《記録二八冊一一五二二丁》、原審受命裁判官の長崎誠三に対する証人尋問調書《記録三六冊一五六一四丁》、北海道大学教授宮原将平作成の「銅の腐蝕に関する二、三の実験」と題する昭和三二年二月一一日付書面《記録二九冊一一八六七丁》、証人宮原将平の原審第三五回公判における供述《記録三六冊一五六七二丁》によっても、右認定を左右し得ないと判示している点は、当審においてもこれを正当と認める。

次に、東京大学教授磯部孝作成の昭和三〇年一一月一日付鑑定書《同〔一一三四〕》は、証第二〇六号を一号弾丸、同二〇七号を二号弾丸、同二〇八号を三号弾丸として鑑定しているが、その鑑定結果によれば、

「（一）　一号乃至三号の弾丸は何れも構造はほぼ同じく、弾長一一・五乃至一一・七粍、弾径約七・八〇乃至七・

八四粍、弾量四・五二乃至四・五九瓦で、比重が一〇・四であることから三弾丸とも硬鉛の鉛心をもつ円頭型被甲弾で、右旋六条、傾角五度半の腔せんを有する銃器により発射された弾丸と認められる。
(二)　一号乃至三号弾丸には六個のせん丘痕とその間のせん底痕、二号三号弾丸には弾頭部その他に侵徹の際生じたと推定される摩擦痕が認められ、三号弾丸の外面は特に外界の影響による腐蝕が烈しいが弾丸原型の構造、種類、名称、特徴の詳細は不明である。
(三)　二号及び三号弾丸の発射後の正確な経過年月日は推定できない。
(四)　一号乃至三号弾丸を発射するに使用された銃器は何れも公称口径七・六五粍ブラウニング自動装填式拳銃、又は同型式の腔せんを有する拳銃であることが認められる。
(五)　三弾丸のせん条痕を比較顕微鏡を用い、互いに比較対照した結果、一号と二号、一号と三号、二号と三号の何れにも極めて類似する一致点が発見された。この一致点も検討した結果によれば、一号と二号並びに一号と三号弾丸が仮に異なれる銃器によって発射されたとするならば、現弾丸に見られる如きせん条痕の一致の生起する確率は極めて小さく、大きく見積っても〇・〇〇〇〇〇〇〇〇〇一より小さいことが認められる。」
というのであり、なおその鑑定経過において一般論として、

「一般に同一の銃器の発射弾丸でも相互の条痕は必ずしも一致しない。その原因として銃器にも弾丸にもその直径に製造の公差があり接触面積が必ずしも等しくないこと。又長さに比べて直径の大きい弾丸では銃器内面との接触が短く弾軸は銃身軸に傾いて入り、僅かではあるが首を振り回して前進する傾向もある。従ってかような弾丸では一方の側のせん丘痕が反対側のものに比べて長くなり銃身の内面にある疵が長いせん条痕では深く刻まれ、短いせん条痕には浅く又は表われないこともあること。又せん底に接触する部分と全然触れない部分の生ずること又銃身内の錆、異物、前発射弾の残した金属粒等は一発射毎に除去されたり、新規に生じたりするために、

条痕は夫々異なる状況を呈し得る。又侵徹によって生じた摩擦痕が条痕をかくし、又は紛らわしくすることもある。

故に条痕が一致しないことは同一銃器から発射されたものでないとの証拠にはならない。それに比して特徴の明瞭に区別される条痕が微細な点迄一致することは同一銃器で発射された弾丸であることの可なりはっきりした証拠となり得るのであるが、異なる銃器により発射された弾丸が全く偶然に同じ外観で一致する条痕を生ずることも全くないとはいえない。いずれにしても同一の銃器で発射されたか、異なる銃器で発射されたかの判定は推定の問題であり、確率を以て表現されるべき性質のものである。」と記載されている。

そして右鑑定書および第一審裁判所の証人磯部孝に対する尋問調書《同〔一二三五〕》によると、右三弾丸の肉眼的観察に際し、相互に類似するせん条痕のみを選んで観察を下したもので、類似しないせん条痕の有無およびその相異性については、深い注意が払われなかったこと、類似するせん条痕の有無の比較対照は主としてそのせん条痕の巾と長さに基づいてなされたもので、その深さの測定、対照はなされなかったことを認めることができるが、しかし、原判決は、右鑑定書および供述によれば、同鑑定人のとった鑑定の方法によっても、前記(一)、(四)および(五)の前段の鑑定結果を結論づけることが可能であると判示しており、右判示は是認できる。それ故第一審判決が、判示第二の（二）の（2）の冒頭および（イ）の事実の証拠として引用している証拠に、右磯部孝の鑑定書および尋問調書中確率計算に関する部分を除いた部分を加えて、高安知彦らが昭和二七年一月上旬当時雪で覆われていた通称幌見峠の東南斜面で射撃訓練をしたとき使用した拳銃と、佐藤博が同月二一日白鳥課長を射殺した際使用した拳銃とが同一拳銃である趣旨の認定をし、原判決がこれを支持したことは、当審においても是認しうるところであり、原判決には所論採証法則違反はなく、また事実誤認も認められない。）

同第二点について。

所論は、単なる法令違反の主張であって、刑訴四〇五条の上告理由に当らない。（記録を調べても原判決が証拠に引用している所論被告人村手の検察官に対する各供述調書が作成された昭和二八年一〇月当時において、被告人村手の精神状態に、その供述の任意性を疑わしめる程度の異状があったものとは認められないこと、またその供述が検察官の不当な影響の下になされたことを疑わしめるに足る証跡の認められないことは、原判示のとおりである。）

四～一八　被告人両名の各弁護人の上告趣意について　略

一九　当裁判所は、当審における口頭弁論の結果を充分検討し、慎重に記録および証拠を調べたが、所論の点につき、刑訴四一一条を適用すべきものとは認められない。

二〇　なお、被告人村上国治の上告趣意補充書（昭和三六年九月三日受付および同年一二月二四日受付）、被告人両名の弁護人鎌田勇五郎、同杉之原舜一の上告趣意補充書(同年八月二七日受付)、同福島等の上告趣意補充書(同年八月三一日受付および昭和三七年五月一四日受付)、同寺本勤の上告趣意補充書(昭和三六年八月三一日受付)、同青柳盛雄の上告趣意補充書（同日受付）、同上田誠吉の上告趣意補充書（同日受付および昭和三七年四月一〇日受付）、同安達十郎の上告趣意補充書（昭和三六年八月三一日受付）、同横田聡の上告趣意補充書（同日受付、昭和三八年六月二五日受付同訂正申立および昭和三七年九月六日受付）、同関原勇の上告趣意補充書（昭和三六年八月三一日受付）、同横田聡、同上田誠吉の上告趣意補充書(昭和三七年五月七日受付)、同青柳盛雄、同岡林辰雄、同関原勇、同上田誠吉、同福島等、同横田聡、同寺本勤の上告趣意補充書(昭和三八年五月三〇日受付)、同右七名の上告趣意補充書（同年七月一一日受付）、は、いずれも上告趣意書提出期限後の提出にかかるもので

あるが、右期限前に提出した適法な上告趣意書の趣旨をふえんし、新たな主張を包含しないと認められる限度において判断の資料とした。

よって、刑訴四一四条、三九六条、刑法二一条（被告人村上国治につき）により、裁判官全員一致の意見で、主文のとおり判決する。

検察官玉沢光三郎、同高木一、公判出席人宮崎、同高橋、同藤井、同柳川

昭和三八年一〇月一七日

最高裁判所第一小法廷

裁判長裁判官　入江俊郎

裁判官　下飯坂潤夫

裁判官　斎藤朔郎

再審請求棄却決定（抜萃）

昭和四四年六月一三日　札幌高等裁判所

昭和四〇年（お）第一号

決　定

網走刑務所在監
請　求　人　村　上　国　治
大正一二年一月五日生

右請求人から、同人に対する爆発物取締罰則違反、団体等規正令違反、地方税法違反、銃砲刀剣類等所持取締令違反、火薬類取締法違反、業務妨害、汽車往来危険未遂、暴力行為等処罰に関する法律違反、脅迫、傷害、殺人被告事件について昭和三五年五月三一日札幌高等裁判所が言い渡した有罪の確定判決に対し再審の請求があったので、当裁判所は、事実の取調を行ない、かつ請求人、弁護人および検察官の意見をきいたうえ、次のとおり決定する。

主　文

本件再審請求を棄却する。

理　由

（理由目次）　略

第一　再審請求の趣旨および理由

本件再審請求の趣旨および理由は、弁護人杉之原舜一外一七四名作成の再審請求理由書および同弁護人外一七三名作成の再審請求理由補充書に記載されているとおりであるから、それぞれこれを引用する。

第二　当裁判所の判断

一、証拠の新規性と明白性

本件再審請求は刑事訴訟法四三五条六号（以下「本号」ともいう。）を根拠とするものであるところ、同号にいう「あらた」（以下「新規性」ともいう。）とは、証拠の発見の「あらた」なことをいい、その存在が原判決の以前より継続するとその以後新たに発生したとを問わない趣旨と解するのが相当である。以下、本件の判断に必要な限度で、これを若干補足すると、

(一)　「あらた」に当るとするためには、単に裁判所に対する関係のみでなく、再審請求者に対する関係でも右の要件を備えていることを要すると解すべきである。したがって、再審請求者が原訴訟手続において提出することにつき法律上ないし事実上何ら障害のなかった証拠を、その内容を認識予見しながらあえて提出しなかった場合はこれを「あらた」な証拠として援用することはできない。

(二)　原審においてすでに証拠調請求がなされた証拠は、それが実際には取り調べられなかったとしても、その内容を「あらた」な証拠に当るとして援用することは原則として許されない。なぜなら、裁判所としては証拠調請求がなされた段階で、当該証拠の証拠方法としての存在のみならず、その立証趣旨ならびに訴訟の経過等によって、その証拠資料としての内容も一応予測したうえ、これを取り調べなかったと認められるから、原判決確定後その内容が明らかにされたからといってそれが当然に裁判所にとって「あらた」なものになる

とは考えられないからである。ただ、原判決確定後明らかにされた当該証拠の内容が、証拠調請求の段階で裁判所にとって予測できなかったものであると認められるときは、この限りでないと解すべきである（なお、この場合は当該証拠が原審に顕出されなかった原因は専ら裁判所にあるのであるから、再審請求者においてその内容を認識予見できたかということは問題にならない。）。

(三)　証拠の発見は原判決の確定以前であっても、それを原訴訟手続において提出することが法律上又は事実上不能ないしは著しく困難であったときは、なお当該証拠は新規性を持つと解すべきである。この関係で問題となるのは、証拠の発見が当該訴訟が上告審に係属していた時点においてなされたときである。本件において所論が引用するいわゆる新証拠には、その作成日時等からみてこの場合に当ると認められるものがかなり含まれている。刑事訴訟法四一四条、同三九三条によれば、法は上告審における事実の取調を全く排除しているとは考えられず、上告審が事実の取り調べをなし、かつその一方法として証拠を取り調べることも予想していると解され、したがって、右のような場合でも、証拠調請求をなすこと等によって当該証拠を上告審に提出する途は残されているといわなければならない。しかし、上告審が本来法律審であるところから、上告の趣意の実体が事実問題に関するときに、上告審がこの点をも判断の対象にすることは、例外的な場合として刑事訴訟法四一一条によりすべて上告審の裁量にかかっており、また右判断のため弁論を開いて事実の取調をするか否かも全く上告審の裁量に委ねられていると解され、したがって、この点についての当事者の証拠調の請求は訴訟法上の権利ではなく、上告審の職権の発動を促す意味を有するに過ぎず、またそれに対する上告審の措置に対しては何らの不服申立も許されないと解される。すなわち、訴訟が上告審に係属中に発見された事実問題に関する証拠は、これを上告審の公判廷に提出することが全く不可能ではないとしても、それは全く上告審の裁量にかかることがらであり、しかもそれが許されるのは例外的な場合であるといい得るのである。そうだとすれば、証拠の発見が上告審係属中になされた場合には、それが原判決の確定以前であるとの一事をもって、再審請求者が右証拠を「あらた」な証拠として援用することができないということは必ずしも当を得ていないというべきであり、右証拠は、なお「あらた」な証拠としての取扱いを受けると解するのが相当である。

なお本件において、所論引用のいわゆる新証拠のいくつかは、本件上告審判決がそれに対して判断を示した上告趣意書ないし補充書に添付されて上告審に提出されており、そのことは事実上、上告趣意に関係する証拠方法の存在を上告審に認識させる作用を有したものと認められるけれども、上告審としては、これに、単に上告趣意の内容を理解させあるいはこれをふえんするという以上の意味を持たせなかったと理解する余地がある以上、当裁判所としては、右各証拠は、この事実があるからといって新規性を失なうものではないとして取り扱うこととした。

(四)　「あらた」であるかどうかは、証拠方法および証拠資料の両面から考察されるべきであるが、問題となる証拠が鑑定人の鑑定であり、しかも原審においてすでに同一事項についての鑑定が存する場合は、鑑定人の代替性の故に、「あらた」であるか否かは証拠方法としての鑑定人についてでなく、もっぱら証拠資料としての鑑定内容によって決せられるべきである。そして、その鑑定内容が従前の鑑定と結論を異にするか、あるいは結論を同じくする場合であっても鑑定の方法又は鑑定に用いた基礎資料において異なる等証拠資料としての意義、内容において異なると認められるときは、「あらた」な証拠に当ると解するのが相当である。

これに対し、鑑定の代替性ということを理由に、ある鑑定が新規性ある鑑定とみなされるためには、その鑑定がある問題点について原判決の基礎となった鑑定と結論において相異なるということのみではいまだ十分でなく、その鑑定が従前の鑑定結果を覆えすに足る新たな基礎資料又はこれまで規準的とみなされている経験法則を動揺せしめるに足る新たな経験法則を有することを要するとする見解がある。しかし、一般に鑑定（人）の代替性ということは、ある鑑定事項について専門的知識を有する者である限り、鑑定人は特定の者に限られないということ、すなわち証拠方法としての鑑定人の代替性の意味を有するに過ぎない。したがって、このことから、従前の鑑定と同一内容を有する鑑定の場合は、証拠方法としての鑑定人が異なるからといって「あらた」な証拠とはみられないとはいえるであろうが、さらに進んで、前述したように、従前の鑑定とは証拠資料としての評価を異にすると認められる鑑定もまた「あらた」な証拠に当らないとまではすることはできない。そのように解することは、本号にいう新規性と明白性の関係を不明にするのみならず、鑑定については、新規性の判断に当って他の証拠方法の場合よりもはるかに厳格な要件を要求することになり（たとえば、原審における証人が原判決確定後原審当時とは異なった供述をすれば、それは原則として「あらた」な証拠に当ると解されていることを留意すべきであろう。）、不当といわざるを得ない。

(五)　なお(四)に関連して述べると、原審において有罪判決の基礎となったＡ鑑定とこれと同一事項に関し結論の異なるＢ鑑定と二個の鑑定が提出されており、新鑑定の結論がＢに合致するときは、当該鑑定はＡに対する関係では（四）に述べた要件を備えるけれども、それだけでは当然に本号の「あらた」な証拠には該当せず、同時にＢに対する関係でも、(四)に述べた要件、即ち、「鑑定の方法又は鑑定に用いた基礎資料において異なる等」ということに合致する場合にのみ、「あらた」の要件を満たすことになる。

次に、本号にいう「明らかな」（以下「明白性」ともいう。）とは、有罪等の確定判決を覆し無罪等の事実認定に到達する高度の蓋然性を意味し、かつ、右の明白性の判断は、新証拠と既存の確定判決の基礎となった全証拠との総合的関連においてなされるべきである。

二、弾丸の腐蝕状況に関する所論について

前文　略

そこで考えるに、原判決は、本件白鳥課長殺害準備行為の一環として高安知彦および村手宏光らが昭和二七年一月上旬頃札幌市郊外幌見峠滝の沢の山林中で拳銃の射撃訓練を行なった事実を認定し、かつ原審証第二〇七号、同第二〇八号弾丸（以下「本件各弾丸」ともいう。）はその際の発射弾丸でその後一九月又は二七月後に発見されるまでその現場に遺留されていたものであると認めている。ところで、原審証第二〇七号、同第二〇八号の各弾丸がその腐蝕状況からみて、一九月又は二七月という長期間にわたって発見現場である幌見峠の山林に埋没していたと認められるかということは、右射撃訓練の事実を供述する原審高安供述等の信憑性とも関連して原訴訟手続においても重要な争点となっていたところであるが、原判決は、一定の腐蝕金属と腐蝕環境とが与えられた場合においても、金属の腐蝕形態だけからその腐蝕環境に放置された期間を推定することはほとんど不可能であると認められるとする岡本鑑定書および原審岡本供述を採り、右原審証第二〇七号、同第二〇八号の各弾丸がそれぞれ一九月又は二七月発見現場に埋没放置されていた可能性を否定することはできないとして、前記高安供述等を措信し前述した認定に到達していることが原判決上明らかである。しかし、所論（編注・再審請求書）引用の証拠によって、右二発の弾丸の腐蝕状況につき所論のようなことがいえるならば、右各弾丸の証拠価値が否定されるのはもとより、前記高安供述等の信憑性にも影響するところが大きいと思われ、かつこのことは原判決も指摘しているところである。そこで、当裁判所の事実の取調の結果をも併せて、所論の引用する各証拠の証拠価値について慎重に検討を加えることとする。

（一）証第一号について　略

（二）証第二号について　略

（三）証第三号の一および二について　略

（四）証第四号、同第五号について　略

（五）証第二〇号、同第二七号について

前文　略

1　右証拠の新規性についても、証第一号について述べたように（(一)の2）、原審において前述したような再鑑定の申請がなされていることからすれば全く疑問がないわけではない。しかし、腐蝕の一形態としての応力腐蝕割れは学問的には広く知られてはいたものの、本件各弾丸にそれが存在することを認め、あるいは発射弾丸を土中に埋没等した場合にそれが生ずることを予測したものは、原審で取り調べた腐蝕に関係する証拠中にも全く見当たらず（原審鑑定人岡本剛は、当審において、原審で本件各弾丸につき鑑定をなした際、応力腐蝕割れということは全く念頭になかったと述べている。）、このことからすれば、証第二〇号、同第二七号に記載されている屋外実験におけるような条件を設定した場合そこにあるような応力腐蝕割れが生ずるということは原裁判所の予測し得なかったところと認められる。そうとすれば、前述したところにより（一の(二)）、証第二〇号、同第二七号は新規性を有すると解するのが相当である。

2　そこで進んで、その明白性について検討する。思うに、証第二〇号、同第二七号に記載されているような実験の結果、そこに記載されているように実験に供せられた弾丸中二七月放置されたものはそのすべてに、また一九月放置されたものについてもそのほとんどに、くびれおよび綫丘痕という応力がかかったと認められる箇所を中心として応力腐蝕割れを生じたことは、当裁判所としても疑うものではない。

この点金属光沢の消失および腐蝕生成物の生成等については、前述したように実験に供せられた各弾丸間に顕著な差がみられたのとは異なるのである。また、右実験に際しては合計四八〇個という多くの数の弾丸を用いるとともに、実験の条件を管理し、できるだけ外界の自然のままの状態におくような周到な配慮がなされたことが認められるのである。右実験の結果は科学的に貴重なものと認められ、後述する証第二九号の結果をも併せ考えれば、右実験に供せられた弾丸とほぼ同一の金属的組成を有する弾丸を土中に埋没し一九月又は二七月放置したならば、弾丸の応力がかかった箇所を中心として応力腐蝕割れの結果がもたらされる可能性が大きいといってよいであろう。

しかし、再審請求の当否を問題とする本件において問題なのは、右の可能性の大小ということではなく、―もとよりこれと無関係ではないが―右実験の結果から、「本件各弾丸が発見現場である幌見峠に一九月又は二七月放置されていた可能性を否定することはできない」との原判示認定を覆えし得るかどうかということである。そして、当裁判所としては前述した可能性の大きいことを承認しつつも、以下述べる理由により、なお、右の原判示認定を否定し去るまでの心証には到達しない。

(1)　応力腐蝕割れが応力のかかった箇所に生ずるものであることおよび発射弾丸の応力がかかった箇所としてはくびれおよび各綫丘痕を考え得ることは、証第二〇号、当審下平供述および同岡本供述により明らかである。しかるに、当審下平供述によれば、実験の結果応力腐蝕割れを生じた弾丸についても、右の腐蝕割れは、右の応力のかかったと考え得るすべての箇所に生じたわけではないことが窺える。そして当審下平供述および同岡本供述を総合すれば、その原因としては、一方において、ひとしく応力のかかった箇所であっても、その部位の金属格子欠陥によって応力の作用が同一ではないということが考えられるとともに、他方においては、右の応力のかかった各箇所をとりまく水、空気等の腐蝕条件が厳密にいうならば同一とは言い得ないということを考え得ると認められるのである。すなわち、可能性としては前述した金属的組成を有する弾丸を前述した条件下に放置したならば、その弾丸に応力腐蝕割れを生ずる可能性が大きいといえるとしても、綫丘痕等の応力のかかった箇所それぞれについてみるならば、金属の格子欠陥あるいは右箇所をとりまく腐蝕環境のいかんによっては、そこに応力腐蝕割れを生じない箇所もあり得ると考えられるのである。そしてまた、このように考え得るとするならば、前述した金属的組成を有し、かつ前述した条件下に放置された各弾丸であっても、その中には、応力のかかった箇所と認められる綫丘痕等の金属格子欠陥およびこれを取り巻く腐蝕環境のいかんによって右綫丘痕等のすべてに応力腐蝕割れを生じない、すなわち、弾丸全体に全く応力腐蝕割れを生じないものがあり得るということの可能性もまた否定できないのではないだろうか。証第二〇号および同第二七号に記載されている中国における実験によっても、第一次試験場において一九月経過後に観察された弾丸についてはすべて応力腐蝕割れが生じていたわけではないこと（当審下平供述によれば、一〇〇個中一一個――一一%――に応力腐蝕割れを生じなかったことが認められる。）、また、後述するように、証第二九号に記載されている幌見峠の実験においても、三三個中二個（六%）に過ぎなかったとはいえ、二七月間土中に埋没されながら全く応力腐蝕割れを見出し得なかった弾丸があったことは、いずれもこのような推論を裏付けるものと解し得よう。

(2)　次に、当審下平供述および同岡本供述によれば、金属の腐蝕が腐蝕性環境条件によって著しく影響されるということは応力腐蝕割れについてもまた例外でないと認められ、したがって、証第二〇号、同第二七号に記載されているような実験を行なうについては、その腐蝕環境をできるだけ本件弾丸が発見された現場である幌見峠に近づける必要があるといわなければならないであろう。この意味で、証第二〇号、同第二七号に記載されている実験が幌見峠と遠く離れた中国においてなされているということが問題とされてよいであろう。もちろん、右の実験が実験場所として幌見峠に比較的気象条件が近い場所を選んでいること、しかも、右の実験場所と幌見峠とで、腐蝕環境としていずれが厳しいかという実験をも併せ行なっており、その結果腐蝕環境としては幌見峠の方が厳しいという結論を導き出しているということは当然考慮に入れなければならない。しかし、右の実験場所と幌見峠の腐蝕性の強弱に関する結論は、同一金属試片を同一期間両場所に放置したうえ、その表面状態（金属光沢の喪失ないし腐蝕生成物の生成程度および腐蝕孔の有無ないし数）ならびに重量減を比較したうえでの推論であるということは留意を要する。なぜなら、このような表面状態の変化ないし重量減等の腐蝕形態が応力腐蝕割れといかなる関係を持つかは必ずしも明らかでないし（当審岡本供述には、実験の結果、腐蝕孔が応力腐蝕割れに移行する形態がみられたとする部分があるが、同鑑定人自身、いまだこれを一般論としてまではいっていないし、また、下平鑑定人は、腐蝕孔から応力腐蝕割れへの移行を肯定する供述はしていない。）、また証第二〇号、同第二七号の実験結果をみても、実験に供せられた弾丸は大多数応力腐蝕割れを生じながら、その表面状態の変化は前述したように必ずしも一様でなかったことからしても、前述した表面状態の変化ないし重量減等をもたらす腐蝕環境の強弱がそのまま応力腐蝕割れについての腐蝕環境の強弱としても妥当するとは直ちにはいい得ないと考えられるからである。また、この点を別としても、右腐蝕性の強弱の実験に関して無視できないのは、ある場所の腐蝕性の強さは金属材料の種類によリ異なるということである。このことは、証第二〇号自体において述べられているところであるが、また同号に記載されている、幌見峠と中国の腐蝕性の強弱に関する実験の結果において、結論として幌見峠が強いとされながら、腐蝕性の強さは、黄銅、ニッケルメッキ黄銅、軟鋼の各金属によって差があったことからも窺える。それならば、本件各弾丸に対する二つの場所の腐蝕性の強弱は、これと同一ないし類似の金属的組成を有する弾丸によって比較実験をしなければ、いちがいにそのいずれが強いということは言い得ないはずではないだろうか。ちなみに、当審昭和四二年押第七三号の八ないし一一、一三、ないし二七、九四ないし一二五によれば、証第二〇号に記載されている中国を実験場所とする弾丸の多くは金属光沢を失ない腐蝕生成物を生じているのに対し、同第二九号に記載されている、二七月の間幌見峠に埋没された同一組成の弾丸は、いずれもほとんど表面の金属光沢を失なっておらずかつ腐蝕生成物も綫丘痕の部分を除いては生じていないのである。両者の埋没の時期が季節的に若干ずれているということを考慮しても、このことは、弾丸に対する腐蝕性は幌見峠が中国の実験場所よりも強いということに疑問を投げかけるものというべきである。

(3)　さらに、当審下平供述および同岡本供述によれば、金属の種類ないし組成ということが応力腐蝕割れについても重要な意味を持つと解されるのである。しかるところ、証第二〇号および同第二七号の実験に供せられた弾丸の亜鉛含有率は、中国科学院研究所の分析によれば、ドイツ製弾丸で三一・六七％、ベルギー製弾丸で三六・二四％となっており、右数字の科学的信頼性に疑問を抱かせる点は見当たらない。一方、当審鑑定人戸苅賢二作成の鑑定書によれば、本件各弾丸の亜鉛含有率は、原審証第二〇七号弾丸では、蛍光X線分析によれば三〇・六％。X線回折によれば三二・二％、また原審証第二〇八号弾丸では蛍光X線分析によれば二八・六％以上、X線回折によれば三一・〇％と認められ、そのいずれをとってみても証第二〇号および同第二七号の実験に供せられたドイツ製又はベルギー製弾丸よりも少ないことが明らかである。そして、当審下平供述によれば、この程度亜鉛含有率が少ないということは、応力腐蝕割れの発生に顕著な影響を及ぼすものではないにしても、証第二〇号および同第二七号の実験に供せられた弾丸に比べいく分それが発生しにくいという程度の意味は持ち得ると認められるのであり（ちなみに、当審下平供述によれば、中国の第一試験場において、一九月経過後に応力腐蝕割れを生じなかった弾丸は、ベルギー製は五二個中三個であるのに対し、ドイツ製は四八個中八個で、その割合は、亜鉛含有率の少ないドイツ製のものが圧倒的に高いし、また後述する証第二九号の実験において応力腐蝕割れが発生しなかったのは、やはり亜鉛含有率が少ないドイツ製弾丸ばかりである。）、この亜鉛含有率の差ということも、証第二〇号および同第二七号の実験の結果を直ちに本件各弾丸につき推し及ぼすことを躊躇させるものである。

以上を要するに、証第二〇号および同第二七号に記載されている実験の結果から直ちに、本件各弾丸が幌見峠に一九月又は二七月埋没されていたとするならば必ず応力腐蝕割れを生ずるとまで断定することにはなお疑問が残ることを否定し得ない。すなわち、右各証拠によっても、本件各弾丸が一九月又は二七月幌見峠に埋没されていた可能性を否定することはできないとの原判示認定を覆えすことはできないといわなければならない。

(六) 証第二一号について

証第二一号は、長崎誠三の作成にかかるもので、その内容は、「蛍光X線分析とX線回折とを併用することにより、非破壊的に弾丸の材質を腐蝕問題を討論するのに充分な精度で決定できることが、実験による測定の結果明らかになった。」というものである。

しかし、弾丸の組成を非破壊的に分析することの可能なことは、すでに原審長崎供述にあらわれているところであるから、右証拠が新規性を持つとすることには疑問がある。かりに、右証第二一号の内容が実験による測定を伴なっているという点においてこれを伴なわない原審長崎供述とは証拠としての意義、内容を異にし、したがって新規性を持つとしても、それのみをもってしては、明白性の点で前記原判示認定を覆えすには到底足りないといわなければならない。

(七) 証第二二号について

証第二二号は北海道大学理学部教授宮原将平外三名の作成にかかるもので、その内容は、岡本鑑定書および原審岡本供述を批判し、「(a) 本件各弾丸には、岡本鑑定書にいう腐蝕孔の存在は確認できない。(b) 岡本鑑定書において本件各弾丸のめっき剥離部に認めたとされる結晶粒界の選択的腐蝕溝は岡本鑑定人の鑑定手続によっては観察不可能と考えられる。(c) 岡本鑑定書の、本件各弾丸についての腐蝕原因および幌見峠への放置期間推定不可能とする点は、現場実験と各種腐蝕形態の具体的検討によって一定範囲までの推定は可能である。」というものである。

1　まず、(a) の点については、すでに原審において、本件各弾丸につき腐蝕孔の存在を認め難いとする長崎供述が存在するけれども、長崎供述にいう腐蝕孔は肉眼あるいは虫眼鏡でみえる程度のものを意味していると認められるのに対し、当審岡本供述によれば、岡本鑑定書にいう腐蝕孔は光学顕微鏡で観察した一〇分の一ミリないし一〇〇分の一ミリ程度のものと認められるから、両者のいう腐蝕孔は必ずしも同一意味のものとは認められないから、証第二二号のこの点に関する記載は新規性を有するものと認めてよいであろう。しかし、その明白性について考えるのに、証第二二号において宮原将平他三名が腐蝕孔の存在に疑問を持った原因は、岡本鑑定人が腐蝕孔の寸法、数量、位置を明らかにしていないことおよび腐蝕孔の写真をとっていないことに尽きるのであり、これだけの根拠をもってしては、その作成者が直接本件各弾丸を顕微鏡で観察したうえ原審および当審において腐蝕孔の存在を明言している岡本鑑定書の信憑性を覆えすには足りない。

2　次に、(b)の選択的腐蝕溝の存在については、やはり原審において結晶粒界が見えなかった旨の原審長崎供述および同宮原供述が存在するけれども、その根拠は証第二二号とは若干異なるから、この点の記載も新規性を有するとしてよいであろう。次に、その明白性について考えるに、証第二二号は岡本鑑定人の認めた結晶粒の大きさが一、〇〇〇分の一ミリ程度であったとするならば倍率八〇〇倍の顕微鏡でこれを観察することは不可能である旨を強調しているのであるが、当審岡本供述によれば、原審記録中において同鑑定人が「結晶粒の大きさ」を一、〇〇〇分の一ミリ程度と判断した旨の記載部分は「結晶粒界の大きさ」の誤植であると認められるから、証第二二号の見解は多少異なった前提に立っていることになる。ただ岡本鑑定人が当審において、証第二二号の記載をも参照すると選択的腐蝕溝の存在を現在では疑問に思う旨述べていることをも考えると、選択的腐蝕溝が存在したことは疑わしいと認められ、岡本鑑定書および原審岡本供述はその限度で信頼性が薄らいだことは否定できない。しかし、当審岡本供述は、選択的腐蝕溝らしいものを認めたという限りにおいてはなお従前の供述を維持しているし、一方、それが選択的腐蝕溝以外のものであるとするならばそれは何か思い浮かばないとの趣旨の供述をしていることからすれば、本件各弾丸のメッキ剥離部分の結晶粒界に選択的腐蝕溝がなかったとも断じ難いのである。のみならず、岡本鑑定書の内容からみて、本件各弾丸に右選択的腐蝕溝の存在が認められないとしても、前述したように腐蝕孔の存在が否定できない以上、これによって同鑑定書の結論が左右されるとは認められないところである。

3　次に、(c) については、すでに原審において、腐蝕原因および腐蝕環境への放置期間の推定について現場実験の有用性を唱える原審長崎供述および同宮原供述があるところ、証第二二号もこれを若干詳細に述べるだけで特に新たな科学的根拠をつけ加えるものとは認められない。したがって、この点の記載は新規性を欠き、かつ明白性の観点からも、それのみをもってしては岡本鑑定書および原審岡本供述の信憑性を覆えすには足りない。

以上みたとおり、証第二二号は部分的に新規性は有するけれども、明白性の観点からは岡本鑑定書および原審岡本供述の信憑性を否定し去るには足らず、また右岡本鑑定書等を基礎とする前記の原判示認定を覆えし得ないといわなければならない。

(八)　証第二九号について

証第二九号は、東北大学金属材料研究所教授下平三郎の作成にかかるもので、その内容は、拳銃からの発射弾丸三二個を札幌市幌見峠の山林の土中に二七月放置したところ、その九四％にあたる三〇個に応力腐蝕割れを生じたというものである。

1　右証拠は、(五) の1で述べたのと同一の理由により新規性を有するものと認められる。

2　しかし、その明白性については (五) の2の(1)および(3)で述べたところがほぼそのまま当てはまり、前記の原判示認定を覆えし得ないといわなければならない。すなわち、証第二九号の結果によれば、同号に記載されている実験に供せられた弾丸とほぼ同一の金属的組成を有する弾丸を二七月土中に放置したならば綫丘痕等弾丸の応力のかかった箇所に応力腐蝕割れの結果がもたらされる可能性が大きいと認められる。また、証第二九号の実験は証第二〇号、同第二七号の実験と異なり実験場所に本件各弾丸が発見された幌見峠を選んでいる点において本件各弾丸の発見現場への放置期間の推定という具体的問題については、証第二〇号、同第二七号に比べより有力な資料であることもこれを否定できない。しかし、証第二九号の実験弾丸のうち応力腐蝕割れの生じたものについても、割れは応力がかかったと認められるすべての箇所に生じたわけではないことは当審下平供述によって明らかであり、このことは証第二〇号、同第二七号について述べたのと同じく、前述した金属的組成を有する各弾丸を前述した条件下に放置した場合に、そのなかには各綫丘痕等の金属格子欠陥およびこれを取り巻く腐蝕環境のいかんによって全く応力腐蝕割れを生じないものがあり得る可能性を推測させるものである。特に、証第二九号の実験については、二七月経過後において全く応力腐蝕割れを生じなかった弾丸が二個あったことを無視できない。この点に関し、下平鑑定人は、証第二〇号および同第二七号の中国における実験では二七月腐蝕環境に放置された弾丸は一〇〇％応力腐蝕割れを生じたのに対し、証第二九号の幌見峠における実験ではそれが九四％にとどまった原因として、幌見峠の実験に供せられた弾丸は、中国の実験に供せられた弾丸に比べ発射後の経過年月が長く、これにより応力が多少もどったことが考えられるとしている。しかし、これは何故に発射後の経過年月がひとしい幌見峠の実験に供せられた三二発の弾丸のうち二発だけに応力腐蝕割れが生じなかったかということについての的確な説明にはなり得ないであろう。

なお、当審下平供述によれば、証第二九号の実験に供せられた弾丸の亜鉛含有率は、証第二〇号、同第二七号の実験に供せられた弾丸のそれと同一と認められ、これと本件各弾丸の亜鉛含有率との比較から本件各弾丸の方が証第二九号の実験に供せられた弾丸よりもいく分応力腐蝕割れが発生しにくいといい得、このことが証第二九号の実験結果を直ちに本件各弾丸につき推し及ぼし得ない根拠となることについては、証第二〇号および同第二七号について述べたところがそのまま当てはまる。

要するに、証第二九号によっても、本件各弾丸が一九月又は二七月幌見峠に埋没されていた可能性を否定することはできないとの原判示認定を覆えすには足りない。

(九)　当審下平供述について

当審下平供述は、すでに考察した証第二〇号、同第二七号、同第二九号とほぼ同一内容でこれを若干ふえんするものである。したがって、右各号証について述べたのと同一の理由により、新規性は認められるけれども、明白性の点で前記原判示認定を覆えすには足らないといわなければならない。

以上みたとおり、弾丸の腐蝕状況に関する所論引用の各証拠によっても、原審岡本供述および岡本鑑定書に基づき、本件各弾丸が一九月又は二七月幌見峠に埋没していた可能性を否定することはできないとした原判示認定はこれを覆えすことはできない。したがって、所論のように、本件各弾丸を全く証拠価値のないものとして（あるいは、さらに捜査機関の陰謀による捏造証拠として）これを排斥することはできないのである。しかし、他方、所論引用の証拠中、証第二〇号、同第二七号、同第二九号、当審下平供述および同岡本供述によれば、本件各弾丸につき前記の可能性を否定することはできないとしても、その度合いはむしろ小さいと認められることおよび岡本鑑定書において同鑑定人がこれを認めたとする選択的腐蝕溝の存在が疑わしくなったことはさきにみたとおりであり、これによれば、本件各弾丸の証拠価値が原判決当時に比べいささか薄らいだことは否定できない。このことは、白鳥課長殺害計画準備行為の一環として、札幌市郊外幌見峠において拳銃発射訓練が行なわれたとの事実認定の基礎となった他の証拠の信憑性にいかなる影響を及ぼすか。

右証拠のうちでも、重要なのは、直接右拳銃発射訓練の事実を供述する原審高安供述および村手宏光の検察官に対する昭和二八年一〇月一三日付第一三回供述調書であると思われるが、もし、所論のように、本件各弾丸がその腐蝕状況からみて、発見現場である幌見峠に一九月又は二七月放置されていたものとは認められないとするならば、そのこと自体をもって、右高安および村手の供述はその信憑性に関し重大な影響を受けざるを得ないであろう。なぜなら、もしそうとするならば、人里離れた本件幌見峠の山中に偶然発射弾丸二発が埋没されているということはおよそ考えられないということからみて、本件各弾丸は、所論のように捜査機関が故意に埋没し、それをあたかも高安の自供によってはじめて発見したように作為したと認める余地が大きいからである。しかし、所論引用の証拠によって明らかにされた事実が前述した限度にとどまるならば、それは、弾丸の腐蝕状況からみても、高安らの供述するような拳銃射撃訓練の事実がなかったとまではいえないということを意味し、したがって、このことから直ちに前記高安および村手らの供述の信憑性を否定し去るわけにはいかないと考えられるからである。そして、所論引用の証拠によって明らかにされた前記事実を念頭におきつつ検討しても、当裁判所としては、右高安らの供述を信用すべきものとした原判示認定と異なった結論には到達し得ない。すなわち、右高安、村手らの供述の具体性、それらが相互に相補強し合うものであることのほか、それらが原判決挙示の他の証拠によって補強されていることからそのように考えざるを得ないのである。特に当裁判所としては、右の原判決挙示の証拠中、押収にかかる手りゅう弾（鑑定のため分解したもの）（札幌高等裁判所昭和三二年領第八八号の証第一号）の存在を重視する。すなわち、右手りゅう弾はきわめて特異の形状および構造を有するものであるが、原審高安供述（特に、原第一審第一二回および第一九回各公判調書中の供述記載）、高安の検察官に対する昭和二八年八月一六日付第五回供述調書、原第一審第五回公判調書中の証人清野行雄の供述記載、司法警察員作成の昭和二八年八月九日付実況見分調書等によれば、これは幌見峠で拳銃射撃訓練をした当日手りゅう弾の爆発実験をも行なったとの高安の供述に基づき、同人の供述する実験現場付近を捜索した結果発見されたうえ高安によってそれが実験に供せられたものとほぼ同一の形状を有することを確認されているものであることが明らかであり、このような特異な形状および構造を有する手りゅう弾が高安の供述によってその供述する爆発実験現場から発見されたという事実は、その日併せて幌見峠で拳銃射撃訓練をも行なったとの同人の供述およびこれにおおむね符合する前記村手宏光の検察官に対する供述調書（なお、このほか、同人の検察官に対する昭和二八年一〇月一六日付第一四回供述調書も手りゅう弾の爆発実験について供述している。）の信憑性を強く裏付けるものというべきである。

以上の次第で、本件各弾丸の腐蝕状況に関する所論引用の各証拠は、原判示の白鳥課長殺害準備行為の一環としての幌見峠における拳銃発射訓練の事実、ひいては白鳥課長殺害の事実につき明白性を有しないといわなければならない。

三、弾丸の綫丘痕等に関する所論について

前文　略

そこで考えるに、所論指摘の本件各弾丸と摘出弾丸の綫丘痕等の同一性ないし類似性ということは、原訴訟手続においても重要な争点となったところであるが、原判決は、「磯部鑑定書および原審磯部供述によれば、同鑑定人は、本件三個の弾丸の肉眼的観察に際し相互に類似するせん条痕のみを選んで観察を下したもので、類似しないせん条痕の有無およびその相異性については深い注意が払われなかったこと、類似するせん条痕の比較対照は主としてせん条痕の幅と長さに基づいてなされたもので、その深さの測定、対照はなされなかったことを認めることができるが、しかし、右鑑定書および供述によると、（一）本件各弾丸および摘出弾丸はいずれも右旋六条、傾角五度半の腔せんを有する銃器による発射された弾丸で、（二）右弾丸を発射するのに使用された銃器はいずれも公称口径七・六五粍ブラウニング自動装填式拳銃又は同型式の腔せんを有する拳銃であり、（三）三弾丸のせん条痕を比較顕微鏡を用い互に比較対照した結果、一号と二号、一号と三号、二号と三号のいずれにもきわめて類似する一致点が発見されたとの結論が可能である。」としたうえ、右磯部鑑定書等と、前記のように幌

見峠における射撃訓練の事実を供述する原審高安供述等の他の証拠を総合して所論のような趣旨の認定に到達していることが明らかである。しかし、本件各弾丸と摘出弾丸の綫丘痕等につき所論のようなことがいえるならば、高安知彦らが射撃訓練の際用いたものと同一の拳銃をもって白鳥課長を殺害したとの趣旨の原判示認定に破たんを来たすはもとより、幌見峠における射撃訓練の事実ないしその際用いた拳銃と白鳥課長殺害の用に供せられた拳銃との同一性等につき供述している原審高安供述等の全体の信憑性にも影響するところが少なくないと認められるのである。そこで、当審事実調の結果をも併せて、所論引用の各証拠の証拠価値について慎重な検討を加えることとする。

（一）証第三号の三について　略

（二）証第三号の二、同第四号、同第六号、同第七号および当審原供述中それぞれ綫丘痕の幅を問題とする部分について

前文　略

1　前述したように、数個の弾丸が同一拳銃から発射されたか否かを科学的に確認する方法ということに関して原訴訟手続において提出された証拠は、磯部鑑定書および原審磯部供述が唯一のものであるが、同鑑定書および供述は、その方法として弾丸が銃身内を通過する際生ずるこまかな条痕を本件三個の弾丸につき比較検討しており、綫丘痕の幅を問題にしているわけではないから、前記証第三号の二等の証拠すべてと鑑定の方法において異なり、また本件三個の弾丸が同一拳銃から発射されたと認められるか否かの結論的部分も右証第三号の二等と磯部鑑定書および原審磯部供述とでは異なるから、右証第三号の二等は新規性を有するというべきである。

2　そこで、その明白性について検討する。まず磯部鑑定書によれば、本件三個の弾丸の綫丘痕の幅はいずれも〇・七粍となっているが、証第六号および当審原供述によれば、その数値は各綫丘痕相互間および同一銭丘痕にあってもその測定箇所によって若干異なるけれども、平均値をとった場合原審証第二〇六号弾丸は〇・七三粍、同第二〇七号弾丸は〇・七粍、同第二〇八号弾丸は〇・七二粍となることが認められる。所論引用の各証拠中、証第六号、同第七号（同第四号も同趣旨と思われる。）および当審原供述は、この銭丘痕の幅の相違ということを理由に、本件三個の弾丸が同一の拳銃から発射されたことを疑問視し、特に原審証第二〇七号弾丸は他の二個の弾丸とは異なる拳銃から発射された蓋然性が大きいとするのである。しかしながら、

(1)　前述したように、所論引用の各証拠は、明白性に関してはまず磯部鑑定書および原審磯部供述との対比において、その証拠価値の検討がなされるべきであると考えられるところ、まず留意を要するのは、本件三個の弾丸が同一拳銃から発射されたか否かを確認するための方法として、所論引用の証拠が強調する銭丘痕の幅の異同ということと磯部鑑定書がとった銭丘痕内等に存するこまかな条痕の比較ということとは、矛盾する鑑定方法というよりは、全く別個の観点から鑑定事項についての結論を得ようとするものであり、したがって所論引用の証拠から直ちに磯部鑑定の鑑定方法に科学的にみて欠陥があるということまでは導き出し得ないということである。すなわち、原判決において、前述のように若干の問題点を指摘されながら前述した限度で証拠価値を認められた磯部鑑定書の鑑定方法は、所論引用の証拠によってもなおその科学性を否定されたものではないといわなければならない。

(2)　次に、複数の弾丸が同一拳銃から発射されたか否かを確認するについて、銭丘痕の幅の測定ということは所論のいうように第一義的に重要な方法といえるであろうか。この点につき、当裁判所としては、次の疑問を持つものである。

イ　まず、証第六号によって明らかなように、同一弾丸の（六個あるうちの）一つの銭丘痕であっても、測定する上下の位置によってその幅にはかなりの差があることに注意しなければならない。この差は

最も大きいものでは五〇倍の倍率で〇・二六粍（実際値〇・〇五二粍で、本件三個の弾丸間の綫丘痕の平均値の差のいずれよりも大きい。）に及んでいることからすれば（証第六号における二〇六号弾丸の綫丘痕番号5の数値）、単に測定の際の誤差とは認められない。当審原供述はその原因としていわゆる「ビビリ現象」をあげる。すなわち、弾丸が銃身を通過する際、銃身の綫丘はいわば刃の役割をなして弾丸に綫丘痕を刻むのであるが、この刃に当る綫丘はある場合には、それに銃身を通過する弾丸の金属粉末が付着することによって広くなり、ある場合には、銃身通過の際の圧力により、それに付着した金属粉末とともに綫丘痕自体も一部欠落することにより狭くなるという、いわゆる「ビビリ現象」によって常に一定の幅を持つとは限らず、このため、同一の綫丘によって生ずる綫丘痕であっても測定の位置によって測定値にずれを生ずるとする。しかし、「ビビリ現象」がかようなものとすれば、それは拳銃の特定の綫丘によって生ずる一個の弾丸の綫丘痕だけについて考えられるものではなく、これと、同一綫丘によって生ずる他の弾丸の綫丘痕との間についても考え得るといわなければならない。すなわち、二個の弾丸の綫丘痕の幅は、それがある拳銃の同一の綫丘によって生じたものであっても、いわゆる「ビビリ現象」によって必ずしも一致しないといい得ると考えられるのである。この「ビビリ現象」は理論上は発射弾丸の六個の綫丘痕のすべてについて考えられてよいと思われ、したがって、同一拳銃による発射弾丸の全綫丘痕の幅の平均値に差があっても、それはあり得ることといわなければならない。その差が本件各弾丸相互間にみられる程度に及ぶものであるかどうかは別としても、このことは、綫丘痕の幅の測定ということが、複数の弾丸が同一の拳銃から発射されたか否かを確定するについて第一義的に重要な方法であるとすることに疑問を投げかけるものというべきである。

ロ　次に、磯部鑑定書によれば、本件各弾丸の弾径の大きさは原審証第二〇六号弾丸約七・八四粍、同第二〇七号弾丸約七・八〇粍、同第二〇八号弾丸七・八二粍と認められる。この数値と前述した証第六号にある本件各弾丸の綫丘痕の幅の数値を比較すると、弾径の大きい弾丸ほど綫丘痕の幅も長くなっていることが明らかである。このことから、本件各弾丸は同一拳銃から発射されたものではあるけれども、弾径の長短によって綫丘痕の幅に差を来したと考える余地はないか。当審磯部供述は、これを肯定し、その理由として、銃身は発射時高圧力で弾丸が入り込むことによって膨張するが、その際弾径の大きい弾丸ほど圧力が大きく、それに伴い銃身の膨張も大きく、綫丘も膨張して多少広くなるため右の膨張した綫丘が刻む綫丘痕の幅も弾径が小さい弾丸に比較して大きくなるということをあげ、このことから、本件三個の弾丸の綫丘痕にみられる程度の幅の相違があったとしてもそれらが異なった拳銃から発射されたとはいえないとする。右供述に科学的な信頼性をおき難いとする理由は見出し得ない。そして、このことも、綫丘痕の幅の測定ということが複数の弾丸が同一の拳銃から発射されたか否かを確定するについて第一義的な重要な方法であるとすることに疑問を抱かせるものであることを否定し得ない。のみならず、このことは、単に鑑定の方法に疑問を抱かせるにとどまらず、本件三個の弾丸の綫丘痕の幅相互間に証第六号および当審原供述が問題にしているような差異があるとしても、それは、右各弾丸が同一拳銃から発射されたものでありながら、その弾径の長短によって生じたという可能性を推測させるものといわなければならない。

以上みたところによれば、証第三号の二等所論引用の証拠は、磯部鑑定書および原審磯部供述の鑑定方法の欠陥を指摘しその科学性を否定し去るものではないのみならず、その述べる鑑定方法を第一義的に重要なものであるとすることには疑問があるといわなければならない。また、それらのうち証第六号等が問題とする、本件三個の弾丸の綫丘痕の幅相互間にみられる差は、右各弾丸が同一拳銃から発射されたとすることに決定的な支障となるものとは認められない。すなわち、所論引用の各証拠は、本件三個の弾丸の科学的観察という点において、それらが同一拳銃から発射されたものであるとする前記原判示認定を左右するには足らないといわなければならない。

（三）証第三号の二、同第六号、同第二八号および当審原供述中それぞれ綫丘痕の角度を問題とする部分について

前文　略

1　右各証拠は、（二）の1に述べたのとほぼ同一の理由により新規性を有するものと認められる。

2　そこでその明白性について検討する。磯部鑑定書によれば、本件三個の弾丸の綫丘痕の傾角はいずれも五度半とされているが、証第六号および当審原供述によれば、各綫丘痕につき二ないし三箇所を測定して全綫丘痕の平均値を出した場合、原審証第二〇六号弾丸は五度五七・七分、同第二〇七号弾丸は五度三四分、同第二〇八号弾丸は五度五七・四分であったことが認められる。当審原供述は、証第二八号に記載されている測定の結果によれば、前述のように、同一拳銃から発射された一二個の弾丸の綫丘痕角度の総平均値に対する標準偏差は三・六分であったのであり、その約三倍の一〇分、せいぜい一二分が同一拳銃から発射された各弾丸の綫丘痕角度の差の限界と認められるところ、原審証第二〇七号弾丸の綫丘痕角度と他の二個の弾丸のそれとの差は右の限界値を超えており、したがって両者は同一拳銃から発射されたものとは認められないとする。しかしながら、

(1)　前述したように、右各証拠もまず磯部鑑定書および原審磯部供述との対比においてその信憑性の検討がなされなければならないと解されるところ、右各証拠が強調する綫丘痕の角度の異同ということは、（二）でみた所論引用の証拠が問題とした綫丘痕の幅の異同ということと同じく、磯部鑑定とは全く別個の観点から複数の弾丸が同一拳銃から発射されたか否かについての結論を得ようとするものであり、したがって、右各証拠は磯部鑑定の鑑定方法の欠陥を指摘しその科学性を否定し去るものではないとい

わなければならない。

(2)　次に複数の弾丸が同一拳銃から発射されたか否かを確認するについて、各弾丸の綫丘痕の角度の測定ということを第一義的に重要な方法とすることには、方法論として、次のような疑問があるといわなければならない。

イ　まず、証第六号によれば、同一綫丘痕についても測定位置によって角度には相当の差があり最も大きなものは一度一〇分に達していたこと（原審証第二〇七号弾丸の綫丘痕番号４）が明らかであるところ、その原因について、当審原供述は、綫丘痕の幅について述べたいわゆる「ビビリ現象」をこの場合においても考え得るとしている。すなわち、同鑑定人は、弾丸が銃身内を通過する際銃身内の突起によって生ずる綫丘痕内の条痕の角度を測定し、それを本件各弾丸の綫丘痕の角度としたことが当審原供述により明らかであるが、同供述は、右の銃身内の突起はいわゆる「ビビリ現象」における刃物の役割をなし、したがって常に一定の幅を有するものではないとともに、その方向も、金属片の付着あるいは右突起自体の欠落によって一定せず、このため条痕の測定位置によってその角度が多少異なると説明している。しかし、そうとすれば、この「ビビリ現象」による綫丘痕の角度の相違は、綫丘痕の幅について述べたように、一個の弾丸の条痕についてのみ考えられるものでなく、同一拳銃から発射された複数の弾丸の各条痕についても考え得るといわなければならない。すなわち、二個の弾丸の綫丘痕角度は、それが同一拳銃から発射されたものであっても、いわゆる「ビビリ現象」を念頭におくならば必ずしも一致しないと考えられるのである。そしてこの不一致は、各発射弾丸の六個の綫丘痕のすべてについて考えてよいと思われ、したがって同一拳銃による複数の発射弾丸の全綫丘痕についての平均値に差があってもそれはあり得ないことではないといわなければならない。そして、このことは、綫丘痕の角度の測定ということが数個の弾丸が同一拳銃から発射されたか否かを確定するについての第一義的に重要な方法であることに疑問を抱かせるものといわなければならない。

ロ　次に、証第六号における本件三個の弾丸の綫丘痕角度の平均値の順位は前述した右各弾丸の弾径の大きさの順位と一致していることが明らかであるところ、当審磯部供述は、「銃腔の軸に対して弾軸が傾いて銃腔内を通過する場合は、傾きの角度がたえず一定しているわけではなく、むしろ傾きの角が絶えず変っていくような運動をするものと考えられ、特に弾径の小さい弾丸についてはその傾きが多少大きくしかも傾きの大きさが変わるということを考えてよく、これによって同一拳銃から発射された弾丸であっても、弾径の差によって綫丘痕角度の平均値は常に一定とは限らないと考えられる。」としており、右供述に科学的な信頼性をおき難いとする理由は見出し難い。そして、このことも、綫丘痕の角度の測定を複数の弾丸が同一拳銃から発射されたか否かを確定するについての第一義的に重要な方法であるとすることに疑問を投げかけるものというべきである。

(3)　さらに、所論引用の各証拠が強調するように、複数の弾丸が同一拳銃から発射されたか否かを確認する方法として各弾丸の綫丘痕の角度の測定ということを重視するとしても、このことから、本件各弾丸が異なった拳銃から発射された蓋然性が大きいとすることには、次のような疑問が存在する。

イ　まず証第六号に記載されている本件各弾丸の綫丘痕の平均値の正確性ということである。すなわち、前述したとおり証第六号によれば、同一綫丘痕であっても、測定位置によってその角度には相当な差があり、最も大きなものは一度一〇分に達していたこと（証第二〇七号弾丸の綫丘痕番号４）が明らかである。そして、この結果からすれば、綫丘痕の角度の平均値を各綫丘痕さらには各弾丸について出すためには各綫丘痕につき相当多くの位置について測定を重ねることが必要ではないかと思われるのである。しかるに、証第六号においては各弾丸の各綫丘痕につき二ないし三回の測定しかなしておらず、このことからすれば証第六号にある本件三個の各弾丸の綫丘痕角度の平均値を絶対的なものとすることには疑問なしとしない。同じ疑問は証第二八号についても持たれるのであって、同号においては、同一拳銃から発射された弾丸の各綫丘痕の角度につきそれぞれ三回の測定をなした結果から総平均値および標準偏差を出しているのであるが、三回という各綫丘痕の角度の測定回数をもって右の総平均値等を絶対的なものとすることには、やはり問題があると思われるのである。さらに、証第二八号の測定は、一二個の弾丸につき、弾径等については考慮を払うことなく行なわれていることが明らかであるが、(2)ロで述べた点をも考慮すれば、このような実験方法においてはさらに多くの弾丸につき弾径等との関係をも考慮しつつ測定を重ねる必要があるのではないかとの疑問を禁じ得ず、このことも証第二八号に記載された総平均値等を絶対視することを躊躇させるものである。

ロ　次に、当審原供述が同一拳銃から発射された各弾丸間の綫丘痕角度の差の限界は一〇分ないし一二分であるとしていることは前述したとおりであるけれども、一方、右供述は同一拳銃から発射されながら各弾丸の綫丘痕角度の差が右の一〇分という数値をはみ出す場合が二・五％あるとしている。すなわち、当審原供述によっても、同一拳銃から発射された各弾丸の綫丘痕の角度の平均値が証第六号に記載されている程度の差を示すことはあり得ないことではないと認められるのである。

ハ　さらに、(2)ロで述べたところによれば、本件三個の弾丸は同一拳銃から発射されたものでありながら、その弾径の長短によって綫丘痕の角度に差を生じたと考える可能性もあるといわなければならない。

以上みたところによれば、証第三号の二等所論引用の証拠は、磯部鑑定書および原審磯部供述の鑑定方法の欠陥を指摘しその科学性を否定し去るものでないのみならず、その述べる鑑定方法を第一義的に重要なものとすることには疑問が残るといわなければならない。またこの鑑定方法に従うとしても、証第六号等が問題とする本件三個の弾丸の綫丘痕角度の測定値の差は右各弾丸が同一の拳銃から発射されたとすることに決定的な支障となるものとは認められない。すなわち、所論引用の各証拠は、本件三個の弾丸の科学的観察という点において、それらが同一拳銃から発射されたものであるとする前記原判示認定を覆えし得ないといわなければならない。

（四）　証第三号の二、同第四号、同第七号、当審原供述および当裁判所の照会に対する昭和四三年六月一七日付科学警察研究所長作成の回答書添付の鑑定書三通中、本件三個の弾丸表面の条痕を問題とする部分について

前文　略

1　まず、その新規性について考えるに、証第三号の二および同第四号が指摘している、二個の弾丸が同一拳銃から発射されたか否かを確認する方法としての、銃身腔壁によって生ずる弾丸表面の条痕の比較ということは、まさに原審において磯部鑑定書がとっているところであるから、原裁判所に了知ずみのものと認められ、したがって、証第三号の二および同第四号は新規性を有するものとは認め難い。なお、証第三号の二および同第四号は、弾丸表面の個々の条痕のみならず、弾丸表面全体の対比検討の必要性を説くようにもみえ、この点は、類似条痕のみを選んで観察を下し弾丸表面の非類似条痕の有無およびその相異性について注意を払わなかった磯部鑑定書および原審磯部供述には見受けられないところであるが、一方、原第一審第七四回公判期日における証人宮原将平の供述には、弾丸表面全体の対比検討の必要性ということがいわれているうえに、原判決が「磯部鑑定書が本件三弾丸の観察に際し相互に類似するせん条痕のみを選んで観察を下し類似しないせん条痕の有無およびその相異性については深い注意が払われなかったこと…を認めることができるが、しかし、同鑑定人のとった鑑定の方法によっても、三弾丸のせん条痕相互間にきわめて類似する一致点が発見された等の鑑定結果を結論づけることが可能である。」旨判示し、原上告審判決もこれを是認していることからすれば、この点を問題にしても証第三号の二および同第四号は新規性を（と同時に明白性をも）有するとはいえないといわなければならない。

次に証第七号、高塚鑑定書および当審原供述は、本件三個の弾丸の発射拳銃の異同を論ずるに当って各弾丸の表面の条痕を問題としている点において磯部鑑定書および原審磯部供述と方法を同じくするが、これと結論を異にするので、新規性を有するものというべきである。

2　そこで、以下に、磯部鑑定書および原審磯部供述との対比において右各証拠の明白性について検討を加えることとする。

ところで、当審磯部供述によれば、磯部鑑定書添付の写真は、同鑑定人が自ら撮影したものでなく、神奈川県相模原市所在のアメリカ軍極東犯罪調査研究所のゴードン曹長に預け、同曹長が撮影したものであること、右写真は、本件三個の弾丸相互間において類似している条痕を比較顕微鏡で上下に合わせた状態を撮影したものであるが、右の類似している条痕の選択もゴードン曹長が行なったこと、磯部鑑定人は写真撮影の場にも居合わせず、後にゴードン曹長から本件各弾丸とともに現像写真一組とそのネガフィルムを渡されたものであることがそれぞれ認められる。一方、当審原供述によれば、磯部鑑定書添付写真において類似しているとして上下に合わされている二本の条痕は、弾底又はくびれからみて必ずしも同一の位置のものを比較しているわけではなく、両者が相当異なる位置にあるというようなものもあることが認められる（なお、この点に関連して、原判決は、「磯部鑑定書および当審磯部供述によれば、同鑑定書における類似する条痕の比較対照は主としてその条痕の幅と長さに基づいてなされた。」と認定しているけれども、当審磯部供述によれば、右の類似する条痕の比較対照は主としてその幅と位置―特に綫丘痕側端からの長さ―に基づいてなされたものであって、条痕の長さは特に考慮していないことが明らかである。）。そして、これらの点は磯部鑑定書の信頼性に疑惑を投げかける要因となるものであることは否定し難い。しかし、他方、当審磯部供述によれば、右のゴードン曹長が撮影した写真に基づく類似条痕の有無等の観察判定は磯部鑑定人がゴードン曹長の意見を求めることなく自ら行ないその結果を磯部鑑定書に記載したことが認められるから、同鑑定書はその限りにおいてなお鑑定たるの実を有するものというべく、前記の諸点があるからといってそのことからただちにこれを一片の証拠価値もないものとして排斥することは相当でない。なお、前認定のように磯部鑑定人が本件三個の弾丸をゴードン曹長に預け、それらは同鑑定人が現像写真およびフィルムとともに返還を受けるまで同曹長の手中にあったところから、弁護人は、本件事実の取調の過程において、ゴードン曹長に渡された弾丸と磯部鑑定書添付の写真に撮影された弾丸の同一性について疑惑の念を表明した。そこで、この点につき一言すると、昭和二八年九月四日付高塚鑑定書添付の写真および札幌高等裁判所昭和四二年押第七三号の九三科学捜査研究所所長作成の「弾丸比較顕微鏡写真送付について」と題する書面添付の各写真に撮影されている弾丸は、本件三個の弾丸が磯部鑑定人に渡される以前にこれを撮影したものであることが明らかであるから、これと磯部鑑定書添付の写真に撮影されている弾丸に同一特徴を発見し得るならば、前記の弾丸の同一性に関する疑惑は解消するものというべきである。しかるところ、

(1)　磯部鑑定書添付の写真（以下、「磯部写真」という。）中、その六の（Ⅰ）および（Ⅱ）ないしこれの各拡大写真である札幌高等裁判所昭和四二年押第七三号の四二、四三、六二、および六三の各写真の一号弾丸（原審証第二〇六号弾丸を指す。）のくびれの下の写真と、前記「弾丸比較顕微鏡写真送付について」と題する書面添付の写真（以下「科捜研写真」という。）中、その一、その二およびその三の各一号弾丸の写真を比較対照すると、綫丘痕両側端に接する白く見える起伏（いわゆる「バリ」）の形状がきわめて類似している等の共通の特徴点が存すること

(2)　磯部写真中その四の（Ⅲ）の二号弾丸（原審証第二〇七号弾丸を指す。）の写真と昭和二八年九月四日付高塚鑑定書添付の写真中その二の「本件弾丸」の写真を比較対照すると、綫丘痕左側端に接する「バリ」の形状が一致しており、かつ綫丘痕内にこれと一五度ないし二〇度の角度をなす白く見える傷

が認められ、かつ綫丘痕の左側方に綫丘痕と約七度の角度をなす白く見える長い線が認められる等の共通の特徴点が存すること

(3)　磯部写真中その四の（Ⅱ）の三号弾丸（原審証第二〇八号弾丸を指す。）の写真と科捜研写真中その六の三号弾丸の写真とを比較対照すると、それぞれ綫丘痕左側端に近い位置に平行しかつその左の一本が途中から消えている白い線三本があり、かつ白い線が消えた地点から右下方のほぼ同じ位置に同一形状の「バリ」が存する等の共通の特徴点が存することが明らかであり、これに加えて、当審磯部供述が、ゴードン曹長に渡す前後とも三個の弾丸を観察したが、その前後によって弾丸がすり代えられたことを疑わせるような点は全く見出し得なかったと供述していることも考慮すれば、磯部鑑定人およびゴードン曹長に渡された各弾丸と磯部鑑定書添付の写真に撮影されている各弾丸とは同一のものであると認定するのが相当である。

そこで進んで、証第七号、高塚鑑定書および当審原供述の信憑性を磯部鑑定書および原審磯部供述と対比しつつ検討する。

まず、磯部鑑定書において、添付写真その一の（Ⅰ）（Ⅱ）（Ⅲ）における1 1′ 1″条痕はもっとも顕著な特徴で一致し、他の条痕の位置の基準とされているところ、証第七号および当審原供述は右各条痕の類似性を争い、むしろ両者は相違するとする。もし、右1 1′ 1″条痕の類似性が崩れるとするならば、右条痕からの距離を基準として本件三個の弾丸の対応する綫丘痕および対応する他の条痕を定めている磯部鑑定書はその信憑性を大きくゆさぶられることとなろう。そこで右1′ 1″の条痕の類似性については、以下に特に考察することとする。

(1)　1′ 1″について。証第七号および当審原供述はいずれも1′ 1″綫丘痕の左側端からの距離が異なるとしており、特に当審原供述は綫丘痕の左側端の見分け方を説明したうえ、1は左側端からやや右に寄った

ところにあるのに対し、1′は左側端そのものにあるとする。これに対し、当審磯部供述は、当初1 1′はいずれも綫丘痕の左側端からやや右寄りの、綫丘痕左側端から等距離に位置する溝であるとしたが、後にこれを訂正し、1′については、当審原供述と同じく条痕の左側端が即綫丘痕の左側端であるとし、1については、条痕の左側端が即綫丘痕の左側端であるとする見方と当審原供述のような見方の二つが可能であるが、前者の方が正しいと思うとしている。

右各供述によれば1′はその左側端が即綫丘痕の左側端であると認定するのが相当であり、また1については、当裁判所としては当審磯部供述と同じく、条痕の左側端が即綫丘痕の左側端であるとすることが可能で、いちがいに当審原供述のようにはいい得ないものと認める。当審原供述の述べる綫丘痕左側端の判定方法によっても。原審証第二〇六号弾丸の綫丘痕左側端は、必ずしも原鑑定人が当審昭和四二年押第七三号の二八にル点として表示した点から上にのびる線と断定することはできず、1の条痕の左側端と解する余地もあると認められるのである。そして、1の条痕の左側端が綫丘痕左側端と一致するとするならば、1 1′はいずれも綫丘痕左側端に位置することになり、前述した証第七号および当審原供述の批判は当らないことになる。そして、右の位置関係ということを別にすれば、1 1′はいずれも右側が黒く左側が明るく見えるという同一の形状を有する相当の深さを持った溝であることは否定できないところといわなければならない。当審原供述は、1の溝は1′の溝よりは太いとし、そのようにみえないわけではないが、両者の太さの差はそれほど顕著なものとは思われないし、また両者が銃腔内の同一の突起によって生じたとしても、前述のように弾径の大きい原審証第二〇六号弾丸の1の方がそれが小さい同第二〇七号弾丸の1′よりも幅が広くなると認める余地があることをも考えると、この点は1 1′の類似性に影響を及ぼすものとは認められない。

右の次第で、1 1′の条痕の類似性を否定することはできないと思われる。

(2)　1 ″1について。当審原供述は、″1は条痕の左側が即綫丘痕の左側端と一致すると述べており、そうすると前述したように1も綫丘痕の左側端の位置に存する可能性を否定し得ない以上、両者の綫丘痕左側端からの距離が異なると断定することはできない。なお、当審原供述は″1は1に比べ細くてくねくねしているとする。たしかに1 ″1からはそのような印象も受けるが、それにもかかわらず、1 ″1の黒く見える部分をその左右部分をも併せて対比すると、両者の類似性は否定し得ないと認められる。

(3)　′1 ″1について。（1）（2）で述べたところにより、′1 ″1はともに綫丘痕左側端に位置する可能性がある以上、両者の綫丘痕左側端からの距離が異なると断定することはできない。したがって、この点に関する証第七号の批判は当らない。また′1 ″1の溝状の形状の類似性を否定することはできないと認められる。

以上みたとおりであって、いわば基本条痕ともいうべき1 ′1 ″1相互間の類似性を否定することはできないといわなければならない。そこで進んで、磯部鑑定書に現われている他の条痕の類似性につき当審原供述および証第七号の意見をも参考としつつ考察するに、右条痕中には、磯部鑑定人自身似ているとはいえないと供述するにいたったものも含め、その類似性が疑わしいと認められるものも少なからず存在するといわなければならない。しかし、他方、証第七号および当審原供述が類似性を認めたものを含め明確に類似性を認め得るものも相当存在するし（例えば、5と′5、′5と″5、7と′7、7と″7、′7と″7、8と″8、9と″9等）、またそこまではいえないとしても、類似性を否定できないと認められるものもかなり存在するといわなければならない（例えば、2と″2、′2と″2、3と′3、3と″3、′3と″3、6と′6、6と″6、8と′8、10と″10、13と″13、14と″14等）。

なお、ここで高塚鑑定書について考察するに、同鑑定書の内容はさきにその大要を掲記したとおり、結論として、本件三個の弾丸が同一銃器から発射されたと認定するに足る程度の類似条痕を発見し得ないというものである。しかし、ここで注意すべきは、同鑑定書は類似条痕の存在を全く否定するとか、あるいは本件各弾丸が異なる銃器から発射されたことを認定するに足る条痕等の存在につき言及するとかしているわけではないことである。このことは、昭和二八年九月四日付鑑定書では、原審証第二〇七号弾丸と同第二〇六号弾丸の条痕に非常に類似する特徴を発見したとの記載があることからも言い得るし、また高塚鑑定人が所属する科学捜査研究所物理課において撮影した本件三個の弾丸の綫丘痕の対照写真において三個の弾丸相互間に類似条痕の存在することが示されていることからも窺えるところである。したがって、高塚鑑定書は、磯部鑑定書に現われている条痕の類似性に関する右の認定に影響を及ぼすものではないといわなければならない。

以上を要するに、磯部鑑定書および原審磯部供述は、鑑定書作成の過程においてゴードン曹長なる余人が介在した等の事実および鑑定書中で相互に類似するとされていた本件各弾丸の条痕中に類似性が疑わしいものが現われたこと等によって、その信頼性が低下したことは否めないけれども、右条痕中に明確に類似性を認め得るものあるいは類似性を否定できないものが存在する事実を認定できるという限度でなお証拠価値を有するものと認められ、所論引用の証拠によっても、右条痕の点で、本件三個の弾丸が同一拳銃から発射されたことが疑わしいとかあるいは進んで、右三個の弾丸が異なるピストルから発射されたとまでいうことはできないというべきである。

以上、本件三個の弾丸の発射拳銃の同一性に関する所論引用の証拠中の当審原供述等、ならびに当審磯部供述によって、原判示認定の基礎となった磯部鑑定書および原審磯部供述の信頼性が低下したことは否めないけれども、その信頼性を全く否定し去ることはできず、それは前に見た限度でなお証拠価値を有するものと認められるとともに、右各証拠によって本件三個の弾丸の科学的観察という点において、それらの発射拳銃が同一であるとの原判示認定を覆えすことはできないといわなければならない。

そしてまた、本件白鳥課長殺害計画の一環として高安知彦らが昭和二七年一月上旬頃札幌市郊外幌見峠滝の沢山林中で拳銃の射撃訓練を行なったことおよびその際使用した拳銃と白鳥課長殺害の用に供した拳銃とが同一であるとの原判示認定に関しては、磯部鑑定書および原審磯部供述以外にも前述した原審高安供述等多くの証拠が存在するのである。もとより、磯部鑑定書および原審磯部供述はそのなかでも重要なものであるけれども、所論引用の証拠によってその証拠価値が全く否定され、あるいは本件各弾丸が同一拳銃から発射されたことが疑わしいという事実が明らかにされたのならば格別、前述したように、磯部鑑定書および原審磯部供述がなお前述した限度で証拠価値を有する以上、その証拠価値が低下した事実があったとしても、それによって、他の証拠の証拠価値が決定的に影響されるとは到底認められない。すなわち、右各証拠は単に数的に多いのみならず、内容的にも相互に相補強し合い、（なお、前記原判示認定事実中、前段の幌見峠における射撃訓練の点については二の末尾の明白性に関する説示、また後段の、右射撃訓練の際用いた拳銃と白鳥課長殺害の用に供した拳銃との同一性については原第一審判決書五八頁五行目の「なお」以下の説示をもそれぞれ参照。）、磯部鑑定書等の証拠価値の低下を念頭におきつつ考察しても前記原判示認定を支えるに足ると認められる。

以上の次第で、本件三個の弾丸の発射拳銃の同一性に関する所論引用の証拠は、原判示の白鳥課長殺害準備行為の一環としての幌見峠における拳銃発射訓練の事実およびその際用いられた拳銃と白鳥課長殺害の用に供された拳銃とが同一である事実、さらに、ひいては白鳥課長殺害の事実につき明白性を有しないといわなければならない。

四〜八　略

九、結論

以上考察したとおりであって、所論引用の証拠はすべて刑事訴訟法四三五条六号の「無罪を言い渡すべきことが明らかな証拠」には該当しないといわなければならない。個々の証拠においてそうであるのみならず、うち新規性ありと認められるもの（それが疑わしいものをも含め）を全部総合してみても、請求人を有罪とした原判決と異なる事実認定に到達する高度の蓋然性を認めることはできず、明白性の要件を欠くといわなければならない。

よって、本件再審請求はその理由がないから、刑事訴訟法四四七条一項によりこれを棄却すべきものとし、主文のとおり決定する。

昭和四四年六月一三日

札幌高等裁判所第三部

裁判長裁判官　斎藤勝雄

裁判官　黒川正昭

裁判官　小林充

再審請求棄却決定に対する異議申立棄却決定（抜萃）

昭和四六年七月一六日　札幌高等裁判所

昭和四四年（け）第一号・昭和四四年（け）第二号

決　定

北海道上川郡比布町北二線六号

申　立　人　村　上　国　治

大正一二年一月五日生

右申立人に対する爆発物取締罰則違反、団体等規正令違反、地方税法違反、銃砲刀剣類等所持取締令違反、火薬類取締法違反、業務妨害、汽車往来危険未遂、暴力行為等処罰に関する法律違反、脅迫、傷害、殺人被告事件の有罪の確定判決（札幌高等裁判所昭和三五年五月三一日言渡）に対する申立人の再審請求につき、昭和四四年六月一三日札幌高等裁判所がした請求棄却の決定に対し、申立人および弁護人（杉之原舜一外二五名）から異議の申立があったので、当裁判所は、つぎのとおり決定する。

主　文

本件各異議の申立を棄却する。

理　由

（理由目次）　略

第一　異議申立の趣旨および理由

本件異議申立の趣旨および理由は、申立人本人提出の異議申立書、弁護人杉之原舜一外二五名共同提出の異議申立理由書、「異議申立理由補充書（第一）」、「同（第二）」、「および弁護人杉之原舜一外二六名共同提出の「異議申立理由補充書（第三）」に記載のとおりであるから、いずれもこれを引用する。

第二　当裁判所の判断

一、証拠の新規性と明白性について

刑事訴訟法四三五条六号（以下本号という。）にいう「あらた」（以下、新規性ともいう。）および「明らかな」（以下、明白性ともいう。）の各意義に関する当裁判所の基本的見解は、原決定（編注・四四年六月札幌高裁）が、第二の一において説示するところと同一である。所論（編注・異議申立書）はとくに、右明白性の意義に関する原決定の説示は、本号の合理的解釈の域を越えて、右明白性の意義を不当に狭めるものであり、大審院の判例にも違反しているというけれども、右明白性の意義を、有罪等の確定判決を覆し無罪等の事実認定に到達する高度の蓋然性として把え、かつ、その判断は、新証拠と既存の確定判決の基礎となった全証拠との関連においてなすべきであるとした原決定の判断は、再審制度の趣旨に合致した合理的な解釈であって、これを首肯するに足りる。原決定には、所論法令解釈の誤ないし判例違反の違法は存せず、所論は理由がない。

なお、当裁判所が是認する原決定の新規性に関する解釈によれば、原裁判所に対して提出された各証拠（証一号ないし証二九号。以下、原裁判所における訴訟手続の過程を原審という。）の新規性の有無に関する原決定の判断は、すべてこれを首肯することができ、また、当裁判所に対して提出された各証拠（証三〇号ないし三七号。以下、当裁判所における訴訟手続の過程を当審という。）は、いずれも新規性を有するものと認められる。また、

新規性ありとされる原審提出の各証拠の明白性の有無についても、弾丸に関するものについて次項に述べるところを除き、原決定の判断はすべてこれを是認することができる。

二、弾丸の証拠価値をめぐる所論について

所論は、原確定判決が有罪の証拠とした二個の弾丸（札幌高等裁判所昭和三二年領第八八号の証第二〇七号および同第二〇八号。以下、それぞれ二〇七号弾丸および二〇八号弾丸といい、両者を一括して、二個の弾丸という。）の証拠価値をめぐる原決定の説示を論難し、原審および当審において提出された各証拠中弾丸の腐食状況および綫丘痕等に関するものを総合すれば、札幌市郊外幌見峠から発見され、原判決において高安知彦らが昭和二七年一月上旬射撃訓練を行なった際に発射されたものと認定された前記二個の弾丸は、その腐食状況からみて、原判決が認定するように、一九月又は二七月にわたって、発射現場とされる幌見峠の土中に埋没していたとは認められないし、その綫丘痕等からみて、白鳥課長の体内から摘出された弾丸（札幌高等裁判所同年領第八八号の証第二〇六号。以下二〇六号弾丸または摘出弾丸といい、前記二個の弾丸と一括して、三個の弾丸という。）を発射した拳銃と同一の拳銃から発射されたとは考えられないのであるから、右各証拠が明白性の要件を具備することは明らかであり、明白性なしとした原決定は、不当である、というのである。

そこで、以下、この点に関する原決定の当否について検討することとするが、所論の指摘する右各証拠は、いずれも相関連し、全体として前記二個の弾丸の証拠価値を低下させるものと主張されているのであるから、その明白性の検討にあたっては、個々の証拠につきその有無を論ずるよりも、新規性ありとされる証拠（以下新証拠ともいう。）全体を総合して考察し、これと原確定判決の基礎となった既存の全証拠との関連において、それが申立人を有罪とした原判決の認定を、どの程度動揺させるか、との観点から行なうのが相当である。

（二）　新証拠による弾丸の証拠価値の低下について

(1)　二個の弾丸の腐食状況について

原審および当審において提出された証拠中新規性ありと認められるもの、とくに証二〇号、二七号、二二号、二九号、三〇号、三一号および原審事実取調における証人兼鑑定人下平三郎の供述(以下、原審下平供述という。)を総合すると、前記二個の弾丸とほぼ同一組成の発射ずみ弾丸を、右二個の弾丸の発見された幌見峠ないしこれと腐食環境のほぼ同一の土中に、一九月ないし二七月放置すれば、(イ) 高度の蓋然性をもって応力腐食割れが生ずること、(ロ) 応力腐食割れ以外の腐食は、弾丸のくびれならびに綫丘痕の部分に生ずること等が認められる。右のうち、(イ) の点については、原決定も、一応これを認めているが、発射ずみ弾丸を長期間土中に放置した場合これに腐食割れの生ずる蓋然性は、当審において新たに提出された証三〇号等により、原決定が認めるよりも、さらに高度のものとなったと認められる。すなわち、証三〇号は、東北大学金属材料研究所教授下平三郎、北海道大学触媒研究所助教授松井敏二共同作成の実験報告(発射後約二年余を経過した黄銅製弾丸一八個を、札幌市幌見峠の山林の土中に二七月間放置したところ、すべての弾丸に応力腐食割れを生じたとするもの)であって、これを原審において提出された証二〇号、二七号、二九号等の各証拠に加えて考察すると、右のような条件の下に弾丸を放置した場合に弾丸に応力腐食割れを生ずる蓋然性は、実験の回数を増したことにより一層高度のものとなったといわなければならない。また、原決定が右各証拠の明白性を否定するにあたってした種々の説明(たとえば腐食割れが、応力のかかったと認められるすべての箇所に生じたものでないということの根拠を、金属格子欠陥と腐食環境の相違に求め、同様のことが、個々の弾丸毎にも考えられるとしている点、幌見峠と中国の実験場との腐食環境の相違を論ずる点、証拠弾丸と実験弾丸の亜鉛含有率の差を指摘する点等)には、所論の指摘するような疑問の余地があって、必ずしも、右各証拠の証拠価値を減殺する的確な反論とはなり得ないと思われるだけでなく、応力腐食割れの発生し難い要因が、証拠弾丸に比し実験弾丸の方により多く存すると認められること（たとえば、前者の場合は、土中直撃であるのに、後者の場合は洗滌してから土中に埋没したこと、後者の場合は、発射後一、二年を経過した弾丸を使用しているので、腐食割れの発生に関係のある残留応力が、前者の場合より小さいと思われること）等の点からすれば、原決定のような理由から、右各証拠の証拠価値を割り引いて考えることにも疑問がある。そして、この点に前記（ロ）の点をも加えて考察すると、二個の弾丸が一九月ないし二七月幌見峠の土中に埋没していた可能性は、絶無であるかどうかは別として極めて小さくなったと考えられる。

(2)　三個の弾丸の綫丘痕等について

証三号の二、四号、六号、七号、二八号、三二号、三三号、高塚鑑定書および原審事実取調における証人兼鑑定人原善四郎の供述（以下、原審原供述という。）等を総合すると、前記三個の弾丸が同一の拳銃から発射された可能性は、きわめて小さいと認められる。原決定は、三個の弾丸の綫丘痕の幅と角度の差から、その発射銃器の同一性を否定する原審原供述等に対し、右のような差は、同一拳銃から発射されたものであっても、各弾丸の弾径の相違あるいは、いわゆる「ビビリ現象」等によっても生じ得るとし、また、角度の測定値の正確性にも疑問を投げかけ、右各証拠の証拠価値を疑問視しているが、これらの点に対しては、おおむね所論の指摘するような反論が可能であると認められるから、次のような理由で、右各証拠の証拠価値を疑うのは相当でない。また、原決定は、磯部鑑定書添付の弾丸の写真により、各条痕の比較対照を行ない、「右条痕中に明確に類似性を認めうるもの、類似性を否定できないものが存在する」から、右弾丸が、同一拳銃から発射されたことが疑わしいということができないという。この点の個々の条痕の対比に関する説示についても、仔細に検討すると、所論の指摘するような疑問の余地があるが、かりに、右条痕の対比において原決定の指摘するようなことがいえるとしても、三個の弾丸の発射拳銃の同一性に関し、前記のような有力な反証が提出された以上、これらが同一の拳銃から発射されたことについては、その可能性が絶無であるかどうかは別として、少なくとも大きな疑問を生じたといわなければならない。

(二)　弾丸に関する新証拠の明白性の有無について

右(一)において説示したとおり、原審および当審において提出された新規性ある証拠を総合すると、原確定判決の証拠となった二個の弾丸が、原判決認定のように、高安らの射撃訓練の時から発見当時まで、一九月または二七月幌見峠の土中に埋没されていた可能性、および右二個の弾丸と、二〇六号摘出弾丸とが、同一拳銃から発射された可能性は、いずれも、きわめて小さくなったと認められる。その意味において、この点に関するより有力な反証のないかぎり、右二個の弾丸の証拠価値は、原決定のいうように、たんに「原判決当時に比べいささか薄らいだ」というに止まらず、大幅に減退したと言わざるを得ないのであるが、それでは、右二個の弾丸の証拠価値の低下は前掲各証拠の明白性を否定した原決定の結論に影響を及ぼすであろうか。

いうまでもなく、本件における新証拠の明白性の判断においては、(イ)前記二個の弾丸が一九月ないし二七月の長期間幌見峠の土中に埋没（以下、便宜、長期埋没ともいう。）していたとみられるかどうか、(ロ)三個の弾丸の発射拳銃が同一とみられるかどうかという点それ自体が、究極の問題となるのではない。問題は右二点を否定することが、原確定判決の有罪の認定を覆し、無罪等の認定に到達する高度の蓋然性に連なるかどうかである。そこで、以下、前記二点が完全に否定されるかどうかは、しばらくこれを措くとし、かりに右二点を消極に解した場合、それが原確定判決の認定に、どのような影響を与えることとなるかとの観点から、検討を進めることとする。

(1)　二個の弾丸の長期埋没の可能性の否定について

前記二個の弾丸は、昭和二七年一月上旬幌見峠で拳銃の試射を行なったという高安知彦の供述に基づいて、同人の指示した試射現場を捜索した結果、発見されたというものである。したがって、もし、右弾丸自体の腐食状況から、それが試射の時から発見時まで、一九月ないし二七月の長期間土中に埋没していたものと認められるならば、それは右高安の供述する拳銃試射の事実を裏付ける決定的な物証となるであろう。しかし、原判決は、その援用している岡本鑑定が、「金属の腐食形態だけから、その腐食環境に放置された期間を推定することは、ほとんど不可能である。」といっていることから、おのずから明らかなように、二個の弾丸自体の腐食状況から、それが一九月ないし二七月の長期間土中に埋没していたものと認めて、それをもって射撃訓練の事実の裏付けとしたものではない。かえって、右弾丸の埋没期間については、原一、二審訴訟手続当時から、「右両弾丸の腐食状況よりして両弾丸は、苛酷な腐食環境に長期間放置されていたものとは考えられない。」という趣旨の相当信頼すべき科学的根拠を有する長崎鑑定が、申立人から提出されていたのであるが、原判決はこれを斥け射撃訓練等に関する高安供述の高度の信ぴょう性から、右両弾丸を、高安らが昭和二七年一月上旬試射した際に発射されたものと認めたものと解される。

ところで、もし、右弾丸の長期埋没の点が否定されるとすれば、高安の指示した拳銃の試射現場からは、捜査機関のくり返し行なった大がかりな捜索にも拘らず、試射弾丸およびその薬きょうが、ついに一個も発見されなかったこととなり、その意味で、右高安供述が、一部有力な裏付けを失うこととなり、その信ぴょう性に及ぼす影響は軽視できない。しかしながら、右試射に用いられたという弾丸は、いずれにせよ、長さ約一一ミリ、重量約四・五グラムのごく小さなもののはずであり、草木の繁茂する山林中でこれを発見することは、ただでさえ困難なことと思われるのみならず、司法警察員作成の昭和二八年八月九日付実況見分調書（確定記録九冊三一五九丁以下。以下、九―三一五九と略す。他も右の例による。）高安知彦の昭和二八年八月一六日付第五回検察官調書（二三―九一〇九以下）、同一〇月七日付第二八回検察官調書（二四―九五五七以下）、原控訴審の検証調書（三一―一二七六四）等からうかがわれる試射現場付近の状況（繁茂する熊笹におおわれた約二〇度の斜度をもつ斜面であって、縦横にはびこる熊笹の根あるいは集積した小石等のため、その表面は、ほとんど土の露出する部分がないほどであり、また、右現場の二七メートル下方は、湧水泉から流出する谷川となっている。）、試射の際の状況(高安らは、右斜面において、約一尺五寸ないし二尺の積雪の上から、四〜五メートル前方の落葉を標的として、斜面に横向きに射ったという。）等からすれば、右弾丸が、その後、融雪水ないし雨水の流れに押し流され、いずれかへ流出し、あるいは堆積する谷川の土砂の中に埋没して発見不可能となるということも、経験上十分ありうるところと考えられるから(現に、右試射現場から、約一〇〇メートル離れた手榴弾の投てき現場においては、全長一八・六センチ鉄筒の直径五・五センチで相当重量のある鉄製の不発手榴弾が流水により約六・一五メートル押し流され、しかも、砂泥中に、ごく一部を露出する形で発見されているのであって、このことは、全長一一ミリ、重量わずか四・五グラム程度の弾丸が流失、埋没されることの可能性を有力に示唆するものといえよう。）試射された五ないし六個の弾丸ないしはその薬きょうが一九月ないし二七月経過した後、現場付近から一個も発見されなかったとしても、そのこと自体は、さして異とするに足りないものというべく、これに対して、幌見峠において拳銃の試射をしたという事実の重要な証拠としては、高安供述のほかに村手宏光の検察官に対する供述調書があり、右両名の供述は、原決定も指摘するとおり、その内容が具体的で、相互に補強しあうことのほか、原決定が「とくに重視」したという手榴弾（鑑定のために分解したもの）(札幌高等裁判所昭和三二年領第八八号の証第一号）の存在によって、その信ぴょう性を強く裏付けられているものであって(右の点につき、原決定六二頁四行目「すなわち」以下、六四頁一行目までの説明を引用する。なお、後記三（二）の高安供述の信ぴょう性に関する部分の説示をも参照。）たんに、高安の指示する試射現場付近から、試射弾丸が発見されなかったとの一事から、その供述の信ぴょう性を疑い、拳銃試射の事実を否定することはできない。

(2)　三個の弾丸の発射拳銃の同一性の否定について

原確定判決の認定したいわゆる白鳥事件とは、これを要約すると「昭和二七年一月申立人村上が宍戸均、佐藤博らと白鳥警備課長の殺害を共謀し、佐藤博らをして白鳥課長の動静調査を行なわせ、その間佐藤博を殺害の実行担当者に選び、ブローニング拳銃を携行させ、白鳥課長殺害の企図実現に努めるうち、同月二一日午後七時四二分ころ佐藤博において、札幌市南六条西一六丁目三輪方前附近で、所携のブローニング拳銃を二発発射して白鳥課長を殺害した」という事実をいう。原判決は、右事実認定にあたり、証拠として、三個の弾丸とこれに関する磯部鑑定書および磯部尋問調書（原一審判決証拠番号〔一三四〕および〔一三五〕、ただし、いずれも確率計算に関する部分を除いたもの。以下、あわせて磯部鑑定という。）を引用している。

もし、幌見峠で発見された二個の弾丸が、その腐食状況から一九月または二七月の長期間土中に埋没していたものと推定されて、高安らが昭和二七年一月上旬試射したものであることが肯定されたうえ、右二個の弾丸と摘出弾丸の綫丘痕等の対比から、三個の弾丸の発射拳銃が同一であることが認定されるならば、それは白鳥課長射殺の犯人が高安らの属する共産党関係者のいずれかであることの強い裏付けとなるであろう。（ただし、その場合でも、その犯人が佐藤博であるということに直接結びつくわけではない。）しかし原判決自体、確率計算に関する部分を除いた磯部鑑定のみでは三個の弾丸が同一拳銃から発射されたものと断定することはできない、としていることからもおのずから明らかなように、原判決は、右三個の弾丸の綫丘痕の対比のみでは、その発射拳銃の同一性を確認し得ないとしているのであり、磯部鑑定によっては、たんに「三個の弾丸の綫条痕に極めて類似する一致点がある」との間接事実を認定するに止めているのである。

原判決は、佐藤博が白鳥課長の射殺に使用した拳銃と、高安らが射撃訓練に使用した拳銃を同一のものと認定するにあたり、右綫条痕の類似のほか、当時党関係者が拳銃入手の資金調達に苦心していたという資金面からの制約、きびしい取締まりの対象となっている拳銃を短期間内に、しかも同一種類のものを二個も入手することの困難さ、当時拳銃を現認した党関係者の、拳銃の大きさ、形状、包み布等についての供述がほぼ一致していること、二度以上現認している者が同一と思う旨の供述をしていること等多くの間接事実を掲げている。しかも、原判決は、右訓練拳銃と射撃拳銃とが同一の拳銃であることから、ただちに、白鳥課長射殺犯人を佐藤博であると認定しているわけでもなく、右の点に加え、原一審判決の証拠説示とくにその補足説明のとおり、昭和二七年一月四日ころ申立人の指示により高安知彦らが白鳥課長の動静調査を開始し、その一両日後から佐藤博が右動静調査に加わったこと〔二二八〕〔二三〇〕〔二三二〕〔二三三〕（いずれも原一審判決証拠番号。ただし、原二審判決で除外された部分を除く。以下同じ。）、佐藤博は、同月始めごろ、白鳥課長は生かしておく必要がない旨述べたこと〔二二七〕、佐藤博も拳銃の射撃訓練を行なったことがあること〔二三三〕、同人は同月中旬路上で白鳥課長と遭遇し、これを射殺すべく所携のブローニング拳銃の引金を引いたが発射しなかったため、未遂に終ったこと〔二二八〕、白鳥事件に近いころにもブローニング拳銃を所持していたこと〔四六〕、追平雍嘉に対し、白鳥課長殺害の犯人は自分である旨打ち明けたこと〔二三三〕、申立人が佐藤直道に対し、白鳥課長を射殺したのは佐藤博である旨語ったこと〔二三六〕、その他相関連する多数の有力な証拠ないし間接事実を挙げているのである。言いかえると、原判決が磯部鑑定によって認めた「三個の弾丸に類似した線条痕がある」との事実は、本件における主要な要証事実である「申立人と共謀のうえ、佐藤博が白鳥課長を射殺した」との事実からすれば、一個の間接事実に過ぎないところの「射殺拳銃と訓練拳銃が同一である」との事実を認めるべき、さらに一個の間接事実に過ぎないのであって、その意味において、前記二個の証拠弾丸および磯部鑑定は、もともと、原判決の事実認定上、所論のいうほど重要な決定的地位を占めていたものではないというべきであろう。しかも、原判決が、射殺犯人を佐藤博とし、その犯行が申立人や宍戸均らとの謀議に基づくものと認めた挙示の多数の証拠は、その性質上、必ずしも前記二個の証拠弾丸の存否に直接のかかわりを持つものではないのであるから、かりに、幌見峠で発見された二個の証拠弾丸に疑いがあり、これと摘出弾丸との発射拳銃の同一性に、所論の指摘するような疑問を生じたとしても、そのことの故に、訓練拳銃と射撃拳銃とを同一であるとし、さらに、白鳥課長の射殺を申立人らとの謀議に基づく佐藤博の犯行とした原判決の認定に、ただちに決定的な影響を及ぼすとは考えられない。

(3)　新証拠の明白性の有無について

以上のとおり、前記二個の弾丸の証拠価値の否定それ自体は、必ずしも、原判決の基礎となったその余の証拠の証拠価値に、ただちに決定的な影響を及ぼすとは考えられないのであるが、それにしても、二個の弾丸の長期埋没の点に疑いがあるとすると、右弾丸が、高安の指示に基づき人跡まれな幌見峠の山林中から発見されたというその発見の経緯にかんがみ、当然何人かの作為によるものとの疑いを生じ、いきおい、右弾丸発見の過程において、あるいは捜査機関関係者の作為が介在したのではないかとの疑いを生み、ひいては、事件全体が捜査機関のねつ造にかかるものではないかとの疑いも生じないではない。その意味で、この点は、他の証拠の評価に与える影響も無視できないのであって、もし、原確定判決の基礎とされたその余の証拠が、所論の主張するようなぜい弱なものであり、既存の証拠の一角が崩れることにより「一瞬にして崩れ去る砂上の楼閣にもひとしい」ものであるとすれば、右の程度をもって、原判決の有罪の認定を維持できないことにもなるであろう。当裁判所は、右の点を十分念頭に置いて、一件記録を精査したが、各証拠の内容を仔細に比較検討した結果、申立人が本件犯行に関与したとの原判決の認定は、随所に有力な物的裏付けを有する多数関係者（とくに、高安知彦、佐藤直道、追平雍嘉等）の詳細な供述により、確固とした基礎を有すると認められ、右認定が、所論のいうようなぜい弱な証拠に基づく空中楼閣的なものであるとは考えられなかった。もっとも、関係者の供述中に、細部において一部前後相矛盾し、あるいは相互に矛盾する等、採証上疑問となる部分の存在すること、いわゆる一月四日の謀議に関するアリバイ等に関し、原訴訟手続においても、相当有力な反証の提出されていたこと等は、所論の指摘するとおりであるが、それらの点については、すでに原判決において積極、消極の証拠を、仔細に分析し、かつ比較対照し、その証拠価値を慎重に吟味して、本件犯行に対する申立人の加担の事実を肯定しているのであって、その詳細な証拠の説示は、ほぼ全面的にこれを首肯するに足り、原審および当審において提出された新規性ある各種の証拠全体を総合して考察しても、ついに、有罪の心証をくつがえすに到らなかったものである(なお、この点については、後記三の説示を参照。)。その意味において、弾丸をめぐる新証拠の評価ないし弾丸の証拠価値については、当裁判所は原決定と見解を異にするが、原決定が、申立人提出の新証拠は白鳥課長殺害の事実につき明白性を有しないとしたその結論は、結局において相当として是認できる

三、既存の証拠の証拠価値について　略

四、原決定が世論に反するとの所論について　略

五、結語

以上の次第であって、本件各異議の申立はその理由がないから、刑事訴訟法四二八条三項、四二六条一項により、いずれもこれを棄却することとし、主文のとおり決定する。

昭和四六年七月一六日

札幌高等裁判所第二部

裁判長裁判官　武　藤　英　一

裁判官　花　尻　　　尚

裁判官　木　谷　　　明

特別抗告申立書（抜萃）

昭和四六年七月二二日　申立人および弁護人

前文　略

申立の趣旨

札幌高等裁判所が同裁判所昭和四〇年（お）第一号事件につき、昭和四四年六月一八日請求人村上国治に告知した再審請求を棄却するとの決定、および札幌高等裁判所が同裁判所昭和四四年（け）第一号、同第二号事件につき、昭和四六年七月一七日申立人村上国治、およびその弁護人に告知した本件各異議申立を棄却するとの決定はそれぞれこれを取消す。

申立人村上国治に対する殺人等被告事件の有罪の確定判決について、再審を開始する。との裁判を求める。

申立の理由

（目次）　略

はじめに

武藤決定（編注・異議申立棄却決定）は弾丸が偽造にかかるものであることを認めざるを得なかった。しかし、証拠弾丸が偽造であっても、他の供述証拠によって原判決は維持できるという。

このことは、後に詳述するようにこれまで原第一審以来斉藤決定（編注・再審請求棄却決定）までに至る訴訟手続において弾丸問題が最大かつ決定的な争点として争そわれてきたという客観的な事実を無視し否定しようとするものである。しかし、原判決が偽造の証拠弾丸によって辛くも有罪を認定し、それだからこそ、高木検事などが後述するような卑劣な不正をなして証拠弾丸と不正な鑑定書を提出し、他方では無実を証明する高塚鑑定を隠匿したという厳然たる事実を決して消し去ることは出来ないのである。

このように武藤決定が不当にも論点をすり変えざるを得なかったのは、科学により真実が明らかにされたからである。いうならば、武藤決定は科学によってもたらされた真実の光に眼がくらみ、虚偽の供述の林の中に闇をもとめて遁走して原判決の不当、不正をかばおうとするものである。

しかし、いかに遁走をしようとしても、その矛盾はますます拡大し明らかとなってきた。試射弾丸が流失してしまうなどというのはその極みである。何の科学的根拠もなく全くの想像にしかすぎない。想像やこじつけにより真実をおおいかくすことが出来ないということは武藤決定によってさえも否定された斉藤決定の姿で明らかである。すでに述べたように証拠弾丸が偽造であることはいまや明白である。捜査官憲による作為であることはその発見の経過に照して明らかである。また、前述したように、不正の鑑定が作られ、無実を証明する高塚鑑定が隠匿されたことも明らかである。

物的証拠である弾丸に対してさえこのような作為、偽造、隠匿が為されたことは、とりもなおさず同時により容易にその内容を左右することが可能な人的証拠＝供述に対して、一層苛烈な強制、偽計、利益誘導による虚偽事実の供述を求めて作りあげたことを示唆している。それだからこそ、関係者の供述は変転きわまりなく、矛盾著しく、到底信用できるものではないのである。いまや本件の有罪判決の根拠は形式的にも実質的にも完全に崩壊したことが明白となっている。

このように無実が明らかになり、官憲の不正が明らかになったにもかかわらず再審を開かぬという武藤決定は道理に反し、正義に反し、真実から眼を背ける不当な決定である。決定には数多くの根本的な矛盾がある。これは結論を予め定め、それに理由を合わせたために生じた矛盾である。

このような不当な決定は再審制度の趣旨を没却するものである。これだけ事実が明らかになり、捜査官憲の不正が明らかになっても再審が行われないとすれば侵害された人権は回復されず、官憲の不正行為はますますはびこることになろう。

いまや白鳥事件について再審を開始せよというのは国民の声である。再審により正義を回復せよというのは与論である。このような不当な武藤決定を容認することは裁判史上の汚点である。両決定の取消しと再審開始の裁判を求める所似である。

第一、証拠弾丸の位置づけについて

一、勝手な原判決「解釈」論

（一）すでに指摘されたように、武藤決定は二個の弾丸の長期埋没の可能性と、三個の弾丸の発射拳銃の同一性に関する可能性は「いずれもきわめて小さくなったと認められ」、それらの証拠価値は「大幅に減退した」ことを渋々承認せざるをえなかった。

つまり、武藤決定は、二個の弾丸は長期間にわたり山中に埋没していたものではない。したがって高安らが射ちこんだものではないことを承認し、さらに三個の弾丸は、同一の拳銃によって発射されたものではない、したがって高安らの試射に際して用いられた拳銃と殺人に際して用いられた拳銃とは異別のものであることを承認したのである。

この二つの承認は、武藤決定にもかゝわらず原判決の確定力にとってまことに決定的であった。武藤決定はその実は内心においてこの二つの承認のもつ決定的な意味を理解せざるをえなかったから、こんどは逆にひらきなおって、原判決における三個の弾丸の存在とその相関とがしめす証拠上の位置を低下させ、これを無に帰せしめる努力に狂奔しはじめたのである。

武藤決定は、「二個の弾丸の長期埋没の可能性の否定について」、まず次のようにいう。

「前記二個の弾丸は、昭和二七年一月上旬幌見峠で拳銃の試射を行なったという高安知彦の供述に基づいて、同人の指示した試射現場を捜索した結果、発見されたというものである。したがって、もし、右弾丸自体の腐蝕状況から、それが試射の時から発見時まで一九月ないし二七月の長期間、土中に埋没していたものと認められるならば、それは右高安の供述する拳銃試射の事実を裏付ける決定的な物証となるであろう。

しかし、原判決は、その援用している岡本鑑定が、「金属の腐蝕環境に放置された期間を推定することは、ほとんど不可能である。」といっていることからおのずから明らかなように、二個の弾丸自体の腐蝕状況から、それが一九月ないし二七月の長期間土中に埋没していたものと認めて、それをもって射撃訓練の事実の裏付けとしたものではない。かえって、右弾丸の埋没期間については、原一、二審訴訟手続当時から「右両弾丸の腐蝕状況よりして、両弾丸は苛酷な腐蝕環境に長期間放置されていたものとは考えられない。」という趣旨の相当信頼すべき科学的根拠を有する長崎鑑定が、申立人から提出されていたのであるが原判決はこれを斥け、射撃訓練等に関する高安供述の高度の信ぴょう性から、右両弾丸を、高安らが昭和二七年一月上旬試射した際に発射されたものと認めたものと解される。」
(二)　武藤決定は、右の部分でふたつの相反することをのべている。そのひとつは、二個の弾丸は、高安のいう試射現場から発見されたものであるから、それが長期間埋没していたものであるならば、高安供述にいう拳銃試射の事実を裏付ける「決定的な物証」である。というのがそれである。
供述は、それを裏付ける「決定的物証」がくずれるならば、それと運命をともにすると考えるのが正しい。それが当然の事理である。ところがどうだろう、武藤決定はその次に、この当然の事理に反して、原判決の場合は、「射撃訓練等に関する高安供述の高度の信ぴょう性から、右両弾丸を高安らが昭和二七年上旬試射した際に発射されたものと認めたと解される」というのである。つまり、武藤決定は供述にもとづいて現場から物が発見されゝば、その物は供述にかゝる事実を裏付ける決定的物証となるのであるが、原判決の場合は、そうではなくて、供述自体の高度の信ぴょう性から物が供述どおりの物であることを認めたというのである。

ここには、物がくずれても、供述はそのまゝ無傷で残る。ということをいいたいための伏線が目にみえている。

ともあれ、武藤決定は、一方で二個の弾丸は高安供述にいう試射の「決定的な物証」であることをみとめながら、他方では、この物証がくずれたことの及ぼす決定的影響を回避するために、原判決をまげて解釈するのである。

しからば、原判決に関する武藤決定の解釈は正しいか、正しくない。

(三)　一審判決は、拳銃所持に関する「罪となる事実」として次の事実を認定する（原判決第二、(二)、(2)(イ)）

「昭和二六年十月頃、前記宍戸均をして、石川重夫の仲介により札幌郡琴似町字川添西、斉藤和夫方において同人よりブローニング型拳銃一丁およびその実包約百発（領置にかゝる昭和二八年領第二六一号の証第二〇七、二〇八号はその一部）を買いうけ入手された上、その後、昭和二七年一月二十日頃までの間、右宍戸、前記植野光彦ら数名と共謀し、法定の除外事由がないのに宍戸らをして札幌市北一条東五丁目、森田トシ方等札幌市内において携行ないし保管せしめて、これを所持した」。

原判決は、この一審判決をそのまゝ支持した。

右の判示のうち、「実包約百発（領置にかかる昭和二八年領第二六一号の証二〇七、二〇八はその一部）」とあることは、重視すべきである。

原判決においては、幌見峠から発見された二個の弾丸は拳銃及び実包所持の「罪となる事実」において認定された所持行為の対象であった。

幌見峠における試射は、この拳銃、実包所持の行為にそのひとつの態様として含まれていることは判文自体に徴して明白である。試射の行為そのものは、とりわけて「罪となる事実」のどこにもあらわれていない。殺人に関する「罪となる事実」にも、殺人に至る経過としてさえ登場していないのである。

従って、武藤決定のいうように、要証事実と証拠との関連の問題として、試射の事実と弾丸との関係を、原判決に即して論ずることは著しく適切をかく。

武藤決定のように、「射撃訓練に関する高安供述の高度の信ぴょう性から、右両弾丸を高安らが昭和二七年一月上旬試射した際に発射されたものと認めたものと解される」といってみたところで、それは所詮は勝手な推測の域をでないのである。

原判決に独自な、試射事実と弾丸証拠との関連を想定することは原判決の勝手な「解釈論」であるにすぎぬ。むしろ、試射事実は拳銃、実包所持にその一態様として含まれるのであるから、試射事実と弾丸証拠との関連を論ずるならば、原判決中の「拳銃、実包不法所持」の「罪となる事実」とその証拠との関係において論ずることが正しい。

一審判決によれば「拳銃、実包不法所持」事実の証拠には、石川重夫、石川光男、山本昭二、佐藤直道、石川正止郎、有岡襄の各供述とならんで、村手宏光、高安知彦の試射事実などに関する供述、二〇七号、二〇八号各弾丸の捜索差押関係調書、二発の弾丸の各存在を掲げている。

高安供述と弾丸の発見、弾丸の存在に関する証拠が、そのまゝ試射事実の証拠となっていることは全く疑いをいれない。武藤決定のこの点に関する論旨は的はづれである。

㈣　もとより一審判決は、白鳥殺害事実についての証拠としても、試射事実を含む前記拳銃、実包不法所持事実について引用した証拠をほぼそのまゝに引用している。

しかし、これらの引用が意味をもつのは、その部分の証拠説明にもあらわれているように、佐藤博が殺人のために所持していた拳銃が、入手以来、試射をへてひきつゞき同一のものであったという、「事実」を事実認定のための不可欠の要素としてとりこまざるをえなかったからにほかならぬ。

すなわち、佐藤博と鶴田倫也が村上、宍戸と殺人の謀議をとげていたことをみとめるためには（ヲ）乃至（ソ）の事実に加うるに、「既に第二の（二）の(2)の（イ）の事実に関する証拠説明において認定したように右の（ヲ）、（ソ）に出てくるブローニング拳銃が被告人村上国治が宍戸均と共謀の上、入手、所持していたものと同一物である事実を考え合せる」必要があったのである。

このことを「考え合せ」ないならば、つまり発射拳銃の同一性が物証のうえでくずれるならば、なお殺人共謀の事実認定が証拠のうえで可能であったかどうかについて一審判決はなにもふれるところがないのである。

誰しも弾丸証拠が重要であるとひとしく考えてきたものを、いま頃になって、弾丸は有罪証拠としては不要であった、などといゝだしてみても、一、二審裁判官の方がむしろ慌てるくらいのものであろう。

（五）　一審判決は、弾丸の腐蝕について、長崎鑑定は「本件弾丸が幌見峠の山中に放置されていたと認めることの妨げとはならない」といい、宮原鑑定は「直ちに本件の場合にあてはめることはできない」といい、結局「射撃訓練および本件弾丸の発見に関する証人高安知彦の供述に高度の信憑性の認められる本件において、弁護人の主張を到底採用することができない」という。いまや事態は全く一変したのである。腐蝕に関する鑑定が高安供述と牴触するものではない、という立場にたてば、なるほど高安供述に「高度の信憑性」をみとめることは不可能ではない。しかし、原決定のいう「決定的な物証」が崩れたときに、なお高安供述に「高度の信憑性」をみとめることはできないのである。そして、一審判決もまた、弾丸の長期埋没が否定されてもなお高安供述は健在である、とは一言ものべていない。武藤決定のいうような、弾丸流失論で糊塗できることではない。

（六）二審判決についても同様である。二審判決は、長崎鑑定についての疑問を指摘して「原審証拠四〇、四三、四四、四七ないし四九等の証明力をくつがえすに足る証拠価値あるものとしてこれを採用するに由なく」とのべた。従って腐蝕鑑定が高安供述と抵触しないという前提にたって論じているのである。むしろ二審判決は「もし右鑑定の結果が疑いを容れる余地なく信頼するに足るものとすれば、右両弾丸の証拠価値に疑念を生じ、ひいては右弾丸の発見された場所附近で、拳銃の射撃訓練をしたという高安知彦の供述やこれに照応する村手被告人の供述の信用性に影響するところが少くない」ことを自認していたのである。

武藤決定のいうように「射撃訓練に関する高安供述の高度の信ぴょう性」から頭ごなしに天下って、試射による弾丸であることを認めたものではない。

二、拳銃は同一であるか

（一）白鳥事件が拳銃による射殺事件であることは疑いない。拳銃犯罪における最良の証拠は拳銃そのものである。射殺に用いられた拳銃がなんであるかは、射殺のために発射された弾丸がその痕跡を個性的にとどめている。特定の、どの拳銃であるかを弾丸そのものが物語っている。そこで、射殺に用いられた拳銃を、殺人事件の発生した日時・場所において所持していた為、あるいは、その拳銃の入手に関与した為などは、直接の犯人ではなくても、殺人に関する共謀者、集団の存在を示唆する。このようにして、拳銃犯罪の証拠は、射殺に用いられた弾丸から出発して拳銃にいたり、さらに拳銃の所持者にむかう。これが拳銃犯罪の犯人を確定する合理的な段どりである。

（二）この合理的な段どりからいうならば、まず白鳥事件では殺人拳銃と試射拳銃とのつながりが、たちきれてしまった。腐蝕問題と、せん条痕問題とが、このつながりを完全にたちきってしまったのである。ここで、佐藤博が発射したという拳銃は、当時の共産党の一部の人たちが保管していた拳銃ではないことになったのである。ところがどうだろう、武藤決定は「原判決は、佐藤博が白鳥課長の射殺に使用した拳銃と、高安らが射撃訓練に使用した拳銃と同一のものと認定するにあたり、右線条痕の類似のほか、当時党関係者が拳銃入手の資金調達に苦心していたという資金面からの制約、きびしい取締まりの対象となっている拳銃を短期間内に、しかも同一種類のものを二個も入手することの困難さ、当時拳銃を現認した党関係者の、拳銃の大きさ、形状、包み布等についての供述がほぼ一致していること、二度以上現認している者が同一と思う旨の供述をしていること等多くの間接事実を掲げている。」から、たとえせん条痕の相違が確認されても事件全体には影響がない、というのである。

そうとすると、二個の弾丸はどういうことになるのだろうか、出所不明の謀略弾丸二個は、いったいなにであったのか。武藤決定はまずこの問いに答えなくてはならない。

(三)　それはそれとして右に引用した武藤決定は正しいか。つまりせん条痕問題を「消極に解した場合」にも、なお拳銃の同一性を確認しうるであろうか。否である。

まず、原判決並びにその引用する一審判決は、(1)、被告人と宍戸均・植野光彦ら数名の共謀によるブローニング型拳銃一丁の所持、並びに(2)、被告人と宍戸均、佐藤博、鶴田倫也の共謀による、ブローニング拳銃による白鳥一雄の射殺の事実を認定した。そして、右(1)、については「前記の諸証拠に現われてくるブローニング拳銃が同一物であることは、石川正止郎、高安知彦、有岡襄らこれを二度以上現認している者が同一物と思うとの趣旨の供述をしていること、元来、厳にその所持等を禁止され、きびしい取締りの対象となっている拳銃を、しかも同一種類のものを数カ月という比較的短い期間内に入手するということは、そう容易とは思われず、更には〔三七〕の証拠に見られるとおり本件ブローニング拳銃を入手するについても資金の調達に苦心しているが、そうした面からの制約も加わるから、同一種類の拳銃を短期間に入手することは困難であろうと推認されること等をあわせ考えれば同一物であると認めるのが相当である」とし、右(2)、については、その証拠説明の趣旨からして、白鳥射殺に使用した拳銃が右(1)、の不法所持にかかるブローニング拳銃と同一物である、とすることは自明である。

原判決は、ベルナルデリー・ガルドンネ小型拳銃を除くならば、本件全体を通じて、ただ一挺の拳銃が存在し、それはブローニング型である、というのである。果して、そのような趣旨におけるブローニング型拳銃は実在したか。この設問を更にこまかくわけるならば、次のような小設問にわかれる。

(1)　そもそも、拳銃はあったのか、なかったのか。

(2)　もしあったとするならば、終始通じて一挺か否か。

(3)　もし、一挺であったとするならば、それはブローニング型拳銃であったか、否か。

原判決の立場が正当視されるためには(1)乃至(2)の小設問は何れも積極的に回答されなくてはならない。もとより、右(1)の小設問はあまり意味がない、裁判上の事実認定にとって、何型かもわからず、何挺かもわからないような拳銃の存否は論ずる余地がないからである。

ところで本件においては、被告人やその共謀者とされるものの身辺にあったという拳銃は、一挺であったのか数挺であったのかは証明されておらず、従って拳銃の同一性は確認するに由なく、更にそれは、ブローニング型であったかどうかもわからない。

そこで、拳銃そのものの実在は疑われざるをえない。

(四)　拳銃は、いつ、どこでその姿をみせたか。

(1)　昭和二六年九月末か十月頃（石川重夫供述）、同年十一月か十二月頃（石川光男供述）の某日、斉藤和夫方で、斉藤、宍戸、石川重夫がみた。同日、石川方で、宍戸、石川光男がみた。

五、六寸位の長さ。銃身に英字が二段か三段に書かれてあった(石川重夫供述)。銃身の長さ約五寸、高さが約三寸五分、厚さが六、七分。銃身に英字。宍戸がブローニングだといった（石川光男供述)。

(2)　昭和二六年十二月二十日から二五日位までの間の某日、宋基星方の佐藤直道の居室で、宍戸がブローニングを出し、佐藤直道がみた。

(3)　(イ)　昭和二六年十一月末か、十二月始頃、石川正止郎が自分の居室で、宍戸からブローニングをみせてもらった。

(ロ)　その四、五日後に、石川正止郎の居室で、石川が宍戸と植野とが拳銃をいじっているのをみた。植野はブローニングだといった（石川供述)。

(ハ)　その約一週間後、第二回赤ランプ事件の時に、宍戸が、ブローニングを出してみせた。石川と高安がこれをみた。

(ニ)　十二月中頃か二十日頃、円山神社の裏山で、試射した。

(ホ)　その二、三日後に、宍戸、植野、有岡と思われる人の三人が石川の居室でブローニングの掃除をしたのを石川がみた。その時、他に小型の拳銃があり、植野がコルトだといった。

(4)　(イ)　昭和二七年二月上旬、滝之沢に発射訓練に行った時に高安、村手が拳銃をみた。宍戸からそれがブローニングであることをきいて知った。

(ロ)　同年一月中旬頃、佐藤博がその自宅でブローニングをもっているのを高安がみた。この時、拳銃を分解して不発の原因をたしかめた。

(5)　(イ)　昭和二六年十二月半頃、植野の居室で、植野が有岡に拳銃をみせた。植野がブローニングだといった。

(ロ)　同年十二月末頃、宍戸の居室で、宍戸が有岡に拳銃をみせた。

(6)　昭和二七年一月の白鳥事件に近い頃、佐藤博の家で同人が追平に拳銃をみせた。そしてブローニングであるといった。

(7) 昭和二七年一月二十一日、白鳥射殺に拳銃が使用された。

原判決の事実認定の立場にたつならば、斉藤和夫が何処からか入手して宍戸の手に渡ったブローニング拳銃一挺は、その後宍戸、植野、佐藤博らの手中にあり、やがて白鳥射殺に使用され、その後は姿を消したということになる。

このように終始、一挺の拳銃のブローニング型拳銃が存在したという点については、実は何らの物的証拠に供せられていないことはいうまでもない。この点に関する証拠は、すべての人の言葉である。

そこで原審判決は、これら拳銃の同一性については前一、引用のように目撃の証言や、拳銃が入手しにくい事情にあったことによつて、これを説明する他はなかったのである。

（五）証言の検討

(1) 石川正止郎の場合。この人の二八・八・六付証人尋問調書によると、この人は、五回にわたってこの拳銃をみたことになる。まず（イ）、はじめに宍戸からみせてもらったというのであるが、それがブローニングであるということは、ただ石川がそういうだけで何の根拠もない。（ロ）、ついで宍戸と植野が拭くのをみたというのであるが、これまたブローニングであることについては、植野がそういった、というだけのことである。（ハ）、第二回赤ランプのときには、宍戸がポケットから出してみせたというのであるが、真くらやみの中でちょっと位みせられたからといって、それが拳銃であるかどうか、拳銃であるとしてもいかなる拳銃であるかは、わかるはずがない。（ニ）、試射の時も他人が射つのをみていただけではそれがどんな拳銃か、わかるはずがあるまい。（ホ）、宍戸らがブローニングの分解掃除をみていた、というのも同様で、それがブローニングであることには何ほどの根拠もない。

(2) 高安知彦の場合。高安の証言や二八・八・二六付検事調書によると、同人がみた拳銃がブローニングである、ということは宍戸からきいて知った、という。ところがこの宍戸自身の知識が頼りにならないもので、石川光男の二八・七・一六付証人尋問調書によると、斉藤方からはじめて石川方に拳銃をもち帰った宍戸が「この拳銃はブローニングだ」といった、というのである。一見してブローニングであるというためには、かなりの拳銃に関する知識を要することは後記の通りである。

高安は拳銃の同一性について、型が同じであって、包んであった布も同じであったし、党にそんな拳銃があるはずがない、ということをあげているが、最後の理由は、理屈であってとるにたらないし、同型というのも同じような型の拳銃はいくらもあるし、同じ布というのも拳銃の同一性に関していえばあてにならない。

(3)　有岡襄の場合。この人は植野と宍戸の両名から別の機会に拳銃をみせられ、これらは同一物だと思うというのであるが、その根拠は何もしめされぬ。また植野がブローニングだといったというのであるが、果して、ほんとうにその拳銃はブローニングであったであろうか。

以上総じて、それがブローニングであるという点はどれも大した根拠がない。銃身に英字が二段か三段にかかれてあった（石川重夫）、というけれども、たいていの拳銃には英字が刻印されている。長さは約五寸といってみたところで、たいていの拳銃がそんなものである。何れにしてもそれがブローニングであるということは少しも根拠がないし、前後通じて同一の拳銃であったという点に至ってはすこぶるあやしいのである。

（六）　略

（七）　略

（八）　略

三、弾丸がなければ、なりたゝぬ

（一）　白鳥事件を一つの刑事事件として見た場合、まず第一にその証拠として証拠物が乏しいという点に特色がある。あるのはぼう大な供述証拠であり、しかも、そのぼう大な供述証拠はいずれも殺人と共謀という要証事実にとっては間接証拠であるにすぎない。そういう意味で、間接事実に関する状況証拠としての供述証拠が山ほどあるにもかかわらず、動かしがたい証拠物というならば、それはわずかに、三発の弾丸がその供述証拠の中に埋もれているにすぎないというのが、証拠の上から見たこの事件の最大の特質である。そのことは原判決が白鳥殺害事件の証拠としてあげたものを見渡すならば判決自体に徴して明瞭である。犯人と事件を結びつける証拠として一審判決が掲げたものは佐藤、高安、石川、追平、村手、有岡、高津らの供述証拠であり、それに加うるに三個の弾丸と三個の弾丸に関するいくばくかの証拠につきる。この白鳥事件の第二の特徴は何か、それは村上被告人が共謀共同正犯として訴追されつつ有罪にされたという点にある。

実行正犯者は犯行の現場に客観的な証拠を残す。そしてそれが、事件と犯人とを結びつける動かしがたい物証となる、というのが普通の刑事事件の通例である。

白鳥事件でも犯人は現場に弾丸を残し、薬莢を残し、自転車の轍を残し、さらには目撃者を残した。しかしながら「共謀共同正犯は実行正犯と違って、本来、共謀という、一種の人間の意思活動が処罰や訴追の対象になるという特質をもっているから、本来客観的な証拠を残すことはない。そして、共謀共同正犯者は実行正犯者を介してのみ事件と結びつくから現場に残された客観的な証拠は共謀共同正犯者に対して、さほどの意味をもってこない、という証拠上の特色がある。まして、白鳥事件においては、共謀共同正犯者と事件とを結びつける、その中間にある実行正犯者が終始、この事件の裁判に登場してこない。この第一の証拠物がなくて、あるものは供述証拠、しかも、それは全部、状況証拠である。という特質と、それから村上被告人が共謀共同正犯で訴追されているという第二の特質とは表裏一体のものであって、証拠上は、その二つの特質は一つの特質としてとらえることが可能である。この点は本来、白鳥殺害事件が刑事事件としてもつ決定的な弱点である。共謀の日時、場所、方法などが不明のまゝになっているのは、この事件の右の弱点とそのまゝ結びつく。

(二)　こういう弱点をもった事件をなんとか有罪にとりまとめていくために原判決が取り上げた手法は次のとおりである。

まず第一に共産党が軍事方針をもっていたということ、第二には村上国治はその方針に基いて設けられた札幌委員会の軍事委員長であったということ。三番目には、軍事委員会として武器を収集しておって、その一環として、この事件の殺人に用いられた拳銃を入手して、これを保管していたということ。四番目には、一つの組織として、白鳥警部に対する殺害の意思をもつに至り、それを実行に移した、という、この共産党に関する一連の物語がそれである。

この共産党に関する一連の物語を認定するために、二審判決が、いかにぼう大な、頼りのない間接証拠をたくさん積み重ねなければならなかったかということは、判決自体、一目して明瞭である。そして、それを殺人事件の下敷にすることによって初めてこの事件の証拠の上でもつ弱点を一応、のり切り得たごとくに見せたのが原判決である。この共産党に関する一連の物語を認めたぼう大な証拠たる供述証拠をささえているものは何かというと、それがつまり、共産党が組織として一丁のブローニング拳銃を昭和二六年の秋に手に入れてそれをずっと保管していく、そして翌年の一月二一日にそれを用いて白鳥警部を殺したという、この一事である。これが実はぼう大な供述証拠をささえる骨組になっている。一丁の拳銃、それがこの弱い事件、弱い確定判決をかろうじてささえているかに見える骨格であり、供述証拠はそれにただ、まとわり、くっついている肉であるにすぎない。ここに三発の弾丸が証拠としてもつ決定的な重要性がある。

(三)　一審判決は殺人事件の不可欠の前提としてブローニング拳銃と実包の入手と所持に関する事実を罪となる

べき事実の一つとして掲げた。この事実認定の中に実包約一〇〇発、という判示があるが、その一〇〇発の次に（証二〇七、二〇八はその一部）というふうに一審判決は書いている。これは実は非常に重要な意味をもっている。つまり昭和二六年の秋、斉藤和夫方で石川重夫を介して入手した拳銃と拳銃弾、特にその拳銃弾はのちに幌見峠から発見された弾丸を一〇〇発のうち二発として含んでいるといるということを一審判決はさりげなく認定しているが、実はこれがのちにもふれるようにまさに殺人事件を共産党の札幌委員会に結びつけ、従って村上国治に結びつける不可欠の間接事実になっている。従って、原判決の筋は昭和二六年の秋に札幌委員会が入手した拳銃と拳銃弾がそのまま引き続いて被告人の所持のもとにあって、それが、その翌年、殺人事件に使われた、従って昭和二六年秋ごろに入手したブローニング拳銃一丁とその実包と、殺人に用いられた拳銃と実包とは同一である。この拳銃と実包の同一性をおさえておくということが、白鳥事件の不可欠の証拠上の大前提である。このことは、たとえば一審判決において「犯人が佐藤博であるかどうか、そうだとすればそれは判示のとおり被告人村上国治との謀議に基くものであるかどうかについて」説明すれば、ということで、たくさんの間接事実をならべたあげくに、そういう事実が認められるとした上で、一月の一四日、一五、一六日ごろ、佐藤博が携帯していたと思われる拳銃と、それから佐藤博が一月の二一日、白鳥事件に近いころに、自宅において所持していたという拳銃と、そのブローニング拳銃が、「被告人村上国治が宍戸均と共謀の上入手、所持していたものと同一物である事実をあわせ考えると」ということで、初めてそこで殺人の事実認定が可能になることを説明している。だから、二六年の秋に手に入れた一丁のブローニング拳銃が殺人に用いられたということが、この事件の骨骼である。三発の弾丸が意味をもつのは、それは発射拳銃の同一性を確認するためであった。腐蝕問題についてもことは全く同様である。二審判決ともに腐蝕に関する弁護人の主張を裏付ける長崎鑑定あるいは宮原鑑定を一方におき、他方に弾丸の発見経過と試射に関する高安の供述をおいて、その二つをならべた上で、弁護人の主張に添う科学者の鑑定は高安供述をくつがえすにたらないというようなたてまえで弁護人の主張を排斥したのであった。二審判決は、もし長崎鑑定は「疑いを入れる余地なく信頼するにたるものとすれば、右両弾丸の証拠価値に疑念を生じ、ひいては右弾丸の発見された場所付近で、拳銃の射撃訓練をしたという高安知彦の供述や、これに照応する村手被告人の供述の信用性に影響するところが少なくないと思われるのである。」という。長崎鑑定と高安供述と対比して、もし長崎鑑定が正しければ高安供述は非常な影響を受ける。しかし、長崎鑑定はそれほどのものでないから、高安供述は生きているというのである。一審判決の問題のとらえかたも全く同様である。長崎鑑定あるいは宮原鑑定などについて論じた部分の最後に、「しかして、本件弾丸に関し、捜査官において、何らかの作為を施したであろうことを疑うに足りる何らの資料も存しないばかりでなく、射撃訓練および本件弾丸（証第二〇七号）の発見に関する証人高安知彦の供述に高度の信ぴょう性の認められる本件において」弁護人の主張は採用し得ないという。ここでも問題のとらえかたは一、二審判決を共通していたのである。山から出てきた二発の弾丸を結びつけるものは一丁の拳銃ではなくて二丁の拳銃である。これと殺人事件に登場する拳銃は、また別であって、拳銃は三丁であるということになると、前の年の秋に入手して翌年一月に用いられたという拳銃の同一性について、たくさんの状況証拠、供述証拠を積み上げて、次々に間接事実を積み上げていって殺人事件の事実認定にいたった原判決は全体として、くずれざるを得ない。共産党が持っていたという拳銃と殺害拳銃との結びつきが、新証拠によってくずれるということは、その党の委員長であった村上国治と殺害との結びつきがなくなったということを意味する。

まこと、弾丸なくしては、白鳥事件はなりたゝなかったのである。

四、弾丸は流失したか

（一）つぎに武藤決定は、証拠弾丸の長期埋没の点が否定されるとすれば、「試射弾丸および薬きょうが一個も発見されなかったこととなり」、「高安供述が一部有力な裏付けを失うこととなりその信ぴょう性に及ぼす影響は軽視できない。」という。だが、それに引続いて試射弾丸が、「その後融雪水ないし雨水の流れに押し流され、いずれかへ流失し、あるいは堆積する谷川の土砂の中に埋没して発見不可能となるということも経験上十分ありうるところと考えられる」という。さすがの武藤決定も拳銃試射が事実であるとするなら弾丸も薬きょうも一個も発見されない不自然さを何とか説明せざるをえず、途方もないこじつけをあみ出したのである。

そして試射弾丸および薬きょうが現場付近から一個も発見されなかったとしても「さして異とするに足りない」という。

しかし、弾丸および薬きょうが融雪水で押し流され、いずれかへ流失してしまったという経験は未だ我々は聞いたこともないし、裁判所とて経験したわけでもなく、十分ありうると想像すること自体も全く根拠のないことである。武藤決定は、不発手榴弾が流水により約六・一五メートル押し流されたとし、これを右推測の根拠としているが、右手榴弾が流水により押し流されたという証拠も全くない。右手榴弾に関しては、わずかに司法警察員作成の昭和二八年八月九日付実況見分調書においてこの点にふれた記載がみられるがそれは次の通りである。「更に被疑者高安知彦の任意供述によれば、手榴弾爆発実験のための投てき場所は、当時雪道の谷川横走地点より六米一三、円山西町寄りの箇所より約一二米距てた谷川の雪中より露出しありたる石塊目がけて植野が投てきしたものなりと言い不発手榴弾の発見箇所迄は更に六米一五距たり居り之は融雪時に押流され同地点に留ったものと推定されるものである。」

右に明らかなように事実としては手榴弾は雪中に露出した石塊目がけて投てきしたと高安が供述した旨の記載と、不発手榴弾の発見箇所がその石塊から六・一五メートル離れていたという記載があるだけである。右手榴弾が融雪時に押し流されたとの記載は事実ではなくあくまで右調書を作成した一警察官の個人的な推定であり何ら科学的根拠を有するものではない。ところが武藤決定はこの無責任な推定をそのままこれ幸いととりあげ、さらにその推定を拡大して弾丸および薬きょうの流失、埋没にまで及ぼしているのである。しかし、ことは事件の重要な事実認定にかかわる試射弾丸および薬きょうの問題である。このようないい加減な推論は到底許されない。

（二）武藤決定は「草木の繁茂する山林中でこれ（弾丸）を発見することはただでさえ困難なことと思われる」としている。しかし、困難だから弾丸および薬きょうが一個も発見されなくても不思議ではないという理屈は成り立たない。捜査当局は高安知彦の試射に関する供述の裏付けをとるために何人も出かけ根気よく何回もかつ念入りに捜索を重ね、その結果、二〇七、二〇八の各弾丸をそれぞれ別の機会に一個づつ発見したというのである。熊笹を刈り小型の熊手で土をかき除けながらていねいに捜索しているのであるから弾丸はもちろんこれより大きい薬きょうも一つ残らず発見されるのが自然でありそのいずれもが一つも発見できないということは到底ありえないのである。

（三）右に述べたように試射された筈の五ないし六個の弾丸およびそれと同数の薬きょうが現場附近から一個も発見されなかったことは「さして異とするに足りない」どころか全く奇異なことであり、試射事実そのものがなかった場合にはじめて納得できることである。

武藤決定は高安らが幌見時において試射を行ったと述べたことは高安の供述に信ぴょう性があるから事実であり、弾丸がなくてもいいのだという。しかし高安の試射に関する供述に信ぴょう性が認められるのは、その裏付けとなる弾丸が発見されたからこそであり、その裏付けなくして供述のみを何故に信用できようか。してみれば、試射弾丸として提出された二個の証拠弾丸が長期埋没の事実を否定され、その他の証拠弾丸ないし薬きょうが一個もない現在、高安供述は裏付けのないものとなったばかりか、試射弾丸の不存在は逆に試射事実の不存在そのものを証明しているといえる。

かりに試射弾丸および薬きょうが一個も発見されなくても試射事実が存在するというなら、武藤決定のいうような、弾丸の流失埋没によってすべての弾丸、薬きょうの発見不能という事態を疑う余地なくしなければならない。

武藤決定は、他方で斉藤決定と同様に高安供述の信ぴょう性を裏付けるものとして手榴弾の存在をあげる。しかし、手榴弾の存在によって試射弾丸、薬きょうの不存在を補うことはできない。手榴弾の問題は高安供述の手榴弾に関する部分の信ぴょう性の問題であり、試射に関する供述の信ぴょう性の裏付けとはなりえない。かりに一部真実の供述をした者の供述であっても、ウソの部分まで真実に転化する筈はないではないか。高安の指示する現場付近から試射弾丸、薬きょうが一個も発見されなかったことは、試射の事実がなかったと考える以外に合理的な考え方はありえない。高安の供述に高度の信ぴょう性かあるから、試射弾丸および薬きょうが発見されなくとも試射はあったということは論理が逆立ちしている。

（四）ここで重視すべきことは、弾丸は発見されなかったことと、ニセモノが発見されたこととの間には天地のへだたりがある。

しかもそのニセモノは発見時をさかのぼる一九月または二七月よりも、もっとはるかに短い期間のあいだにそこに埋めこまれたのである。その二個の弾丸はいずれも右巻き六旋条の条痕をもっていた。つまり、ブローニング拳銃か、またはそれと同じ腔綫を有する拳銃で発射した弾丸を発見時をさかのぼること僅かの間に幌見峠にうめこんだ者がまちがいなく存在する。

これこそ、まさしく本件をねつ造して村上国治に殺人事件をむすびつけるためになにものかが謀略をおこなったことを疑う余地なく証明している。その謀略をおこなったものは、拳銃と弾丸を自由にすることのできた者であることもまたまちがいがない。武藤決定もまたこの自明のことに全く目をつむることはできなかった。そこで「それにしても、二個の弾丸の長期埋没の点に疑いがあるとすると右弾丸が高安の指示に基づき人跡まれな幌見峠の山林中から発見されたというその発見の経緯にかんがみ、当然何人かの作為によるとの疑いを生じ、いきおい右弾丸発見の過程において、あるいは捜査機関関係者の作為が介在したのではないかとの疑いを生み、ひいては、本件全体が捜査機関のねつ造にかかるものではないかとの疑いも生じないではない。」という。武藤決定はこのもっとも深刻にして重大な疑惑を提示しながら、これにひとこともこたえない。

ただのひとことも、その解明についてふれていない。「何人かの作為」を否定せず、「捜査機関関係者の作為の介存」を否定しないまま、申立を棄却した。

正義に反すること、これにすぐるものはない。

五、「間接事実」ではありえない。

（一）　武藤決定は「三個の弾丸の発射拳銃の同一性の否定について」は次のようにいう。

「原判決が磯部鑑定によって認めた『三個の弾丸の類似した線条痕がある』との事実は本件における主要な要証事実である『申立人と共謀のうえ佐藤博が白鳥課長を射殺した』との事実からすれば一個の間接事実にすぎないところの『射殺拳銃と訓練拳銃とが同一である』との事実を認めるべき、さらに一個の間接事実にすぎないのであって、その意味において、前記二個の証拠弾丸および磯部鑑定は、もともと原判決の事実認定上、所論のいうほど重要な決定的地位を占めていたものではないというべきであろう。しかも原判決が射殺犯人を佐藤博とし、その犯行が申立人や宍戸均らとの謀議に基づくものと認めた挙示の多数の証拠は、その性質上、必ずしも前記二個の証拠弾丸の存否に直接のかかわりをもつものではないのであるから、かりに幌見峠で発見された二個の証拠弾丸に疑いがあり、これと摘出弾丸との発射拳銃の同一性に、所論の指摘するような疑問を生じたとしても、そのことの故に試射拳銃と射殺拳銃とを同一であるとし、さらに白鳥課長の射殺を申立人らとの謀議にもとずく佐藤博の犯行であるとした原判決の認定に、ただちに決定的な影響を及ぼすとは考えられない。」

ここでは、証拠弾丸の証拠価値が否定されてもそれを根拠とした原判決の事実認定がくつがえらないようにするために、間接事実論を持ち出してきている。「拳銃の同一性」という要証事実に対し「似ている」ことは、その間接事実にすぎないから、「似ている」ことが物証によって否定されたとしても拳銃の同一性は他の供述証拠によって優に認められるという論法である。しかし、これは大きなまやかし以外の何ものでもない。拳銃の同一性を発射弾丸の線条痕の異同によることなく、人のことばできめたとあっては、日本以外の全世界の裁判官のものわらいである。

（二）原判決は、証拠弾丸および磯部鑑定から、三弾丸が同一の銃器から発射されたという結論を直接認定することは到底無理であると判断したが、「三個の弾丸の線条痕には極めて類似する一致点があるとの間接事実認定のための証拠に供しうる」としながら結論的には三個の弾丸が同一の銃器から発射されたものとしている。しかし線条痕が似ているということは同一の銃器から発射されたものか否かという事実の間接事実などではない。まさに「似ている」という事実は「同一の銃器か否か」という問題そのものの内容を構成する不可欠の一部分であり、決してその問題から独立して間接事実と呼ばれうることがらではない。

原判決は弾丸および磯部鑑定を「似ている」ことの証拠として採用したという形をとったがその実は、正に拳銃の同一性を肯定する有力な証拠として採用したものであることは疑いない。ここに原判決自体にひそむ大きなごまかしがある。

磯部鑑定の鑑定事項はあくまで三個の弾丸について「その発射に使用された各銃器は同一の銃器であるか、又は異なる銃器であるか」であった。その回答は「同一である」、「同一ではない」のいずれかでなくてはならず、最悪の場合でも「いずれとも判断できない」と答える以外にない筈である。「似ている」という結論では鑑定事項に何ら答えていないといわねばならない。しかし原判決は磯部鑑定が「似ている」と答え、「同一ではない」と答えなかったことを奇貨として拳銃が同一であるとの認定の証拠として採用したのである。

（三）しかし、原判決の右のような認定は「似ている」ということがそのまま拳銃が同一であることに結びついてこない限り、全く許されない論法である。「似ている」ということは拳銃の同一性を肯定するについて何ほどかのプラスの意味をももちえないのである。つまり、拳銃の同一性の鑑定結果は前述のように「同一である」、「同一でない」、「いずれとも判断できない」の三つ以外にはありえないのであって「似ている」というのは鑑定結果ではない。鑑定の判断過程の途中の段階であるにすぎない。即ち「似ているから同一である」、「似ているが同一でない」、「似ているがいずれとも判断できない」というように。「似ている」ということはそれだけでは決して「同一である」という結論に結びつかない。右巻き、六条のせん条痕をもつ弾丸であれば、たいていは似ているのである。似ているせん条痕のなかに同一をみとめるか異別をみとめるかが弾丸鑑識の中心課題である。「似ているけれども異別である」という鑑定結果のうち、異別であるという判断は措信しないで、似ているという部分だけを間接事実の採証に供したとするならば、ずい分とおかしなことであることは明白である。ましてや、「似ている」という印象に他人の供述をつけ加えて同一であるという認定ができるなら拳銃鑑識など全く無用の長物となる。原判決は「似ている」ことのほかに多くの供述をあげているが、それらの供述をいくら沢山つみあげてみてもそれだけでは拳銃の同一性を肯定できるものではない。

（四）ところで、いま、証拠弾丸のせん条痕の対比から三個の証拠弾丸が同一の拳銃から発射されたものではないという結論が明らかになったにもかかわらず、武藤決定は拳銃の同一性認定に影響を及ぼさないというのである。その理由は、「似ている」ことが否定されたとしてもその他の多くの供述があるからだということにつきる。しかし、原判決では、拳銃の同一性の認定にあたって弾丸と磯部鑑定をあげ、これを、多くの供述を裏付ける物、少くともそれらの供述と牴触しない物であるからこそ証拠として採用しているのである。

弾丸が積極的に供述と牴触した場合にもなお拳銃の同一性が認定できるとの趣旨では決してない。原判決ですら予想しないことを武藤決定は強引に押切ろうというのである。原判決を支える筈の物証であった弾丸はいまや完全にくずれ去り、証拠として無価値になったばかりか、すすんで拳銃の同一性を否定する証拠としてあらたに再登場してきたのである。してみれば、いかに多くの供述が拳銃の同一性を語ろうとも、決定的な物証に相反する供述には何の意味もなく、逆に事件の謀略性を示すものでしかない。

したがって、原判決の「佐藤博が殺人のために所持していた拳銃は入手以来、試射を経て殺人に至るまで同一のものであった」との認定はくずれ去り、ひいては共謀による白鳥射殺事件自体の崩壊をもたらしたのである。従って、有罪の確定判決を覆し無罪等の事実認定に到達する高度の蓋然性を有するものとして再審は開始されなければならないのである。

六、弾丸は重要でなかったのか

（一）これまでに述べたように、武藤決定は弾丸の証拠価値が大幅に減退したのを認めざるをえなくなったために、原判決における弾丸の証拠上の価値を低下させ、無に帰せしめようとして、原判決が到底及びもつかなかったような解釈を展開し、強引に弾丸の証拠上の価値を否定し去ろうとした。

しかし弾丸が証拠として審理および判決の中で占める位置は一審以来、武藤決定が出るまで一貫して非常に重要なものであるということで、すべての訴訟関係者の認識が一致していたのである。

たとえば「原審証第二〇七号、同第二〇八号の各弾丸がその腐蝕状況からみて、一九月又は二七月という長期間にわたつて発見場所である幌見峠の山林に埋没していたと認められるかということは、右射撃訓練の事実を供述する原審高安供述等の信憑性とも関連して原訴訟手続においても重要な争点となっていたところである。……所論引用の証拠によつて右二発の弾丸の腐蝕状況につき所論のようなことがいえるならば、右各弾丸の証拠価値が否定されるのはもとより、前記高安供述等の信憑性にも影響するところが大きいと思われ、かつこのことは原判決も指摘しているところである。」（斉藤決定）。

「所論指摘の本件各弾丸と摘出弾丸の綫丘痕等の同一性ないし類似性ということは原訴訟手続においても重要な争点となったところである。……本件各弾丸と摘出弾丸の綫丘痕等につき所論のようなことがいえるならば、高安知彦らが射撃訓練の際用いたものと同一の拳銃をもって白鳥課長を殺害したとの趣旨の原判示認定に破たんを来たすはもとより、幌見峠における射撃訓練の事実ないしその際用いた拳銃と白鳥課長殺害の用に供せられた拳銃との同一性等につき供述している原審高安供述等の全体の信憑性にも影響するところが少なくないと認められる。」（斉藤決定）とその重要性は明記されている。

それ故に我々は多くの時間とエネルギーをかけてこの弾丸の証拠価値を消滅させるため尽力してきた。

今、弾丸の証拠価値がもはやどう弁解しようとも維持できなくなったからといって、一転して弾丸は証拠として重要でなかったなどという武藤決定は、全く卑劣としかいいようがない。

（二）　武藤決定のいうように弾丸はなくても確定判決は生きつづけるというのなら、再審開始のための事実取調べが弾丸問題に終始し、それも非常に熱心に弾丸に関する科学者の専門的実験、測定等を尋問したが、それは全く無意味なことをしたというのであろうか。いや、そうではなく、有罪の確定判決を支える決定的な物証である弾丸がニセ物であるならその判決は崩壊し、再審開始せざるをえないと裁判所も考えたからこそ弾丸に関する事実取調べを行ったのである。

その結果、斉藤決定は弾丸の証拠価値が「原判決当時に比べいささか薄らいだ」という心証にとどまったため再審開始決定には至らなかった。しかし、弾丸の証拠価値が「原判決当時に比べ大幅に減退した」という武藤決定の心証に到達すれば当然再審開始決定は出されていたはずなのである。

再審開始のための事実取調べは弾丸問題に終始した。「再審申立は棄却されたい」と主張した検察官ですら、その理由として述べたことは、弾丸はニセ物ではなく証拠価値は存在するということにつきたのであって、弾丸がなくても申立人は有罪だから再審棄却されたいなどとは一言ものべなかったのである。

（三）　武藤決定は、各新証拠によりもはや弾丸の証拠価値を維持することは不可能だとさとったが、何が何でも再審は開始しないという態度をとり、そのためにはなりふり構わず、一審以来の裁判所の証拠の取扱いもすべて投げすて、独自の理論を展開して弾丸なくしても有罪判決は生きると強弁しだしたのである。

物証などなくともよい、供述だけで十分だといいだしたのである。しかし物証はないのではない。現に証拠弾丸は存在するのである。しかもそれはいまや有罪の証拠ではなく、無罪の証拠として厳然と存在しているのである。これを無視して供述だけを生かそうとすることはできない。

弾丸が無用の長物ならすでに一審でドブに棄てられていることであろう。さらにさかのぼっていえば、起訴検察官である高木検事は三個の弾丸が同一の銃器から発射されたと認定されるためには三個の弾丸とそれに関する鑑定がどうしても必要だと考えたからこそ、科警研の二通の鑑定書しかない段階では起訴できなかった。そしてこれまで一度も拳銃の鑑定をしたことのない磯部教授にまで頼んで何とかしてこれにそうような鑑定書をつくりあげようとした。そして鑑定書はまだできていないが、磯部教授が同一の拳銃から発射されたものであるとの結論を得たことを知った段階に至り、昭和三〇年八月一六日ついに申立人を殺人で起訴した、というのである。

以上のべたように申立人、弁護人はもちろん、裁判所もそして検察官ですら、すべて弾丸の証拠としての価値を重要視してきたのである。弾丸がニセ物であると認めざるを得なくなったからといって急に重要でないなどとどうしていえようか。

第二　再審請求において明らかにされた捜査官の不正について

一、二個の弾丸は偽造されたものである

（一）　武藤決定は、理由第二の二の（一）の(1)二個の弾丸の腐蝕状況について、という部分で次のように判断している。

「(1)二個の弾丸の腐蝕状況について

原審および当審において提出された証拠中新規性ありと認められるもの、とくに証二〇号、二七号、二二号、二九号、三〇号、三一号および原審事実取調における証人兼鑑定人下平三郎の供述（以下、原審下平供述という。）を総合すると、前記二個の弾丸とほぼ同一組成の発射ずみ弾丸を、右二個の弾丸の発見された幌見峠ないしこれと腐蝕環境のほぼ同一の土中に、一九月ないし二七月放置すれば、（イ）高度の蓋然性をもって応力腐食割れが生ずること、（ロ）応力腐蝕割れの腐蝕は、弾丸のくびれならびに綫丘痕の部分に生ずること等が認められる。右のうち（イ）の点については、原決定も一応これを認めているが、発射ずみ弾丸を長期間土中に放置した場合これに腐蝕割れの生ずる蓋然性は、当審において新たに提出された証三〇号等により、原決定が認めるよりも、さらに高度のものとなったと認められる。すなわち、証三〇号は、東北大学金属材料研究所教授下平三郎、北海道大学触媒研究所助教授松井敏二共同作成の実験報告（発射後約二年余を経過した黄銅製弾丸一八個を、札幌市幌見峠の山林の土中に二七月放置したところ、すべての弾丸に応力腐蝕割れを生じたとするもの）であって、これを原審において提出された証二〇号、二七号、二九号等の各証拠に加えて考察すると、右のような条件の下に弾丸を放置した場合に弾丸に応力腐蝕割れを生ずる蓋然性は、実験の回数を増したことにより一層高度のものとなったといわなければならない。また、原決定が右各証拠の明白性を否定するにあたってした種々の説明（たとえば、腐蝕割れが、応力のかかったと認められるすべての箇所に生じたものでないということの根拠を、金属格子欠陥と腐蝕環境の相違に求め、同様の

ことが、個々の弾丸毎にも考えられるとしている点、幌見峠と中国の実験場との腐蝕環境の相違を論ずる点、証拠弾丸と実験弾丸の亜鉛含有率の差を指摘する点等）には、所論の指摘するような疑問の余地があって、必ずしも右各証拠の証拠価値を減殺する的確な反論とはなり得ないと思われるだけでなく、応力腐蝕割れの発生し難い要因が、証拠弾丸に比し実験弾丸の方により多く存すると認められること（たとえば、前者の場合は、土中直撃であるのに、後者の場合は洗滌してから土中に埋没したこと、後者の場合は、発射後一、二年を経過した弾丸を使用しているので、腐蝕割れの発生に関係のある残留応力が、前者の場合よりも小さいと思われること）等の点からすれば、原決定のような理由から、右各証拠の証拠価値を割り引いて考えることにも疑問がある。そして、この点に前記（ロ）の点をも加えて考察すると、二個の弾丸が一九月ないし二七月幌見時の土中に埋没していた可能性が絶無であるかどうかは別としてきわめて小さくなったと考えられる。」

（二）　右判示は、もとより正当である。だか、二個の弾丸が一九カ月ないし二七カ月幌見峠の土中に埋没していたものではないという事実は、この二個の弾丸が偽造された証拠物であることを意味する。武藤決定もいう通り「高安の指示に基づき人跡まれな幌見峠の山林中から発見されたというその発見の経緯にかんがみ」ても、この二個の弾丸が何人かの作為により埋められたものであることは、疑いの余地がない。

武藤決定は、高安等が射撃訓練を行ったとき発射したという五個の弾丸および薬莢は融雪水または雨水の流れにより流出したというのみで、二〇七号、二〇八号の二個の弾丸が幌見峠に存在していた事実については、何等説明をしていない。この弾丸は、単に「人跡まれな」場所で発見されただけでなく、口径七・六五ミリ自動式拳銃、せん丘痕は右向六本という特徴において、二〇六号弾丸と一致している（註一‥略）。

そして、「その発見の経緯」からみれば、その作為を行なったものが捜査官憲であることは明らかである。高安知彦が、捜査官憲に対し、射撃訓練の場所について具体的に供述したのは、昭和二八年八月一六日のことである（同日付高木検察官に対する第五回供述調書）。そして二〇七号弾丸が幌見峠から発見されたのは、同月一九日のことであり、この間わずか三日である。射撃訓練の場所およびその場所について検証捜索が行われることを知っていたのは捜査官以外にはない。

また、現場の捜索は同年八月二一日以後一〇月四日まで一〇回行なわれ、その後は全く中断していた。半年後昭和二九年四月三〇日に、改めて捜索をやり直したとき、二〇八号弾丸が発見されたのである。四月三〇日に捜索を再開することもまた捜査官以外の者は知らず、予想もできないことである。

しかも、二〇六号弾丸を発射した銃器が口径七・六五ミリ右向六せん条を有する自動拳銃であることを知ってもそのような拳銃ないし発射弾丸を入手することは、警察、米軍を除いた一般人には不可能に近い。ことに右と同種の拳銃はメーカーだけで三〇社以上あり、同じ七・六五ミリブローニングであっても、一九〇〇年型、一九一〇年型、一九二二年型と三種あるのである。しかもこの三〇社の製品は、せん丘の幅がそれぞれ大きく異っているし、ブローニングの三型式間でもかなりの差異がある（註二・略）。二〇六号弾丸の発射拳銃とほゞ同型式の拳銃を所持することができるものは、白鳥課長射殺犯人か、警察、米軍だけである。これ以外の者が二〇七号と二〇八号の二個の弾丸を現場に置くことは、絶対に不可能である。

(三)　二個の弾丸のうち二〇八号の発見経過が特に不自然であることは、第一審以来指摘されていた。昭和二八年八月一九日に二〇七号弾丸が発見された後、捜査官は同年八月二一日、二九日、九月一日、八日、一一日、二八日、三〇日、一〇月一日、二日、四日と一〇回にわたり現場の捜索が行なわれ、ついに弾丸および薬莢は一個も発見し得なかったのである（昭和二八年一〇月一五日検証捜査調書一一―四〇六八）。しかも半年後、思い出したように捜索をやり直したところ、二〇七号弾丸の発見場所から僅か四メートルのところから二〇八号弾丸が発見されたというのである。

二〇八号弾丸は、二〇七号弾丸に比し、外観、弾径、色のいずれにおいても二〇六号弾丸に似ていることがこれまでも指摘されている。二〇六号弾丸が黄銅色、二〇八号弾丸が赤銅色であってメッキがほとんど剥離しているのに比し、二〇七号弾丸はほぼ全面にニッケルメッキが残存している。弾径も二〇七号弾丸は、他の二個よりも小さい（二〇六号弾丸は七・八二六ミリ、二〇七号弾丸は七・七九七ミリ、二〇八号弾丸は七・八二〇ミリ—証第三三号）。

二個の弾丸がともに偽造された証拠物であることが科学的に証明された現時点においては、右の事実のもつ意味は明白である。捜査官は、まず、二〇七号弾丸を偽造したのち、より二〇六号弾丸に類似した二セ物として二〇八号弾丸を偽造したことは明らかである。

二、高塚鑑定の隠匿と不正な磯部鑑定の提出

（一）三個の弾丸は、それが同一拳銃から発射されたものでなければ証拠としての意味を持ちえない。昭和三〇年八月の殺人罪の起訴に至るまで、この同一性を立証する鑑定書を得るため、検察官は更に不正行為を重ねたのである。

再審請求になってはじめて提出された科警研の鑑定書によれば、検察官が正規の手続においては、このような虚偽の事実の立証ができなかったことが明らかである。

高塚泰光作成昭和二八年九月四日付鑑定書には、二〇六号弾丸と二〇七号弾丸が「各発射痕特徴に極めて類似した点が発見されるが」同一拳銃から発射されたものと「直ちには断定することが出来ないものと認められる」と記載されている。

さらに、同技官の昭和二九年七月三〇日付鑑定書には、三個の弾丸が「同一銃器によって発射されたと認定するに足る程度の類似発射痕特徴を発見しえなかった」ことが記載されている。

本来、銃器鑑識の結論は一致、不一致、判定不能のいずれかであり、昭和二八年の鑑定のようなあいまい

な表現をとることは極めて不自然であること、このようなあいまいさが何とかして一致するという結論を得たい検察官と科警研の妥協によること、しかも昭和二九年の鑑定においてはその「類似」さえも否定されたこと、弁護人らの昭和四四年三月一四日付意見書の「一、科学警察研究所の鑑定と磯部鑑定」において述べた通りである。

当の科学警察研究所が昭和三一年に発行した公式の報告書、「科学捜査研究所年報」中の鑑定実績表において、二〇七号弾丸発射拳銃に「犯罪経歴無」と判断されたこと、三個の弾丸の発射痕が「異と認む」と判定したことを記載しているのであるから、科警研が三個の弾丸の発射銃器の同一性を否定していたことは争いの余地がない。

この二つの鑑定書が、三個の弾丸の発射銃器の同一性について、重要な意義を持つことはいうまでもない。その鑑定書を検察官は一〇年にわたり秘匿し、村上国治に対する殺人罪等の公判廷に提出せず、その存在さえも明らかにしなかったのである。

昭和四五年一二月二一日、札幌地裁昭和四〇年（ウ）第五三二八号事件（芦別事件国家賠償訴訟）の法廷で主任検察官であり起訴検察官である高木検事は、その理由について尋ねられ、白鳥事件の吉田哲の指紋の鑑定を科警研に依頼したところ、結果的に誤りで担当の技官が左せんされたことがあるので科警研では明確な鑑定をしない、それで「高塚氏の主観性が危いな」と思った旨答えている。このような説明が何人をも納得させることができないことは、いうまでもない（証第三七号）。

（二）　検察官は、三個の弾丸の発射銃器の同一性について、科警研の二通の高塚鑑定書を隠匿し、代りに磯部鑑定書を提出した。

磯部鑑定書については、多くの驚くべき事実が、再審の事実取調べにおいて明らかにされた。

磯部氏が弾道学を研究したことはあるがせん条痕の研究をした経験はないこと。比較顕微鏡を使った経験もないこと。拳銃弾の発射銃器の同一性の鑑識についてそれまで全然経験がなかったこと。高木検事に依頼され測角器で測定したが「なかなか結論が出ないし困っていた」こと。最高検察庁の人から話があり米軍の極東犯罪捜査研究所に案内されたこと。三個の弾丸を持参し米軍技師ゴードンに預けて来たこと、写真の中には磯部氏不在の間にとったものもあること。撮影部位の決定、光のあて方をはじめ写真撮影の操作は全部ゴードンがやったこと。ゴードンから英文一一枚のメモ（押収符号八八・八九）を受領したこと。

右の経緯からすれば、磯部氏が行ったことは何ら鑑定ではなく、磯部鑑定はその実体においてゴードン鑑定というべきものである。磯部鑑定書にはもとより右のような経緯は記載されず、あたかも磯部氏自身が鑑定を行ったかのごとく記載されている。検察官は、このような鑑定書を「東大教授で応用物理学の権威である磯部教授の鑑定」として公判廷に提出したのである（一審論告第四の一七）。

磯部氏は公判廷でも検察官側の証人として同旨の供述をしているのである。

（三）　警察官、検察官の右のような所為自から埋めた二〇七号弾丸と二〇八号弾丸があたかも幌見峠に長期間埋没していたもののごとく装ったこと、科警研の高塚鑑定書を隠匿したこと、磯部鑑定書の作成と公判廷への提出は単に不正というだけでなく、法律的な意味での犯罪である。もし、仮りに同様の行為を被告人、弁護人、その他の者が行ったならば、直ちに逮捕、起訴され、証憑湮滅、偽造、変造、あるいは虚偽鑑定として有罪判決を受けるであろうこと明らかである。

公益の代表者たるべき検察官が、かかる犯罪行為を行っている刑事訴訟は、おそらく他にあまり例がないであろう。われわれの知る限りでは菅生事件、芦別事件において同様の犯罪が行われている。

芦別事件では、被告人が窃取し鉄道爆破に使用したとして起訴された、まさにその発破器が検察庁に秘匿されていたという事実が公判廷で暴露された。昭和三八年一二月二〇日、札幌高裁は被告人に無罪を言渡したが、その判決のなかで検察官が重要な証拠物を隠匿し不正な公訴追行をした事実を明らかにし、検察官の不正を厳しく批判している。

この芦別事件の捜査、公訴提起の責任者は、本件と同じく当時の札幌地検次席検事の高木検事であった。

三、検察官の不正行為を許してはならない

（一）斉藤決定および、武藤決定は、捜査官のこの犯罪行為についての判断を回避している。武藤決定は、次のようにいう。

「それにしても、二個の弾丸の長期埋没の点に疑いがあるとすると、右弾丸が、高安の指示に基づき人跡まれな幌見峠の山林中から発見されたというその発見の経緯にかんがみ、当然何人かの作為によるものとの疑いを生み、いきおい、右弾丸発見の過程において、あるいは捜査機関関係者の作為が介在したのではないかとの疑いを生み、ひいては、事件全体が捜査機関のねつ造にかかるものではないかとの疑いも生じないではない。」

ところで、証二〇号、二二号、二九号、三〇号、三一号、および下平供述によれば、二〇七号弾丸および二〇八号弾丸が幌見時の土中に長期埋没していたものでないことは決定的である。

武藤決定も、二個の弾丸の腐蝕状況について「二個の弾丸が一九月ないし二七月幌見峠の土中に埋没していた可能性は、絶無であるかどうかは別としてきわめて小さくなったと考えられる。」と判断している。その前段で引用している諸証拠およびそれに対する判断をみれば、ここにいう「可能性」が、まさに「絶無」に近い可能性であることは明らかである。

弾丸発見の過程に「捜査機関関係者の作為が介在した」ことは、単なる疑いではなく動かせない事実である。逆にいえば、捜査官が検証捜査に際し、あるいはその直前に発見現場に二〇七号弾丸と二〇八号弾丸を置いたことは、まさに「合理的な疑いを容れる余地なく」認められるのである。

しかしながら、武藤決定は「捜査機関関係者の作為が介在したのではないか」という問題を「有罪の心証が維持できるか」という問題に置きかえる。そして弾丸の事件全体に占める位置および他の証拠の価値について恣意的な判断をし、有罪判決の認定は空中楼閣ではないということによって、「捜査機関関係者の作為」については、ついに何の判断も示していない。結論において有罪の心証が得られれば、捜査ないし公判の過程で警察官や検察官にいかなる不正があろうとも免責されるというのであろうか。

（二）　同じように再審請求の審理において明らかにされた二つの問題、科警研高塚鑑定書の隠匿と「磯部」鑑定の偽造の問題についても斉藤決定、武藤決定は判断を回避した。

斉藤決定は「高塚鑑定書は、磯部鑑定書に現われている条痕の類似性に関する右の認定に影響を及ぼすものではない」という驚くべき判断をした。またゴードンについても問題を弾丸のすりかえの有無にすりかえ、かつ条痕の類似性に関する恣意的な判断の下に、磯部鑑定はゴードンの介在により、信頼性が低下したことは否めないが、なお証拠価値を有すると強弁した。

異議の審理の結果、武藤決定はこの点に関する斉藤決定の詭弁的判断を維持できなくなった。高塚鑑定書が有力な反証であることを認め、三個の弾丸が「同一の拳銃から発射されたことについては、その可能性が絶無であるかどうかは別として、少くとも大きな疑問を生じたといわなければならない。」と判断したのである。

しかし、武藤決定もまた検察官が三個の弾丸の同一性に関する鑑定書、高塚鑑定書と磯部鑑定書についてとった行動について何等の判断をしていない。

四、真実を明らかにするため再審を開け　略

第三、雰囲気裁判への逆もどり　略

第四、主要関係者の供述に証明力はない　略

第五、再審を開くべきである

一、決定は憲法三一条に違反する　略

二、決定は、大審院判例と最高裁判所判例に相反する判断をなしている違法がある。　略

三、再審は開始されなければならない。

（一）白鳥事件の唯一の物的証拠であり、事件全体の核心をなす証拠は、三個の弾丸であり、第一審以来事件の争点を形づくっていた。高安知彦、村手宏光等の供述は、いずれもこの弾丸によって支えられてきたのである。原判決が「長崎鑑定の結果が、疑を容れる余地なく信頼するに足るものとすれば、右両弾丸（証二〇七、二〇八号）の証拠価値に疑念を生じ、ひいては右弾丸の発見場所附近で拳銃の射撃訓練をしたという高安知彦の供述やこれに照応する村手被告人の供述の信用性に影響するところが少くないと思われる」（第二審判決理由第四（三））と述べ、斉藤決定が「本件各弾丸がその腐蝕状況からみて発見現場である幌見峠に一九月又は二七月放置させられていたものとは認められないとするならば、そのこと自体をもって右高安および村手の供述は、その信憑性に関し重大な影響を受けざるをえないであろう。なぜならもしそうとするならば、人里離れた本件幌見峠の山中に偶然発射弾丸二発が埋没されていたということは、およそ考えられないということからみて本件各弾丸は所論のように捜査機関が故意に埋設し、それをあたかも高安の自供によっては

じめて発見したように作為したと認める余地が大きいからである」（六一頁）また本件白鳥課長殺害計画の一環として高安知彦等が昭和二七年一月上旬頃札幌市郊外幌見峠滝の沢山林中で拳銃の試射訓練を行ったこと、およびその際使用した拳銃と白鳥課長殺害の用に供した拳銃とが同一であるとの原判示認定に関しては、磯部鑑定書および原審磯部供述以外にも前述した原審高安供述等多くの証拠が存在する」としながらも、「もとより磯部鑑定書および原審磯部供述は、そのなかでも重要なものであるけれども、所論引用の証拠によってその証拠価値が全く否定され、あるいは、本件各弾丸が同一拳銃から発射されたことが疑わしいという事実が明らかにされたのならば……それによって他の証拠価値が決定的に影響される……と述べた（一一一頁、一一二頁）のは当然のことであった。だからこそ検察官も、証拠弾丸の綫条痕の同一性を否定する科学警察研究所の鑑定書二通を隠匿し、銃器鑑識について知識も経験も全然ない磯部教授を米軍基地内にある極東犯罪捜査研究所に連れて行き、ゴードン曹長に引き合わせ、証拠弾丸を預けさせ、磯部教授の立会のないところで写真を撮影してもらい、写真とメモを磯部教授に渡し、鑑定書を作り、これを証拠として提出するという犯罪的衝動に走らせたのである。

弾丸の腐蝕の問題、綫条痕の同一性の問題は、事件の成否を決する礎石であり、他の供述の証拠価値は、弾丸の証拠価値にかかっているのである。武藤決定が「射殺犯人を佐藤博とし、その犯行が申立人や宍戸均らとの謀議に基づくものと認めた挙示の多数の証拠はその性質上必ずしも直接のかかわりをもつものではない」「幌見峠で発見された二個の証拠弾丸に疑があり、これを摘出弾丸との発射拳銃の同一性の所論の摘示するような疑問を生じたものとしてもそのことの故に訓練拳銃と射殺拳銃とを同一であるとし、さらに白鳥課長の射殺を申立人らとの謀議に基づく佐藤博の犯行とした原決定の認定にただちに決定的な影響を及ぼすとは考えられない」と判示していることは、絶対に許されない。

（二）　斉藤決定が新証拠に明白性なしとして再審請求を棄却したのは、腐蝕問題については、「本件弾丸の証拠価値が原判決当時に比べいささか薄らいだことは否定できない」「しかし、所論引用の証拠によって明らかにされた事実が前述した限度にとどまるならばそれは、弾丸の腐蝕状況からみても高安らの供述するような拳銃射撃訓練の事実がなかったとまではいえない」というのであった。

また条痕の同一性については、「磯部鑑定書および原審磯部供述は、鑑定書作成の過程においてゴードン曹長なる余人が介在した等の事実および鑑定書中で相互に類似するとされていた本件各弾丸の条痕中に類似性が疑わしいものが現われたこと等によってその信頼性が低下したことは否めないけれども、右条痕中に明確に類似性を否定できないものが存在する事実を認定できるという限度でなお証拠価値を有する」「磯部鑑定書および原審磯部供述がなお前述した限度で証拠価値を有する以上……他の証拠の証拠価値が決定的に影響されるとは到底認められない。」という理由からであった。弾丸以外の既存の証拠は、弾丸の証拠価値によって支えられていることを前提とし、弾丸の証拠価値は、信頼性が低下したが、なお僅かに証拠価値は認められるから、明白性はないというのであった。

ところが武藤決定は、「原審および当審において提出された新規性ある証拠を総合すると原確定判決の証拠となった二個の弾丸が原判決認定のように高安らの射撃訓練の時から発見時まで一九月または二七月幌見峠の土中に埋没されていた可能性および右二個の弾丸と二〇六号摘出弾丸とが同一拳銃から発射された可能性は、いずれもきわめて小さくなったと認められる。その意味においてこの点に関するより有力な反証のないかぎり、右二個の弾丸の証拠価値は、原決定のいうようにたんに『原判決当時にくらべいささか薄らいだ』というに止まらず、大幅に減退したといわざるをえない」といっている。そうとすれば、新証拠の明白性は太陽の如く明らかといわなければなるまい。健全な常識をもつ人間であれば、だれでもそのように考える。しかるに武藤決定は、弾丸に関する証拠の評価を歪曲し、既存の他人の虚偽の供述にすがりつき、再審請求を認めなかった。これは、明らかに不合理な証拠の証明力の評価の仕方であり、刑事訴訟法三一八条の自由心証主義に違反し、憲法三一条の保障する法の適正手続に違反するものであって許されない。
決定は破棄され、再審は開始されなければならない。

昭和四六年七月二二日

右弁護人　杉之原　舜一

以下弁護人二七名　氏　名　略

最高裁判所

御中

特別抗告棄却決定（要旨）

昭和五〇年五月二〇日　最高裁判所第一小法廷

昭和四六年（し）第六七号

決　　定（要旨）

北海道上川郡比布町北二線六号

申立人　村上国治

右の者に対する爆発物取締罰則違反、団体等規正令違反、地方税法違反、銃砲刀剣類等所持取締令違反、火薬類取締法違反、業務妨害、汽車往来危険未遂、暴力行為等処罰ニ関スル法律違反、脅迫、傷害、殺人各被告事件の確定判決に対する再審請求事件について、昭和四六年七月一六日札幌高等裁判所がした異議申立棄却決定に対し、申立人本人及び弁護人杉之原舜一らから特別抗告の申立があったので、当裁判所は、次のとおり決定する。

主　　文

本件抗告を棄却する。

理　　由

（抗告趣意に対する判断）

弁護人杉之原舜一ら連名の抗告趣意第一、第三、第四について

所論（編注・特別抗告申立書）は、申立人提出の所論証拠弾丸に関する証拠が、いまだ*刑訴法四三五条六号所定の再審理由にあたるものではないとした原決定の判断を論難する事実誤認、単なる法令違反の主張に帰し、*同法四三三条所定の適法な抗告理由にあたらない。

同抗告趣意第二について

所論は、申立人の本件再審請求が刑訴法四三五条一号、二号、*四三七条所定の再審理由のある場合にあたるとして、原決定の違憲（*憲法三一条、*三七条違反）をいうが、記録によると、申立人の本件再審請求は、刑訴法四三五条六号所定の再審理由にあたる事実があるものとしてなされたことが明らかであるところ、再審請求受理裁判所は、再審請求の理由の有無を判断するにあたり、再審請求者の主張する事実に拘束され、原裁判所も右再審請求受理裁判所の判断の当否について審査することができるにとどまるから、右の事実以外のあらたな事実を主張して原決定の判断を論難することは許されないものというべく、結局、所論は、原決定の説示に副わない事実を前提として原決定の違憲を主張するものに帰し、同法四三三条所定の適法な抗告理由にあたらない。

同抗告趣意第五について

所論のうち、違憲（憲法三一条違反）をいう点は、その実質は、すべて事実誤認、単なる法令違反の主張であり、判例違反をいう点は、所論引用の判例は事案を異にし本件に適切でなく、いずれも刑訴法四三三条所定の適法な抗告理由にあたらない。

なお、同法四三五条六号にいう「無罪を言い渡すべき明らかな証拠」とは、確定判決における事実認定につき合理的な疑いをいだかせ、その認定を覆すに足りる蓋然性のある証拠をいうものと解すべきであるが、右の明らかな証拠であるかどうかは、もし当の証拠が確定判決を下した裁判所の審理中に提出されていたとするならば、はたしてその確定判決においてなされたような事実認定に到達したであろうかどうかという観点から、当の証拠と他の全証拠とを総合的に評価して判断すべきであり、この判断に際しても、再審開始のためには確定判決における事実認定につき合理的な疑いを生ぜしめれば足りるという意味において、「疑わしいときは被告人の利益に」という刑事裁判における鉄則が適用されるものと解すべきである。

この見地に立って本件をみると、原決定の説示中には措辞妥当を欠く部分もあるが、その真意が申立人に無罪の立証責任を負担させる趣旨のものでないことは、その説示全体に照らし明らかであって、申立人提出の所論証拠弾丸に関する証拠が前述の明らかな証拠にあたらないものとした原決定の判断は、その結論において正当として首肯することができる。

申立人本人の抗告趣意について

所論は、事実誤認、単なる法令違反の主張であって、刑訴法四三三条所定の適法な抗告理由にあたらない。

（原決定の結論を正当と認める理由）

なお、弁護人及び申立人の所論にかんがみ、当審が原決定の判断はその結論において正当として首肯することができるものとする理由を付言すれば、以下のとおりである。

一、所論は、要するに、申立人が本件再審請求にあたり提出し原決定において新規性があるものとされた証拠、すなわち、発射弾丸の腐食実験に関する鑑定書、所論証拠弾丸の綫丘痕の幅、角度、キズ等の比較対照、測定に関する鑑定書等（以下「新証拠」という。）によれば、原確定判決（以下「原判決」という。）が有罪認定の証拠として挙示する二個の弾丸(札幌高等裁判所昭和三二年領第八八号の証二〇七号および同二〇八号の各弾丸、以下「証拠弾丸」という。）の腐食状況からして、その証拠弾丸が発見押収されるまで一九箇月または二七箇月もの長期間にわたり札幌市郊外幌見峠滝ノ沢山中の土中に埋没していたものとは認められず、また、白鳥課長の体内から摘出された弾丸（前同領号の証二〇六号の弾丸、以下「摘出弾丸」という。）と証拠弾丸とを比較すると、両者は、その綫丘痕等の状況からして、同一の拳銃から発射されたものとは認められないにもかかわらず、原判決は、これに反する認定をしたのに対し、原決定は、これらの点に関し、新証拠である右鑑定書等の見解に従って判断したものであるから、結局、原決定は、証拠弾丸が捜査機関によって偽造されたものであることを承認しながら、一方において原判決の事実認定において証拠弾丸の占める重要性を不当に過小評価し、結論として新証拠が刑訴法四三五条六号所定の「無罪を言い渡すべき明らかな証拠」（以下「証拠の明白性」という。）にあたらないとしたのは、不当であるというのである。

なるほど、原決定は、申立人提出の新証拠に基づき、証拠弾丸が「一九月ないし二七月幌見峠の土中に埋没していた可能性は、絶無であるかどうかは別として、きわめて小さくなったと考えられる」とし、また証拠弾丸と摘出弾丸とが「同一の拳銃から発射されたことについては、その可能性が絶無であるかどうかは別として、少なくとも大きな疑問を生じたといわなければならない」と説示している。

しかし、原決定は、右説示に引き続き、「前記二点が完全に否定されるかどうかは、しばらくこれを措くとし、かりに右二点を消極に解した場合、それが原確定判決の認定に、どのような影響を与えることとなるかとの観点から、検討を進めることとする」として、証拠弾丸の長期埋没の可能性及び三弾丸の発射拳銃の同一性の可能性をいずれも否定した場合における原判決の証拠関係を検討した結果、原判決の有罪認定はこれを覆すに足りず、申立人提出の新証拠は、いまだ証拠の明白性の要件を具備するものではないとの結論に到達しているのであって、このことは、原決定の説示に照らし明らかなところである。したがって、原決定は、所論が主張するように、証拠弾丸の証拠価値を完全に否定し、証拠弾丸が前記幌見峠の山中に長期間埋没していたものとは認められないとか、また証拠弾丸と摘出弾丸とが同一拳銃から発射されたものとは認められないとか、ひいては証拠弾丸が捜査機関によって偽造されたものであるなどと断定しているものでないことが明らかであるから、原決定は証拠弾丸が偽造されたものである旨を認定したとの前提に立って原決定を論難する所論は、その前提自体において失当というほかはない。

二、ところで、申立人は、本件再審請求の審理の過程で、証拠弾丸に関する新証拠を多数提出しており、その中でも下平三郎教授らの弾丸の応力腐食割れに関する実験結果についての新証拠（とくに証二九号、証三〇号）は、科学的根拠のあるものとして尊重すべきものと認められる。もっとも、合成金属の応力腐食割れ現象が環境条件によって大きく左右されることは、一般に承認されているところであり、下平教授らのした右実験の際の環境条件と証拠弾丸が発見押収されるまでの環境条件とが全く同一であったという保障はないのであるから（記録によると、右実験は、証拠弾丸の発見当時の埋没状態と同一の状態を実験期間中保守してなされたものであるが、証拠弾丸が発見当時と終始同一の埋没状態にあったという保障はなく、また、証拠弾丸の発見場所は、右実験当時、既に石材採取場となっていて、現場実験を行うことができないので、右実験は証拠弾丸の発見された場所から少し上方の場所で行われたことが明らかである。）、右実験結果がそのまま直ちに本件証拠弾丸にあてはまるとするには疑問が残るとしなければならない。しかし、この点の疑問を考慮に入れても、原決定の説示するとおり、証拠弾丸の証拠価値が「原判決当時に比べ大幅に減退したと言わざるを得ない」のであるとするならば、それが原判決の証拠判断に影響を及ぼす可能性のあることは否定しがたいところである。すなわち、原判決は、有罪認定の証拠として多数の関係証拠とともに証拠弾丸を挙示しており、一般に、総合認定における各証拠は、相互に関連するものとして裁判官の心証形成に作用するものであるから、証拠弾丸の証拠価値が原判決当時に比べ大幅に減退したことを前提とするかぎり、単に証拠弾丸の証拠価値の低下という問題にとどまらず、証拠弾丸と相互に関連する他の証拠の信憑性に影響を及ぼすことのありうるのはもとより、証拠弾丸の証拠価値の低下の反射的効果ないしこれと相互関係にあるものとして、証拠弾丸に関し第三者の作為ひいては不公正な捜査の介在に対する疑念が生じうることも否定しがたいといわなければならない（しかし、それはあくまでも疑念にとどまるものであって、それ以上に出るものではない）。刑訴法四三五条六号の運用は、同条一号、七号等との権衡を考えて同条全体の総合的理解の上に立ってなされるべきものであり、したがって、もし、かりに右のような疑念があるとすれば、新証拠と他の全証拠との総合的な評価により原判決の認定に合理的な疑いを生じることになるかどうかを判断するにあたって、このことを充分に念頭に置き、とくに厳密な審査を加えることを要するものといわなければならない。そこで、右のような見地に立って、原決定の当否を審査することとする。

三、証拠弾丸の証拠価値の変動が他の証拠の信憑性にどのような影響を及ぼし、ひいては原判決の事実確定にどのような影響を及ぼすことになるかを検討するにあたっては、何よりもまず、原判決の有罪確定とその証拠関係の中で、証拠弾丸が有罪認定の証拠としてどのような位置を占め、裁判官の心証形成上どの程度の比重をもつものであるかを明らかにすることが必要である。そこで、原判決の有罪認定とその証拠関係を見るとその骨子は次のとおりである。

（一）　申立人が本件再審請求の対象とする事実は、原判決が引用する第一審判決（以下「第一審判決」という。）判示第二の（七）の事実、すなわち、原決定が要約するとおり、「昭和二七年一月申立人村上が宍戸均、佐藤博らと白鳥警備課長の殺害を共謀し、佐藤博らをして白鳥課長の動静調査を行なわせ、その間、佐藤博を殺害の実行担当者に選び、ブローニング拳銃を携行させ、白鳥課長殺害の企画実現に努めるうち、同月二一日午後七時四二分ころ佐藤博において、札幌市南六条西一六丁目三輪崎（原決定に「三輪」とあるは誤記と認める。）方前附近で、所携のブローニング拳銃を二発発射して白鳥課長を殺害した」という事実（以下「要証事実」という。）である。また第一審判決は、右要証事実に関連する事実の一つとして、申立人が昭和二六年一〇月ごろ宍戸均らと共謀のうえ、石川重夫を介してブローニング拳銃一丁及びその実包約一〇〇発を入手して保管していたとの事実（第一審判決判示第二の（二）の(2)の（イ）の事実）を認定しており、原判決及びその引用する第一審判決は、申立人らが入手し保管していた拳銃と佐藤博が白鳥課長の殺害に使用した拳銃とは同一拳銃であるという趣旨の認定をしていることがその説示に照らして明らかである。

(二)　ところで、第一審判決は、要証事実の認定資料として多数の証拠を挙示しているが、その補足説明において、要証事実を推認するための間接事実として二七箇の事実を認定し（原判決が除外した事実を除く。）、各事実につき関係証拠を挙示している。すなわち、

(A)　証拠弾丸に直接関係する間接事実として「高安知彦らがブローニング拳銃の射撃訓練をした場所から発見された二個の弾丸と白鳥課長の体内より発見された弾丸は、いずれも公称口径七・六五粍ブローニング自動装填式拳銃または同型式の腔綫を有する拳銃より発射されたものと認められること、右の三弾丸の綫条痕には極めて類似する一致点が存すること」との事実を認定し、その証拠として、証拠弾丸、摘出弾丸、証拠弾丸の発見差押に関する捜索差押調書、各弾丸の綫条痕の類似性に関する磯部孝作成の鑑定書、第一審裁判所の証人磯部孝に対する尋問調書等を挙示している。

(B)　他方、佐藤直道、高安知彦、追平雍嘉の第一審公判廷における各証言を中心として、有岡襄、山本昭二、石川正止郎の各公判証言、村手宏光、志水尚史、高津和夫の検察官に対する各供述調書等を証拠として、その余の間接事実を認定しているが、その中で注目すべきものを摘記すると、

当時白鳥課長は、共産党員から弾圧者として敵視されていたこと、

申立人は、昭和二七年一月四日高安知彦ら中核自衛隊員に対し、白鳥課長に対する攻撃は拳銃をもってやる旨を告げ、そのため直ちにその動静を調査するよう指示し、その日から白鳥課長の動静調査が開始されたこと、

右動静調査開始後一両日中に佐藤博が高安知彦らの調査活動に加わったこと、

佐藤博は、同月二二日ごろ追平雍嘉に対し、白鳥課長の殺害犯人は自分である旨打ち明け、犯行の状況

を詳細に説明していたこと、
　申立人は、佐藤直道に対し、白鳥課長を射殺したのは佐藤である旨を語っていたこと、
　事件後、白鳥事件関係者の中には、やがて所在不明となった者も多かったなどの事実である。そして、第一審判決は、白鳥事件発生当時その現場に通り合わせた犯行目撃者成田石雄、高橋アキノ、坂本勝広の各検察官調書、犯行現場の実況見分調書、凶器・死因に関する各鑑定書等により認められる犯行状況、犯人の人相、特徴、犯行現場の状況等は、追平雍嘉が事件直後佐藤博から説明を受けたとする犯行状況とほぼ一致する旨認定しており、結局、第一審判決は、申立人らが入手して保管していた拳銃（以下「保管拳銃」と略称する。）と佐藤博が白鳥課長の殺害に使用した拳銃（以下「凶器拳銃」と略称する。）とは、同一拳銃であるという趣旨の認定をしていることが、その判文に照らして明らかである。
四、右に検討した原判決及びその引用する第一審判決の基礎となった証拠関係から明らかなとおり、原判決は、証拠弾丸及びこれに関連するその他の証拠により前記の間接事実を認定するとともに、他方、証拠弾丸を除くその余の証拠、殊に佐藤直道、高安知彦、追平雍嘉を中心とする当時の日本共産党関係者らの公判証言等により前記間接事実を認定しているが、このうち前者は要証事実との関係においては直接の関連性に乏しく、せいぜい保管拳銃との同一性を推断するための一つの間接事実にすぎないのに反し、後者の間接事実は、いずれも多義的に解釈される余地のあるものではなく、相互に密接に関連しながら一義的に要証事実と結びつくものであり、決して証明力が弱いかまたは充分でない情況証拠を漫然と量的に積み重ねたにすぎないものではないのである。このように、まず、原判決の基礎となった証拠関係に占める証拠弾丸の位置という見地から全般的に考察するかぎり、原判決の認定は証拠弾丸に依拠しているものではなく、かりに原決定の説示するとおり、証拠弾丸の証拠価値が原判決当時に比べ大幅に減退しそのために前記の間接事実の認定に動揺を来たすとしても、これによって直ちに原判決のその余の間接事実の認定、ひいては要証事実の認定に合理的な疑いが生じる関係にあるものでないこと

は明らかである。そこで、このことを前提としながら、さらに個々の部分に立ち入って検討することにする。

（1）他の証拠の信憑性への影響について

もとより、新証拠を他の全証拠から切り離し、新証拠のみに基づいて原判決の有罪認定が動揺するかどうかを判断すべきでないことは、既に説示したとおりであるが、同時にまた、証拠弾丸の証拠価値の変動による他の証拠の信憑性への影響を厳密に審査しなくてはならない。

（イ）高安証言への影響について

既に明らかにした原判決の証拠関係からすれば、原決定の説示するとおり、証拠弾丸の腐食情況から、証拠弾丸が「一九月ないし二七月幌見峠の土中に埋没していた可能性は、きわめて小さくなった」とすると、何よりもまず、証拠弾丸の発見された場所で拳銃の射撃訓練をしたという高安知彦の公判証言の信憑性、ひいては原判決の要証事実認定の上で重要な証拠とされている同人の証言全般の信憑性が問題となりうるであろう。しかし、高安知彦は、拳銃の射撃訓練に関し、同時に手りゅう弾の爆発実験をも行った旨の証言をしており、これを裏付ける物的証拠（前同領号の証一号、領置にかかる不発の手りゅう弾）がある等、原決定の詳しく説示する理由により、同人の公判証言全般について、証拠弾丸の証拠価値の変動を充分考慮に入れても、なおその証言の信憑性を否定しがたいとした原決定の判断は、正当として是認することができる。

（ロ）その他の証言等への影響について

次に、原決定の判断に従い、証拠弾丸の証拠価値に大幅な変動があったことを前提として、証拠弾丸と直接関連する証拠ではないが要証事実についての原判決の認定の上で重要な証拠とされた佐藤直道、追平雍嘉の各公判証言の信憑性を慎重に検討しても、その信憑性を否定しがたいとした原決定の判断は、正当として是認することができるのであり、その余の関係証拠についても、確定記録に基づいて慎重な検討を加えたが、なんらその信憑性を疑うべき資料は発見することができなかったのである。

（2）拳銃の同一性に関する認定への影響について

原判決は、保管拳銃と凶器拳銃とが同一の拳銃であり、高安知彦らは保管拳銃を用いて射撃訓練をしたとの前提に立つものであり、また、証拠弾丸と摘出弾丸とが原判決の右拳銃の同一性認定に関する物的証拠として唯一のものであって、右認定が要証事実についての原判決の認定の重要な基礎とされていることは、原判決文に照らして明らかである。したがって、原決定の説示するとおり、証拠弾丸と摘出弾丸との綫丘痕等の状況から、三弾丸が「同一の拳銃から発射されたことについては、少くとも大きな疑問が生じたといわなければならない」とすると、原判決の右拳銃の同一性に関する認定ひいては要証事実についての原判決の認定の当否が問題となりうるであろう。

しかし、既に明らかにした原判決の証拠関係からすれば、原判決は証拠弾丸と摘出弾丸とを証拠として直接に両者の発射拳銃の同一性を認定しているわけではなく、証拠弾丸、摘出弾丸その他の証拠から右事実を認定しているのである。すなわち、摘出弾丸と高安知彦らが拳銃の射撃訓練をした現場から後日発見されたという証拠弾丸との綫条痕に類似性があるとの事実は、保管拳銃と凶器拳銃との同一性を認めるべき一つの間接事実にすぎないのであり、原判決は、この間接事実のほか、前記において説明したとおり、証拠弾丸及び摘出弾丸以外の証拠によって認定した間接事実に基づき右拳銃の同一性を認定しているのであって、証拠弾丸と摘出弾丸との綫条痕の類似性のみに基づいて右拳銃の同一性を認定しているものではないから、証拠弾丸と摘出弾丸との綫丘痕等の状況から三弾丸が同一の拳銃から発射されたことについて大きな疑問を生じたとしても、そのことから直ちに原判決の右拳銃の同一性に関する認定、ひいては要証事実についての認定が動揺するものとは認めがたいのである。

なお、所論の証拠弾丸に関する新証拠は、たかだか本件の証拠弾丸が前記射撃訓練当時のものでないことを指示するにすぎず、「射撃訓練当時のものであってしかも摘出弾丸を発射した拳銃とは異なる拳銃によって発射されたものである」という趣旨のものではないのであるから、右拳銃の同一性を否定する積極的な意義をもつものではないのである。

（3）原判決の基礎となった証拠の特殊性

原判決の事実認定の重要な基礎となった佐藤直道、高安知彦、追平雍嘉らの各公判証言は、いわゆる転向者の証言であるとはいえ、いずれも公判廷におけるきびしい反対尋問に耐えたものであって、捜査官側の作成した供述調書がそのまま有罪認定の証拠とされているものではない。これらの公判証言の信憑性が否定しがたいことは、既に説示したとおりであって、これらの証言が虚偽のものとされないかぎり、要証事実についての原判決の認定は、容易に動揺するものではないのである。もし申立人らにおいてこれらの証言が虚偽であると信じていたのであれば、つとにしかるべき法的手段をとっていたはずである。

（4）原判決を支持しうる積極的証拠

原判決の認定する要証事実の骨子は、佐藤博が白鳥課長射殺の実行犯人であり、申立人が右殺害につき佐藤博と共謀関係にあったというものであって、佐藤博が右殺害の実行犯人であるとの原判決の認定は、右殺害現場に通り合わせた目撃者の供述、事件発生の直後に佐藤博から犯行状況の説明を受けたとする追平雍嘉の公判証言、原判決が認定する佐藤博の事件発生前の言動に照らし、証拠弾丸の証拠価値の変動にかかわらず、覆しがたいものといわなければならない。しかも、佐藤博が事件発生の直後に逃亡し現実に至るまで行方不明となっていることは、本件記録上明らかである。そして、原判決が要証事実を推断するために認定した多数の間接事実によって明らかにされた事情等に照らせば、当時同党札幌委員会の委員長の地位にあった申立人と当時申立人の下で活動していた佐藤博とが、白鳥課長の殺害につき、共謀関係にあったとする原判決の認定は、証拠弾丸の証拠価値の変動にかかわらず、覆しがたいものといわざるをえないのである。

以上（1）ないし（4）にわたって試みた分析的な検討は、既述の全般的考察とあいまって、原判決の正当であることを基礎づけるものである。

五、要するに、所論の証拠弾丸に関する新証拠は、原判決の認定について合理的な疑いをいだかせるに足りないというべく、右新証拠が刑訴法四三五条六号所定の証拠の明白性の要件を具備しないとした原決定の判断は、その結論において正当として是認することができる。

よって、同法四三四条、四二六条一項により、裁判官全員一致の意見で、主文のとおり決定する。

昭和五〇年五月二〇日

最高裁判所第一小法廷

裁判長裁判官　岸上康夫

裁判官　藤林益三

裁判官　下田武三

裁判官　岸　盛一

裁判官　団藤重光

◎注釈〈決定要旨〉中の法規（＊印）は次のとおりです

刑訴法第四三三条【特別抗告】①この法律により不服を申し立てることができない決定、又は命令に対し第四〇五条（憲法違反、判例違反）に規定する事由があることを理由とする場合に限り、最高裁判所に特に抗告することができる。

刑訴法第四三五条【再審を許す判決・再審の理由】再審の請求は左の場合において、有罪の言渡しをした確定判決に対して、その言渡しを受けた者の利益のために、これをすることができる。

一、原判決の証拠となった証拠書類、又は証拠物が確定判決により偽造又は変造であったことが証明されたとき。

二、原判決の証拠となった証言、鑑定、通訳又は翻訳が確定判決により虚偽であったことが証明されたとき。

六、有罪の言渡しを受けた者に対して無罪若しくは免訴を言渡し、刑の言渡しを受けた者に対し刑の免除を言渡し、又は原判決において認めた罪より軽い罪を認めるべき明らかな証拠をあらたに発見したとき。

刑訴法第四三七条【確定判決に代る証明】前二条の規定に従い、確定判決により犯罪が証明されたことを再審請求の理由とすべき場合において、その確定判決を得ることができないときは、その事実を証明して再審を請求することができる。但し、証拠がないという理由によって確定判決を得ることができないときは、この限りでない。

憲法第三一条【法廷の手続の保障】何人も、法律の定める手続きによらなければ、その生命若しくは自由を奪われ、又はその他の刑罰を科せられない。

憲法第三七条【刑事被告人の権利】①すべて刑事事件においては、被告人は、公平な裁判所の迅速な公開裁判を受ける権利を有する。
②刑事被告人はすべての証人に対して審問する機会を充分に与えられ、又、公費で自分のために強制的手続きにより証人を求める権利を有する。
③刑事被告人はいかなる場合にも、資格を有する弁護人を依頼することができる。被告人が自らこれを依頼することができないときは、国でこれを附する。

刑訴法第四三四条【同前（特別抗告）】第四百二十三条（手続）、第四百二十四条（執行停止の効力なし）及び第四百二十六条（決定手続）の規定は、この法律に特別の定めのある場合を除いては、前条第一項の抗告について、これを準用する。

刑訴法第四二六条【抗告に対する決定】・抗告の手続がその規定に違反したとき、又は抗告の理由がないときは、決定で抗告を棄却しなければならない。

最高裁判所決定批判

一九七五年五月二十一日

白鳥事件弁護団

一、最高裁判所第一小法廷は、昭和五〇年（一九七五年）五月二〇日、白鳥事件再審請求事件について、「特別抗告を棄却する」、即ち、白鳥事件の再審を開始しない旨の決定をし、翌二一日に、申立人と弁護団に決定書が送られてきました。

二、この決定については、既に、申立人の決意、弁護団、中央白対協声明、新聞の解説、社説で明らかにされているように、最高裁は、確定判決があっても、これを再審の裁判で争う場合には、通常の刑事裁判と同じように「疑わしいときは被告人の利益に」という刑事裁判の鉄則が適用されるということを承認するとともに、本論では、証拠弾丸に関しては、第三者の作為ひいては不公正な捜査の介在（即ち、ねつ造された証拠）に対する疑念が生じうるとしました。このような疑念は、同一拳銃から発射されたか否かについて大きな疑問を生じたと述べたこととあいまって、正に、刑事裁判の鉄則が適用されるべき場合でなくてなんでありましょう。最高裁は、ただちに、再審を開始しなければならなかったのです。

それにもかかわらず、最高裁が特別抗告を棄却したことは、自分で掲げた原則をただちに踏み破り、最高裁自らが裁判の公正を損ったものと云わざるを得ません。

三、刑事裁判における裁判の公正とは何でしょうか。それは不公正な捜査を裁判から排斥することです。裁判から排斥するとは、不公正な捜査に基づく証拠はこれをただちに排除し、その証拠に依拠する直接間接する事実は認定してはならないということなのです。そうしないことには、不公正な捜査に基づく証拠のねつ造、隠匿が横行し、国民の基本的人権がじゅうりんされてしまうからです。

このような不公正な捜査を正すべき最高裁が、公正の任務を放棄したことがまさに許されないことなのです。

白鳥事件の検察側の筋書、また、それをひきうつしにした札幌地裁の第一審判決、さらに、この判決の不正を擁護した札幌高裁の原判決は、証拠弾丸についての疑問が生じつつもこれをほとんど無視する立場をとり、物証=証拠弾丸という有力な動かざる証拠を中心にすえ、あらゆる人証の片言隻句や、おびただしい供述証拠の矛盾に目をおおうという態度だったのです。

もし、仮に、第一審の審理の過程で、証拠弾丸がねつ造されたものであり、拳銃の同一性についての磯部鑑定は、その実、アメリカ軍の鑑定であり、当時の国警科学捜査研は「同一拳銃ではない」と鑑定していた事実が、即ち、捜査の不公正が明るみに出されていたら裁判の成行はどうなっていたでしょうか。法廷に右のような事実が反映される度合に応じて、警察、検察のキョギが国民大衆に暴露され、殆んど時期を同じうして進行していた他の刑事事件で明らかにさせた検察・警察の不正の事実と呼応して、これを糾弾する声が法廷に影響し、不本意に検察側に迎合した証人も、法廷で立直り、白鳥事件の裁判は申立人にとって有利に進行したのに違いないのです。

最高裁は、再審請求になって判明した問題であっても、それが事実審の進行段階でなく、既に過去のものであったとしても、右に述べたとおり、証拠弾丸がねつ造されたものであることが第一審で判明していたならば、それは供述の片言隻句とのみかかわりあうものでなく、事件全体のすみずみまで関係することに思いを致し、まさに、「司法犯罪」であることが暴露された訳なのですから、申立人有罪の根源は崩壊するものであることを着目し、再審を開始して、このような不公正を正す機会を申立人に与えねばならない義務があったものである、と言える以上、直ちに振出しに戻り裁判のやり直しを命ずる義務があるのです。

四、さて、この決定書は全頁三四頁にのぼるもので、特別抗告の棄却決定としては、審理期間の異例の長期もさることながら、従来にない長文のものでした。

この決定の棄却理由を法律的に表現すると、弁護人または村上さんによる特別抗告申立理由は、事実誤認、単なる法令違反の主張であって、刑事訴訟法第四三三条に定める憲法違反、判例違反にはあたらないとするというものです。しかし、最高裁は、決定書の半分以上を費して、請求人以外の他人の供述という片言隻句をくどくど引用し、言葉で事実や物証をねじ曲げようとしたのです。証拠弾丸が、本当に白鳥事件の物証たり得るかどうかという「事実誤認」の問題については、このあとにふれるように、何が何でも特別抗告を棄却するための苦しまぎれの理くつを考え出したのです。

ですから、その内容はこじつけと矛盾に満ち、支離滅裂となり、説得力を欠くものになりました。長期の審理と決定書の長さの内容はまさにこんなものだったのです。

五、証拠弾丸は三個ありますが、決定はこのうち幌見峠から発見されたとするものを「証拠弾丸」とし、白鳥警部の体内から摘出されたものを「摘出弾丸」と区別します。

既に明らかなように、この事件の一審以来の争点は、幌見峠から発見された二個の弾丸は、いずれも発見されたとされる以前の十九箇月または二十七箇月前に、所謂、射撃訓練で試射されたものかどうか、さらに三個の弾丸は同一拳銃から発射されたものか否かという点にありました。

これらは白鳥事件の唯一の物的証拠であり、物的証拠なるが故に自然科学の法則の適用を受け、人証と切り離して証拠能力が論ぜられるべきもので、もし科学の批判に耐えられなければ証拠としては無価値になるどころか、このような証拠が何故出現したかの不正（証拠偽造）の問題にまで発展するものでした。

(1)　決定は、二個の弾丸について下平三郎教授らの弾丸の応力腐食割れに関する実験結果についての新証拠は、科学的根拠のあるものとして尊重すべきものと認められると述べ、「幌見峠において発見されたという証拠弾丸に関し第三者の作為ひいては不公正な捜査の介在に対する疑念が生じうることも否定しがたい」とまで述べ、さらには三個の弾丸が同一の拳銃から発射されたか否かの問題については、証拠弾丸と摘出弾丸との綫条痕の状況から大きな疑問を生じた、と言っています。

ここまで最高裁が決定の中で述べていることは、既に、最高裁の指摘をまつ以前に東北大下平教授、同大長崎元助教授、東大原助教授等の鑑定書ならびに証言と、さらに科警研高塚技官らの鑑定書によって弾丸の偽造性は完全に証明されていたのです。科警研の鑑定ですら拳銃の同一性について「異」という結論を出していることからみても、検察庁ですら何らの反証も出し得ないで今日に至っていることからも明白です。従って、弾丸が偽造されたことを前提として議論することは、科学と証拠に基づくかぎり当然のことです。

(2)　最高裁は、遂に、決定の中で、幌見峠で発見されたという「証拠弾丸」二個を否定してしまいました。即ち、「証拠弾丸に関する新証拠はたかだか本件の証拠弾丸が射撃訓練当時のものでないことを指示するにすぎず」と言うのです。射撃訓練当時のものでないなら、何時、何処のものだと言うのでしょうか。それこそ第三者の作為であり、捜査が介在して作られた証拠の偽造ではありませんか。最高裁が如何に使いわけようと、このような「証拠の偽造」を認めた以上、不公正な原判決は破棄され、再審は開始されねばならなかったのではないでしょうか。

六、最高裁は、このように証拠弾丸を評価しながら、なお、何故に「証拠」とし、再審を開始しようとしないのか、決定はどのように述べているか検討してみます。

決定は、まず、三弾丸の綫条痕には極めて類似する一致点が存在することを前提としたうえで佐藤直道等の証言や調書の供述から、例えば、当時白鳥課長は、共産党員から弾圧者として敵視されていたことという冒頭事実からはじまり、あれやこれやの片言隻句から成り立った事実を羅列します。そしてついには「証拠弾丸に関する新証拠は、たかだか事件の証拠弾丸が前記射撃訓練当時のものでないことを指示するにすぎず」と述べ、『射撃訓練当時のものであって、しかも摘出弾丸を発射した拳銃とは異なる拳銃によって発射されたものである』という趣旨のものではないのであるから、右拳銃の同一性を否定する積極的な意義をもつものではないのである」とまで言います。

これは、武藤決定の表現から当然予想されたように幌見峠の二個の弾丸はねつ造されたものであってもかまわない。要するに証拠弾丸と摘出弾丸の拳銃の同一性は、綫条痕が類似していることと、あれやこれやの人証のつみ重ねがあるから同一性は認められるのだ。しかも新証拠は「異なる拳銃によって発射された」と「証明」した訳ではないのだから同一性はあるのだ、とまで言っています。

しかし、それは初歩的にして、かつ重大な誤りです。

既に述べたように、科警研の鑑定ですら拳銃の同一性について「異」と断定しているのです。これ以上に「同一性を否定する積極的な意義」をもつ証拠は他に何が必要だというのでしょうか。

これほど、科学を否定し、証拠を無視する決定は，もはや公正な裁判とは全く無関係な存在というべきでしょう。

七、決定は、証拠弾丸の証拠価値が大幅に減退したとしても原判決（第二審判決）は維持できるとして、第一審判決（札幌地裁判決）に引用されている佐藤直道、追平、高安などの断片的記述をいかにももっともらしく羅列しています。しかし、これらの供述は変転きわまりなく、矛盾に満ちたものであることは周知のとおりです。しかも決定は、これらの供述が反対尋問が保証されている公判廷での供述であるということを信用性の根拠としています。公判廷で虚構の事実をまことしやかに証言する例は枚挙にいとまがありません。何ら信用性を根拠づけるものではありません。

「保管拳銃」と発射拳銃の同一性が否定されていることは、すでに詳しく指摘しました。

拳銃の同一性が否定された以上、どのような片言隻句を積み重ねても、村上さんを有罪にすることはできません。片言隻句の積み重ねが多ければ多いほど、それは、捜査機関の不正がいかに大がかりにおこなわれたかを示すことになっても、村上さんと事件を結びつけるものにはなりえないのです。物証が崩れるとき、物証によってかろうじて支えられていた供述は物証とその運命をともにせざるを得ないことはいうまでもないからです。

決定は、一般論として「疑わしいときは被告人の利益に」の原則が再審請求においても適用されるとしながら、これほどに証拠弾丸が崩れさっても再審開始を拒否するのは、まさに羊頭を掲げて狗肉を売るもの以外になにものでもないというべきでしょう。

八、なお、最後に私たちは誤った裁判をただすために引続き努力するものです。この闘いにおいてさまざまな形で支援、協力を寄せてくれました全国の科学者、守る会、白対協、労働組合、民主団体などをはじめとする多くの国民の方々に深く感謝するとともに、今後とも御支援・御鞭撻の程をお願い申し上げる次第です。

朝日新聞社説

昭和五〇年五月二三日付

「白鳥事件」棄却に残る疑問

さる二十七年一月、札幌市で同市警本部白鳥警備課長が射殺された事件で、懲役二十年の刑が確定した村上国治元被告（当時、日共札幌委員会委員長）は、さきに札幌高裁が同被告の再審請求を棄却したのを不服として最高裁に特別抗告を出していたが、第一小法廷は二十一日、これを棄却する決定を下し、関係者に通知した。

三年十カ月にわたる最高裁の慎重な審理の結果であるが、この決定の内容には疑問を感じさせるものがある。それは、検察側がこの射殺事件と被告たちを結びつける有力な物証としていた「弾丸」について、「ねつ造された疑いも否定できぬ」という重大な認定をしながら、結局、弾丸問題は事件の成否を左右するものではない、とした点である。

「白鳥事件」の再審請求審理の中心の争点は、検察側が有罪証拠として提出した三発のけん銃弾が同一のけん銃から発射されたものであるかどうか、ということであった。一発は白鳥警部の体内から摘出されたもの、あとの二発は捜査当局が「犯行前に札幌市郊外の幌見峠で射撃訓練をした」という転向組党員らの供述にもとづき、事件から一年七カ月後と二年三カ月後に峠の土中から発見したというものであるが、検察側は「この三発は線条痕（こん）などからみて、同一のけん銃から発射されたものだ。これによって転向党員らの供述の正しさが証明された。射殺は被告らの犯行にまちがいない」と主張していた。

だが、被告、弁護側は再審請求の審理で、①峠から発見したという二発は、長い間土中に埋まっていたものにしては腐食の跡がみられない②一年から二年も土中にあった弾丸は、まず間違いなく腐食を生ずることは科学鑑定の結果からも明らかだ③従って、この二発は作られたニセの証拠である、と反論していたのである。

この点について最高裁は今回の決定で、これらの弾丸は証拠としての価値がきわめて低いことを認めた。のみならず、この弾丸については「第三者の作為、ひいては不公正な捜査の介在に対する疑念が生じうることも否定しがたい」ものがあることを認めた。だが、それにもかかわらず「弾丸の問題は抜きにしても、この事件には被告たちの犯行であることを立証する供述証拠、状況証拠などがある。弾丸についての被告側の主張は、二発が射撃訓練をした時ののでないことを示すだけで、訓練のさいのけん銃と犯行に使われたけん銃の同一性を否定する積極的な意義は持たない」という趣旨の判断を下したのである。

しかし、これらの弾丸は、かりにも検察側が被告たちの犯行を裏付ける有力な証拠として提出したものだ。法廷に出される証拠が厳正なものでなければならぬことは、あらためていうまでもない。その証拠に大きな疑問が、しかも、ねつ造されたものかもしれぬという疑惑が生じた以上、果して、弾丸問題は事件の成否を左右するものではない、と言い切ってよいものだろうか。強い疑問を抱かざるをえない。

捜査、裁判に対する国民の信頼という面からみても、この事件は再審の門を開いて、あらためて黒白を調べ直してみる必要があったのではなかったか、という感が深い。こんどの決定の中で最高裁は「疑わしきは被告人の利益に」という刑事裁判の原則は、再審請求審理の場でも働く、という注目すべき考え方を示した。それだけに、かんじんの証拠について深い疑惑を残したまま、この事件の再審の門が閉じられたことは、きわめて遺憾である。

札幌市街および幌見峠周辺図（1:50,000）
事件現場
試験地
弾丸
発見個所
幌見峠
昭和41年2月28日発行（国土地理院）

米軍および自衛隊基地・施設（昭和27年当時）

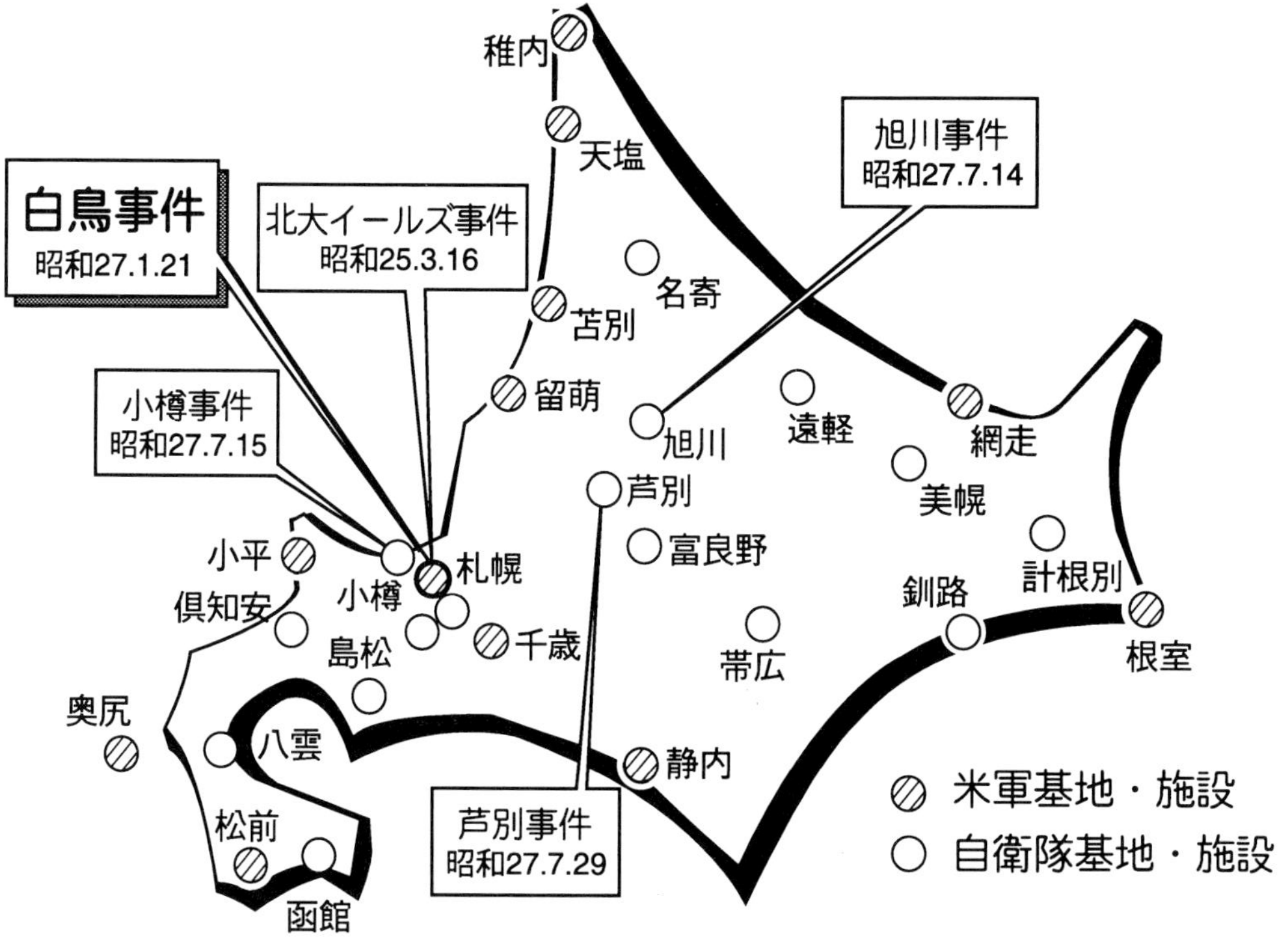

製作：白鳥事件対策委員会・東京白鳥懇談会

（著者紹介）

長崎《ながさき》　誠三《せいぞう》

1923年3月　東京に生まれる
1944年9月　東京帝国大学第二工学部冶金学科卒業
　　　　　東大応用物理、東工大物理を経て
1950年～57年　東北大学金属材料研究所、1952年助教授
1957年9月　退官、理学電機株式会社を経て
1963年12月　株式会社アグネ技術センターを設立
1999年12月　死去

東北大在任中に白鳥事件の弾丸鑑定、以後川嶋事件、大須事件、広田事件等の弾丸鑑定を行う。

専門：金属物理

おもな編著書：「百万人の金属学基礎編」、「合金状態図の解説」（共著、アグネ）
「材料名の事典」（アグネ技術センター）、「金属の百科事典」（丸善）
「金属データブック」「金属用語集」（日本金属学会）
「二元合金状態図集」、「鉄合金状態図集」（アグネ技術センター）
「戦災の跡をたずねて－東京を歩く－」（アグネ技術センター）

作《つく》られた証拠《しょうこ》－白鳥事件《しらとりじけん》と弾丸鑑定《だんがんかんてい》

2003年 1月20日　初版第1刷発行

著　　者　長崎《ながさき》　誠三《せいぞう》©

発 行 者　比留間 柏子

発 行 所　株式会社 アグネ技術センター
〒107-0062 東京都港区南青山5-1-25 北村ビル
TEL 03 (3409) 5329 / FAX 03 (3409) 8237

印刷・製本　株式会社 平河工業社

Printed in Japan, 2002

落丁本・乱丁本はお取り替えいたします。
定価の表示は表紙カバーにしてあります。

ISBN4-901496-02-6 C0031

索　　引

※（　）内頁は資料Ⅱ（横書き）の頁

ア

イ

ウ

エ

オ

コ

サ

シ

ス

セ

ソ

タ

チ

テ

ト

ナ

ニ

ハ

ヒ

フ

ホ

マ

ミ

ム

メ

ヤ

ヨ

ラ

リ

ロ

ワ

資　料 Ⅱ

資料Ⅱ 目次

白鳥事件（弾丸を中心とした）年表

		白鳥事件事項		社会背景・主な事件
昭和24 (1949)			3. 4. 6〜 7.5 7.15 8.17 10.1	ドッジ・ライン指令 団体等規正令公布 官業26万人、民間30万人の首切り 下山事件 三鷹事件 松川事件 中華人民共和国成立
昭和25 (1950)			6.6 6.25 7.7 7〜11	共産党中央委員追放 朝鮮戦争始まる マッカーサー、警察予備隊の創設指令 民間官公庁で1万2千名のレッドパージ
昭和26 (1951)			9.8 12.25	講和条約、日米安保条約調印 免田事件、最高裁死刑確定
昭和27 (1952)	**1.21** 1.22 1.22 2〜 4.9 8.28 **10.1** 11.17	**札幌市警白鳥警部射殺される。現場の薬莢1個押収** 北大にて解剖、体内より弾丸1発摘出（証206号） 小松市警本部長「一応日共関係の犯行とみなし、威信にかけても犯人は検挙してみせる」と発表 共産党関係者を次々と逮捕、取調べを強行するが、アリバイ、容疑不十分などで釈放 科学捜査研岩井三郎鑑定（薬莢と弾丸は発射前一体をなしていた。公称口径7.65ミリ、1912年型ブラウニング、もしくは同機構を有する自動装填式拳銃、硝煙痕は一つ） 佐藤直道逮捕 **村上国治、札幌市内で逮捕される** 佐藤直道供述（白鳥課長殺害の実行者は佐藤博で、村上国治の命令によるものと思う）	2.19 4.28 4.30 5.1 6.2 6.25 7.4 7.7 7.29 12.22	 青梅事件 対日講和条約、日米安 保条約発効 辰野事件 メーデー事件 菅生事件 吹田事件 破壊活動防止法成立 大須事件 芦別事件 松川事件二審判決、有罪17名、無罪3名

(2)

白鳥事件（弾丸を中心とした）年表

	白鳥事件事項	社会背景・主な事件
昭和 28 (1953)	4.9　追平雍嘉逮捕 5.7　追平手記の提出（「佐藤博本人から射殺の状況聞いた」） 6.9　高安知彦逮捕 8.4-7　幌見峠捜索 8.15　手榴弾 1 個発見 8.16　高安、高木検事の取調べに「1 月上旬幌見峠でブローニングで 5 人で 1 発ずつ雪の上の枯葉をねらい射撃訓練した」と供述 **8.19**　高木検事、高安の立会いで幌見峠捜索、**発射弾丸 1 発発見（証 207 号）** 8.20　佐藤博、鶴田倫也ら数名を殺人容疑で全国に指名手配 9.4　科学捜査研高塚鑑定（206 と 207 は同一銃器から発射されたものと断定することはできない）一この鑑定書は 43 年 6 月弁護団の請求によりはじめて検察官から提出された 9.19　療養中の村手宏光逮捕	7.27　朝鮮休戦協定調印
昭和 29 (1954)	**4.30　幌見峠捜索、発射弾丸 1 発発見（証 208 号）** 7.30　科学捜査研高塚鑑定（3 発の弾丸は同一銃器によって発射されたと認定するに足る程度の類似条痕を発見し得ない）一この鑑定書も 43 年 6 月、弁護団の請求によりはじめて提出された 9.　佐藤直道釈放	4.8　日米 MSA 協定調印 7.1　防衛庁、自衛隊発足
昭和 30 (1955)	7.9　磯部孝東大教授に札幌地検高木検事より弾丸鑑定を委嘱 **8.16　村上国治殺人罪、高安、村手殺人幇助で起訴** 10.　高安分離公判 **11.1　磯部鑑定書**（拳銃は公称口径 7.65 ミリブラウニング自動装填式拳銃又は同型式のもの、3 発が異なる銃器によって発射された確率は 1 兆分の 1 より小さい）	5.7　帝銀事件最高裁判決、死刑確定 6.22　三鷹事件最高裁判決、竹内死刑、他被告全員無罪 7.2　菅生事件、一審判決、有罪
昭和 31 (1956)	1~2　追平、高安の特別弁護人になり、検察側証人として証言	

白鳥事件（弾丸を中心とした）年表

	白鳥事件事項		社会背景・主な事件	
昭和 31 (1956)	2.23	高安、検察側証人として証言、証言直後釈放される		
	3.30	村手、病状悪化し、外部の支援で釈放される	3.13	菅生事件、スパイ戸高公徳現わる
	4~6	札幌地裁、弾丸の鑑定人を早稲田大、東工大、京大、東北大に推薦依頼、いずれも断られる		
	7.11	磯部鑑定人、証人尋問		
	8.13	北大教授宮原将平、磯部鑑定に関し、証人尋問（確率計算の誤まり）		
	9.12	札幌地裁より東北大助教授長崎誠三に弾丸の鑑定委嘱（腐食について）		
	10.5	**長崎鑑定書**（207、208 ともに過酷な腐蝕作用の存在する環境に長時間おかれていたとは考えがたい）		
	10.6	弁護人依頼の磯部鑑定の確率計算に対する増山元三郎回答書		
	10.9	長崎、増山の証人尋問却下		
昭和 32 (1957)	2.11	宮原鑑定書「銅の腐食に関する二、三の実験」	1.22	財田川事件、最高裁で死刑確定
	3.11	論告求刑、村上に死刑、村手に懲役 5 年	7.8	砂川事件
			11.4	青梅事件、一審判決、有罪
	5.7	**一審判決**「村上被告に無期、村手被告に懲役 3 年執行猶予」、即日控訴		
昭和 33 (1958)	8.15	札幌高裁、東大教授小川芳樹に弾丸鑑定委嘱	6.30	菅生事件、二審判決、無罪
	11~	北大助教授松井敏二、幌見峠現場で実験を始める（試験片の腐食について）	10~11	警職法反対闘争
昭和 34 (1959)	3.27	小川鑑定人死亡	3.30	砂川事件、東京地裁伊達判決、無罪
	3~5	札幌高裁、鑑定人推薦方照会（東北大、東工大、京大）	8.10	松川事件、最高裁判決、差戻し
	7.7	札幌高裁、北大教授岡本剛に弾丸の腐食について鑑定委嘱	12.16	砂川事件、最高裁、原判決破棄、差戻し
	11.20	**岡本鑑定書**（金属の腐食形態から腐食環境、放置期間を推定できる可能性はない）		
	12.9	岡本鑑定人、証人尋問		
昭和 35 (1960)	1.25	長崎鑑定人、証人尋問	5.19	衆議院で自民党安保条約強行採決
	1.30	宮原鑑定人、証人尋問		

(4)

白鳥事件（弾丸を中心とした）年表

	白鳥事件事項		社会背景・主な事件	
昭和 35 (1960)	**5.31** 12.5	**二審判決**「村上被告に懲役 20 年、村手被告の控訴棄却」、ただちに上告 東北大教授下平三郎、札幌高裁にて証拠弾丸の観察	5〜6 11.1 12.8 12.15	安保闘争盛り上る 松山事件、最高裁で死刑確定 平事件、最高裁判決、騒擾罪適用 島田事件、最高裁判決、死刑確定
昭和 36 (1961)	1.21 3.31 8.31 9〜	第一回現地調査団 最高裁に上告趣意書提出 上告趣意補充書提出 （付）松井報告「幌見峠滝ノ沢付近の腐蝕土中における銅の腐蝕に関する二、三の知見」（証第 1 号） 下平、幌見峠で試験片の腐食実験をはじめる	5.12 5~6 8.8	青梅事件、二審判決、控訴棄却 政暴法反対闘争 松川事件、仙台高裁差戻し審判決、全員無罪
昭和 37 (1962)	3.16 6.22 6~9 9.6	白鳥事件中央対策協議会結成 下平、最高裁にて証拠弾丸の観察 世界の法律家、科学者に拳銃と弾丸の科学的検討についてアピール 上告趣意補充書提出 （付）下平報告「北海道幌見峠滝ノ沢におけるニッケルめっきを施した銅の現場腐食試験結果報告書」（証第 2 号）	5.18 5.19	松川事件、検事上告 八海事件、第二次最高裁判決、無罪判決を破棄差戻し
昭和 38 (1963)	3.1 3.1 3.23 3. 5.20 5.30 6.10 7.4 7.9	ソビエト「白鳥事件について弁護人の質問に対する回答書」（証第 3 号－1） ソビエト「外国の学者によびかけた日本の専門家の質問に対する回答書」（証第 3 号－2） ソビエト「白鳥事件に関する専門家＝刑事学者の結論」（証第 3 号－3） チェコ「鑑定」（証第 4 号） 中国に弾丸の実験、鑑定を依頼 上告趣意補充書提出（付）ソビエト（証第 3 号－1〜3）、チェコ（証第 4 号） チェコ「東京の白鳥事件弁護団へ」 チェコ「磯部教授の鑑定書に対する意見書」 原善四郎東大助教授、長崎、最高裁にて証拠弾丸の撮影、測定	2.28	吉田石松翁再審、無罪判決

		白鳥事件事項		社会背景・主な事件
昭和 38 (1963)	7.16 ～20	最高裁法廷で口頭弁論開かれる	9.12	松川事件、第二次最高裁判決、上告棄却、全員無罪が確定
	7.19	上申書提出 （付）原報告「弾丸の線条痕の幅および角度測定」（証第 6 号）	12.10	芦別事件、札幌高裁判決、無罪確定
	10.17	**最高裁判決**、上告棄却	12.26	砂川事件、最高裁上告審判決、有罪
	11.28	村上国治網走刑務所へ		
昭和 39 (1964)	2.7	中国、弾丸の野外腐食実験開始		
	5.15	中国「物証検査の意見書」		
	5.	関原、福島弁護人、原、実験打ち合せのため中国行		
	8.	下平三郎訪中、中国の科学者と腐食性の比較実験について協議		
	11.14	試験片による腐食性の日中比較実験開始		
	12.30 ～	長崎、松井中国行、科学者と打ち合せ、延吉実験場を視察	12.20	芦別事件、札幌高裁判決、無罪確定
昭和 40 (1965)	**1.11**	中国「弾丸の野外腐食試験第 1 回取出結果報告書」**応力腐食割れ発生**		
	3.21	幌見峠に中国より提供を受けた弾丸を埋設し、腐食実験開始		
	8.27	東北大橋本、谷村弁護人、実験打合せのため中国行		
	9.5	中国「13 種の 7.65 ミリ拳銃弾の技術資料」		
	10.21	**再審請求書を札幌高裁に提出**（付）再審請求証第 1 号（松井報告書）、第 2 号(下平報告書)、第 3 号 1～3(ソビエト回答書)、第 4 号、5 号、7 号(チェコ鑑定書)、第 6 号(原報告書)		
昭和 41 (1966)	1.18	弾丸問題シンポジウム（東京私学会館）	3.24	青梅事件、最高裁判決、原審破棄差戻し
	1.21	現地調査団に「応力腐食割れ」について発表		中国文化大革命はじまる（～1976）
	5.	北大藤原、関原、横田弁護人、実験打合せのため中国行		
	5.14	日本での比較試験実験開始		
	6.3	中国「非破壊検査による分析結果」		
	6.20	中国「野外腐食試験第 2 回報告書」		
	11.3	長崎、中国行、科学者と打合せ		
	11.5	弾丸問題研究会（東京私学会館）		
	12.29	映画「かえせ国治」完成		

白鳥事件（弾丸を中心とした）年表

	白鳥事件事項		社会背景・主な事件	
昭和 42 (1967)	2.18	再審請求理由補充書を札幌高裁に提出 （付）下平「拳銃から発射された黄銅製弾丸の腐食割れに関する実験報告書」（証第 20 号）、長崎「弾丸試料の非破壊分析について」（証第 21 号）、宮原・長崎・松井・原意見書「岡本鑑定書批判」（証第 22 号）		
	5.	「日本の科学者」に中国の実験報告を掲載		
	6.	「防蝕技術」に同じく実験報告を掲載（証第 27 号）		
	6.18	幌見峠より腐食性比較試験片および弾丸の引上げ（第 1 回実験、27 カ月目）		
	8.28	幌見峠にて弾丸の第 2 回腐食実験開始		
	11.18 **~21**	下平、原、磯部鑑定人の事実取調べ。 **磯部鑑定＝ゴードン鑑定** 磯部証言により、米軍ゴードン曹長が比較顕微鏡写真を撮影し、フィルムとメモを磯部鑑定人に渡して作られたことが明らかになった。		
昭和 43 (1968)	1.19	岡本鑑定人事実取調べ	3.30	青梅事件、東京高裁差戻審判決、全員無罪確定
	3.28	原「同一ピストルから発射された弾丸の旋条痕角度の測定結果について」（証第 28 号）		
	5.15 ~17	原鑑定人、磯部鑑定人、事実取調べ		大学紛争ひろがる
	5.17	下平・松井「札幌市幌見峠において行なった拳銃から発射された黄銅製弾丸の応力腐食割れに関する実験報告」（証第 29 号）提出 （第 1 回実験：32 個中 30 個に応力腐食割れ）	7.25	吹田事件、大阪高裁判決、騒擾罪不成立
	8.1	札幌高裁、北大助教授戸苅賢二尋問（証拠弾丸の組成分析を依頼）		
	8.3	原、長崎、札幌高裁で証拠弾丸の比較顕微鏡観察		
	8.5	**隠されていた科捜研高塚鑑定書 2 通、弁護団の請求で提出させる**		
	8.5	下平鑑定人事実取調べ		

	白鳥事件事項		社会背景・主な事件	
昭和 43 (1968)	10.19 ~11.9	東京で比較顕微鏡撮影テスト	10.25	八海事件第三次上告審、原判決破棄、無罪確定
	11.19 ~20	北大で証拠弾丸の比較顕微鏡撮影		
昭和 44 (1969)	1.28	戸苅「非破壊分析による拳銃弾丸材質鑑定の報告」提出		
	3.15	札幌高裁に再審事実取調べ意見書提出		安保破棄、沖縄全面返還、大学立法反対の集会各地で開かれる
	3.22	村上国治、弁護人、検察官、札幌高裁にて最終意見陳述		
	6.13	**札幌高裁、再審請求申立を棄却決定**		
	6.21	**異議申立理由書を札幌高裁に提出**		
	10.27 ~11.1	弁護団、札幌高裁にて証拠弾丸の比較顕微鏡撮影および精密投影機により綫丘痕の角度と幅を測定	11.11	大須事件、名古屋地裁で判決、騒擾罪適用
	10.29	幌見峠より弾丸の引上げ（第 2 回実験）		
	11.14	村上国治仮釈放		
昭和 45 (1970)	5.4	異議申立補充書（第 1）を提出	1.28	メーデー事件東京地裁判決、一部騒擾罪成立、有罪
		（付）下平・松井「幌見峠において行なった発射ずみ拳銃弾丸の応力腐食割れに関する実験報告」（第 2 回実験：18 個全部に応力腐食割れ）（証第 30 号）	5.7	長沼訴訟福島裁判長を法務省が忌避抗告
		（付）下平「再審棄却理由書に対する意見書」（証第 31 号）	6.22	日米安保条約自動延長
	9.14	異議申立補充書（第 2）を提出	7.10	長沼訴訟、福島裁判長の忌避抗告、札幌地裁で却下決定
		（付）原鑑定書（物証弾丸の線条痕写真の比較・検討）（証第 32 号）	7.31	仁保事件、最高裁判決、有罪判決を棄却、差戻し
	10.24	異議申立補充書（第 3）を提出		
		（付）長崎「綫丘痕の角度と幅に関する報告書」（証第 33 号）		
昭和 46 (1971)	5.20	札幌にて「裁判と科学シンポジウム」	6.22	沖縄返還協定
	7.16	**札幌高裁、再審請求棄却に対する異議申立棄却決定** 「弾丸の証拠価値は大幅に減退した…ひいては事件全体が捜査機関のねつ造にかかるものではないかとの疑いも生じる」		
	7.22	**最高裁に特別抗告申立書提出**		

白鳥事件（弾丸を中心とした）年表

	白鳥事件事項		社会背景・主な事件	
昭和 47（1972）	5.11	特別抗告申立理由補充書提出	9.29 11.21 12.1 12.4	日中国交回復 メーデー事件東京高裁判決、84 人は無罪、騒擾罪不成立 辰野事件、二審判決、無罪 仁保事件、無罪判決
昭和 48（1973）	9.20	特別抗告申立理由補充書提出	9.7 11～	長沼訴訟一審札幌地裁（福島裁判長）自衛隊違憲判決 オイルショック
昭和 49（1974）			10～	田中金脈問題
昭和 50（1975）	**5.20** 5.21 7.26	**最高裁、特別抗告申立棄却決定** 「疑わしいときは被告人の利益に」という刑事裁判の鉄則が再審請求にも適用される（白鳥決定）とした。証拠弾丸に関しては「第三者の作為、ひいては不公正な捜査の介在に対する疑念が生じうることも否定しがたい」としながらも「証拠の明白性の要件を具備しないとした原判決は、その結論において正当として是認」した。 弁護団、「白鳥事件最高裁決定批判」発表 白対協、終結のための全国代表者会議	3.27 4.30	大須事件、名古屋高裁判決、有罪 ベトナム、サイゴン政権無条件降伏

拳銃と弾丸

本書を読むにあたって、拳銃と弾丸についての予備知識を持っていただくために概要をまとめた。

1. 拳銃の種類と仕様

拳銃は自動装填式（Automatic）と回転式（Revolver）の二種に大別される。リボルバーは18世紀の末から19世紀にかけて開発され、オートマティックは1880年代から登場する。

オートマティックは、弾丸は握りのところにある弾倉に6～8発程度装填される（図1）。発射ずみの薬莢は発射による反動で排出され、新弾丸が順次装填されていく機構をもっている。オートマティックの利点は、弾倉を交換することで素早く詰め替えができ、排莢の手間が省け、持ち運びが便利なことである。しかし、構造が複雑で、製造、修理がむずかしく、不発弾が出たとき処理が面倒である。こうした欠点もあるが利点の方が多く、現在ではオートマティックが各国の軍用制式拳銃ではほとんどを占めているといわれる。ベルギーのFN（Fabrique Nationale）社製のブローニングモデル、アメリカのコルト、ドイツのモーゼルなどが代表的である。

リボルバーは蓮の実のようになった回転弾倉の中に弾丸をつめて発射するタイプである（図2）。西部劇で活躍するのはこのリボルバーである。リボルバーは警察用として多くの国で今なお使われている。わが国の制服警察官が携帯しているのは、アメリカのスミス・アンド・ウェッソン（S&W）社製のリボルバーである（私服警察官はオートマティックを使用）。

口径7.65ミリ（32口径ともいい、0.32インチのこと）というのは拳銃の口径（図3）で、厳密には銃器により多少の差異がある。また、公称の口径と実測された口径とはいく分違うのが普通である。オートマティックには、この他6.35ミリ（25口径）、9ミリ（38口径）のものもある。図4に示すように、拳銃の銃身内部（銃腔）には弾丸が回転しながら直進するように、らせん状の溝（旋条・

腔綫・ライフルともいう）が刻んである。銃身の断面（銃口）を見ると、図3のように丘と底の部分があり、これを綫丘、綫底という。綫丘と綫丘の間が口径（銃径）である。旋条が右回りか左回りか、その数、幅、深さなどは、モデルによりそれぞれ違っている。

2. ブローニング拳銃

白鳥事件の物証弾丸はブローニング拳銃から発射されたことになっているので、以下は自動装填式拳銃であるブローニングについて主に述べる。

ブローニングとはアメリカの拳銃設計者ブラウニング（John M. Browning）の特許による、ベルギーのFN社で作られた自動装填式拳銃のことをいう。本家のFN社で作られたものは銃の握りにF、Nという頭文字を組み合わせて型どった模様が刻んであり、銃身の被筒にはBROWNINGS PATENTの文字が入っているのが特徴である。たんにブローニングといっても、その種類は多く、イミテーションまで作られているので、拳銃の特定はむずかしい（図5）。

口径7.65ミリ拳銃で6本の旋条、右回りのものはブローニングの他31種あるといわれている。ブローニングでは1900年型、1910年型、1922年型があり、1910年型がもっとも有名で、1935年のFN社のカタログによると、当時すでに100万挺売られていたという。科捜研鑑定、磯部鑑定にいう1912年型というのはカタログにも掲載されていない。1910年型は1912年にはじめて市場に出たが、型式名としては1910年型と呼ばれている。

3. 弾丸と薬莢

使用される弾丸の直径は銃身の口径よりやや大きく、溝径よりやや小さく作られている。弾丸の材料は鉛（わずかにアンチモンやスズを入れて硬くしてある）そのままのものと、これに別の金属をかぶせた被甲弾とがある。リボルバーでは鉛を、オートマティックでは被甲弾が多く使われている（図6）。被甲の材料としてはキュプロニッケル（銅にニッケルを加えた合金）、黄銅（銅と亜鉛の

合金)、軟鋼などが使われている。黄銅の場合にはニッケルメッキが、軟鋼では銅メッキなどが施してある。

薬莢は、オートマティックでは何発かをサヤに入れて装填し、また自動的に排莢するため、下にキザミが入れてある（公称口径0.22インチのものではリム型もあるという：図7)。

弾丸の形、重さ、薬莢の形は共通性を持たせるために何種類かに限定され、それぞれ使用できる拳銃も決まっている。口径7.65ミリブローニングの1900年、1910年、1922年型に使用できるのは0.32ACPといわれる規格のものだけである。この型のブローニング拳銃は種類が多いので、弾丸の製造会社も多い。

弾丸は火薬の爆発によって生じたガスによって前に押し出され、弾丸の表面は旋条の丘にくいこんで、回転運動を与えられ、飛んでいく。弾丸には図8のように使用拳銃の特徴がそのままプリントされる。このキズを綫丘痕または綫底痕という。図の弾丸は右回転、六本の旋条をもった銃器から発射されたものである。

4. 鑑定の手がかり

拳銃や弾丸にはそれぞれ規格があり、個性がある。弾丸に刻まれた旋条痕は人の指紋のような役割を果たす。したがってこれらのデータを蓄積しておけば、それを手がかりに発射弾丸から使用銃器を決めることができる。薬莢も底部に残る発射痕から拳銃の型式がわかり、底面には薬莢の製造会社が刻印されている。

鑑定に必要な数値は、弾丸の材質、鉛か被甲か、形、重さ、弾径、旋条の数、回転方向、綫丘痕の角度、幅についてのデータである。同一モデルの銃器でも製造の一連番号（ロット番号）が違うと、測定値のバラツキや製作上の公差のバラツキ以上に、弾径、綫丘痕角度、幅は違っている。

複数の弾丸が同一銃器から発射されたものかどうかを決定するためには、さらに比較顕微鏡によって綫丘痕の特徴のあるキズ、綫底痕の細かいキズなどが一致するか調べることが銃器鑑定で世界的に認められている方法である。

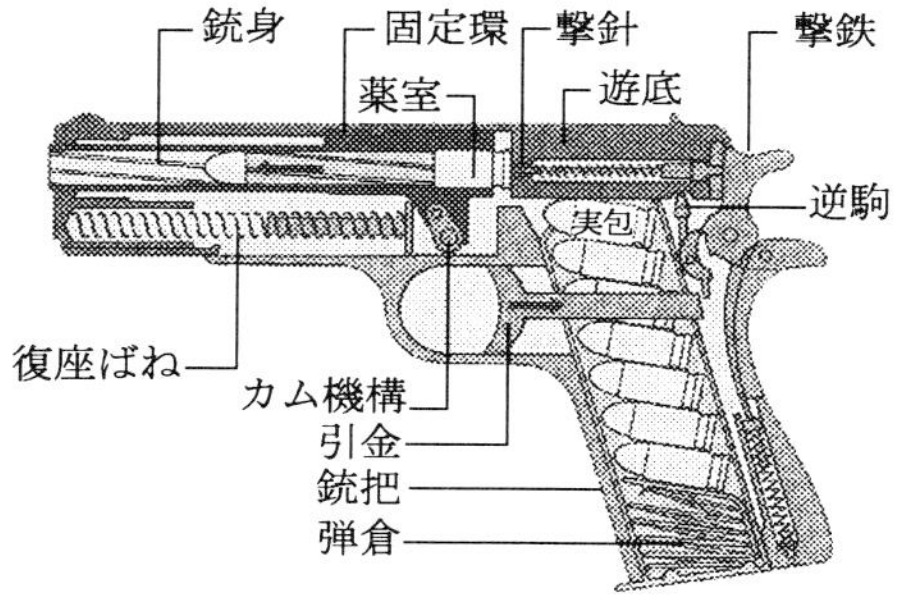

図１　オートマティックの内部
（コルト M1911A1）

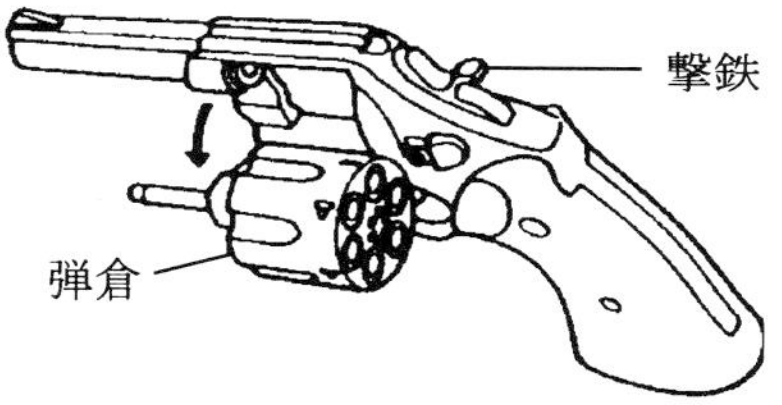

図２　リボルバー（スミス・
アンド・ウェッソン M58）

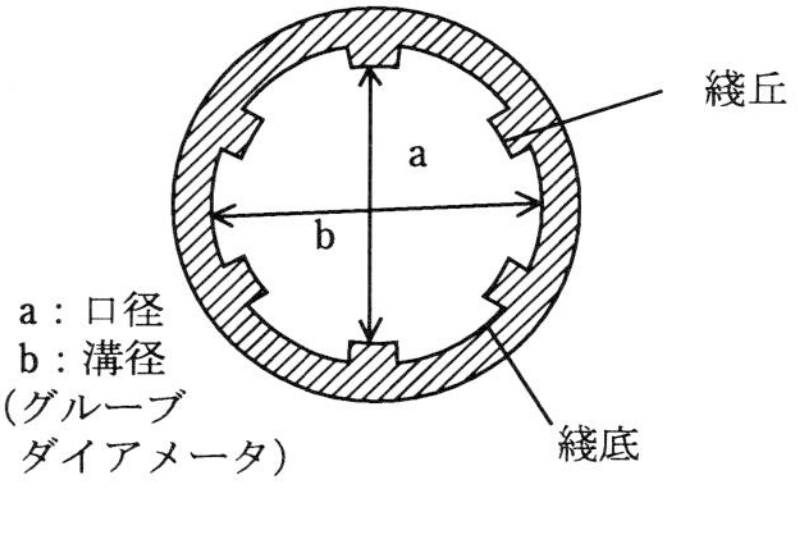

図３　銃身の断面

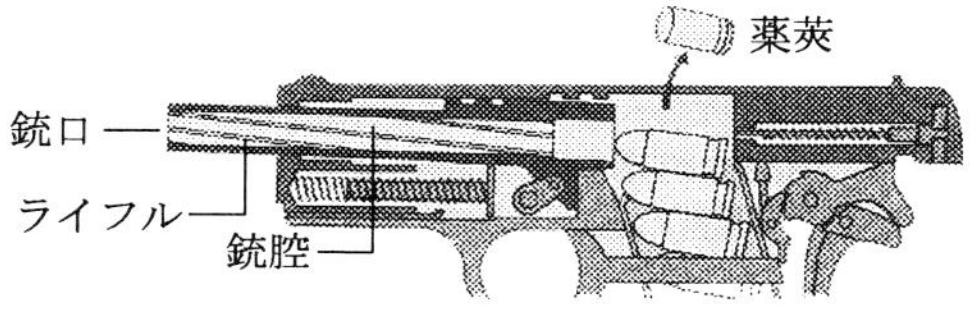

図４　銃身内部

（図 1, 2, 4：平凡社 1990 年世界大百科事典）

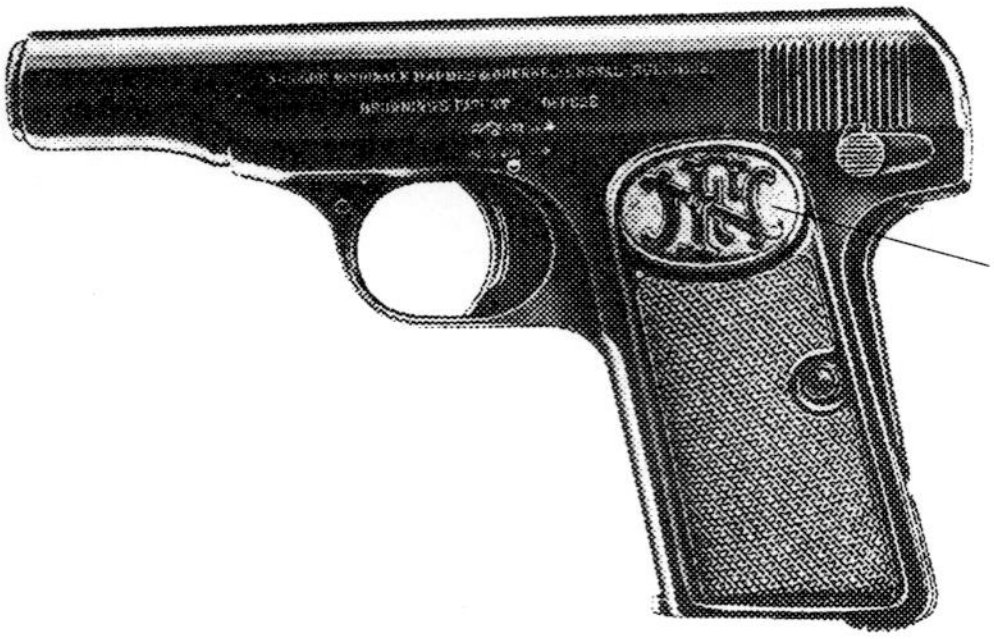

図５　ブローニング 1910 年型
(Handguns of the world, E.C.Ezell, 1981)

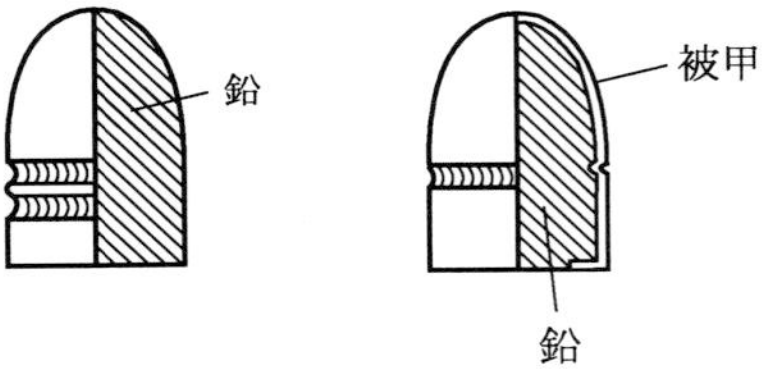

図６　弾丸の材質
（被甲の材質はキュプロニッケルか，黄銅にニッケルメッキ，または軟鋼に銅メッキ）

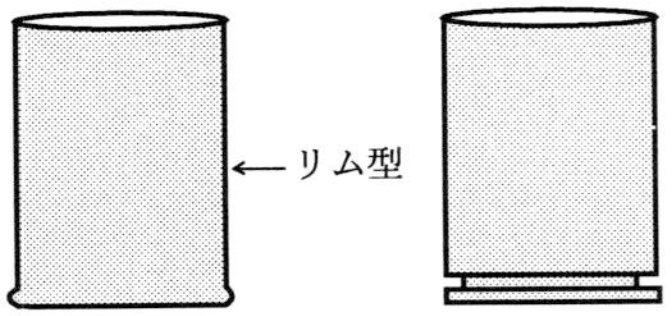

図７　薬莢
（主として黄銅製）

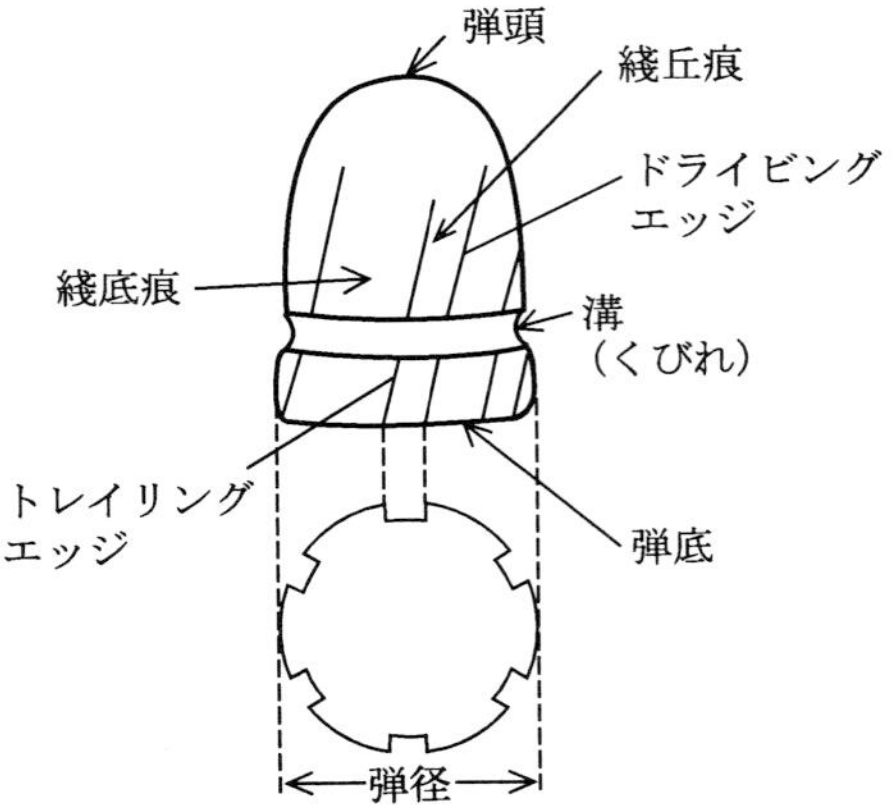

図８　発射弾丸の側面と底面
（右回転，６本の旋条の場合）

参考文献

1) 科学捜査研究グループ編：「科学捜査」，光文社，1960.
2) 山田誠編：「科学捜査ノート」，講談社，1962.
3) Firearms Investigation Identification and Evidence, Telegraph Press, 1957.
4) Firearms Identification, Vol.I, The Univ. Wisconsin Press, 1962.

鑑　定　書

受命裁判官佐藤竹三郎に命ぜられて別紙に記した資料につき三事項にわたり鑑定を行った。

結果は別紙の通りである。

昭和31年10月5日

東北大学助教授

長　崎　誠　三

Ⅰ、鑑定資料

1．札幌地方裁判所　昭和二十八年領第二六一号の第二〇七号。

弾丸一個。

(特徴) 白色で弾底の一部に削り取られたようなところのあるもの。

2．札幌地方裁判所　昭和二十八年領第二六一号の第二〇八号。

弾丸一個。

(特徴) 黒褐色で弾底平坦のもの。

以下この報告書では1を207と呼び、2を208と呼ぶ。

Ⅱ、鑑定事項

1．以上各弾丸の腐食の有無。

2．腐食しているとすれば、その部位程度ならびに原因。

3．以上腐食の部位程度から判断される右各弾丸の発射后の推定経過時間。

Ⅲ、鑑定結果

1．鑑定にさいして行った実験、観察

Ⅱの鑑定事項を明らかにするために、以下に述べる通り肉眼、顕微鏡、電子顕微鏡及びX線等により実験を行った。その方法と結果のあらましを述べる。

1-a.　肉眼的観察

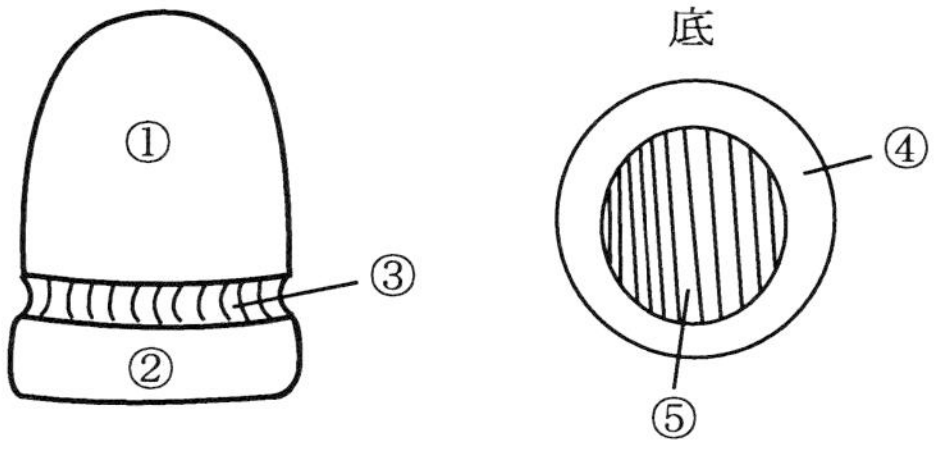

以上5通りの場所につき、207と208につき観察結果を下に記す。

部位	①	②	③	④	⑤
207	メッキは部分的にはげている。はげた部分は黄褐色に変色している。	殆んどメッキははげていない。	左と同じ	左と同じ	鉛（または合金鉛）は変色している。ひっかきあとがある。
208	メッキは殆んどはげているが、所々に痕跡らしいものがある。はげた部分は黒褐色。	左と同じ	メッキは殆んどはげていない。金属光沢を保っている。	周縁部ははげているが、内側にはメッキが残っている。金属光沢を保っている。	鉛の上に灰白色の酸化鉛又は炭酸鉛が生じている。

208について重要なことは凹んだ部分 ③と④とにはメッキ部が殆んど完全に残存していて、しかもなお、207と同程度の金属光沢を保っていることである。

1-b.　金属顕微鏡による観察

金属顕微鏡で観察を行う場合は研磨し化学薬品で腐食しなければならないので208についてのみ①の部位の頂端を約2mm平方ばかり、ラシャ布で軽く研磨し、塩化第二鉄腐食液で腐食観察した。

地は均一で銅又は銅基合金のα相のようである。この程度の研磨では図のように酸化被膜が所々残っている。

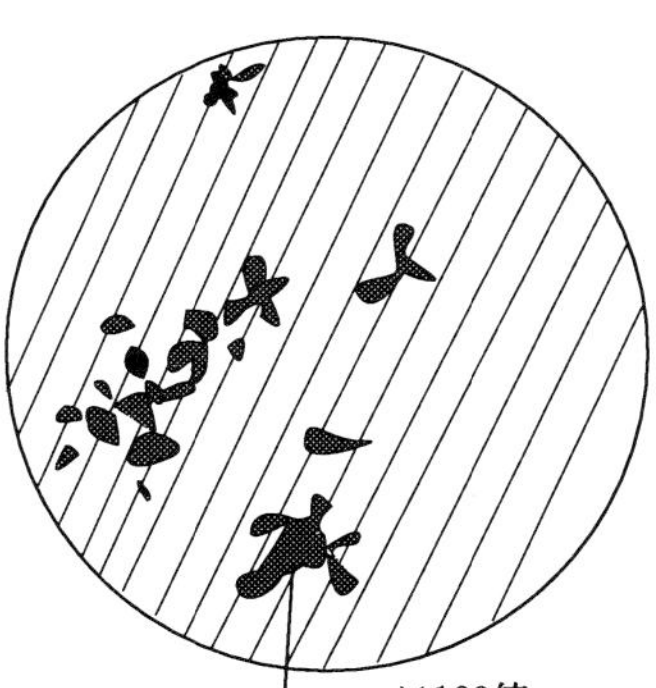

1-c.　電子顕微鏡による観察

207、208の双方についてメチルメタクリル・クローム法によりレプリカ*を作り写真を撮影した。

（イ）207についてはメッキ層がよく残っているが、はげた部分はかなり著しくやられている。

（ロ）208については電子顕微鏡像よりみてもメッキが所々残っていることは明らかである。はげた部分の腐食の程度は207と同程度である

腐食孔といえる程度のものはみられない。

※注　資料面にメチルメタクリル（合成樹脂の一種）のうすい膜を作り、之をはがし、この上にクロームを斜上方向より真空蒸着したものを、電子顕微鏡で観察。したがって乾板上では資料突出部の左部は黒く、右部は白く出る。印画紙上ではこの逆。

よって添付写真（編注：略）のような結果となる。

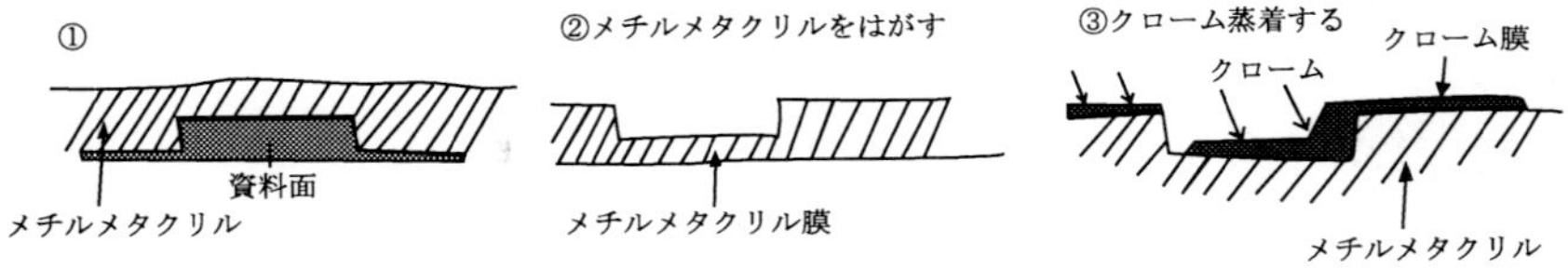

1-d.　X線による観察

1-d- ①

右図のような方法で207および208の側面の背面廻折写真を撮影した。

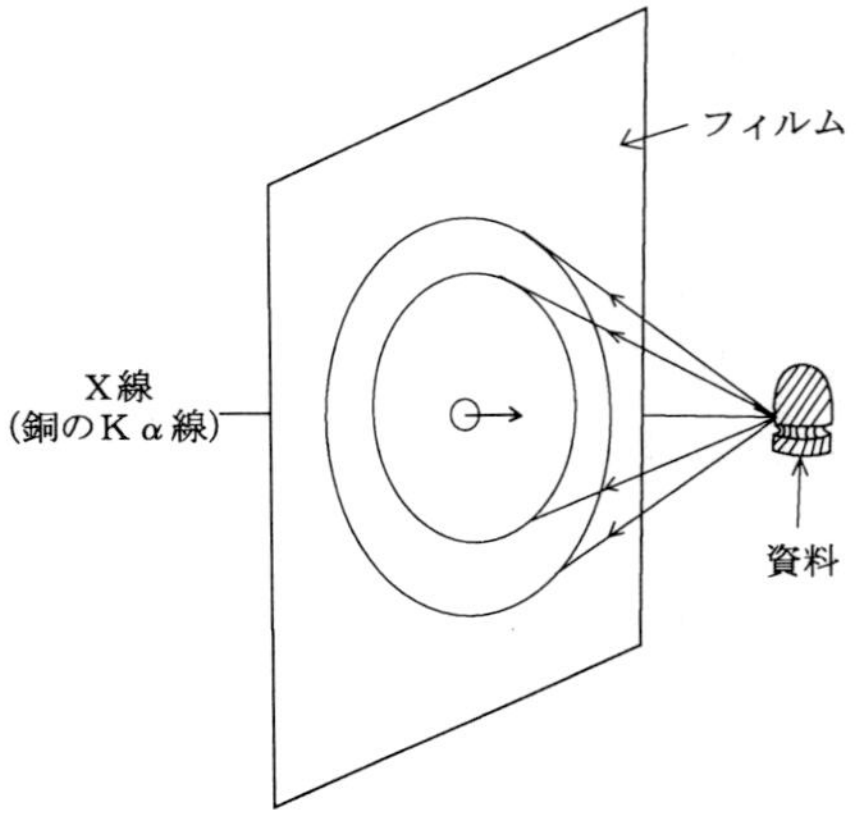

（イ）207については非常に明瞭に加工繊維組織がみられる。(リングが所々強度が強くなっている、印画紙上では反転して白くぬけている所)

（ロ）208については加工組織は顕

著でなく均一な加工を受けたものと判定される*。

なお207、208ともに廻折線は銅（Cu）の{331}(外側) 及び{420}である。格子常数は正確にはきめがたいが、207のほうが208より格子常数がわずかであるが大きい**（編注：写真本文p.30参照)。

1-d-②

1-d-①と同様な方法で207と208双方につき底部のX線廻折像を撮影。

（イ）207：写っているのは鉛の廻折像のみで、ボツボツしているのは加工状態から恢復して再結晶組織になっているからである。

（ロ）208：鉛の廻折像の他に、酸化鉛か炭酸鉛かによる廻折点がみられるが、いずれによるものであるかは解析しがたい。(両者とも結晶構造が複雑なので)

＊207と208で加工過程がかなり相違しているのではないかと推定される。

＊＊資料の形状が特異なので正確な結晶格子常数を決めがたいが、格子常数がちがうということは207と208で素材の組成が僅か異なるのでないかと推定される。

1-d-③

右図のように資料を粉末写真用カメラの中心に偏心して、たて側面をほんの少しX線がかすするようにしてデバイ写真を撮影した。

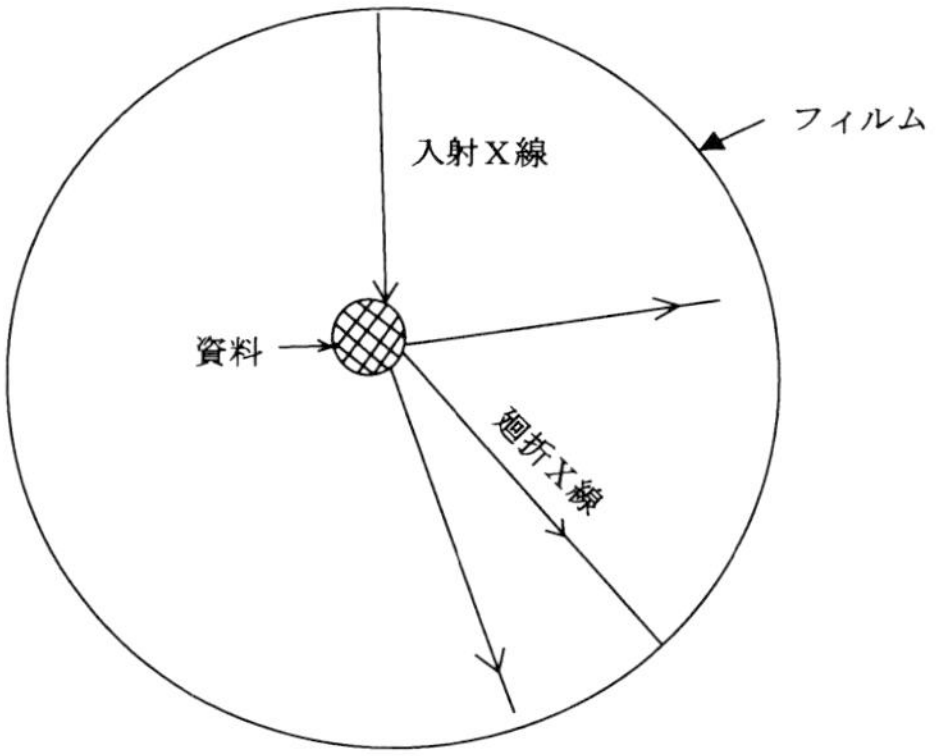

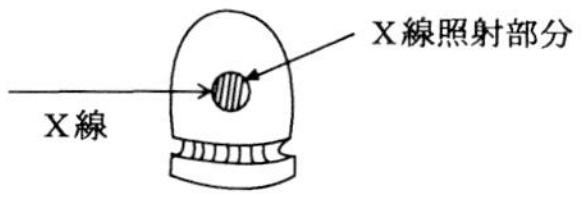

解析結果によれば

207：素地の銅（又は銅合金）よりの廻折線の他に、メッキ部よりの廻折線がみられる。之は計算の結果ニッケルである。

銅（又は銅合金）及びニッケ

ルの他に亜酸化銅（Cu_2O）による廻折線がかすかに見られる。酸化ニッケルの廻折線はみられぬ。

208：素地の銅（又は銅合金）の廻折線が強くあらわれている。このほかに亜酸化銅（Cu_2O）の廻折線がかなりの強さであらわれている。ニッケルの廻折線もかすかではあるがみられる（編注：写真略）。

1-d-④　X線による観察の結果のまとめ

（イ）207、208ともにメッキ部分はニッケルである。

（ロ）207と208では加工組織がいちじるしく異る。

（ハ）207の方が208より格子常数が大きい。（ということは素地の銅合金は多分真鍮（銅－亜鉛の合金）であろうが、207の方が208より亜鉛含有量が多いのではないかということである。）詳細な原因は化学分析によらなくては断定出来ない。

（ニ）207及び208ともにメッキのはげた部位には亜酸化銅の被膜が生じている。酸化ニッケル、酸化銅或いは炭酸銅といったものはX線で検出出来る程度には生じていない。

（ホ）底部の廻折像は207と208とで著しい差があるが、207では、こさいだあとがあるから、この差は本来のものか人為的なものか疑問である。

1-e　電子廻折による観察

表面の酸化物が何か決定づけるために実験を試みたが、ボヤケタ廻折像のみで何等手がかりとなるような結果を得られなかった。

2．実験観察の結果の総括

207は多少腐食されている部位があるとはいえ、之は取り扱いのさい、所々ニッケルメッキがはげ、素地の銅（又は銅合金）の部分が酸化されたものであろう。

腐食とは直接因果関係はないかもしれぬが、加工繊維組織が著しい。

208はニッケルメッキのはげた部分には酸化被膜がかなり（軽くラシャで研磨

した程度では完全にはとれぬ程度に）生じている。腐食孔は見られず、又凹部にはニッケルメッキが完全といっていい程残っている。

素地の銅（または銅合金）は207にくらべて格子常数が小さい。

3．鑑定事項に対する解答

3-a　各弾丸の腐食の有無？

207、208ともに腐食している。

3-b　腐食しているとすれば、その部位程度ならびに原因？

	207	208
部位 （1-a参照）	①の一部分	①及び②の大部分 ④の周縁部分
腐食の程度	わずかではあるが（208に比べ）亜酸化銅の被膜が生じている。（1-d-③参照）	亜酸化銅の被膜がかなりの程度生じている。（1-b及び1-d-③参照）
腐食の原因	取扱いのさい、機械的にメッキがはげ、この部分が空中（或いは空中と同程度の環境）で腐食され酸化被膜を生じたのであろう。	過酷なマサツでなく（①、②の部分に別に擦痕がみられない） ニッケルメッキが大部分はげ、素地の銅（又は銅合金）が露出し、空中或いはそれと同程度の環境で腐食され、酸化被膜が形成された。しかし③及び④の内側のニッケルメッキが殆んど完全に残っていること、及び腐食孔がみられぬことは、過酷な腐食条件の下に資料があったとは考えにくい。

3-c　腐食の部位程度から判断される各弾丸の発射後の推定経過時間？

207、208ともに過酷な腐食作用の存在する環境に長時間おかれてあったとは考えがたい。長時間とはどの位かとは、上述のような、単に資料についての外見的観察からでは不可能なことである。

注：ここに過酷な腐食作用の存在する環境とは…

銅及びその合金は炭酸ガスの存在する所では（しめった土壌中には含まれて

いる）緑色の炭酸銅（緑青のこと）が生じる。取り扱い中に、たとえ炭酸銅は脱落してもそれによる腐食孔が残るはずである。従って、このようなガスの存在する所という意味である。

また、ニッケルは腐食されがたいものであるが、水分と接触していると、いくばくもたたないで酸化被膜が生じ灰白色にくもるのが普通である。しかし之は取り扱いのさい、手によるマサツ等ではげる。従って、金属光沢を示すから腐食されているか否かの証拠としては採用しがたい。しかし、208の凹部に金属光沢をおびたメッキ部分が残っていることは過酷な腐食条件の下になかったことを示しているのではないかと考えられる。

なお底部の鉛部分は、207に人為的にこさいだ痕跡があるので、上述の判定にあたっては参考にしなかった。

証第20号
拳銃から発射された黄銅製弾丸の腐食割れに関する実験報告

東北大学金属材料研究所
金属表面化学研究室
教授　下平　三郎

概要

拳銃から発射された黄銅（七三黄銅および四六黄銅）製弾丸480箇を人家から遠く離れた山林中に19ヶ月および27ヶ月の間放置したところ、100パーセント腐食割れが発生した。

1. まえがき

中華人民共和国科学技術協会からの招待により、昭和41年6月9日から11日まで北京において開催された腐食防食討論会に出席した際、科学院応用化学研究所腐食研究組主任余柏年教授ならびに冶金工業部鋼鉄研究院腐食研究室主任顧国成教授から拳銃弾丸の腐食割れに関する実験結果の報告があり、討論会が終った後で吉林省東部にある腐食試験場を見学する機会をえた。山林中における黄銅の腐食割れ（正確には応力腐食割れ stress corrosion cracking とよばれている）に関する実験報告は、世界にも類がなく、非常に興味ある貴重な記録である[1)]。この腐食試験場では、上記の弾丸の腐食割れに関する実験と平行して、当試験場と日本の札幌・幌見峠の腐食性を比較する目的で北海道大学宮原将平教授ならびに松井敏二助教授との協同実験も分担して行っていた[2)]。

本報告は余柏年教授、顧国成教授の報告ならびに宮原将平教授、松井敏二助教授から提供された資料ならびに試験片を測定・観察した結果をまとめたものである。

注1）この報告を腐食研究の専門的立場から検討整理して日本学術振興会腐蝕防止第97委員会発行「防蝕技術」誌に発表する予定である。

注2）札幌における宮原、松井の腐食試験の方法については筆者がこれを指導した。くわしい経緯は本補充書1に述べてある（編注：略）。

2. 試料

実験に用いた拳銃弾丸はドイツ製およびベルギー製の外径7.65mmのものである。

弾丸の化学成分は次のとおりである。

弾丸	弾芯	弾　殻		表面のニッケルめっきの厚さ（ミクロン）
		銅（重量%）	亜鉛（重量%）	
ドイツ製	鉛	66.97	32.67	2以下
ベルギー製	鉛	63.71	36.24	2以下

3. 試験場

第一試験場

中国吉林省東部、北緯43度、長白山脈に近い地点にあり、海抜320mの山林である。斜面は西南に向い傾斜19度、街から30km離れた地点にある。山林は自然のままの針葉樹、広葉樹が混り、土壌は褐色の森林土類に属し、その性状は付表1～3に示すとおりである。気象条件は1964年および1965年の資料によれば年平均気温3.6℃、最高気温37.5℃、最低気温−31.8℃である。年平均降水量630.8mm、年平均相対湿度68.5%、土壌の凍結期間は約5ヶ月である。試験場の一部を写真1～4に示す。

第二試験場

中国吉林省西部、北緯約40度、海抜110mの山林である。斜面は西南に向い傾斜は17度、街から15kmはなれた地点にある。山林は植林されたカラマツ、クヌギの樹からなり、土壌は褐色の森林土類で、その性状は付表1～3に示すとおりである。気象条件は1964年ならびに1965年の資料によれば、年平均気温9℃、最高気温33℃、最低気温−22.6℃である。年平均降水量は1054.2mm、年平均相対湿度70.2%、土壌の凍結期間は約4ヶ月である。気象資料は付表4に示す。

4. 実験方法

(1) 次の4種類の条件で弾丸の腐食実験を行なった。

（i）地上1.5～2.0mの高さから拳銃で弾丸を土中に発射した。弾丸は土中5

～10cmの深さに達した。

(ⅱ) 拳銃から綿の中に発射した弾丸を地表から2cmの深さに埋めた。

(ⅲ) 拳銃から綿の中に発射した弾丸を地表に置いた。

(ⅳ) 拳銃から綿の中に発射した弾丸を大気中に置いた。

放置の方法は地表から高さ90cmの位置に弾丸頭部を上方に向け、4本のビニール被覆銅針で弾丸を垂直に支持した。(写真5参照)

(ⅱ)(ⅲ)および(ⅳ)の場合、綿の中から取り出した弾丸を炭酸ナトリウム水溶液で洗滌し、油を除去した後、蒸留水で十分洗滌し、自然乾燥した。

(2) 試験場は第一試験場と第二試験場と二つあり、第一試験場は1964年3月13日に、第二試験場は1964年2月7日に試験を開始し、試験期間は両試験場とも19ヶ月と27ヶ月である。

(3) 試験した弾丸の数は総計480箇である。

同一試験場で同一種類の試験にドイツ製、ベルギー製それぞれ30箇を用いた。

腐食の経過をみるために第一試験場では7ヶ月後に、第二試験場では8ヵ月後に土中の試験弾丸の若干をとりだして中間検査を行なった。

(4) 大気中ならびに地表に置かれた弾丸は常時観察した。

土中の弾丸は一定期間とり出して土をはらい、水、アルコールなどでよく洗滌、乾燥した後、重量変化の測定と顕微鏡による検査を行なった。また表面に生じたさびを化学分析ならびに電子回折によってしらべた。

5. 実験結果と考察（第一試験場と第二試験場）

(1) 直接土中に射ちこんだ弾丸の腐食

すべての弾丸の表面には著しい擦過傷があり、全体の80%の弾丸の頭部には大小不同のおうとつがあらわれ、全体の10%の弾丸に顕著な変形を生じていた。

19ヶ月後にはすべての弾丸の擦過傷とライフル痕の部分にもりあがった黒褐色の腐食生成物（さび）を生じ、全表面が黒褐色に変り、金属光沢を失ってい

た。相当数の弾丸にはライフル痕近傍に腐食割れが発生していた。底部の鉛の芯ならびに鉛と黄銅の接触部には黄白色の腐食生成物が多量に生じていた。27ヶ月後には腐食も割れもさらに増加していた。弾丸表面の黒褐色のさびの主成分は亜酸化銅（Cu_2O）および二酸化硅素（SiO_2）である。頭部のへこみの部分には二酸化硅素（SiO_2）、亜酸化銅（Cu_2O）および少量の白雲石（$CaCO_3$・$MgCO_3$）が存在していた。

底部の黄白色の腐食生成物は酸化鉛（PbO）、二酸化鉛（PbO_2）および少量の二酸化硅素（SiO）であった。

(2) 土中、地表および大気中に放置した弾丸の腐食

土中ならびに地表に置かれた弾丸はすべて多くの不均一なあばた状の腐食を生じ、薄い黄褐色のさびの斑点があらわれた。ライフル痕と頸部のくびれた場所の腐食は比較的ひどく黒褐色のさびを生じ、ニッケルめっきは剥げ落ちていた。

底部の鉛の部分には多量の黄白色のさびが付着していた。

大気中に放置した弾丸の腐食は比較的均一であった。

(3) 第一試験場と第二試験場の結果はよく一致している。

厳密にいえば第二試験場の方が第一試験場よりやや腐食性が強い傾向を示した。

(4) いずれの場合にも腐食はまずライフル痕ならびに頸部のくびれから発生していた。

(5) 27ヶ月後には土中、地表、大気中を問わず試験した弾丸の全部に腐食割れを発生した。

その発生経過は次の表に示すとおりである。

全試験弾丸に対する割れた弾丸数の割合

試験期間	第一試験場	第二試験場
7ヶ月	30～70％	
8ヶ月		70～100％
19ヶ月	80～90％	100％
27ヶ月	100％	

(6) 弾丸の腐食割れ

ドイツ製弾丸では結晶粒界割れが多く、ベルギー製弾丸では結晶粒内割れもあった。弾丸の腐食状態ならびに割れの状態は写真6～53に示すとおりである。

(7) 黄銅の応力腐食割れ

腐食割れは正確には応力腐食割れ（stress corrosion cracking）であって、金属材料に応力[3]が存在するとき特定の腐食環境で発生する割れである。

特定の腐食環境というのは、例えば黄銅はアンモニアその他チッ素化合物をふくむ環境で割れやすく、クローム－ニッケル、クローム－ニッケル－ステンレス鋼は塩素化合物をふくむ環境で割れやすいことが知られている。応力腐食割れは金属の腐食において学問的にも工業的にも重要な問題であるから、世界的にひろくさかんに研究されている。

注3) 応力とは固体をひずませた場合に固体内部に発生する一種の力である。詳しくは樋口盛一、齋藤秀雄共著、大学学生ならびに一般技術者のための弾性および材料力学（1958年養盛堂発行）1ページに説明されている（写真54）。

外力を取り去った場合に、ひずみと応力が残る場合がある。この応力を残留応力という。一般に加工製作した金属製品には必ず残留応力が存在する。これに加えて発射弾丸では発射時の爆発によって大きいひずみが生じ、残留応力もきわめて大きい。

その一端は次の書物からうかがうことができる。いずれも米国において開催された応力腐食割れに関する国際会議の記録である。（編注：写真54～61略）

ASTM（アメリカ材料試験協会）: Symposium on Stress Corrosion Cracking of Metals（1944年）（ASTM発行）（写真55）

W.D.Robertson : Stress Corrosion Cracking of Embrittlement（1956年）（John Wiley発行）（写真56）

T.N. Rhondin : Physical Metallurgy of Stress Corrosion Fracture（1956年）（Interscience発行）（写真57）

黄銅の応力腐食割れは金属材料の応力腐食割れの中では最も古くから知られていて小銃の弾丸の薬きょうの腐食割れが最初に問題となった。

この割れはシーズンクラッキングseason crackingともよばれている。最近銅合金の用途が広くなるにつれてチッ素化合物をふくまない環境でも銅合金管が

しばしば原因不明の腐食割れを起すようになり、問題になっている。

例えば

下平三郎、佐藤武明：地下水と川水の混合水によるアルミニウム黄銅管の応力腐食割れ〔日本学術振興会腐食防止第97委員会発行　防蝕技術第9巻(1960) 297頁〕(写真58)

福島県只見川東北電力沼沢沼水力発電所における冷却器官の腐食割れを研究したものである。

G. B. Klark：Corrosion Cracking of Brass in Different Climatic Regions of the USSR

ソ連の気象の異なる各地における黄銅の腐食割れ

〔I. A. Levin 編　Intercrystalline Corrosion and Corrosion of Metals under Stress 311-1962年, New York コンサルタントビューロー社発行〕

ソ連の工業地帯、田園地帯、海岸地帯いずれにおいても1年以内で黄銅に腐食割れが起きた。(写真59)

Åke Bresle（王立スエーデン工業科学アカデミー）編

Recent Advances in Stress Corrosion（1961年）には黄銅の腐食割れに関する著名な研究報告642篇のリストが作られているが、空気の清浄な人里離れた山林中において黄銅が腐食割れを起したという報告は記載されていない。(写真60)(写真61)

(8) この中国の腐食試験場では、発射弾丸に関する腐食試験と平行して、3点支持法による腐食割れ試験も行なっていた。

3点支持法とは、板状試験片を曲げて応力を負荷する方法であり、現在世界的にひろく一般に採用されている腐食割れ試験法である。

注目すべきことは、この3点支持法では黄銅板にほとんど腐食割れを発生しなかったことである。しかるに発射弾丸では多くの場合、割れは頸部のくびれとライフル痕から発生している。これは発射時の爆発的加工による残留応力にもとづく応力腐食割れと考えられる。アンモニアまたはその他のチッ素化合物が存在しない場合にも空気と水分が存在し、残留応力が大きい場合にはα（アルファ）黄銅[4)]は腐食割れを起すということを示した点で、本実験は学問的に

注4) 亜鉛含量が約32%以下の黄銅はα黄銅と名付けられている。

もきわめて貴重なものである。

(9) 発射された弾丸を27ヶ月間屋内に放置した実験では割れを全く発生しなかった。

6. 中国における腐食試験場と日本の札幌、幌見峠の腐食性の強さを比較するための実験

ある場所における腐食試験の結果を他の場所における腐食問題の解決に応用する場合には、二つの場所における腐食性の強さがわかっていなければならない。このためには同一条件で製作した試験片を用いて、二つの場所で同時に腐食試験を実施する必要がある。そこで前記中国腐食試験場と札幌、幌見峠において次の腐食比較試験を行なった。

(1) 試験片

種類・成分

（ⅰ）七三黄銅

69.36％銅、30.64％亜鉛、不純物としての鉄および酸素の合計は0.01％以下。

（ⅱ）ニッケルめっきした七三黄銅

純ニッケルめっき層の厚さ約5ミクロン、ワット氏浴を用いた電流密度40mA/cm^{2}でめっきした。

（ⅲ）市販軟鋼

0.2％炭素

試験片寸法

七三黄銅およびニッケルめっき黄銅は20×60×1mm　の平板である。

軟鋼は20×50×0.5mmの平板である。

(2) 試験場

中国第一腐食試験場および札幌、幌見峠の第一、第二および第三試験地のそれぞれの土中、地表および大気中に試験片を設置した。

以下中国腐食試験場を中国、幌見峠の試験地を日本と表記する。

(3) 試験法

（ｉ）大気中　試験片の平面を南北に向け、地上1mの高さにビニール糸で懸すいした。

（ii）地　表　試験片の平面の一面を土に密着させて置いた。

（iii）土　中　試験片の平面を東西に向け垂直に地下2cmの位置に埋めた。試験片の間隔は30cmである。

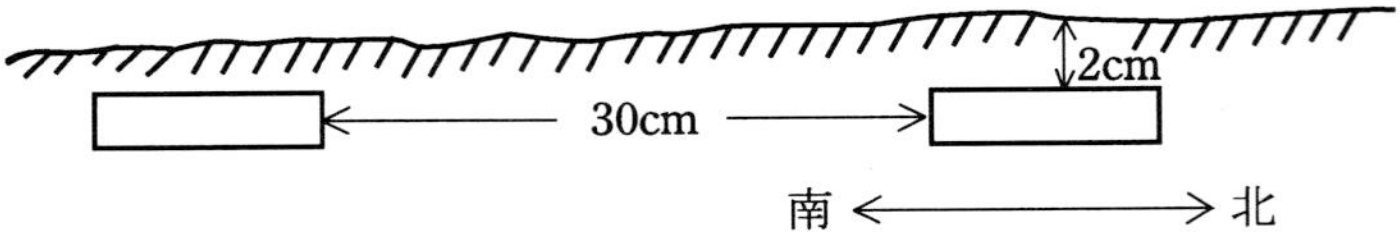

（４）試験期間

(a) 黄銅

（ｉ）日本　1964年11月14日～66年7月16日　20ヶ月

ただし

第三試験地大気中は

1964年12月6日～66年7月16日　19ヶ月

第一試験地大気中は

1965年4月16日～66年7月16日　15ヶ月

（ii）中国　1964年11月14日～66年6月14日　19ヶ月

(b) ニッケルめっき黄銅

（ｉ）日本　1964年11月14日～66年7月16日　20ヶ月

ただし

第三試験地大気中は

1964年12月16日～66年7月16日　19ヶ月

第一試験地大気中は

1965年4月16日～66年7月16日　15ヶ月

（ii）中国　1964年11月14日～66年6月14日　19ヶ月

(c) 軟鋼

（ｉ）日本　大気中

1964年12月6日～66年7月16日　19ヶ月
地表、土中
1966年5月14日～66年7月16日　2ヶ月
（ii）中国　1964年11月14日～66年6月14日　19ヶ月

(5) 結果

（i）肉眼ならびに立体顕微鏡（6～60倍）による腐食状態の観察
付表5～7に観察結果をまとめた。

(a) 黄銅

大気中、地表および土中のいずれかにおかれた試験片も日本において中国よりはなはだしく腐食されていた（付表5)。

(b) ニッケルめっき黄銅

日本の大気中におかれた試験片に生じた腐食孔の一例を写真62に示す。

日本におかれたニッケルめっき試験片には孔食を生ずるが、中国におかれたものには腐食孔は確認されなかった。

したがって中国より日本におかれた試験片の方が腐食は進んでいた（付表6)。

(c) 軟鋼

日本の大気中におかれた試験片は中国におかれたものよりはるかに腐食され、腐食生成物がすでにかなりの程度くずれおちていた。

土中および地表における試験片の腐食外観は、日本における2ヶ月経過が中国における19ヶ月経過と同程度であった（付表7)。

（ii）写真撮影　天然色による外観の写真撮影を行なった。

(iii) 腐食量の測定

表面のどろを水洗いによって除いた後、試料の重量を測定し、腐食試験による重量変化を求めた結果を付表8～12にまとめた。

測定結果の整理にあたっては

平均腐食減量　$\overline{X} = \frac{\Sigma X}{N}$

標準偏差 $S=\sqrt{\dfrac{\Sigma(X-\overline{X})^2}{N-1}}$

変異係数 $R=\dfrac{S}{\overline{X}}$

N：試験片数

X：腐食減量

を用いた。標準偏差も変異係数も測定結果のばらつきの度合いをあらわすものであるが、異なる場所における測定結果を比較するには変異係数の方が合理的である。

(a) 黄銅

付表11に示す全平均腐食減量から一目にして明らかなように、中国より日本の環境は黄銅をはなはだしく腐食し、腐食による重量減が極めて大きい。

付表5に示すとおり、日本の大気中におかれた試験片にはくぼみがあり、白色の腐食生成物も生じていた。これは表面がやや黒ずんだ程度という中国におかれた試験片にくらべてはなはだしく腐食されたことを意味している。しかるに付表8および11における重量減は大気中では日本の方が少ない。これは腐食の程度が少ないのではなく、腐食による重量減と前記のような腐食生成物の付着・成長による重量増との間に相殺が行なわれているためである。

(b) ニッケルめっき黄銅

腐食生成物の付着・成長による重量増と腐食による重量減との相殺のため、ニッケルめっき黄銅の場合日本と中国の腐食性の強さを重量変化で比較することはできなかった。

(c) 軟鋼

付表10における－の符号は重量増を意味し、2ヶ月経過では腐食により試験片の重量が減少するが、19ヶ月経過すると、腐食生成物が付着・成長し、重量が増加している。日本で試験片上に生じた腐食生成物は密着性が悪くくずれおちているため、付表10で両国の腐食性は比較でき

ない。

そこで、20%塩酸水溶液中で軟鋼試験片を酸洗し、腐食生成物を完全に除去して再び秤量した。結果を付表13に示す。土中および地表におかれた試験片の腐食による重量減は、日本における2ヶ月経過がすでに中国の19ヶ月経過の2倍をこえている。

日本の腐食性は中国よりはなはだしく強い。

(iv) 電子回折法による腐食生成物の同定

試験片の一部を切りだし、表面に生じている腐食生成物を反射電子回折法により同定した。

結果を図1～3(編注:略)に示す。試験片表面に生じた腐食生成物は日本と中国とは同一であった。

(6) 日本と中国における試験場の腐食性の強さを比較して次の結論をえた[5)]。

(a) 黄銅

札幌・幌見峠は中国腐食試験場より2～3倍腐食性が強い。

(b) ニッケルめっき黄銅

札幌・幌見峠は中国腐食試験場よりやや腐食性が強い。

(c) 軟鋼

札幌・幌見峠は中国腐食試験場よりはなはだしく腐食性が強い。なお、札幌・幌見峠の大気は中国腐食試験場よりはるかに腐食性が強い。

7. まとめ

拳銃から発射された黄銅(七三黄銅・四六黄銅)製弾丸は、発射時に爆発加工をうけ(ライフル痕の形成)残留応力が著しく大きいために、中国の自然のままの山林の中で19～27ヶ月の間に100%腐食割れが発生した。

注5) ある場所の腐食性の強さは金属材料の種類が指定されたときはじめて定まるものである。例えば常温の海水はステンレス鋼には腐食性の強い環境であるが、チタンにとっては全く腐食性のない環境である。

上記の中国の腐食試験場と類似した腐食性環境であり、腐食性はむしろ中国より強い札幌・幌見峠の山林においては、前記の弾丸は腐食割れを必ず発生するものと思われる。

以上

付表1. 試験場の土壌の断面構造

層	試験場	深さ	色	状況
A_0	1	2		あかまつ、山楊（中国名）、かえで、くぬぎ、はしばみ、ちょうじ等の枯枝や落葉、枯草などがつもっている
	2	2		から松、くぬぎ等の枯枝や落葉、枯草などがつもっている
A_1	1	11	褐色	中性土壌で、わずかの小石がまざり、かたまっている
	2	11	うすい褐色	中性土壌で、かたまっている
B	1	30	褐色	中性土壌で、わずかの砂利がまざり、ややかたまっている
	2	15	褐色	同上
BC	1	20	褐色	中性土壌で、比較的多くの砂利がまざり、かたまり具合ははっきりしない
	2	24	褐色	同上
C	1			玄武岩が風化されて砕けたもの
	2			花崗岩が風化されて砕けたもの

付表2. 試験場の土壌の化学分析

試験場	層	採取の深さ (cm)	pH (H_2O)	腐食質 (%)	チッ素 (%)	水溶性酸 (mg 当量 /100g)	置換性 イオン (mg当量/100g)				蒸発残滓 (%)	塩 分 (%)						
							Ca^{++}	Mg^{++}	H^+	Al^{+++}		HCO_3^-	$SO_4^=$	Cl	Ca^{++}	Mg^{++}	Na^+ K^+	総量
第一	A_1	2-12	6.49	1.99	0.217	4.55	4.46	0.72	0.006	0.05	0.082	0.024	0.009	0.024	0.005	0.006	0.012	0.080
	B	20-30	5.91	0.49	0.098	13.13	0.82	0.59	0.028	6.98	0.036	0.007	0.006	0.012	0.002	0.002	0.008	0.037
	BC	42-52	5.94	0.28	0.079	12.55	0.60	0.57	0.027	6.80	0.022	0.004	0.004	0.007	0.001	0.001	0.005	0.022
第二	A_1	2-12	5.79	2.74	0.310	4.83	4.64	0.66	0.018	0.10	0.037	0.008	0.008	0.006	0.003	0.001	0.006	0.032
	B	12-27	5.54	0.93	0.165	4.60	1.67	0.39	0.006	0.95	0.023	0.008	0.004	0.006	0.003	0.001	0.004	0.026
	BC	27↓	–	0.30	0.098	2.37	1.42	0.54	0.005	0.48	–	–	–	–	–	–	–	–

付表3. 試験場の土壌の水分および酸化還元電位

層	土壌採取の深さ (cm)	第一次 凍結期間		第二次 凍土融解期間		第三次 雨季		第四次 7, 8ヶ月 取り出し期		第五次 19ヶ月 取り出し期		第六次 27ヶ月 取り出し期	
		水分 (%)	電位 (mV)	水分 (%)	電位 (mV)	水分 (%)	電位 (mV)	水分 (%)	電位 (mV)	水分 (%)	電位 (mV)	水分 (%)	電位 (mV)
第一試験場		1964年 3月8日		1964年 4月13日		1964年 8月		1964年 10月		1965年 10月		1966年 6月	
A_1	2－12	37.5	+531	19.30	+542	14.50	+584	12.6	+494	9.4	+582	16.7	+555
B	12－22	–	–	18.0	+622	18.00	+641	11.5	+609	128	+599	14.6	+583
第二試験場		1964年 2月4日		1964年 4月9日		1964年 8月		1964年 10月		1965年 9月		1966年 5月	
A_1	2－12	35.3	+523	23.1	+550	20.5	+553	17.9	+551	11.4	+512	19.5	585
B	12－27	19.1	–	15.9	+555	19.4	+518	17.9	+591	15.27	+479	20.6	+619

付表4-1. 試験期間の気象資料

項目	試験場	年	一月	二月	三月	四月	五月	六月	七月	八月	九月	十月	十一月	一二月
平均気温(℃)	1	1964	−14.5	−17.2	−3.7	5.1	14.2	17.3	19.6	20.3	11.9	5.5	−5.0	−12.1
		1965	−14.4	−12.5	−4.5	4.1	12.3	18.9	19.5	19.8	13.9	6.2	−3.8	−13.5
		1966	−14.8	−10.1	−2.5	4.7	14.3							
	2	1964	−4.2	−7.2	0.8	10.1	16.0	19.1	22.5	23.6	18.1	10.3	2.5	−4.2
		1965	−8.3	−6.1	0.3	7.0	15.0	20.1	23.2	22.2	18.5	12.6	3.0	−6.9
		1966	−10.0	−4.1	1.7	7.8								
最高気温(℃)	1	1964	1.8	1.7	9.2	23.6	31.0	33.0	33.2	35.5	27.5	23.5	11.9	0.0
		1965	−1.6	−1.0	12.0	25.0	32.5	36.5	33.4	37.5	28.2	26.0	12.5	5.9
		1966	0.5	12.1	15.5	25.4	33.0							
	2	1964	6.0	4.7	8.2	23.0	28.0	33.0	29.5	33.1	31.1	24.1	13.6	5.2
		1965	2.2	−1.2	5.2	21.7	29.3	31.4	30.8	30.0	27.4	26.0	15.3	6.8
		1966	3.0	7.4	10.2	20.0								
最低気温(℃)	1	1964	−30.4	−31.8	−19.5	−11.7	−2.8	5.9	8.8	8.2	−3.9	−9.3	−21.2	−27.3
		1965	−26.8	−23.8	−23.3	−8.2	−2.1	4.2	12.2	11.4	0.6	−10.2	−19.8	−26.8
		1966	−28.9	−22.8	−16.2	−6.7	−0.5							
	2	1964	−13.3	−18.1	−6.5	−2.2	6.3	10.6	16.6	14.8	7.5	−1.6	−11.7	−15.4
		1965	−20.9	−10.5	−3.9	−4.4	2.9	9.7	15.4	15.6	6.8	1.2	−10.1	−22.6
		1966	−22.1	−18.9	−8.6	−3.5								

付表4-2. 試験期間の気象資料

項目	試験場	年	一月	二月	三月	四月	五月	六月	七月	八月	九月	十月	十一月	十二月
平均相対湿度(%)	1	1964	71	67	64	66	57	80	84	87	76	63	70	68
		1965	70	59	60	47	60	66	84	85	78	67	58	61
		1966	56	56	54	59	62							
	2	1964	58	48	61	79	73	82	89	88	76	69	64	64
		1965	62	64	60	60	68	75	85	88	77	72	64	60
		1966	60	64	63	67								
平均地面温度(℃)	1	1964			−0.7	7.4	18.8	19.5	20.6	21.1	12.8	4.6	−2.6	−7.8
		1965	−8.6	−8.1	−3.3	4.3	13.7	21.7	21.1	20.4	14.3	5.6	−2.2	−9.9
		1966	−11.7	−8.8	−2.0	3.8	14.2							
	2	1964	−4.4	−6.1	2.0	11.4	19.1	22.4	24.6	25.3	19.4	10.3	−1.6	−4.7
		1965	−10.5	−5.8	1.6	10.3	19.5	26.1	27.1	24.6	21.1	14.2	3.0	−6.9
		1966	−10.6	−3.4	2.5	10.1								
降水量(mm)	1	1964	20.7	1.6	4.4	71.2	44.2	71.6	213.2	173.9	25.1	22.5	11.9	2.5
		1965	6.0	1.1	10.4	33.8	52.9	30.5	177.5	220.0	25.2	18.2	8.7	14.6
		1966	4.4	2.0	22.7	75.0	23.9							
	2	1964	59.6	1.9	32.0	114.7	69.0	97.7	606.3	289.1	46.9	99.5	6.5	7.9
		1965	16.5	30.3	5.3	26.4	43.9	56.6	255.8	98.3	62.8	27.8	44.7	8.0
		1966	10.6	8.0	25.2	39.3								

付表5.　黄　銅

	試験地	試験期間	日　　本	中　国（19ヶ月）
大気中	第1	15ヶ月	全面黒褐色に曇りかすかにくぼみがある ところどころに白色点状の生成物がある	全面一様にやや黒ずんだ程度、 若干斑点状のしみがある
	第2	20ヶ月	全面黒色に近い くぼみ全くない	
	第3	19ヶ月	第一と第三の中間の色 しみが多い	
地表	第1	20ヶ月	おもて：5〜30％地肌残、くぼみがある う　ら：80〜90％地肌残、くぼみがある くぼみはうらに多く、白色点状の生成物がある	おもて：15〜20％地肌残 う　ら：70〜80％地肌残 脱亜鉛部は黒色および暗赤色
	第2	20ヶ月	おもて：5〜30％地肌残、くぼみがある う　ら：40〜80％地肌残、くぼみがある 黒色および暗赤色の腐食生成物	
	第3	20ヶ月	おもて：0〜10％地肌残 う　ら：30〜70％地肌残	
土中	第1	20ヶ月	40〜80％地肌残 黒色、赤色、暗赤色の生成物 くぼみはほとんどない	50〜80％地肌残 脱亜鉛部に白点がある
	第2	20ヶ月	10〜20％を残し全面黒色および暗赤色に変色 くぼみはきわめて少ない	
	第3	20ヶ月	15〜30％地肌残 黒色および暗赤色の腐食生成物	

付表6.　ニッケルめっき黄銅

	試験地	試験期間	日　　本	中　国（19ヶ月）
大気中	第1	15ヶ月	光沢20％減 点々と無数の腐食孔200/cm^2	全面に光沢残 腐食孔全くない 全体にこまかいきずがある
	第2	19ヶ月	北面の方が腐食孔の大きさは小さいようである	
	第3	20ヶ月	光沢15％減 腐食孔100/cm^2	
地表	第1	20ヶ月	おもて：腐食孔0.1mmϕ以下3/cm^2 う　ら：腐食孔1〜2ヶ	全面に光沢残 少しよごれた程度
	第2	20ヶ月	光沢100％残 おもて：腐食孔2〜4ヶ う　ら：腐食孔1〜2ヶ	
土中	第1	20ヶ月	全面光沢残 0.1mmϕの腐食孔の核1〜2/cm^2 しみがある	全面に光沢残 ややしみがある 腐食孔の核と思われる 0.1mmϕ以下の点が7, 8ヶ
	第2	20ヶ月	0.1mmϕの腐食孔の核全面に数ヶ	

付表7.　軟　　鋼

	試験期間	日　　本	中　国（19ヶ月）
大気中	19ヶ月	全面に鉄さびが出てざらざらし、凹凸は激しい	うらに10%程度地肌が見えるほか全面赤さびが出てざらざらし、凹凸の程度は日本よりかなり小さい
地　表	2ヶ月	地肌が50%あらわれている 金属光沢20～30%残 赤さびの凸部おもて：40～70% うら：10～30%	地肌の見える部分50% 金属光沢おもて：30% う　ら：40%残 赤さび おもて：20～70% う　ら：10～20% もり上り部少ない
土　中	2ヶ月	地肌50% 金属光沢20%残 赤さびのもり上り50～60%	金属光沢5～10%残 赤さび：0～80% もり上り部少ない

付表8.　黄　　銅

環　境		土　中				地　表				大　気		
場　所		日　本			中国	日　本			中国	日　本		中国
試験地		第1	第2	第3		第1	第2	第3		第2	第3	
試験開始		64.11.14				64.11.14				64.11.14	64.12.6	64.11.14
試験期間		20ヶ月			19ヶ月	20ヶ月			19ヶ月	20ヶ月	19ヶ月	19ヶ月
試験片		重量減（g）				重量減（g）				重量減（g）		
	1	0.0090	0.0273	0.0353	0.0077	0.0045	0.0098	0.0100	0.0052	0.0003	0.0005	0.0009
	2	0.0173	0.0320	0.0213	0.0081	0.0070	0.0116	0.0102	0.0038	0.0004	0.0011	0.0005
	3	0.0073	0.0205	0.0281	0.0058	0.0052	0.0063	0.0083	0.0023	0.0003	0.0005	0.0009
	4	0.0035	0.0228	0.0530	0.0053	0.0051	0.0077	0.0066	0.0030	0.0001		0.0007
	5		0.0192									
平均値		0.00928	0.02436	0.03443	0.00673	0.00545	0.00885	0.00873	0.00358	0.00028	0.0007	0.00075
標準偏差		0.00582	0.00527	0.0164	0.0015	0.00106	0.00205	0.00169	0.00125	0.00012	0.00035	0.00058
変異係数		0.628	0.216	0.396	0.223	0.196	0.232	0.192	0.349	0.441	0.495	0.773

付表9. ニッケルめっき黄銅

環境		土中			地表			大気			
場所		日本		中国	日本		中国	日本			中国
試験地		第1	第2		第1	第2		第1	第2	第3	
試験開始		64.11.14			64.11.14			65.4.16	64.11.14	64.12.6	64.11.14
試験期間		20ヶ月		19ヶ月	20ヶ月		19ヶ月	15ヶ月	20ヶ月	19ヶ月	19ヶ月
試験片		重量減（g）			重量減（g）			重量減（g）			
	1	0.0010	0.0006	0.0012	0.0005	0.0010	0.0005	0.0002	0.0029	0.0010	0.0003
	2	0.0007	0.0001	0.0011	0.0004	0.0009	0.0005	0.0003	0.0022	0.0015	0.0009
	3	0.0004	0.0002	0.0017	0.0004	0.0006	0.0011		0.0026	0.0015	0.0007
	4	0.0008	0.0008	0.0016	0.0008	0.0011	0.0007		0.0020		0.0002
	5					0.0006			0.0020		0.0003
平均値		0.00073	0.00043	0.0014	0.00053	0.00084	0.0007	0.00025	0.00234	0.00133	0.00040
標準偏差		0.00025	0.00033	0.00030	0.00017	0.00023	0.00028	0.00007	0.00040	0.00029	0.00030
変異係数		0.341	0.779	0.217	0.316	0.274	0.401	0.283	0.170	0.217	0.632

付表10. 軟　鋼

環境		土中		地表		大気	
場所		日本（第1）	中国	日本（第1）	中国	日本（第1）	中国
試験開始		66.5.14	64.11.14	66.5.14	64.11.14	64.12.6	64.11.14
試験期間		2ヶ月	19ヶ月	2ヶ月	19ヶ月	19ヶ月	19ヶ月
試験片		重量減（g）		重量減（g）		重量減（g）	
	1	0.0432	−0.0077	0.0190	−0.0085	−0.0238	−0.0489
	2	0.0119	−0.0235	0.0059	−0.0151	−0.0576	−0.0590
	3	0.0573	−0.0188	0.0041	−0.0226	−0.0048	−0.0466
	4	0.0765	−0.0126		−0.0076		−0.0487
平均値		0.0472	−0.0157	0.0097	−0.01345	−0.0287	−0.0508
標準偏差		0.0273	0.00697	0.0081	0.00688	0.0267	0.00556
変異係数		0.577	0.443	0.838	0.512	0.932	0.129

付表11. 黄　銅

場所		日本				中国
試験地		第1	第2	第3	平均	
土中	試験期間	20ヶ月	20ヶ月	20ヶ月	20ヶ月	19ヶ月
	試験片数	4	5	4		4
	平均腐食減量	0.00928	0.02436	0.03443	0.02269	0.00673
	標準偏差	0.00582	0.00527	0.0164	0.00916	0.0015
	変異係数	0.628	0.216	0.396	0.413	0.223
地表	試験期間	20ヶ月	20ヶ月	20ヶ月	20ヶ月	19ヶ月
	試験片数	4	4	4		4
	平均腐食減量	0.00545	0.00885	0.00873	0.00768	0.00358
	標準偏差	0.00106	0.00205	0.00169	0.00160	0.00125
	変異係数	0.196	0.232	0.192	0.207	0.349
大気	試験期間		20ヶ月	19ヶ月		19ヶ月
	試験片数		4	3		4
	平均腐食減量		0.00028	0.0007	0.00049	0.00075
	標準偏差		0.00012	0.00035	0.00029	0.00058
	変異係数		0.441	0.495	0.468	0.773
全平均	平均腐食減量				0.01029	0.00369
	標準偏差				0.00368	0.00111
	変異係数				0.363	0.448

付表12. ニッケルめっき黄銅

場所		日本				中国
試験地		第1	第2	第3	平均	
土中	試験期間	20ヶ月	20ヶ月		20ヶ月	19ヶ月
	試験片数	4	4			4
	平均腐食減量	0.00073	0.00043		0.00056	0.0014
	標準偏差	0.00025	0.00033		0.00029	0.0003
	変異係数	0.341	0.779		0.560	0.217
地表	試験期間	20ヶ月	20ヶ月		20ヶ月	19ヶ月
	試験片数	4	5			4
	平均腐食減量	0.00053	0.00084		0.000685	0.0007
	標準偏差	0.00017	0.00023		0.00020	0.00028
	変異係数	0.316	0.274		0.295	0.401
大気	試験期間	15ヶ月	20ヶ月	19ヶ月	18ヶ月	19ヶ月
	試験片数	2	5	3		5
	平均腐食減量	0.00025	0.00234	0.00133	0.00131	0.00048
	標準偏差	0.00007	0.00040	0.00029	0.00025	0.00030
	変異係数	0.283	0.170	0.217	0.223	0.632
全平均	平均腐食減量				0.00085	0.00086
	標準偏差				0.00025	0.00029
	変異係数				0.359	0.417

付表13. 軟 鋼（酸洗）

環境		土中		地表		大気中	
場所		日本（第1）	中国	日本（第1）	中国	日本（第1）	中国
試験開始		66.5.14	64.11.14	66.5.14	64.11.14	64.12.6	64.11.14
試験期間		2ヶ月	19ヶ月	2ヶ月	19ヶ月	19ヶ月	19ヶ月
試験片		重量減（g）		重量減（g）		重量減（g）	
	1	0.3329	0.0684	0.1093	0.0554	0.4468	0.1333
	2	0.3466	0.1745	0.1427	0.0600	0.5087	0.1293
	3		0.1352	0.1072	0.0686	0.5299	0.1256
	4			0.1403	0.0328		
平均値		0.3398	0.1260	0.1249	0.0542	0.4951	0.1294
標準偏差		0.0097	0.0198	0.0183	0.0153	0.0432	0.0038
変異係数		0.029	0.157	0.146	0.282	0.087	0.030

写真１　試験場

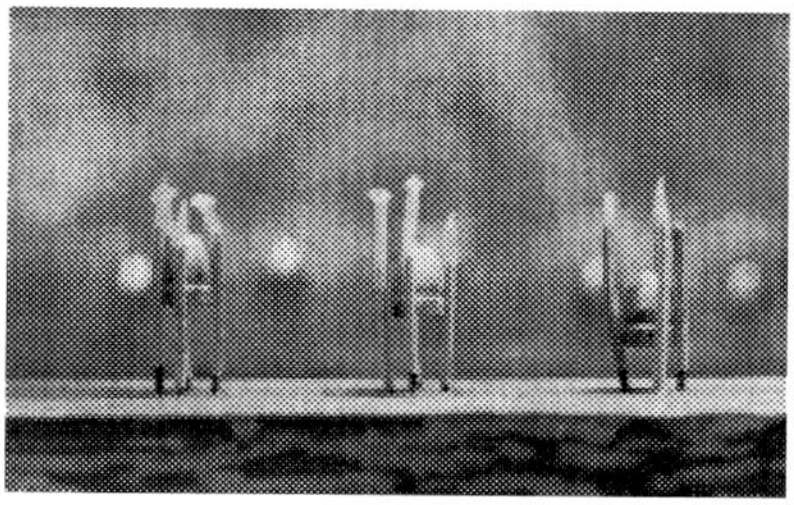

写真５　大気中腐食の支持台

（編注：原本はカラー、写真２～４略）

弾丸の腐食割状態および割れの状態（編注：写真６～53より抜萃）

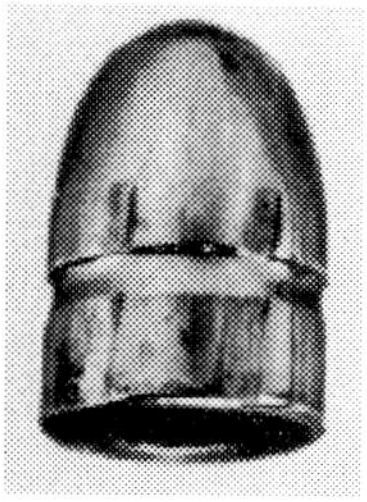

写真６　ドイツ製

写真７　ベルギー製

綿の中に発射した弾丸：実験前

写真８　ドイツ製

写真９　ベルギー製

土中に発射した弾丸：19ヶ月

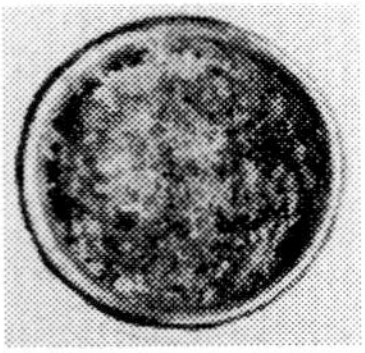

写真11　ドイツ製

写真12　ベルギー製

土中に直射した弾丸の底部：19ヶ月

写真13　ドイツ製

写真16　ベルギー製

土中に放置した弾丸：19ヶ月

写真19　ドイツ製

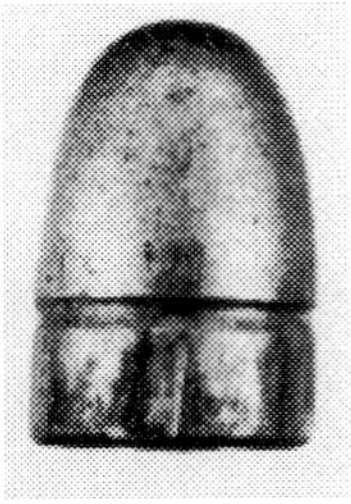

写真20　ベルギー製

大気中に放置した弾丸：19ヶ月

写真42　ドイツ製

写真43　ベルギー製

地表に放置した弾丸：19ヶ月

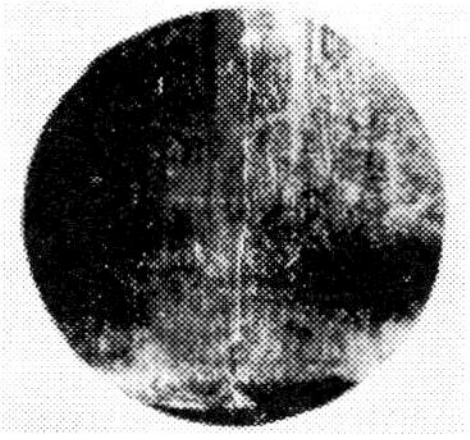

写真21　ドイツ製

土中に直射した弾丸の応力腐食割れ：19ヶ月

写真24　ベルギー製

大気中に放置した弾丸の応力腐食割れ：19ヶ月

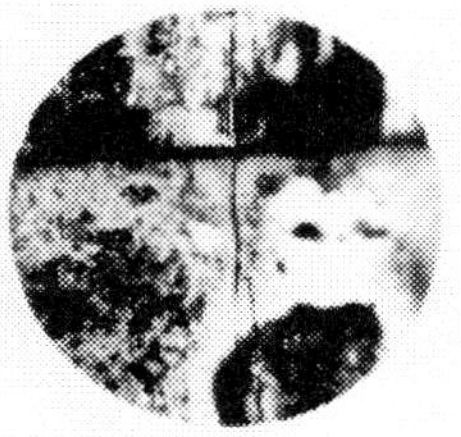

写真48　ドイツ製

地表に放置した弾丸の応力腐食割れ：27ヶ月

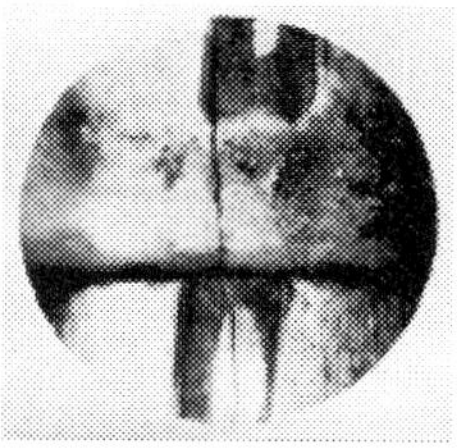

写真50　ベルギー製

土中に放置した弾丸の応力腐食割れ：27ヶ月

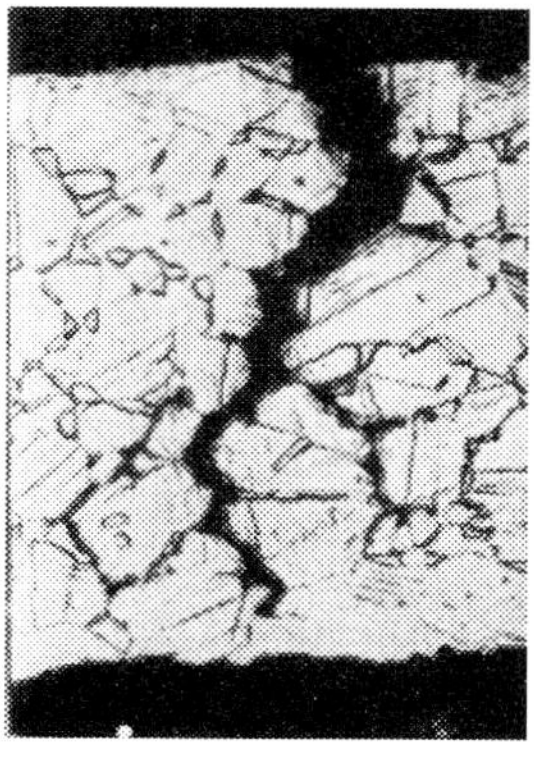

写真25　ドイツ製

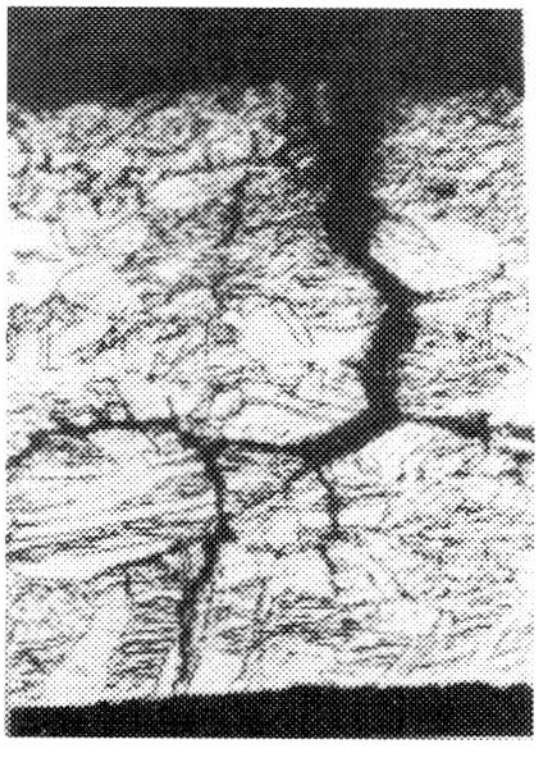

写真26　ベルギー製

応力腐食割れの顕微鏡写真（× 160）

証第22号

岡本鑑定書批判

1967年1月8日

北海道大学理学部教授　宮原　将平
アグネ技術センター代表取締役
（元東北大学助教授）長崎　誠三
北海道大学触媒研究所助教授　松井　敏二
東京大学生産技術研究所助教授　原　善四郎

1. はしがき

被告人村上国治他1名に係わる刑事事件—いわゆる白鳥事件—の控訴審に、北海道大学岡本剛教授が鑑定人となって提出した「岡本鑑定書」および同鑑定人が上記控訴審第34回公判でおこなった「岡本供述」について、われわれ4名は科学的立場から検討した結果、つぎの4点について重大な疑問をもつにいたった。

イ．証拠弾丸表面における腐蝕孔存在説

ロ．証拠弾丸表面における結晶粒界腐蝕溝存在説

ハ．弾丸の腐蝕原因推定不可能説

ニ．弾丸の現場放置期間推定不可能説

以下にまず、岡本鑑定の概要を紹介し、ついで疑点のそれぞれについて検討する。

2. 岡本鑑定の概要

「岡本鑑定書」は昭和34年11月20日に、控訴審裁判所宛に提出されたもので、レポート用紙4頁にわたって記載されている。内容は鑑定資料、鑑定事項、鑑定結果という3章から成り、そのうち鑑定資料および鑑定事項の記載に1頁を費しているので、鑑定結果そのものは全文2頁半、字数800字程度の比較的簡単なものである。

鑑定結果は、裁判長から要請された6項目の鑑定事項に対応して6節から成っている。

第1節は、証拠弾丸207号および208号がそれぞれ腐食されていることを述べている。

第2節は（A)、(B）の2項目に分かれ、(A）項では腐食の部位と程度を、肉眼および光学顕微鏡で観察した結果を延べ、(B）項では腐食の原因を論じて、腐食原因は推定不可能と述べている。

第3節では、第2節B項で述べたのと同じ理由により、各弾丸の発射後の経過年月日の推定はできない旨を述べている。

第4、第5節では、207号および208号弾丸が、それぞれ現場に放置されていた期間を昭和27年1月上旬から、前者は翌年8月ごろまで、後者は翌々年3月末ごろまでと推定できる可能性について、第2節B項と同様の理由にもとづいて、そのような放置期間の推定は不可能と述べている。

第6節は、弾丸旋条痕の部分と他の部分に、腐食形態について、とくに相違がない旨を述べている。

岡本鑑定人が控訴審第34回公判において、弁護人、被告人、検察官および裁判官の「岡本鑑定書」に対する尋問にこたえた「岡本供述」は、「岡本鑑定書」の内容を補足する点を含んでおり、とくに鑑定に用いた方法と、その方法を用いた根拠について述べている。

われわれは鑑定書に見出された4点の疑点について「岡本供述」をも参考にして検討したが、イの疑点は解消するに至らず、ロについては誤りである可能性が強いという結論に達し、ハの腐食原因推定不可能説およびニの放置期間推定不可能説はそれぞれ誤りであるとの結論に達した。

以下4つの疑点について検討した結果を述べる。

3. ピット状腐食孔の存在について

「岡本鑑定書」の鑑定結果第2節（A)、(B）項には、証拠弾丸のめっき剥離部にピット状腐食孔の存在を認めたことが記載されている。すなわち207号弾丸については、めっき剥離部に「ピット状腐食孔が認められる」、208号弾丸につ

いてはめっき剥離部に「ピット状の腐食孔が散在し」と、それぞれ記載されている（カギ括弧内が「岡本鑑定書」原文）。

ここでまず問題になることは、岡本鑑定人がめっき剥離部にどのような形態を認めて、それに「ピット状の腐食孔」と名づけたのか、また岡本鑑定人はどのような根拠でその観察形態に「ピット状腐食孔」と名づけたのかということである。

岡本鑑定人が「ピット状の腐食孔」なるものを肉眼で認めなかったことは確かである。鑑定結果第2項（A）（a）肉眼的観察の項には、その点について全く触れられていないからである。

この「ピット状腐食孔」について、岡本鑑定人の説明を調べてみよう。岡本鑑定人は供述のなかでつぎのように述べている。「ピット状」とは「全体が均一に腐食するのでなく、局所的に見られる激しい腐食形態です」、形状は「必ずしも円形に限らず、場合によっては形が異なります」、本件の場合の形状は「必ずしも一定しておりません」（カギ括弧内が岡本鑑定人の供述）。

この「ピット状腐食孔」の寸法・数量・位置については、岡本鑑定書は何も述べていない。それどころか「岡本供述」によれば「ピット状腐食孔の位置・数量を初めから問題にしなかったか」という趣旨の弁護人の質問にたいして、岡本鑑定人は「腐食学の知識上、腐食原因その他を判断するためには、そういう事項は重要でないと判断しました」と答えている。

このように岡本鑑定書には「ピット状腐食孔」なるものの写真も、その位置・数量・寸法についての記録もない。これでは岡本鑑定人がめっき剥離部にどのような形態を認め、それに対して「ピット状の腐食孔」と名づけたのか岡本鑑定人以外には全く知ることができない。

われわれは後述するように、岡本鑑定人が「腐食原因その他の判断にピット状腐食孔の数量・位置の記録は重要でないと判断した」旨の意見には賛成できない。しかし、かりに岡本鑑定人のこの意見が正しいとしても、岡本鑑定人は自ら観察した形態を「ピット状腐食孔」と記載し、弾丸に生じている腐食の進行度についての鑑定人の判断を述べているのであるから、その記載は第三者にとっても客観性、再現性のあることが望ましい。われわれは「岡本鑑定書」お

よび「岡本供述」を精査したが、「ピット状腐食孔」なるものが証拠弾丸の腐食現象の一形態であることを立証する何らの情報も見出し得なかった。すなわち「ピット状腐食孔」についての岡本鑑定人の鑑定結果は、「顕微鏡下で弾丸表面にくぼみが散在することが認められた」という以上の何らの情報も提供していないのである。

かりに弾丸表面に岡本鑑定人のいうように、何らかの腐食孔が存在したとき、腐食原因を判断する上にその寸法・数量・位置を観察する必要はないであろうか。

金属腐食学において、金属に生ずる局部腐食の一形態として孔食（pitting）という現象があることが知られている。「金属防蝕技術便覧」（日本学術振興会編）によれば、孔食（pitting）とは金属表面の局部腐食の一形態であって、だいたい円形のくぼみをいい、孔の直径は1ミリの何分の1から、大きく発達したもので数センチに及ぶことがあるという。

また金属には、たとえば金属組織検査のときなど、平滑な研磨面に適当なエッチング液でエッチング処理（etching：腐食とも訳されているが、本文では天然現象としての腐食（corrosion）と区別してエッチングという用語を用いる）を施すと、その表面にエッチピット（etch pit）という方向性のある孔が高倍率の顕微鏡下で観察される。

もし岡本鑑定人のいう「ピット状腐食孔」について、その寸法・位置・数量などがわかっているならば、その「ピット状腐食孔」が孔食（pitting）の初期のものであるか、あるいはエッチピット（etch pit）の一種であるかなどを判定でき、したがって、それによって腐食の原因についてもある程度の判断をおこない得る可能性があったと考えられる。

岡本鑑定人は弾丸のめっき剥離現象については、弾丸表面を四つの区域に分かち、それぞれについて観察結果を述べている。これは弾丸の腐食進行度を示す貴重な記録である。これに反し、「ピット状腐食孔」については何らの具体的な記録も残していない。

われわれは、弾丸表面のめっき剥離部における腐食孔の存在についての疑問を解消するに至らなかった。

4. 結晶粒界腐食溝の存在について

「岡本鑑定書」の鑑定結果第2節（A)、(b）項には、証拠2弾丸のめっき剥離部について、地金属の結晶粒界部に比較的浅い選択的腐食溝が認められた旨が、記載されている。

この結晶粒界腐食溝の存在について検討する。

岡本鑑定人は供述の中で、弾丸を倍率50～800倍の光学顕微鏡で観察したと述べ、結晶粒界腐食溝とは「結晶と結晶との境が特に強く腐食され溝状に深く掘れてくるという形」であると供述している（カギ括弧内が岡本鑑定人の発言)。

金属合金は一般に小さな結晶粒が集ってできており、問題の弾丸の地金属(おそらく黄銅）ももちろん、結晶粒から成っている。ただ、ふつうの金属合金は地金属が露出していないため、そのままの状態では肉眼でも顕微鏡でも結晶粒を認めることはできない。

したがって、結晶粒を観察するときには、まず研磨によって金属合金面の表面を平滑にし、そのうえで金属合金の種類に応じた適当なエッチング処理を施すことによってはじめて地金属が露出し、肉眼ないし顕微鏡で結晶粒を認めることができる（特殊な場合として、黄銅鋳物製の把手などで人の掌が頻繁に触れることによって、研磨とエッチングの処理が自然におこなわれ、しかも鋳物は結晶粒が大きいため肉眼で結晶粒を認めることができることもある)。

写真1. はベルギー製拳銃弾丸について切断面をつくり、そこに上記のような研磨とエッチングの処理を施したのち、顕微鏡を用いて撮影した例である。

写真1 - (a) には、弾丸切断面にいくつかの結晶粒がこまかく見えている。写真1 - (b)、1 - (c) は切断面上のb点およびc点をさらに拡大して観察した顕微鏡写真である。大、小さまざまの結晶粒が見えているが、この場合、後述の結晶粒度測定法によって結晶粒の大きさは0.120～0.150mm（120/1000～150/1000mm）と判定される。

写真2は黄銅の結晶粒の大きさの判定に用いる標準用顕微鏡写真である。これは1952年、アメリカ標準規格集（1952, Book of ASTM STANDARDS Including TENTATIVES, Part 2, Non-Ferrous, Metals, American Society for Testing Materials,

p.1144）から複製した。写真の倍率はすべて100倍（実物の1mmが写真上では100mmになる（編注：原本を40％に縮小）で、結晶粒の平均の大きさは（a），（b），（c）……，（i），（j）という順序に0.010mm（10/1000mm）～0.200mm（200/1000mm）に及んでいる。

写真2 -（j）で曲線で囲んだ部分がひとつの結晶粒であり、曲線は結晶粒界をたどった線である。これらの黄銅結晶粒判定用標準写真と前掲の写真1を比較してみると、写真1は写真2 -（h）に類似しており、したがって写真1の場合の結晶粒の大きさは0.120mm（120/1000mm）～0.150mm（150/1000mm）であることがわかる。

岡本鑑定人は鑑定にさいして、結晶粒検出のため研磨およびエッチングの処理をおこなったであろうか。鑑定書にはその記載はなく、供述でも何らそれに触れる発言はない。むしろ証拠弾丸はその証拠としての性質上、研磨ないしエッチングの処理をおこなうことができなかったであろう。したがって、ここに岡本鑑定人が弾丸を光学顕微鏡で観察したさい、結晶粒の存在を確認したかどうかについて疑問が生れる。

岡本鑑定人は供述において、結晶粒が「ハッキリ見えました」と答え、「結晶の大きさは1/1000mmですか」という質問に「通常そのように考えられております」と答えている。

さきに紹介した黄銅結晶粒度判定用標準写真では最小粒度が0.010mm（10/1000mm）であり、これより小さな結晶粒の判定は誤差が多くて困難なため、標準写真もない。したがって、岡本鑑定人が結晶粒を見て、その大きさを1/1000mmと確認したことについても疑わざるを得ないが、かりに岡本鑑定人のいうとおり1/1000mmの結晶粒であったとすると、それを1,000倍の顕微鏡で観察した場合、その視野の映像は10/1000mmの結晶粒を100倍の顕微鏡で観察したときと同程度のはずである。すなわち、その場合の映像は前掲写真2 -（a）の場合と同じか、さらに微細な像ということになる（岡本鑑定人が用いた光学顕微鏡の倍率は最高で800倍であるから）。

かりに、このような結晶粒の像が見えたとしても、この複雑な像の中からその粒界の一部に腐食溝があることを確認することができるであろうか。その確

認はきわめて困難ないし不可能である。しかもすでに述べたように、岡本鑑定人は弾丸に対して研磨もエッチングの処理もおこなっておらず、したがって顕微鏡の視野の中に結晶粒が見られたことさえ疑問と考えられるのである。

弾丸の表面に研磨およびエッチングの処理を加えることなく、そのまま50〜800倍の顕微鏡で観察するとどのような形態が見えるであろうか。

参考までに、地表および地中に7ヶ月間放置された拳銃弾丸の表面を100〜800倍といういろいろの倍率で顕微鏡撮影した例をかかげる（写真3、4　編注：原本の50％に縮小）。ここには直線状の溝、曲線状の溝、点状のくぼみ、などがいろいろ認められるが、それらの中に結晶粒を検出することもできないし、いわんや結晶粒界で腐食のすすんだ形態である結晶粒界腐食溝を判別することもできない。

粒界腐食溝の存在を決定的に判定するには、腐食存在部を切断して断面を出し、ここに上述のような研磨、エッチングを施して結晶粒界を出現させ、腐食溝が正しく結晶粒界に発生していることを確認しなければならない。

写真5は、黄銅切断面に表われた結晶粒界腐食割れの写真である。結晶粒界を縫って発生した腐食割れと、腐食割れにいたる前の粒界腐食溝の存在が明瞭に認められる。岡本鑑定人が証拠弾丸に対してこのような切断面観察をおこなっていないことはいうまでもない。このように検討してみると、「岡本鑑定書」にいう「結晶粒界腐食溝」の存在について強い疑問が生れるのは当然である。

「岡本鑑定書」および供述の中に、岡本鑑定人が結晶粒を確認し、その粒界に腐食溝を確認したことを立証する資料は全くない。それどころか、金属学の常識から考えると、岡本鑑定人は結晶粒の存在も、粒界腐食溝の存在も確認していないものと判断される。

以上の検討から、岡本鑑定人のいう結晶粒界腐食溝なるものは、「腐食溝」であることが立証されておらず、「結晶粒界腐食溝」の存在は全く肯定できないと結論される。

5. 腐食原因推定不可能説

岡本鑑定人は鑑定結果第2節（B）項において、腐食金属の形態から、その金

属の置かれた腐食性環境、すなわち腐食の原因を推定することは不可能との説を提示している。

これは果して真実であろうか。

岡本鑑定人のこの所説の論拠として、「同一の金属についても金属の表面状態（例えば表面繊維結晶状態、異種金属の接触、不純物、キズ、機械的ひずみ、温度等）と腐食性環境条件（酸素含量、pH、湿度、流動条件、微量不純物（例えばアンモニア、亜硫酸ガス、硫化水素、塩素イオン等）、微生物、有機物等）との相互作用によって腐食反応の進捗は速さにも腐食形態にも敏感に影響を与えることが腐食科学の多くの実験事実の示すところである」と述べ、そこから「従って、ある腐食金属の形態が示されたとしても、それに対応する腐食性環境の種類は極めて多く、腐食された金属の浸食形態からその金属の置かれた腐食性環境の推定、すなわち腐食の原因を求めることは不可能である」という結論を導いている。

この論拠として述べていること自体は、一般論として肯定することができる。しかし、この一般論から岡本鑑定人の結論とは全く逆の結論も導きうる。すなわち、金属の表面状況の諸因子および環境条件の諸因子の特定の組合せが腐食形態に敏感に影響するというのであるから、そのことはある腐食金属の形態が示されたとき、それに敏感に影響を与えた因子ないし因子群の存在の推定を可能にするということである。

例えば、銅合金は大気中に放置されたとき緑青（銅塩基性塩）を生ずるが、その種類は都会と田園あるいは海岸近郊など、その銅合金が置かれた地域によって異なることが知られている[1)]。このことは銅合金の腐食生成物である緑青の成分分析をおこなうことによって、その銅合金の置かれた地域を推定する可能性があることを示している。

これは大気中の微量成分が腐食形態のひとつである腐食生成物に敏感に影響した例である。

また銅合金は、次の原因が存在するときは孔食（pitting）を生ずることが知られている[2)]。すなわち、

1. 表面に不安定な保護層や腐食生成物とか非保護性の酸化皮膜や腐食生成物

を生ずるとき。

2.　相当長期にわたって金属表面に異物が堆積するとき。

3.　金属自身に不均一部分が存在するとき。

などである。この事実からは、銅合金に孔食が生じているときは、腐食の原因を上記のようないくつかの場合に限定していく可能性があることを示している。

金属の腐食に関係する因子がきわめて多いことは、岡本鑑定人の指摘のとおりであるが、金属腐食学はその因果関係を次第に明らかにしつつあり、その成果を利用することによって特定金属の腐食形態から腐食原因を推定する可能性が次第に増えてきているというべきではないであろうか。

しかも問題は金属一般の腐食を論じているのでもなく、腐食環境が全く無限定の場合について論じているのでもない。

金属は207号、208号弾丸に特定され、環境もまた札幌郊外幌見峠の一地点に特定され、問題は弾丸の腐食形態から、この弾丸が幌見峠現地の浅い土中に置かれていたか否かを判定せよということに帰着する。

弾丸がニッケルめっきを施した黄銅弾殻（鉛芯入り）であることは、めっき層および地金属に対してX線分析をおこなった長崎鑑定書[3)]が明らかにしている。

この場合岡本鑑定人のような専門家に求められたことは、このように特定された金属の腐食形態から、その金属が特定腐食条件にあったか否かを判定するのに役立つ具体的知見を提供してもらうことではなかったであろうか。

すなわち、すくなくとも黄銅の腐食形態と腐食環境との関係についての具体的知見である。黄銅の腐食形態にはどのような種類があるか。そしてその各々を生じる原因にどのような場合があるか。これらに関する具体的知見を列挙していくとき、問題の弾丸について、すくなくともこれこれの原因は排除できるという形で、原因の範囲を次第に狭めていくことができるのではないであろうか。

これに対して岡本鑑定人の回答はあまりにも一般的である。一見、慎重で責任ある回答であるように見える。しかし、実は慎重に過ぎて何事も答えない無責任の回答であるといわざるを得ない。

黄銅の腐食形態に及ぼす黄銅の表面状態および腐食環境、ないしそれらの相

互作用の影響について知見はないのであろうか。それらの知見を基準として、何らかの推定はできないのであろうか。また、既存の知見が不十分ならば、新たに実験をおこなって推定に役立つ知見を得ることは全く不可能であろうか。

銅合金の腐食形態と腐食環境についての知見の一部はすでに紹介したが、金属腐食学の文献（例えば上述の「金属防蝕技術便覧」）は、黄銅の大気中ないし土中で起す腐食形態として、つぎのようないくつかの種類を挙げている。

①全面腐食　②孔食　③脱亜鉛腐食　④結晶粒界腐食　⑤応力腐食割れ

一般にこれらの腐食の進行には黄銅の組成、とくに亜鉛含量が影響を与える。

応力腐食割れには、媒質中の極微量のアンモニアの存在が敏感に作用するが、割れにいたる時間、および割れが結晶粒内に生ずるか、粒界に生ずるかは、黄銅中の亜鉛含量に主として大きく左右される[4)]。

このように見ると黄銅の腐食挙動には主としてその亜鉛含量、または不純物含量が大きく影響を与えるから、黄銅の腐食原因を検討するには、まず黄銅の合金組成を、ついで不純物の種類、含量を明らかにしなければならない。

岡本鑑定人は弾丸の合金組成の検討には全然手を触れていない。むしろ「岡本供述」の中で弾丸のめっきや素地の化学組成を確定する必要はないとし、その理由について次のように述べている。「二つの腐食現象を見て、それがどこにどれだけの期間置かれていたかを判断するためには素地を確定することは必要ありません。腐食現象は多種多様であり、そのようなことを判断することはわたくしの持っている知識では不可能です」。このことは、岡本鑑定人が黄銅の腐食形態と腐食環境の関係についての具体的検討の結果から、腐食原因推定不可能説に到達したのではなく、腐食原因推定不可能説の前提に立って、弾丸のめっきや地金属の確定さえおこなわなかったことを示している。

証拠弾丸が肉眼的寸法の孔食を起していないことはすでに前節で検討した。結晶粒界腐食を起しているという岡本鑑定人の鑑定が疑わしいこともすでに述べた。応力腐食割れは肉眼ないし低倍率顕微鏡で検出できるのに対して、岡本鑑定人の鑑定は全くその存在に触れていないから、証拠弾丸は応力腐食割れは生じていないと見るべきである。すなわち、証拠弾丸の腐食形態として確認されることは、めっき膜の一部剥落ということだけである（鑑定書によれば、弾

丸の溝部その他にめっき膜がほとんど腐食されることなく残存している)。

ここに問題はきわめて限定される。証拠弾丸が幌見峠現場に十数ヶ月放置されたとして、その腐食形態は、めっき膜の一部剥落という程度に止まるかどうかということである。この具体的問題に対しては、弾丸の現場腐食実験が最も確かな解答を与えるものである。

岡本鑑定人はその供述の中で「弾丸の薄い被膜には1個1個差があり、鑑定資料の原型とまったく同じ条件のものを用いることは不可能です。100発なら100発の弾丸を本件鑑定資料発見現場に撃ちこみ、期間を一年にして実験したなら、いろいろな結果が出ると考えられます」と述べて、現場実験について否定的見解を示している。

しかし、弾丸の弾殻が黄銅であり、黄銅には上述のように多種の腐食形態があることから、証拠弾丸をめっきの厚さや地金属組成をできるかぎり等しくした多数の弾丸試料を現場に放置し、めっき剥落、孔食、粒界腐食、応力腐食割れ、腐食生成物、重量変化などの項目について測定をおこない、結果を数理統計的に処理するならば、実験規模に応じた信頼ある結果が得られ、その結果から現場に一定期間放置された弾丸の腐食がめっきの一部の剥落に止まるかどうかを判定する可能性は十分にあると考えられる。

特定の腐食性現場における金属材料の耐久性を知るには、このような腐食実験が信頼できる標準的方法として必要不可欠とされ、広く採用されている[5)]。

現場腐食実験での同一条件における試験結果のバラツキの程度は、例えば酸性河水中のアルミニウム合金の腐食を検討した論文[6)]に見ることができる。

この例では、同一条件下の腐食量のバラツキは条件が異なる場合と比べてケタ違いに少ない。この例は、現場実験が信頼できる腐食実験法であることを示している。

岡本鑑定人が「証拠弾丸の腐食の部位と程度の肉眼ならびに顕微鏡観察だけから、腐食の原因を推定することはできない」旨を述べているのは無理からぬ点もある。岡本鑑定人は腐食原因推定不可能説の前提に立ち、観察された現象が腐食現象であるか否かの判定もおこなわず、弾丸成分の検討も、弾丸地金属である黄銅における腐食の形態と腐食環境との関係の具体的な検討も一切行

なっていないからである。

岡本鑑定人は腐食原因推定への一歩をも踏み出していないのである。この意味で岡本鑑定人の腐食原因不可能説は、岡本鑑定人にとって腐食原因の推定は不可能であったという告白である。しかし、それをもって合理的方法によって腐食原因を推定する可能性のすべてを否定する根拠とすることはできない。すなわち、腐食原因推定不可能説が本件の場合についても成立すると主張することは誤りであるといわなければならない。

6. 弾丸の現場への放置時間推定不可能説について

岡本鑑定人は鑑定結果の第4、5節において、鑑定結果第2節B項と同じ理由によって、証拠弾丸が幌見峠に放置してあった時間を推定することは不可能であると述べている。

この所説は、その本質において、弾丸の腐食原因推定不可能説と同じく一種の不可知論である。われわれは現場実験を行なうことによって、弾丸表面のめっきの一部剥落にいたるまでの放置時間を合理的に推定できると考える。その論拠は前章に示したとおりであるが、くりかえし述べればつぎのとおりである。すなわち、証拠弾丸に表われている腐食形態で確認されたものは、めっき膜の一部剥離だけであるから、その事実はひとつの基礎となる。そこで証拠弾丸と同材質の弾丸を選定し、それを発射回収した多数の試料弾丸を幌見峠現場の地上、地中に、問題期間を含む長時間にわたって放置し、統計学にもとづいた実験計画法によって現場実験を行なうならば、それらの試料弾丸に生ずる腐食の諸様相(めっき膜の剥落、脱亜鉛、孔食、腐食割れ、腐食生成物の生成などが予想される)を証拠弾丸の腐食状況と比較することは可能であり、その比較から証拠弾丸の放置期間の推定は可能と考えられるのである。

7. 結論

われわれは「岡本鑑定書」ならびに「岡本供述」について科学的立場から検討した。その結果を要約するとつぎのとおりである。

1) 岡本鑑定人が弾丸表面のめっき剥離部にその存在を認めたという「ピット

状の腐食孔」なるものは、それが証拠弾丸の腐食形態の一種であるということを「岡本鑑定書」からは確認することができない。

2) 岡本鑑定人が弾丸表面のめっき剥離部にその存在を認めたという「結晶粒界腐食溝」なるものは、金属学の常識からすれば、岡本鑑定人の鑑定手続きによっては、観察不可能と考えられる。

3) 岡本鑑定人の腐食原因推定不可能説は、証拠弾丸の材質の具体的検討もその材質に対する各種腐食現象の具体的検討も行なわず、腐食現象の一般論から導いた形式的理論である。統計学にもとづいて現場実験と各種腐食形態の具体的検討によって、腐食原因の一定範囲までの推定は可能と考えられる。

4) 岡本鑑定人の放置期間推定不可能説も腐食原因推定不可能説と同じく、弾丸材質と、その材質における腐食現象の具体的検討を経たものではない。放置期間は統計学にもとづいた現場実験によって一定範囲の精度で推定することができる。

以上

脚注

1) Y.Aoyama（青山芳夫）

Über die Korrosionsprodukte des Kupfers auf elektrischen Fahrdrähten

（導電用架線の銅腐食生成物について）

Werkstoffe und Korrosion 12巻, 1961年, 148頁

論文要旨

鉄道技術研究所青山芳夫博士が、日本各地の電気鉄道に使用した銅製電線に5年間で生じた腐食生成物をX線回折および電子回折法によって調べた結果を、西ドイツで発行している国際的学術誌“Werkstoffe und Korrosion”（構造材料と腐食）に投稿したものである。

どの地域の銅製電線にもいわゆる緑青といわれる塩基性銅塩が認められたが、海浜地帯では塩基性塩化銅〔$CuCl_2 \cdot 3Cu(OH)_2$〕が、山岳地帯では塩基性硝酸銅〔$CuSO_4 \cdot 3Cu(OH)_2$〕が確認された。これによって銅上に生

ずるいわゆる緑青（塩基性銅塩）も置かれる環境によって著しい違いのあることが判明した。（添付文献1）

2）金属防蝕技術便覧，日本学術振興会編
昭和32年11月，日刊工業新聞社発行，126頁（添付文献2）

3）長崎鑑定書　1-d-④X線による観察の結果のまとめ
イ．207、208ともにメッキ部分はニッケルである。
ロ．207と208では加工組織がいちじるしく異なる。
ハ．207のほうが208より格子常数が大きい（ということは、素地の銅合金は多分真鍮（銅－亜鉛の合金）であろうが、207の方が208より亜鉛含量が多いのではないかということである）。

4）P. R. Swann
Dislocation Substructure versus Transgranular Stress Corrosion Susceptibility of Single Phase Alloys.
（一相合金の貫粒応力腐食感受性と転位の基礎構造）
Corrosion, 19巻, 1963年, 102t頁
論文要旨
U.S.スチールのSwann博士が黄銅18クローム－8ニッケルステンレス鋼などの合金の応力腐食貫粒割れのおきやすさを結晶格子の乱れである転位の並び方と結びつけた有名な論文である。これは103t頁の第1図（Figure 1）に銅（Cu）－亜鉛（Zn）合金および銅（Cu）－アルミニウム（Al）合金について結晶粒界に応力腐食割れの発生する状態から結晶粒内に割れの生ずる状態（貫粒割れ）への変化が亜鉛あるいはアルミニウム含量とその他の不純物と関係づけて図示されている。（添付文献3）

5）各種金属材料および防錆被覆の大気腐食に関する研究
（第1報）防蝕技術, 12巻, 1963年

その1）研究計画と経過，中村　素，55頁
その2）金属素材類の暴露1カ年の結果
　堀川一男，滝口周一郎，大久保秀世，石津善雄，62頁
その3）金属被覆類暴露1カ年の結果
　尾間一彦，菅野照造，植木　質，平井陽一，67頁
その4）有機被覆類暴露1カ年の結果
　大谷信吉，伊丹慶輔，牧島　博，高瀬勝次，74頁
その5）気象条件よりみた金属材料および防錆被覆の腐食
　神山恵三，91頁

論文要旨

日本国内の気象条件下における各種金属材料の腐食速度および防錆被覆材料の特性について国内的に統一された研究資料を得るため、学術会議会員、石川島播磨重工業（株）技術研究所所長、中村素博士を中心に、同技術研究所のほか、日本鋼管（株）技術研究所、大日本塗料（株）技術部、気象研究所応用気象研究部、東京工業大学、日本大学、東京工業試験所、国鉄技術研究所等の研究者が参加しておこなった研究結果を発表したものである。

用いた素材は鉄鋼15種とアルミニウム合金1種である。これらと、これらに金属めっきおよび有機塗料被覆を施した試験片を用い、工業地帯2（東京江東、川崎）、亜熱帯（枕崎）、湿潤地帯（輪島）、国内標準気象地（高山）、寒冷地（帯広）、海岸地帯（御前崎）の7ヶ所に暴露したのち、腐食状況をまとめた。この結果、素材、めっき、被覆、地域、期間の差が明瞭となり、気象要素との対応もおこなわれ、国家的に有用な資料である。（添付文献4）

6）下平三郎，沢田可信
酸性河水発電所における腐食と防食の研究
（第17報）アルミニウム合金の現場試験
　日本金属学会誌，第20巻，1956年，500頁

論文要旨

東北大学の両教授が現場腐食試験をおこない、実験室試験の結果と比較し、工業的に応用できる材料の選定をおこなったものである。この結果は、実験室的には腐食に強く、十分に使用に耐えると思われた合金にも、現場試験では腐食に耐えないもののあることが判明した有用な研究である。これらの試験結果には、同一条件下の腐食量のバラツキは、条件の異なる場合と比べるときわめて小さいことが報告されている。（添付文献5）

編注：添付文献省略

写真は下記より抜萃した。

写真2.　標準用顕微鏡写真 a (0.01mm)～j (0.20mm)

写真3.　7ヶ月間地下20cmに置かれたベルギー製弾丸表面の顕微鏡写真（腹部および頭部各100, 400, 600, 800倍）

写真4.　7ヶ月間地表に置かれたドイツ製弾丸表面の顕微鏡写真（腹部および頭部各100, 400, 600, 800倍）

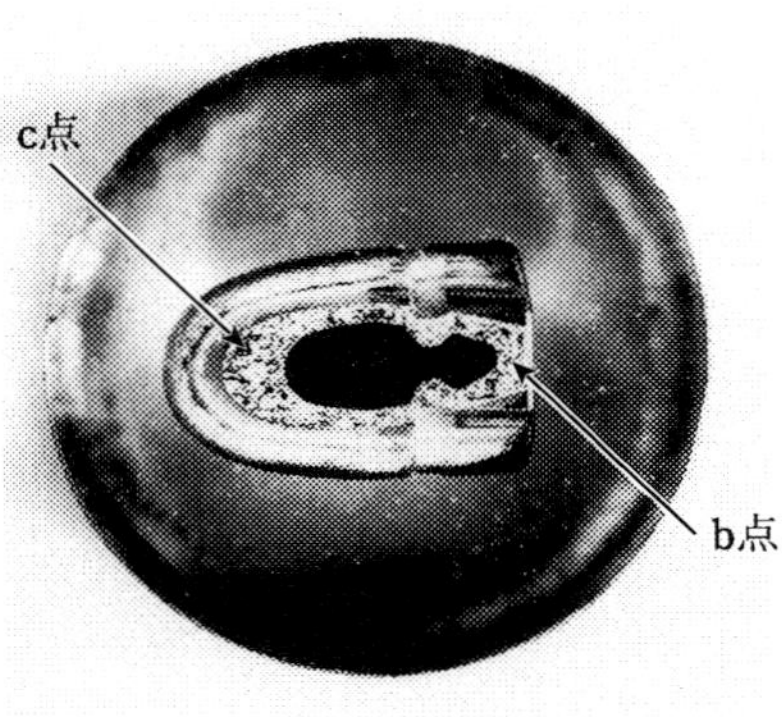

1-a　切断面の結晶粒

1-b　b点の拡大（× 70）

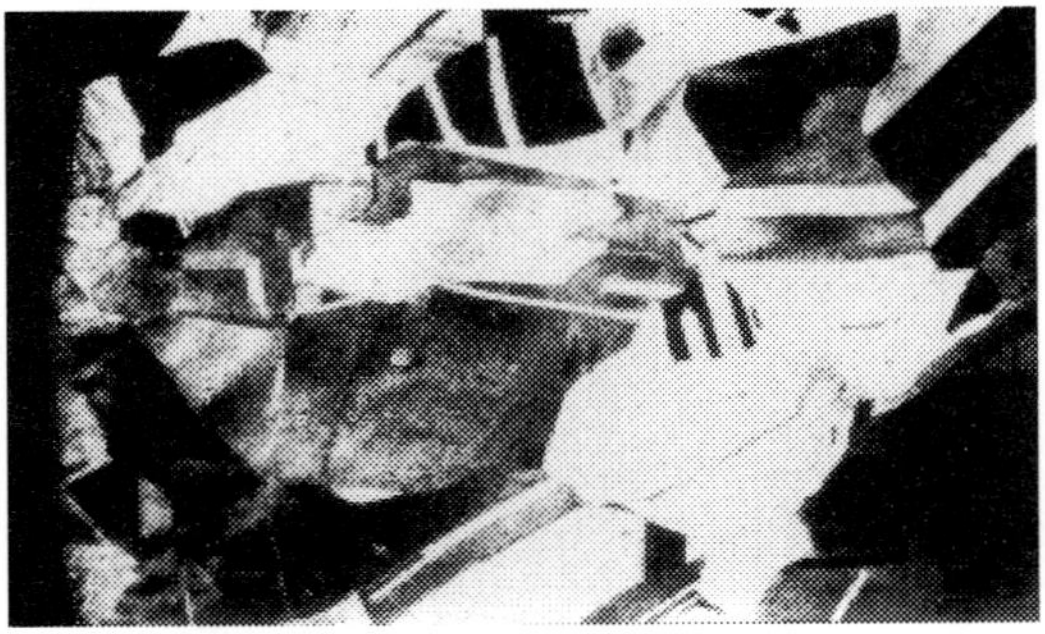

1-c　c点の拡大（× 70）

写真1.　ベルギー製弾丸切断面の顕微鏡写真

(a)
0.010mm

(h)
0.120mm

(j)
0.200mm

写真2.　黄銅の結晶粒判定用標準写真（×40）

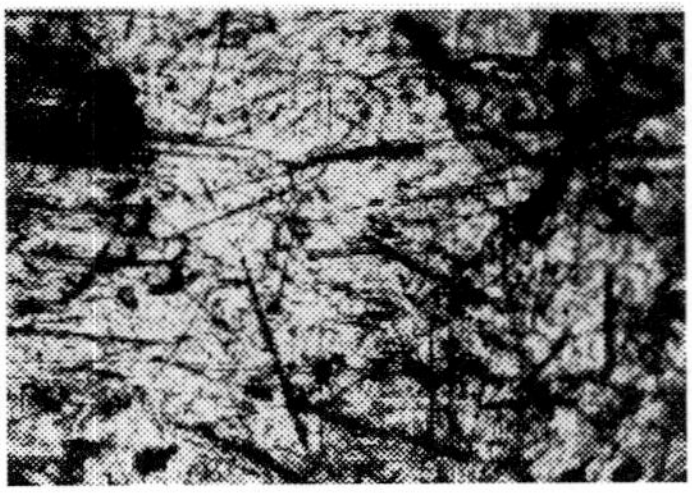

50倍

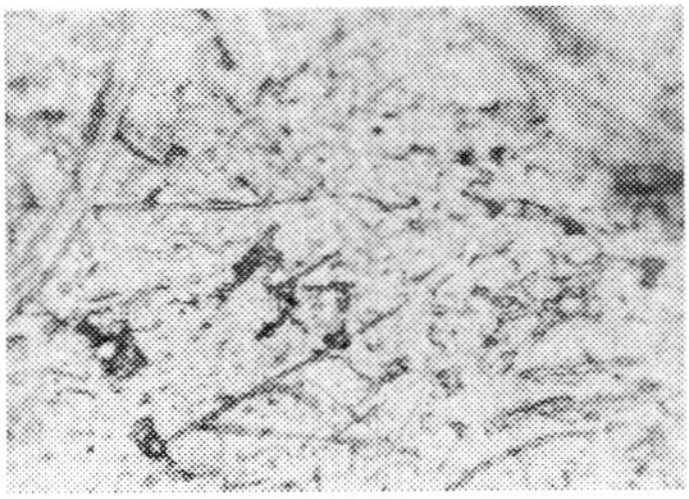

400倍

写真3. 7ヶ月間地下2cmに置かれたベルギー製弾丸（腹部）表面の顕微鏡写真

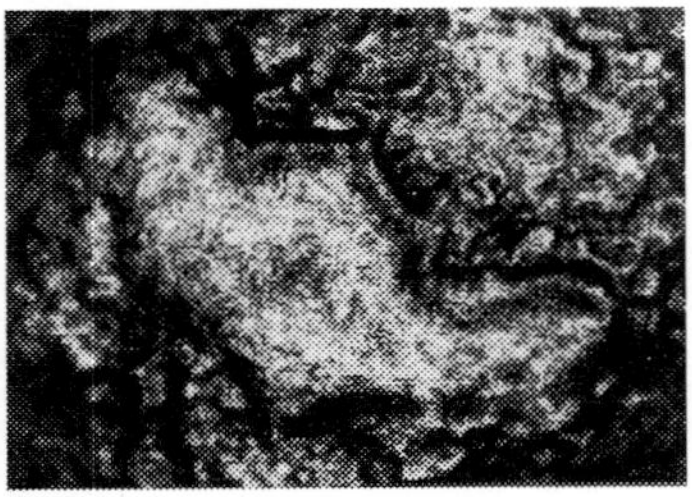

50倍

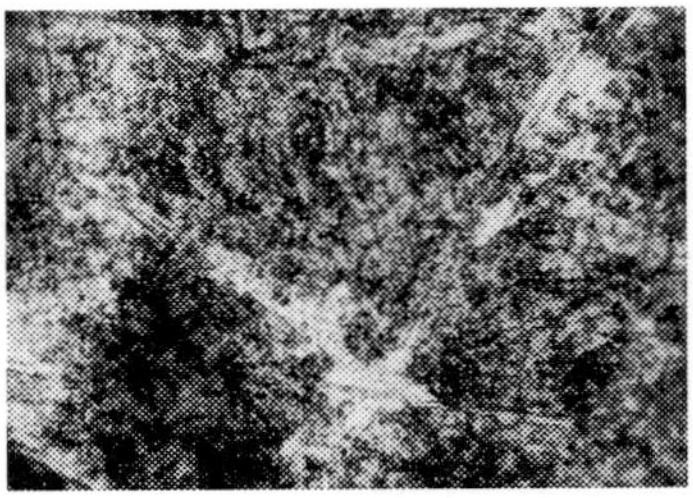

400倍

写真4. 7ヶ月間地表に置かれたドイツ製弾丸（頭部）表面の顕微鏡写真

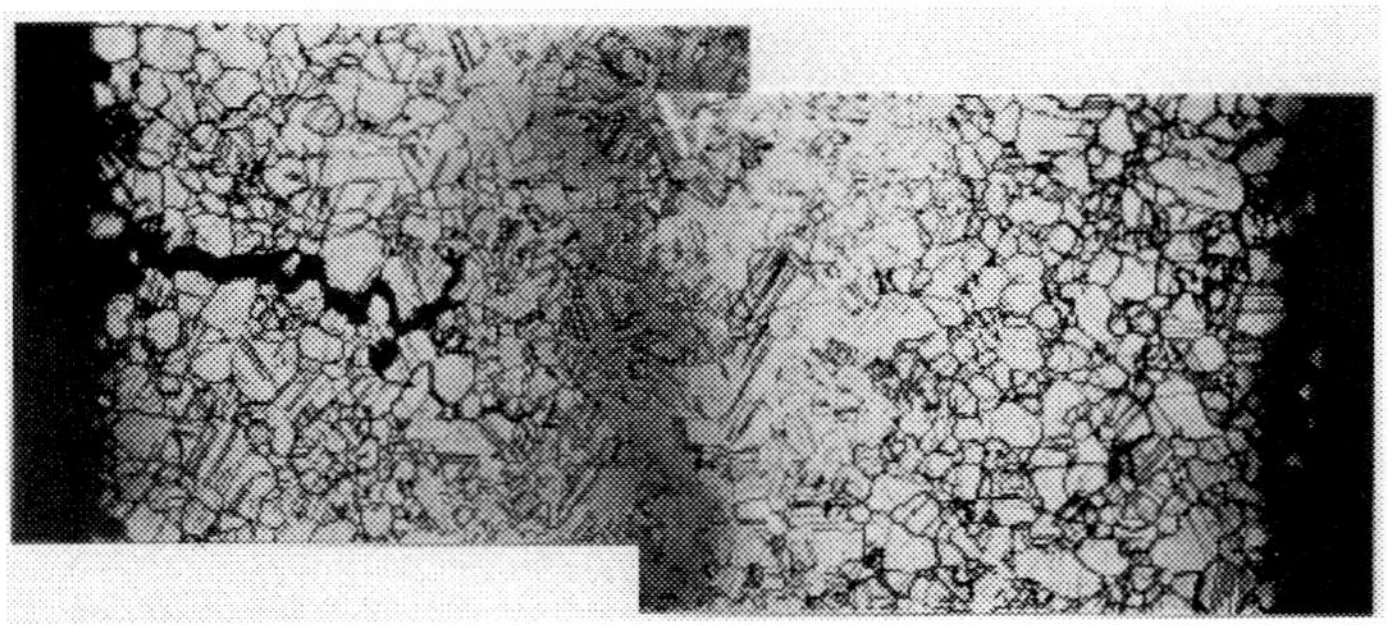

写真5. 黄銅切断面に表われた結晶粒界腐食割れ

証第30号
札幌市幌見峠において行なった発射ずみ拳銃弾丸の応力腐蝕割れに関する実験報告（第２回実験報告）

1970年3月8日

東北大学金属材料研究所　教授　下平三郎
北海道大学触媒研究所　助教授　松井敏二

概要

拳銃から発射された後約2年余を経過した黄銅製弾丸18箇を、札幌市幌見峠の山林の土中に27月間放置して応力腐食割れについて実験し、次の結果を得た。

実験期間	実験弾丸の数	応力腐蝕割れを発生した弾丸の数	割れ発生率
27月	18箇	18箇	100%

1. まえがき

1968年4月1日付で報告した第1回現場腐食実験にひきつづいて、第2回現場腐食実験を行なった。実験回数を増すほど、結果の信頼性が高くなるからである。

2. 実験方法

(1) 試料

実験に使用した弾丸は、口径7.65ミリのブローニング拳銃から発射された後約2年余を経過したニッケルメッキを施したドイツ製ならびにベルギー製の弾丸である。弾丸の外殻をなす黄銅の化学組成を表1に、また試料弾丸の外観を写真1に示す。

表1. 弾殻の化学組成（東北大学金属材料研究所共通分析室において化学分析を行なった）

弾丸の種類	亜鉛（重量%）
ドイツ製弾丸	32.9
ベルギー製弾丸	36.9

残りは銅である。銅以外の元素は不純物の程度で微量である。

ベルギー No.9

ドイツ No.8

写真 1.　試験弾丸の外観写真（編注：ベルギー、ドイツ各 9 より抜萃）

(2) 実験場所

札幌市幌見峠滝の沢付近の山林の一地点をえらび（添付資料No.1）、試料を土中に埋めた。山林は南東に面した斜面で、傾斜は平均として約20度、局所的には10～15度の所もある。樹木はハルニレ、ホオノキ、ナナカマド、シナノキ、エゾイタガヤ、マタタビ、ヤマブドウ、コクワ、ササ（高さは平均約1.5 m、40本／m^2程度に密生している）、ユキザサ、ハンゴウソウなどである。現場の状況を写真2に示す。土壌は前報〔証第20号、日本と中国における野外腐食比較試験〕で報告したとおりである。気象条件は表2に示すとおりである。

(3) 実験条件

（Ⅰ）試料の表面の観察

試料表面を立体顕微鏡で観察した後、ベンゾールで洗って油脂を除去した。次にアルコール、蒸溜水の順で十分洗滌した後、自然乾燥した。

（Ⅱ）試料の埋め方

弾丸の頭部を上にして、頭部の先端が地表から約2センチの位置にあ

写真2. 実験現場（編注：抜萃、原本はカラー）

表2. 札幌市の気象資料

札幌気象台　北緯43°07′　東経141°20′ 標高17 m

	月 / 年	1月	2月	3月	4月	5月	6月	7月	8月	9月	10月	11月	12月
平均気温（℃）	1967	−6.3	−4.4	0.6	6.5	13.6	15.7	20.9	22.1	16.3	10.4	2.7	−2.1
	1968	−3.4	−4.8	1.8	7.1	11.6	16.7	20.6	20.8	17.1	8.7	6.2	0.6
	1969	−5.5	−5.3	−1.4	6.0	11.0	15.0	20.6	19.6	16.4	9.8	3.8	—
平均最高気温（℃）	1967	−2.0	−0.1	4.9	11.3	19.2	20.2	25.6	26.9	20.6	16.5	7.0	1.9
	1968	0.3	−0.2	5.9	12.3	16.5	22.2	25.4	25.2	21.3	14.0	10.5	4.5
	1969	−1.6	−1.1	2.9	10.5	15.8	20.0	25.5	23.4	21.5	14.9	8.1	−0.4
平均最低気温（℃）	1967	−11.1	−9.0	−3.6	1.7	8.9	11.9	17.2	17.8	12.3	4.9	−1.4	−6.2
	1968	−7.3	−10.4	−2.2	2.2	7.5	11.4	16.2	17.1	12.7	3.6	1.7	−3.4
	1969	−9.5	−9.5	−5.8	1.8	6.3	11.3	16.7	16.3	11.3	4.7	−0.1	−6.6
平均湿度（%）	1967	73	68	69	66	73	78	81	75	80	69	67	74
	1968	75	73	71	66	72	73	77	80	76	71	72	71
	1969	70	69	66	67	67	79	77	82	72	70	67	70
降水量（mm）	1967	96.4	36.9	89.3	63.1	49.2	123.2	100.4	92.1	174.0	102.3	76.0	101.5
	1968	103.0	101.5	37.0	37.0	92.5	38.0	48.0	129.0	108.5	67.5	135.0	84.0
	1969	69.5	107.5	40.0	32.0	78.0	102.0	58.5	170.5	76.5	88.5	65.0	70.0
平均*地中温度（℃）	1967	—	—	—	—	—	—	—	—	17.7	11.6	—	—
	1968	—	—	—	7.2	11.8	17.1	20.4	21.9	17.9	11.4	—	—
	1969	—	—	—	—	10.9	15.5	21.3	21.0	18.0	11.4	—	—

＊地表より10cm．積雪時は測定していない。

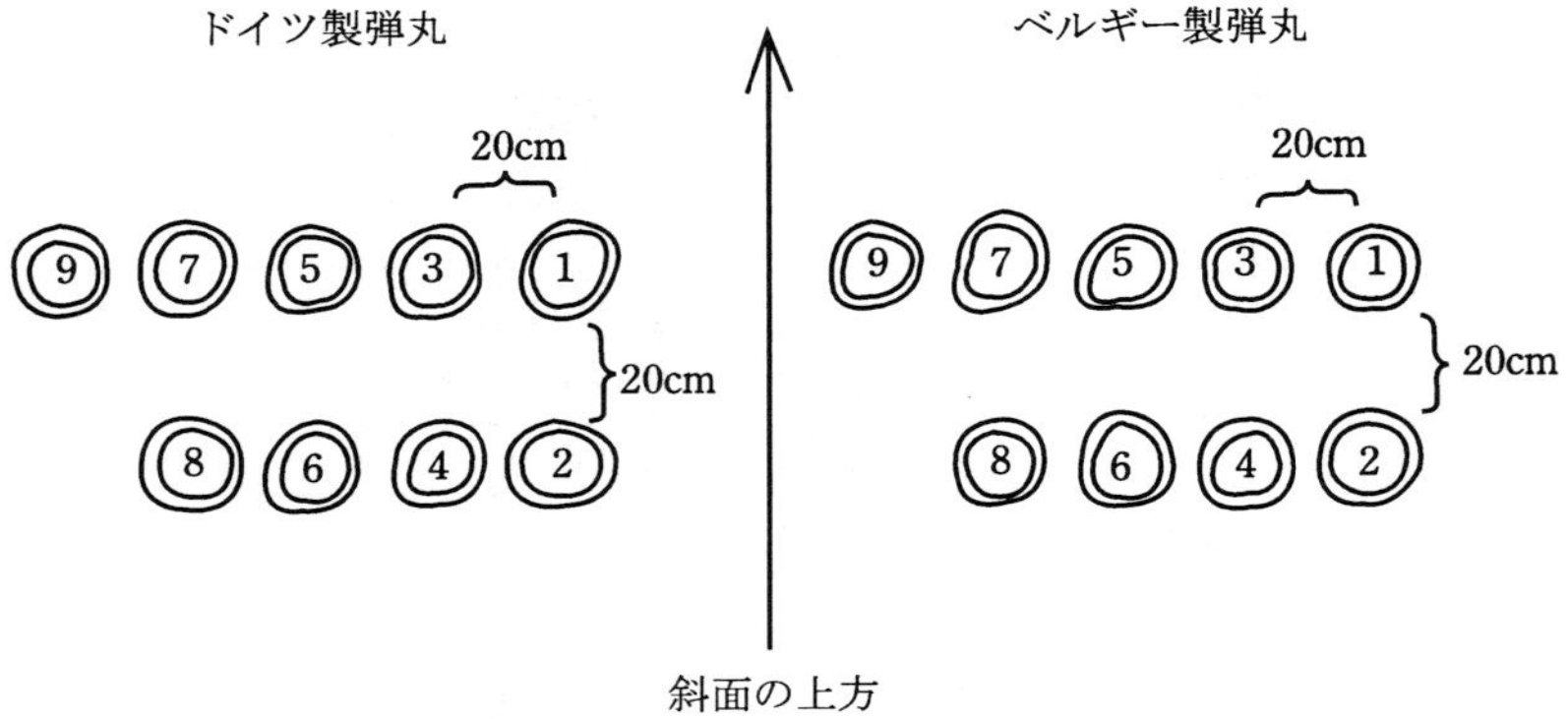

図1. 弾丸の配置図

るようにして垂直に埋めた。各弾丸は約20センチの等間隔に配置した(図1参照)。

（Ⅲ）試料の数

ドイツ製弾丸　　9箇

ベルギー製弾丸　9箇

（Ⅳ）実験期間

1967年8月28日→1969年10月29日（27月間）

（Ⅴ）保守、検査

現場における保守は主として松井が行ない、弾丸の検査は東北大学金属材料研究所金属表面化学研究室において主として下平が行なった。

3. 実験結果

（1）27月後における応力腐食割れの発生状態

（Ⅰ）試験弾丸18箇全部に応力腐食割れを発生した。

（Ⅱ）各弾丸における応力腐食割れの発生状況を表3および写真3に示す。

表3から明らかなように、割れの発生数において、ドイツ製弾丸とベルギー製弾丸に差は認められない。前回報告（証第29号）においては割れの発生状況を割れの大、小をもって示したが、各弾丸における割れの発生は複数であったことは、たとえば写真4からも明らかである。

表3. 各弾丸における応力腐食割れの数（20倍率の立体顕微鏡で観察した）

ドイツ製弾丸		ベルギー製弾丸	
No.	割れの数	No.	割れの数
1	2	1	3
2	4	2	6
3	2	3	3
4	6	4	5
5	2	5	5
6	5	6	3
7	4	7	3
8	4	8	3
9	4	9	3
合計33		合計34	

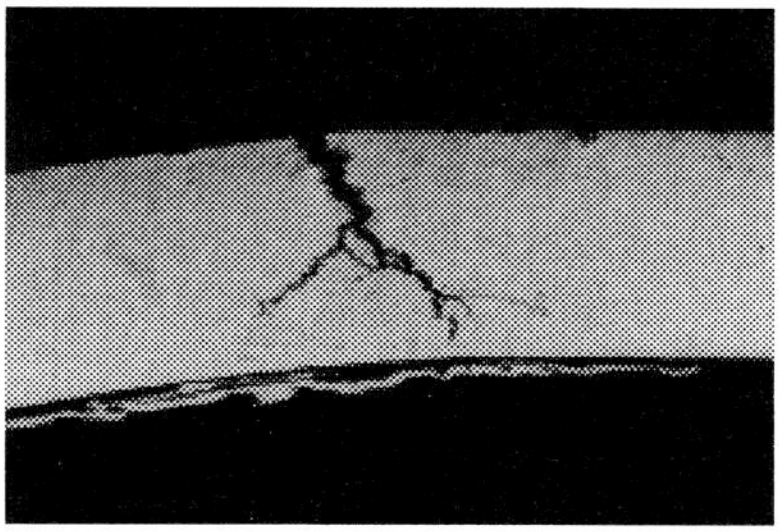

ベルギー No.4

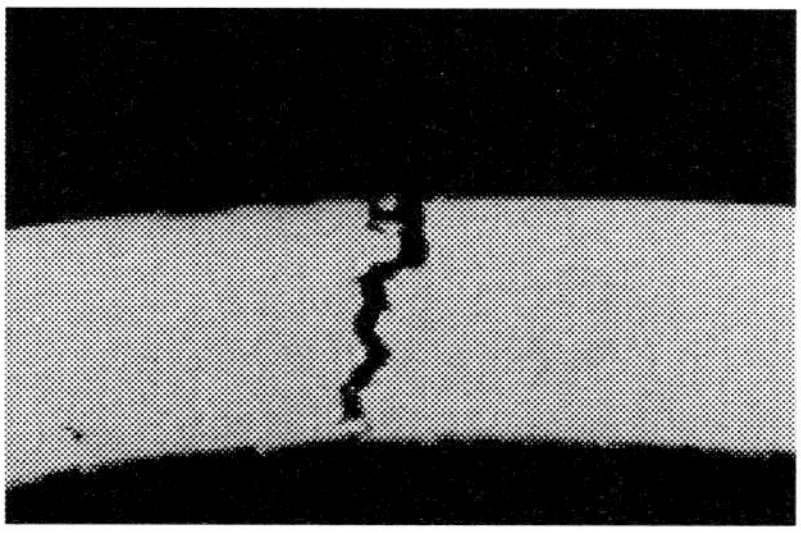

ドイツ No.3

写真3.　試験弾丸の応力腐食割れ写真　　断面の顕微鏡写真（× 60）
（編注：ベルギー、ドイツ各9より抜萃）

4. 考察

（1）応力腐食割れにおける割れ発生のバラツキについて

応力腐食割れにおける割れの発生はバラツキが大きく、割れはデタラメに発生するので、すべての試験片が割れてしまう期間を推定することは不可能であるという考え方があるが、これは全く皮相な誤まった見解である。

金属材料の割れ破壊には、脆性破壊、疲労破壊、クリープ破壊、応力腐食割

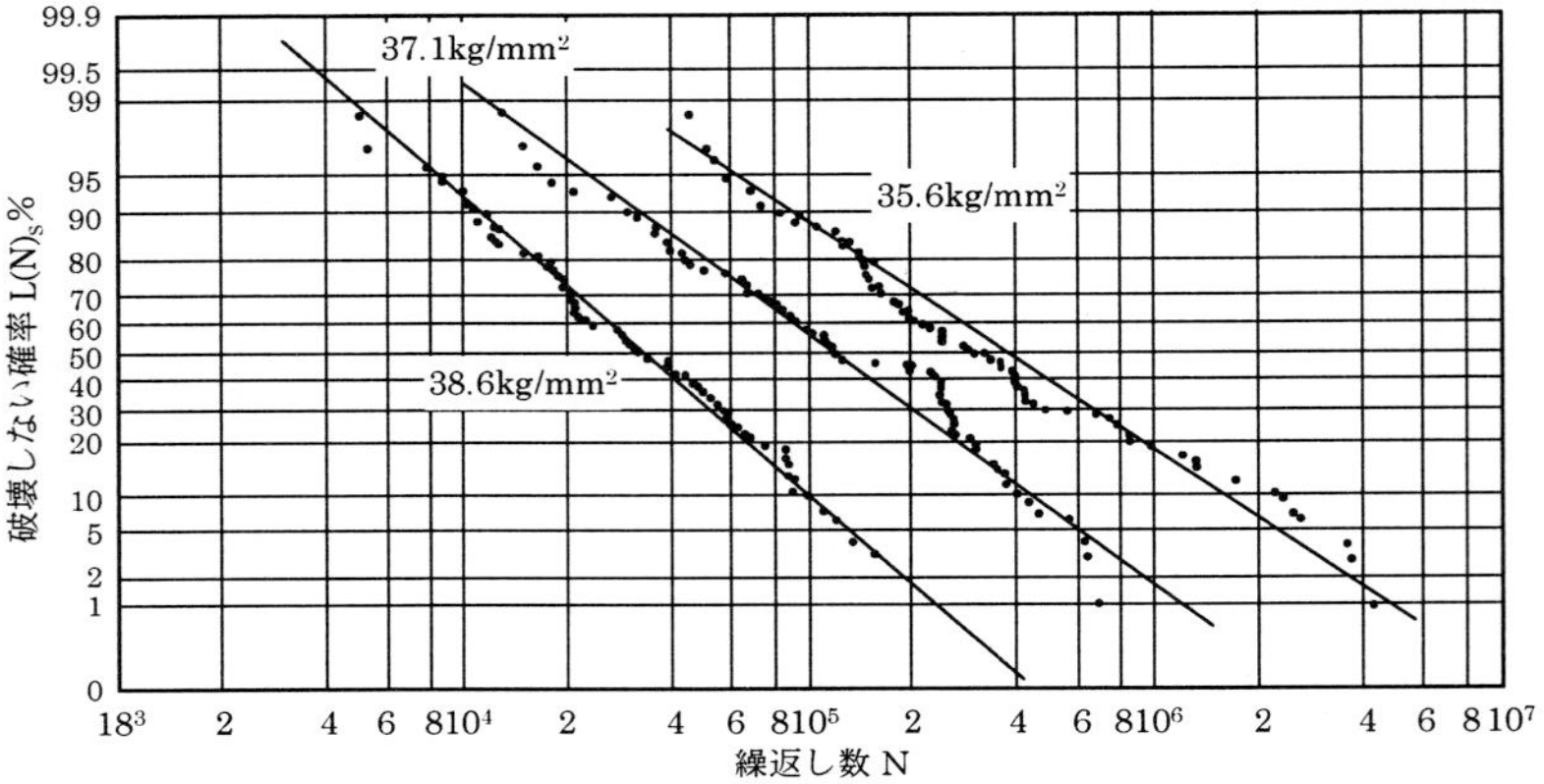

破壊しない確率.(Freudenthal の表式)
実験:0.41%炭素鋼

図2. 普通鋼の疲労破壊における負荷応力、繰返し数と破壊しない確率の関係
横堀武夫著「材料強度学」(1955年) 技報堂, 262頁

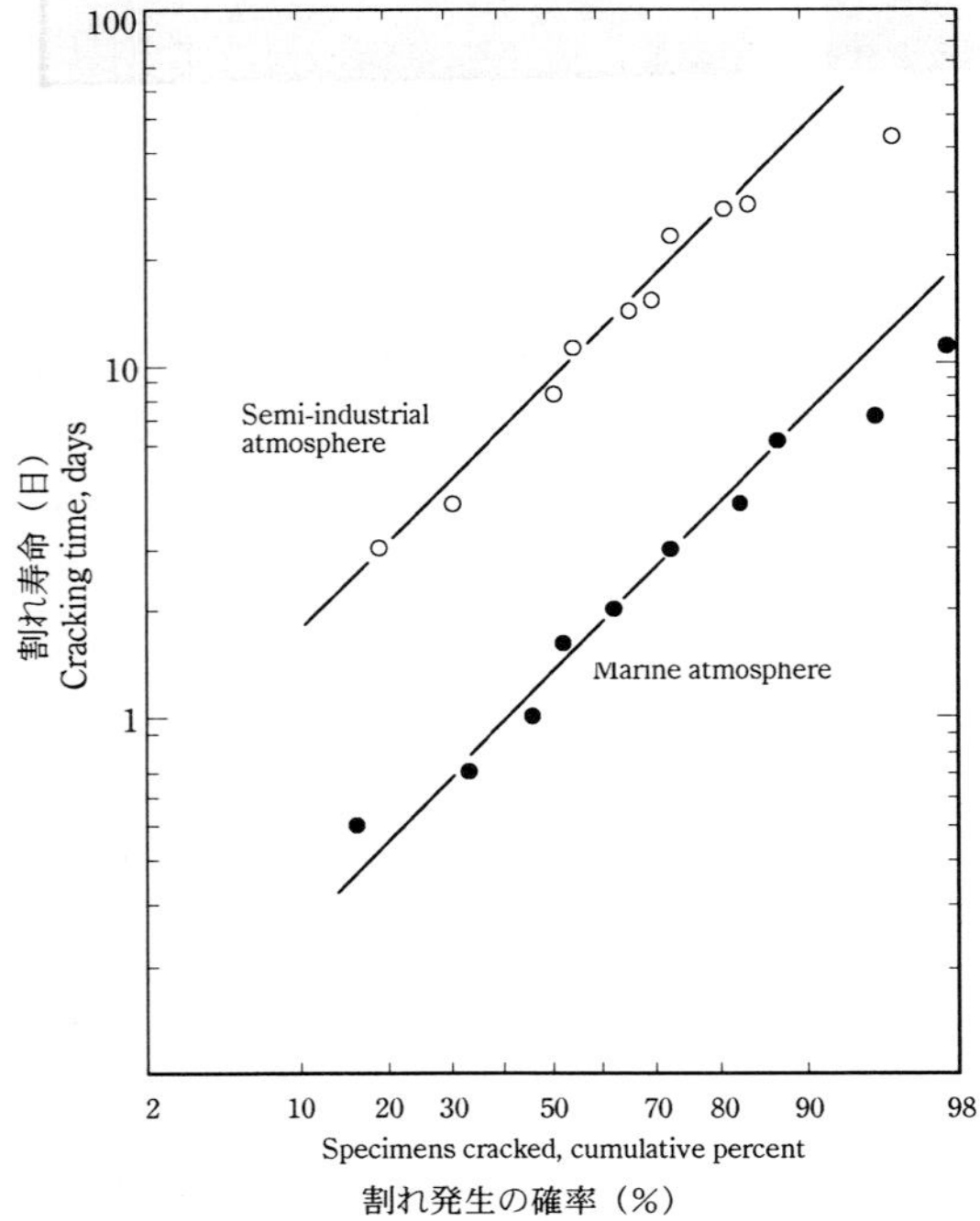

図3. ステンレス鋼(USS12MoV)の応力腐食割れにおける割れ寿命のバラツキ

American Society for Testing and Materials 編 Stress Corrosion Testing (1966) (A. S. T. M.) p.308

れなどいろいろな形式がある。一般に金属材料の割れ破壊は、本質的に統計的現象であって、その割れ寿命には必ずバラツキがある。たとえば普通鋼の疲労破壊（負荷応力の大きさが変動し、これが繰返されることによって、金属材料が破壊される現象を疲労破壊とよんでいる）では、図2に示すように、繰返し回数が10000回以下で破壊する試験片があるが、100000回以上でもなお破壊しない試験片もある。しかしこれらの割れ寿命のバラツキは、図2のように確率紙（Probability Paper）を用い、横軸に負荷応力の繰返し数を対数目盛でとり、縦軸に試験片が破壊しないで残っている確率（破壊しない確率）を確率尺度でとれば、繰返し数と破壊しない確率は直線関係にある。したがってこの直線を延長して横軸を截る点から、すべての試験片が割れてしまう繰返し数を推定することができる。図2において負荷応力38.6kg/mm^{2}の場合には、繰返し数5×10^{5}回ですべての試験片が割れてしまうことが推定できる。

応力腐食割れにおいても、疲労破壊と同様に、試験片の割れ寿命にバラツキがある。応力腐食割れでは、割れ寿命の対数値と確率尺度であらわした割れ発生の確率（全試験片数に対する割れた試験片数の割合）は、図3に示すように直線関係にある。したがってこの直線関係から、すべての試験片が割れてしまう期間を推定することができる。図3は海岸大気中ならびに工業地帯大気中におけるステンレス鋼の応力腐食割れを示す。海岸地帯の大気中では全試験片の約20％が数時間内で割れたが、90％が割れるには数日かかっている。このグラフからほとんどすべての試験片が割れてしまう期間は20日以内であることが推定できる。

アルミニウム合金の応力腐食割れにおける割れ寿命のバラツキの例を表4および図4に示す。この実験はPotentiostatic（合金の電位を一定に保持して実験を行なった）の場合95箇の試験片を用いて実験を行なったもので、最も早く割れたものは50分、最もおそく割れたものは115分の割れ寿命である。図4は表4の結果を確率紙を用いてグラフにあらわしたものである。実測値を結べば図に示されるようにジグザグの線がえられ、バラツイテいるが、これらの実測値を最小自乗法（実測値を処理して関数の形を決定する数学的方法である）によって整理して、割れ寿命と割れ発生の確率の関係をあらわす直線を決定すること

表4　アルミニューム合金の応力腐食割れ寿命（分）

F. F. Booth and G. E. G. Tucker著 Statistical Distribution of Endurance in Electrochemical Stress Corrosion Tests. Corrosion誌，21（1965年）P.173

INTENSIOSTATIC （一定電流下測定）	66, 70, 72, 73, 75, 75, 76, 77, 80, 80, 82, 82, 82, 88, 89, 90, 91, 91, 92, 92, 93, 93, 94, 94, 94, 95, 96, 96, 96, 97, 97, 97, 97, 99, 99, 100, 100, 100, 101, 106, 106, 106, 107, 107, 107, 108, 108, 110, 111, 115, 116, 116, 116, 116, 117, 117, 118, 119, 120, 122, 122, 122, 123, 126, 127, 128, 130, 130, 132, 133, 135, 135, 136, 140, 147, 150, 152.
	Geometric Mean =103.2 Mean of $\log_{10}$ endurance =2.014 Standard deviation of $\log_{10}$ endurance =0.0844
POTENTIOSTATIC （一定電位下測定）	50, 52, 57, 60, 60, 60, 62, 63, 63, 64, 66, 66, 67, 67, 67, 67, 67, 68, 68, 69, 69, 70, 70, 70, 70, 70, 71, 71, 71, 71, 72, 72, 72, 72, 72, 72, 72, 73, 74, 74, 74, 74, 75, 75, 75, 76, 76, 76, 76, 76, 76, 77, 77, 77, 78, 78, 78, 78, 78, 78, 80, 80, 80, 80, 80, 81, 81, 81, 82, 82, 82, 83, 83, 83, 83, 84, 84, 85, 85, 85, 85, 85, 86, 86, 86, 86, 86, 87, 88, 88, 89, 90, 90, 92, 92, 92, 92, 92, 93, 93, 94, 94, 95, 95, 97, 97, 97, 98, 98, 99, 99, 99, 99, 99, 100, 100, 100, 102, 105, 105, 108, 112, 112, 115.
	Geometric Mean =80.15 Mean of $\log_{10}$ endurance =1.90387 Standard deviation of $\log_{10}$ endurance =0.0697

ができる。云うまでもないことながら、本実験では多数の試験片がすべて割れてしまうまで実験をつづけているので、グラフを用いてすべての試験片が割れてしまう時間を推定する必要はない。実際の応力腐食割れ試験では全試験片の約60％程度が割れたならば、実験を中止して、確率紙にグラフを画き、その直線を外挿してすべての試験片が割れてしまう時間を推定している〔H. L. Logan著　The Stress Corrosion of Metals (1966年)(John Wiley)P. 291〕。

応力腐食割れ寿命のバラツキから、すべての試験片が割れてしまう期間を正確に推定するには、多数の試験片について個々の割れ寿命を知らなければなら

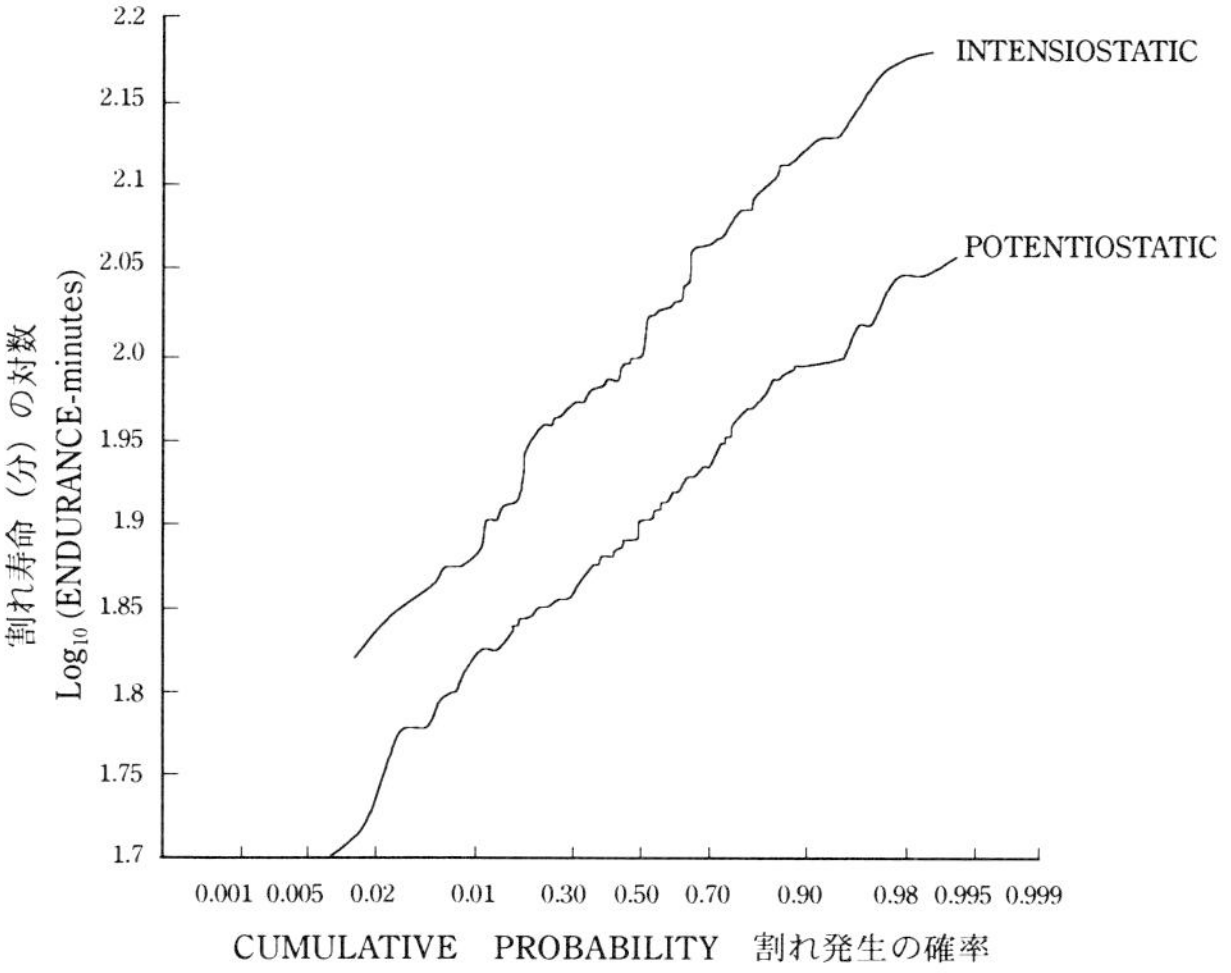

図4. アルミニューム合金の応力腐食割れにおける割れ寿命と割れ発生の確率の関係
F. F. Booth and G. E. G. Tucker著 Statistical Distribution of Endurance in Electrochemical Stress-Corrosion Tests. Corrosion誌，21（1965年）P.173

ない。発射拳銃弾丸の自然環境における応力腐食割れについてこのような実験は未だ全く行なわれていない。もちろん発射拳銃弾丸が自然の山林中で27月間に100％割れることは、中国における実験（証第20号）によって実証ずみであるから、上述したような推定値を求める必要はないが、応力腐食割れにおける割れの発生はデタラメにバラツイテあらわれるものではなく、一定の法則（割れ寿命と割れ発生の確率における直線関係）にしたがってあらわれることを理解することは、応力腐食割れに関する実験結果を正しく評価する上にきわめて重要である。現象のバラツキを通して現象の本質を認識することができるのが現代科学の特質である。

（2）応力の大きさと割れ寿命の関係について

応力腐食割れ（stress-corrosion cracking）では、文字通り応力と腐食が最も重要である。応力腐食割れでは、一般に応力の大きさと割れ寿命の対数は直線関

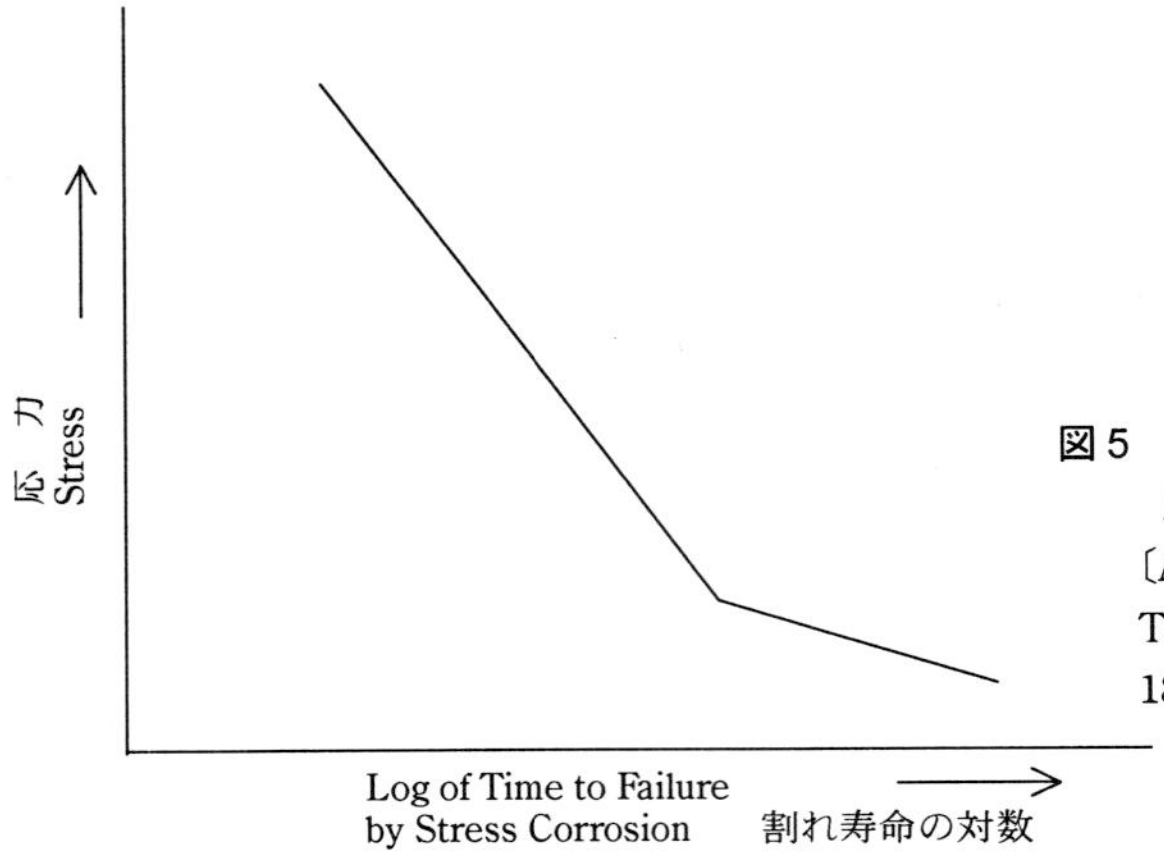

図5　応力腐食割れにおける応力と割れ寿命の関係
〔A. S. T. M. Stress Corrosion Testing (1966)(A. S. T. M.) P. 183〕

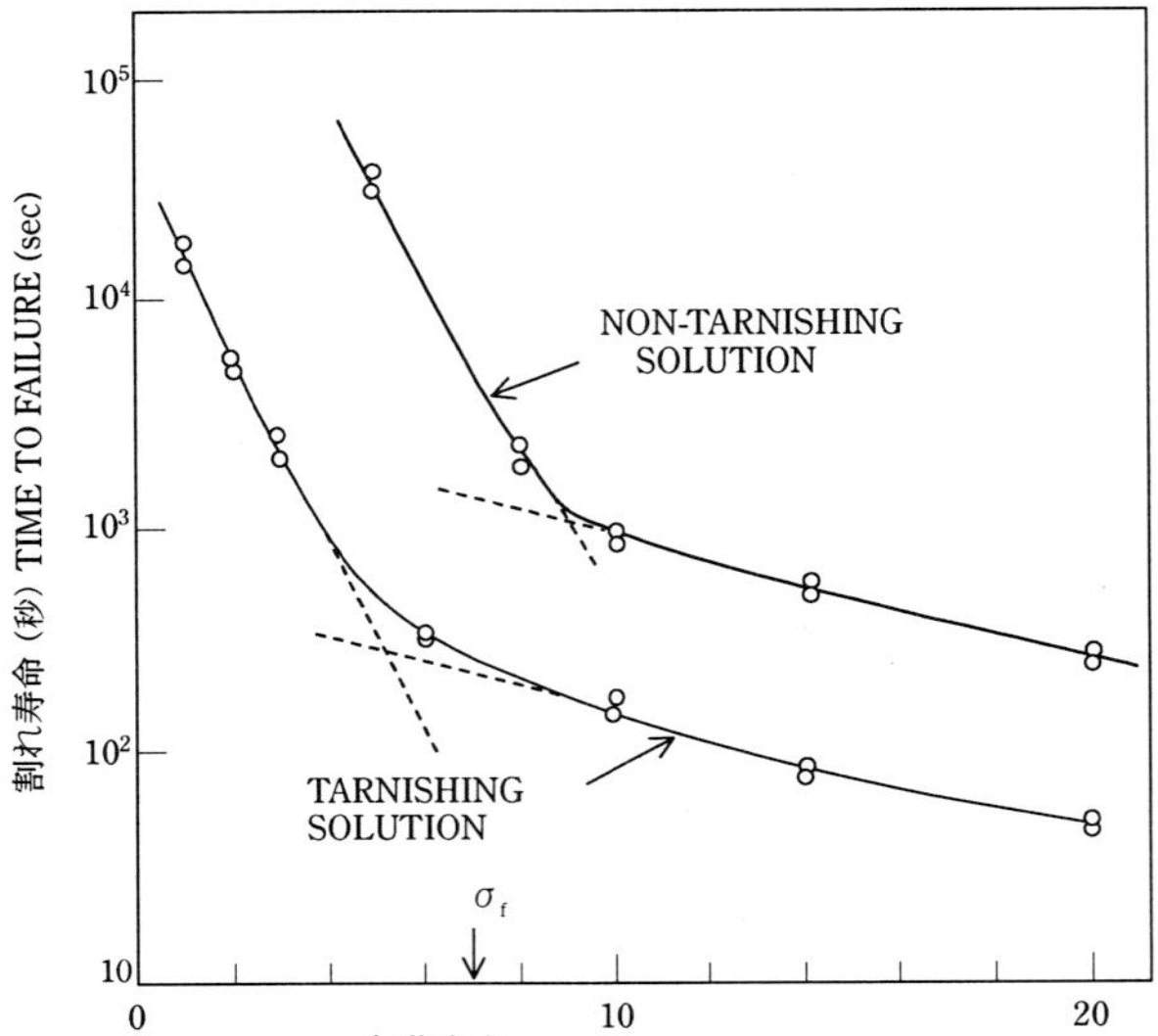

図6　黄銅（30％亜鉛－70％銅）の応力腐食割れにおける応力と割れ寿命の関係
（この黄銅は焼なまして軟らかくしたものである）
E. N. Pugh, J. V. Craig, and A. J. Sedriks 著
The Stress-Corrosion Cracking of Copper, Silver, and Gold Alloys 〔Symposium on the Fundamental Aspects of Stress Corrosion Cracking, 1967年, The Ohio State University〕

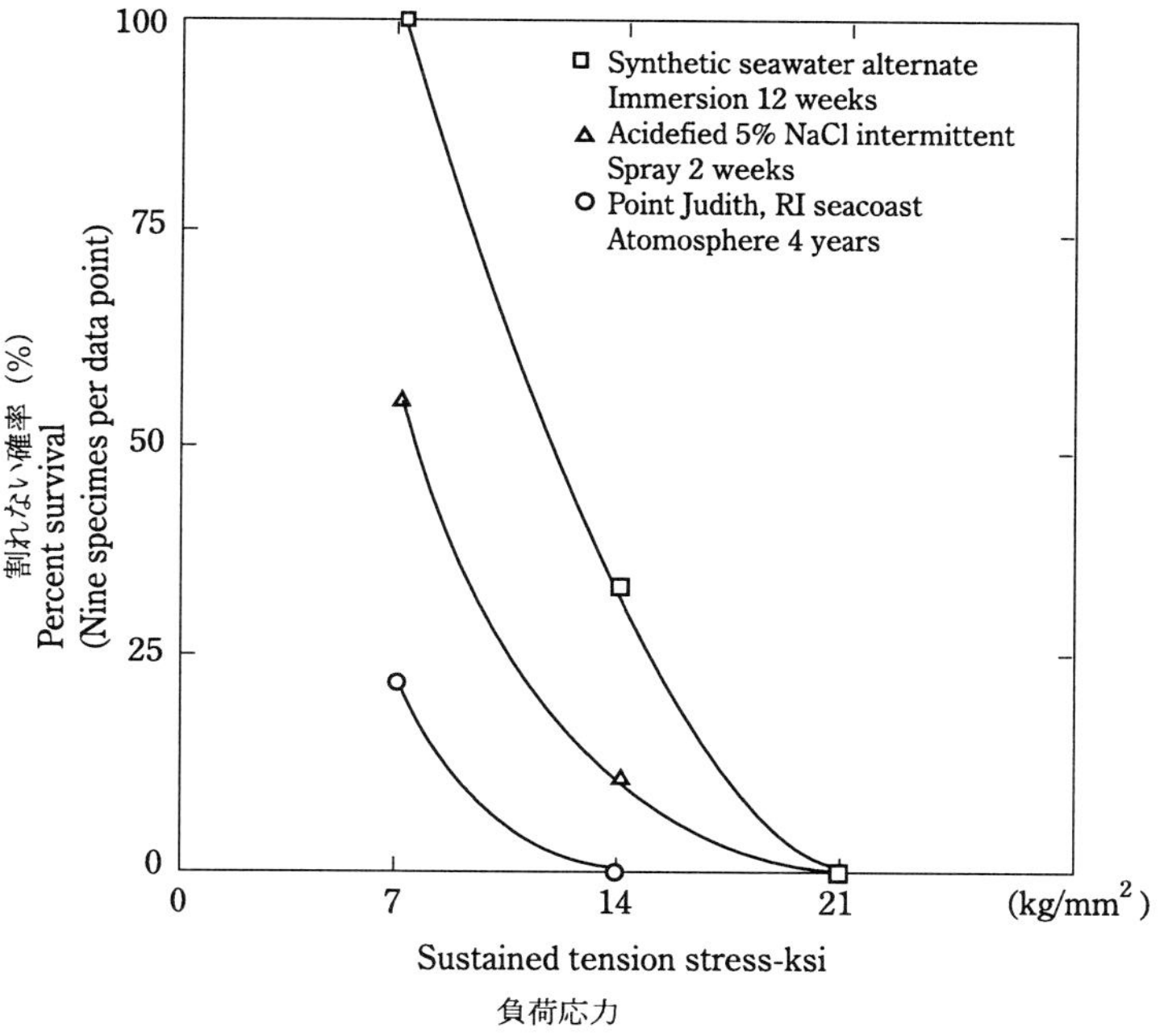

図7　アルミニウム合金の応力腐食割れにおける応力と割れ寿命の関係
A. S. T. M. Stress Corrosion Testing (1966年) (A. S. T. M.) P. 307

係にあることが知られている。直線は金属材料の降伏点において曲ってあらわれる（図5参照）。

黄銅（30％亜鉛－70％銅）の場合を示せば図6のようである。図から明らかなように応力が小さい範囲では応力が大きい範囲より直線の勾配が大きい。すなわち応力があまり大きくない場合には、応力の小さい変化によって割れ寿命は大きく変化する。加工にもとづく残留応力は、応力の小さい範囲に属する。したがって発射拳銃弾丸においても、残留応力の大きさの差が割れ寿命に鋭敏にあらわれる。

応力の大きさによって、割れ寿命が敏感に変化することは、たとえば図7に示すアルミニウム合金の応力腐食割れにおいても明らかである。合成海水中では12週間後に応力21kg/mm^{2}では100％割れてしまうが、応力14kg/mm^{2}では約

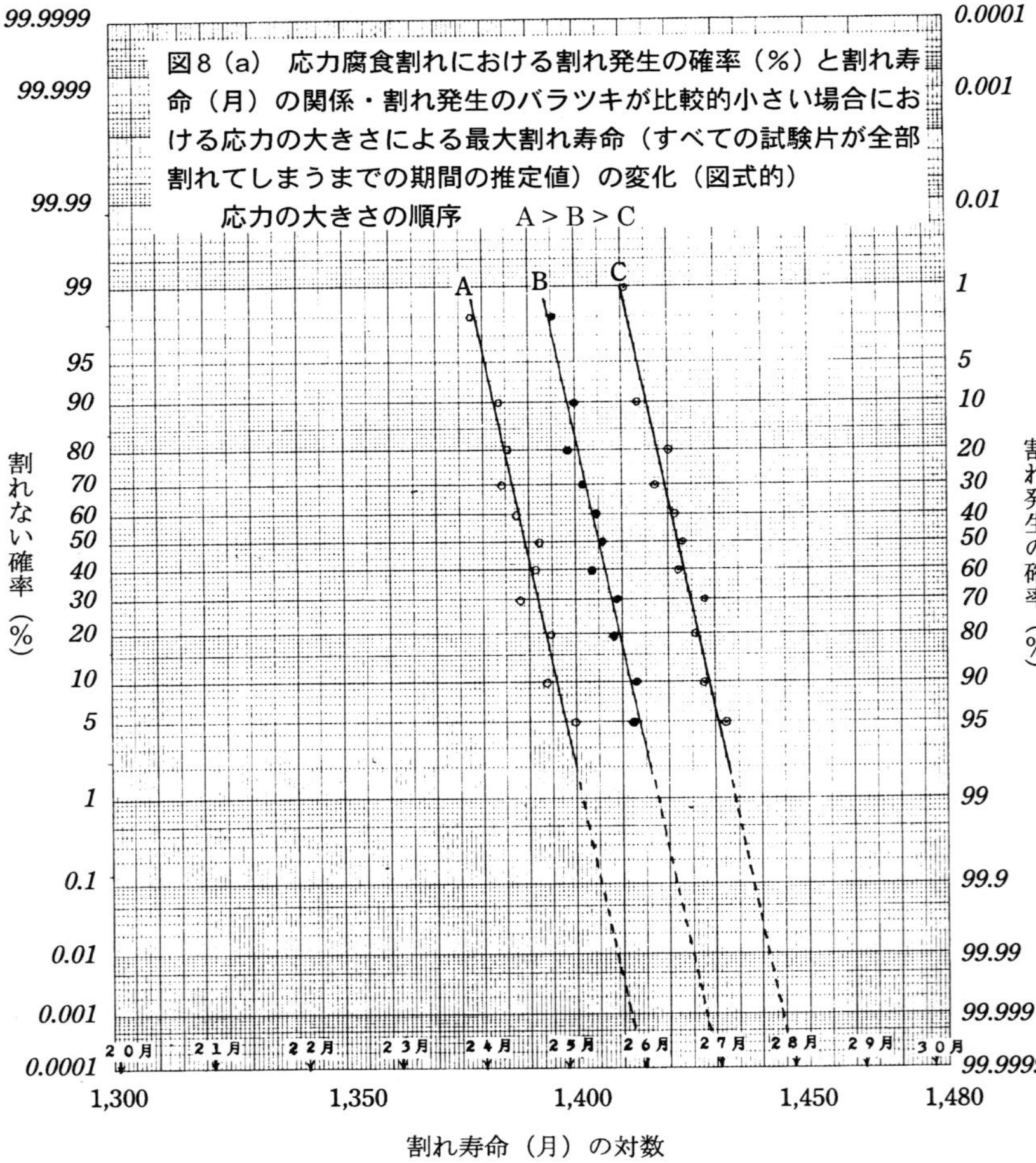

図8（a）　応力腐食割れにおける割れ発生の確率（%）と割れ寿命（月）の関係・割れ発生のバラツキが比較的小さい場合における応力の大きさによる最大割れ寿命（すべての試験片が全部割れてしまうまでの期間の推定値）の変化（図式的）
応力の大きさの順序　　A > B > C

70%が割れるにすぎない。また海岸大気中では4年間に応力14kg/mm^{2}では100%割れてしまうが応力13kg/mm^{2}では97～98%、応力7kg/mm^{2}では約75%が割れる。かくの如く応力1～2kg/mm^{2}の変化によっても割れ寿命は敏感に変化する。応力腐食割れ以外の割れ破壊、たとえば疲労破壊においては、図2に示したように、応力38.6kg/mm^{2}と37.1kg/mm^{2}では破壊までの繰返し数に桁違いの差がある。

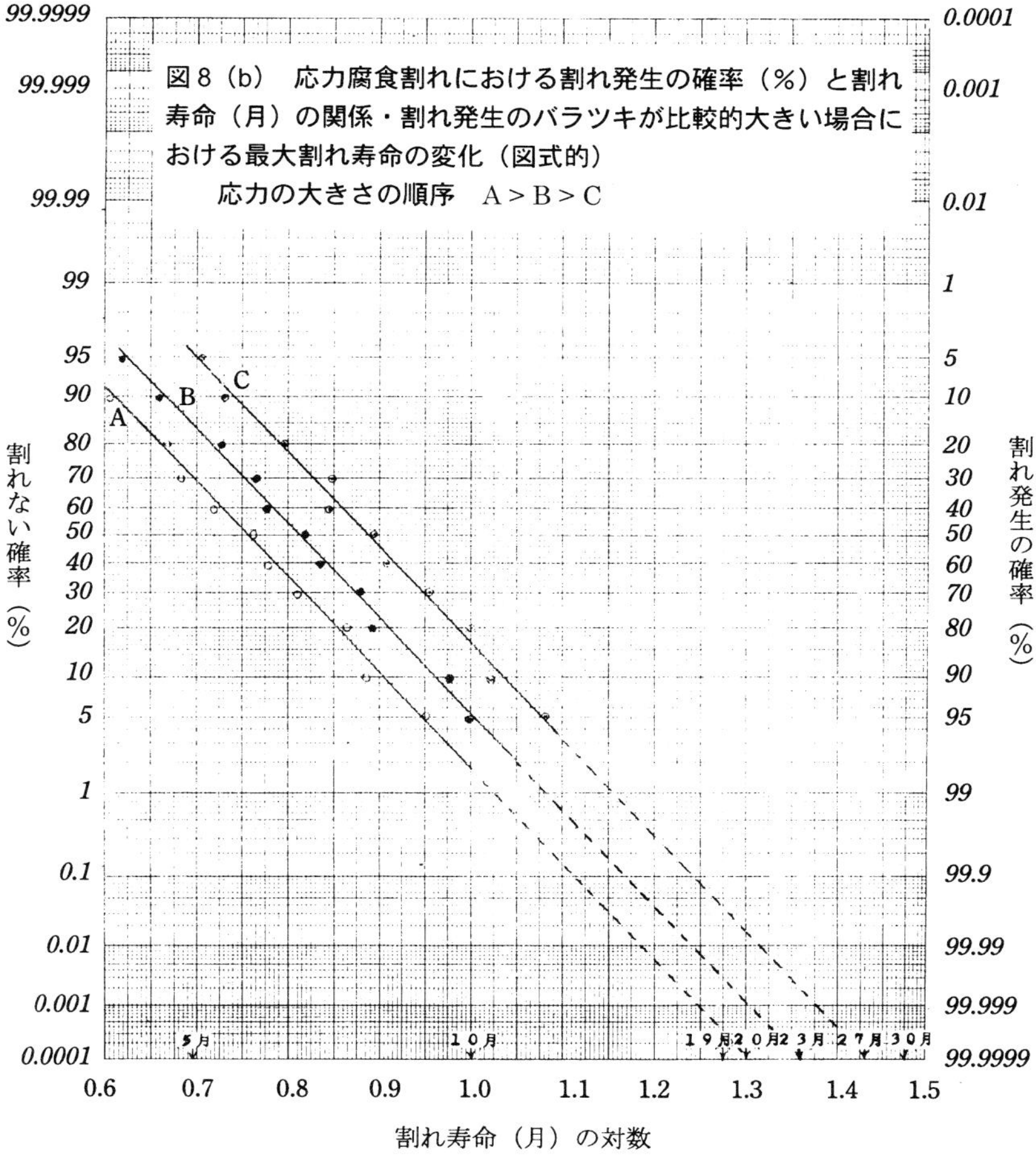

図8（b）　応力腐食割れにおける割れ発生の確率（%）と割れ寿命（月）の関係・割れ発生のバラツキが比較的大きい場合における最大割れ寿命の変化（図式的）

応力の大きさの順序　A > B > C

応力腐食割れでは、ある数の試験片を用い（試験片の数が多いほど結果の信頼度が高くなる。30箇以上ならば信頼度が非常に高い）、応力の大きさのみに差をつけ、その他の試験条件を同一にして応力腐食割れ試験をおこなえば、割れ寿命のバラツキは図8のように現われる。

全試験片の数に対する割れた試験片の数の割合をもって割れの発生の確率（%）を表わす。グラフの直線が割れ寿命軸を截る点からその条件でその試験片

のもつ最大割れ寿命、すなわちすべての試験片が全部割れてしまうまでの時間を推定することができる。

図8 (a) は応力の大きさに少しずつの差がある場合に、割れ発生のバラツキから推定される最大割れ寿命（すべての試験片が全部割れてしまう期間）の変化を図式的に示したものである。たとえば直線Aは土中に直撃した弾丸の応力腐食割れをあらわすものとすれば、直線BあるいはCは発射後時間が経過して応力が十分緩和された弾丸を土中に埋めた場合の応力腐食割れをあらわす。直線Cの場合ならば、27月で割れ発生の確率は95%であるから、これから最大割れ寿命は28月であることが推定できる。

図8 (b) は割れ発生のバラツキが大きく、4～5月ですでに割れが発生し始める場合を図式的に示したものである。このような場合にはたとえば直線Cでは10月で割れ発生の確率が81%のとき、最大割れ寿命が27月であることが推定される。従来の実験結果では実際の割れ発生は割れ発生の確率（%）が大きくなると直線から下方にはずれる傾向を示すので、直線を外挿してえられる推定量（最大割れ寿命）は実際に全部の試験片が割れてしまう期間より大きい値になると考えてよい。

(3) 残留応力の緩和について

一般に加工を受けて金属材料に発生した残留応力は、時間の経過と共に次第に減少する。初めの残留応力をσ_0、時間を t 、温度、材質などによって定まり、時間に無関係な定数をα、νとすれば、時間 t における残留応力σは次式であらわされる。

$$\sigma = \sigma_0 - \alpha \ln(1 + \nu t) \qquad (1)$$

ここにlnは自然対数記号である。米国U. S. Steel社基礎研究所F. Garofalo著、Fundamentals of Creep and Creep-Rupture in Metals（金属クリープの基礎）によれば、黄銅（30%亜鉛－70%銅）の常温における定数α、νの値は、

$$\alpha \fallingdotseq 10\ \mathrm{kg/mm^2},\ \nu \fallingdotseq 10 \sim 30\mathrm{min^{-1}} \qquad (2)$$

である。したがって時間 t の単位を分 (min) にとれば、黄銅における残留応力の緩和について次の近似式がえられる。

$$\sigma = \sigma_0 - 0.23 \log (20t) \ \mathrm{kg/mm^2} \qquad (3)$$

ここにlogは常用対数記号である。(3) 式によって応力減少の大きさを計算すれば、

経過時間	応力の減少の大きさ (σ_0–σ)
30日	1.4 $\mathrm{kg/mm^2}$
1年	1.6
2年	1.7

である。応力緩和速度は (1) 式から

$$応力緩和速度 \fallingdotseq -\frac{\alpha}{t} \qquad (4)$$

であらわされ、初期に大きく、時間が経過するにしたがって次第に小さくなるが、定数αは初めの応力σ_0が大きいほど大きいので、初めの応力が大きいほど応力緩和速度は大きい。

発射拳銃弾丸における残留応力の大きさは不明であるが、実測によれば黄銅製薬莢の外周における引張残留応力は初期には28 $\mathrm{kg/mm^2}$ に達する〔H. Rosenthal著、Residual Stress in Caliber 0.30 Cartridge Cases, Symposium on Stress-Corrosion Cracking of Metals (1944年)、A. S. T. M. and A. I. M. E.〕(添付資料No.2)。弾丸は加工材であり、機械的強度が高いので、弾丸においてもこの程度の残留応力 (28 $\mathrm{kg/mm^2}$) が発生するものと考えられる。よって時間経過にしたがって弾丸における残留応力の大きさは次のように変化する。

経過時間	残留応力の大きさ
30日	27 $\mathrm{kg/mm^2}$
1年	26
2年	26

すなわち1年後と2年後では、残留応力の大きさは実際上同一である。応力腐食割れにおいては、2 $\mathrm{kg/mm^2}$の応力の差は、割れ寿命に明らかに影響することはすでに実例をあげて説明したとおりである。

1932年に住友金属工業株式会社研究部が大阪で行なった大気暴露試験では、亜鉛含有量が30%以上の黄銅管は、残留応力が28 $\mathrm{kg/mm^2}$の場合、3月間に応

力腐食割れを発生した（証第31号添付資料No.10（編注：略））。

1961年にソ連邦科学アカデミー物理化学研究所がソ連邦内の工場地帯、田園地帯、海岸地帯で大気暴露試験を行なった結果によれば、32％亜鉛および38％亜鉛をふくむ黄銅は、応力2 kg/mm^{2}以上では2年間に応力腐食割れを発生した（添付資料No.3、編注：訳文要旨P.82-P.85）。

1960年に下平、佐藤が只見川（福島県）の水を用いて行なった現場腐食試験結果では、アルミニウム黄銅管（22％亜鉛－2％アルミニウム－76％銅）は、応力2 kg/mm^{2}では2年間に応力腐食割れを発生した（証第31号添付資料No.4）。

これらの結果によれば亜鉛含有量が30％以上の黄銅は、残留応力によって自然環境において、1～2年間に応力腐食割れを発生することが結論される。発射拳銃弾丸の自然環境における応力腐食割れに関する中国における実験結果（証第20号）はこの結論をうらづけるものである。

（4） 幌見峠における第1回現場実験において、弾丸32箇中2箇が割れなかったことについて

発射直後と発射後1～2年を経過した弾丸では、残留応力の大きさにおいて、少なくとも2 kg/mm^{2}以上の差があることはすでに説明したとおりである。また残留応力の大きさが割れ寿命に大きく影響することもくりかえし説明したとおりである。土中直撃弾が発射後時間を経過した後に、土中に埋めた弾丸より割れやすいことは中国第1試験場における試験結果（証第20号および下平尋問調書）をみれば明らかである。

中国第1試験場　19月間

	割れ発生率
土中直撃弾	92％（25箇中23箇割れた）
後から土中に埋めた弾丸	85％（75箇中64箇割れた）

発射後1～2年を経過した後に幌見峠の土中に埋めた弾丸の応力腐食割れ発生のバラツキの様子は不明であるが、第1回および第2回の現場実験結果からすべての弾丸が割れてしまう期間はほぼ27月前後であることが推定される。図7に示したようにアルミニウム合金では4年間の応力腐食割れにおいて応力1 kg/

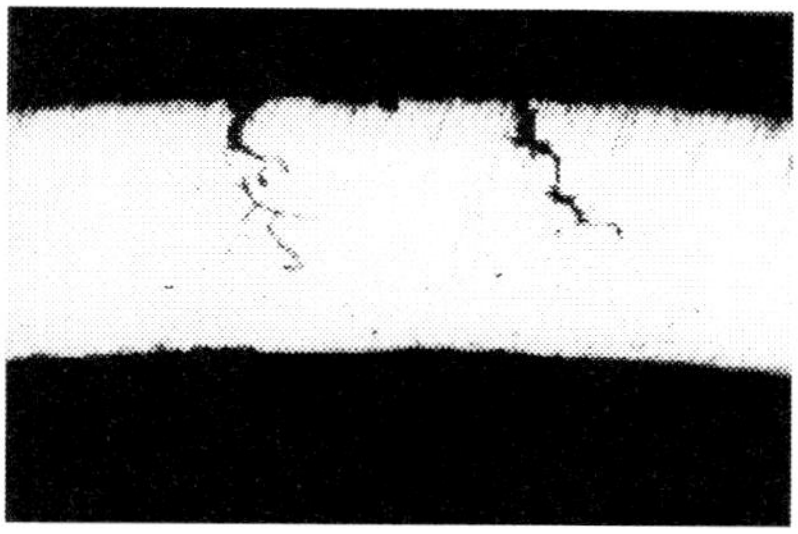
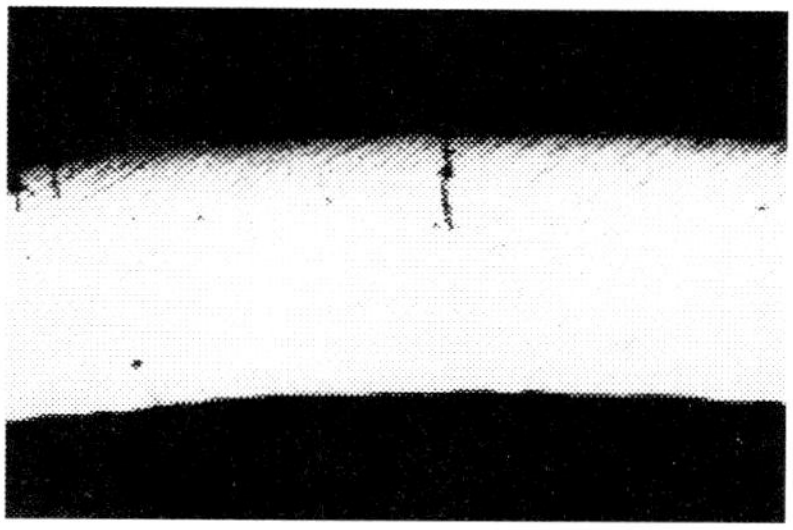

ベルギー No.12　　ドイツ No.13

写真4.　証第29号添付の弾丸の応力腐食割れ
断面の顕微鏡写真（× 60）

実験前

ベルギー No.4　　ドイツ No.5

実験后

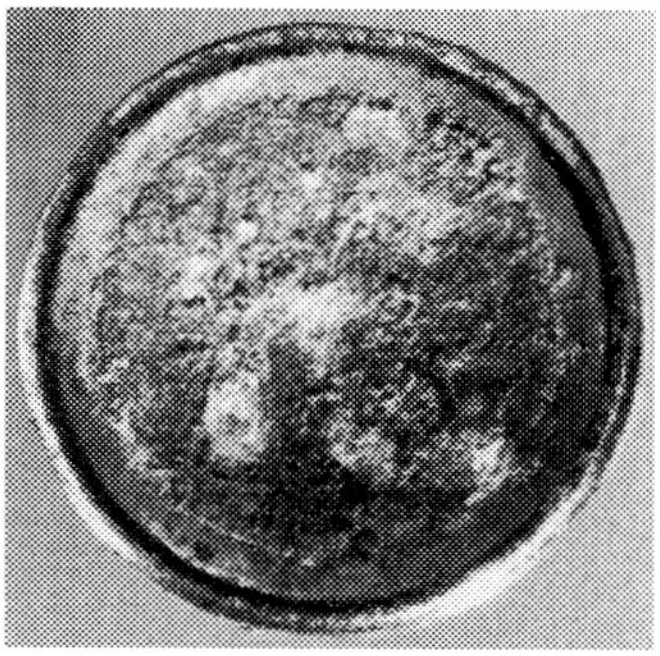

ベルギー No.4　　ドイツ No.5

写真5.　試料弾丸底部の腐食状況写真・実験前后

（編注：ベルギー、ドイツ各18より抜萃。ドイツの刻印No.と試料No.は異なる）

mm^2の低下によって割れ発生率は100％から98％に低下する。黄銅において残留応力が2 kg/mm^2低下した場合に割れ発生率が100％から96％（第1回、第2回現場実験で50箇中48箇が割れた）に低下することはきわめて当然のことである。

残留応力が十分に緩和された弾丸を用いて行なった幌見峠における2回の現場実験の結果50箇中48箇が割れ、2箇が割れなかった事実は、幌見峠で拳銃から発射したまま土中に埋まった弾丸は27月後には、100％応力腐食割れを発生するという推定が正しいことを証明するものである。

（5）火薬燃焼物の影響について

黄銅製薬莢が火薬の分解生成物によって応力腐食割れをおこすことは、J. W. Mitchellによって1944年に開催された第1回応力腐食割れ国際会議において報告された。

J. W. Mitchell著

The Role of Smokeless Powder in the Season Cracking of Small Ammunition.

Symposium on Stress-Corrosion Cracking of Metals.（1944年）

〔A.S. T. M. and A. I. M. E.〕P.55（添付資料No.4）

土中直撃弾には発射の際発生した火薬の分解生成物がそのまま付着しているが、本実験では試料弾丸の表面をよく洗滌して付着物を除去したので応力腐食割れを促進する物質が残留していない。本実験結果を検討する場合にはこの点も考慮にいれなければならない。

（6）応力腐食割れ以外の腐食形態について

（Ⅰ） 幌見峠ならびに中国における実験結果では、弾丸のくびれ、綫条痕ならびに底の部分が最も腐食されやすく、ニッケルメッキが脱落しやすい（写真5）。

（Ⅱ） 幌見峠ならびに中国における実験結果によれば、くびれ、綫条痕ならびに底の部分以外の部分ではニッケルメッキは腐食されて脱落することはない。中国における実験では全面が黒色に変色したものが多

かったがニッケルメッキはほとんど脱落していない。幌見峠ではニッケルメッキは金属光沢を保ち腐食して脱落したものは1箇もない。

(Ⅲ) 幌見峠における27月間の土中腐食実験によって、ニッケルメッキした黄銅製拳銃弾丸には脱亜鉛腐食は発生しなかった。

(Ⅳ) 幌見峠における27月間の土中腐食実験によって、ニッケルメッキした黄銅製弾丸には粒界腐食の発生は認められなかった（弾丸50箇全部を切断して断面を金属顕微鏡でしらべた）。

以上（Ⅰ）～（Ⅳ）の腐食形態は証208弾丸の腐食形態と全く相反する。

5. 結論

発射された後1～2年を経過して残留応力が十分に緩和された拳銃弾丸（ニッケルメッキを施した、鉛芯、黄銅製弾丸）を用い、幌見峠滝の沢地区において第1回（32箇）、第2回（18箇）の現場腐食実験を行ない次の結論を得た。

(1) 土中に直撃したまま放置すれば、拳銃弾丸は27月後には100％応力腐食割れを発生することが推定される。

(2) 幌見峠においては、ニッケルメッキを施した拳銃弾丸には27月間に脱亜鉛腐食、粒界腐食を発生しない。

(3) 上記（1)、(2）により、証208弾丸は幌見峠の土中に直撃後27月間埋没していたものではないことが推定できる。

以上

添付資料No.3　訳文

I. A. Levin 編

Intercrystalline Corrosion and Corrosion of Metals under Stress

粒界腐食と応力下における金属の腐食

この原本は1960年にソ連邦モスコーで発行され、これを1962年にニューヨークのコンサルタンツ・ビューロー（Consultants Bureau）が英語に翻訳して発売したものである。

この本は金属の腐食に関する31篇の研究論文から成り、その一つに以下に述べる、黄銅の応力腐食割れに関する論文がある。

ジー・ビー・クラーク

ソ連邦の気候の異なる地域における黄銅の腐食割れ

ソ連邦科学アカデミー物理化学研究所は、ギプロツベトメトブラボトカから派遣された研究者と協力して、各種黄銅の応力腐食割れにおよぼす気候の影響について、広汎な研究を行なった。試験片は、製品の通常の保管条件に近いように、露天ばく露とスレート屋根の下に置いた。本研究の目的は、種々の異なった自然の条件の下における各種黄銅の応力腐食割れ感受性を研究し、かつ実験室における加速試験結果と比較することである。

試験は4箇所の腐食試験場で行なった。すなわちソ連邦の中央部における工業地帯と田園地帯、黒海およびベーリング海の海岸地帯において試験を行なった。

多数の試験結果から、内部引張応力、湿気、腐食性環境が同時に存在する場合にのみ、黄銅に割れがおこるという結論がえられた。

試験結果をまとめると次のとおりである。

1. 焼もどししない場合と低温度で焼もどしした場合には、環状試験片ならびに中間工業製品は、気候条件に関係なく、引張応力が2kg/mm^{2}より大きくさえあれば割れた＊。

＊ 訳者注　黄銅の引張り強さ（引張りによって破断する応力の大きさ）は、

冷間加工材で60～70 kg/mm^{2}である。

2. 亜硫酸ガスを相当量ふくむ工業地帯の大気中で、黄銅は最も割れやすい。亜硫酸ガスの含有量が工業地帯より少ない田園地帯では、割れ感受性は工業地帯より低い。黒海海岸では田園地帯より割れ感受性がむしろ低い。ベーリング海海岸では割れはおこらない。

3. 黄銅の表面が長期間、水の薄膜でおおわれている場合に、最も割れやすい。すなわち温度が－5～＋10℃で、相対湿度が80～90％の場合に最も割れやすい。

試験結果は、黄銅の腐食割れ感受性は、試験を開始した時季によって大いに異なることを示した。田園地帯で12月に試験を開始した32％Znの黄銅は、18日後に割れたが、3月に同一の試験を開始した同一の試験片は、1～2年後にも割れなかった。試験片表面を水の皮膜が長期間におおっているような時季に試験を開始した場合には、試験片は非常に早く割れる。しかし試験片表面の水分がすみやかに蒸発するような条件で、試験が開始されると、試験片は長期間割

熱処理	割れるまででの日数				加速腐食割れ平均寿命(分)	
	工業地帯	田園地帯	黒海海岸	ベーリング海海岸	25％NH_3	5％NH_3
加工のまま	8	11	86		69	136
焼きなまし						
200℃	29	169	161－795 350－1680		34	250
240℃	100	233	1730		62	300
270℃	133	508	割れない		62	332

れない。ソ連邦の中央部では、試験片表面に水の皮膜が長期間残留するのは、11月から3月までの期間である。南部ではこの期間は、10月から1月になる。北部では1年中このような状態にある。

黄銅の腐食割れにおよぼす時季の影響をしらべるために、環状試験片を露天と屋根の下に置いて、毎月試験を開始した。田園地帯の大気中における32％Znおよび38％Znの黄銅の腐食割れの組織的試験結果を図1および2に示す。このグラフが示すように、露天ならびに屋根の下で試験された2種の黄銅は、共に

冬季（11月から3月）に試験を開始した場合には、5～10日後に割れた。夏季（3月から10月）に試験を開始した場合には、露天と屋根の下で全く異なる結果を示す。38％Znの黄銅は露天の下よりは、屋根の下では、割れるまでの時間が長い。しかし32％Znの黄銅は、露天の下の方が屋根の下よりも割れるまでの時間が長い。この現象は次のように説明することができる。

11月から3月までにおける黄銅の腐食割れに関する性質は、昼間も夜間も共に相対湿度が高いことと平均気温が低いという条件によって決定される。それゆえ露天と屋根の下とで、試験条件は同様である。しかし夏季には露天と屋根の下とで、試験条件が全く異なる。露天の下では、試験片は雨露と日光にさらされる。雨露は一方では試験片の表面に水の皮膜をつくるが、他方では腐食生成物を洗いおとす。32％Znの黄銅と38％Znの黄銅は、これら二つの因子に対して異なる反応を示す。38％Znの黄銅は、32％Znの黄銅よりもいっそう腐食割れをおこしやすい。それゆえ38％Znの黄銅は露天の下では、雨露によって、屋根の下よりもはやく割れる。夏季には露天の下では、32％Znの黄銅は、38％Znの黄銅より、腐食割れに対する抵抗性が10倍高い。

屋根の下では、32％Znの黄銅試験片は、腐食生成物の連続した層でおおわれる。この腐食生成物は吸湿性が高いために、湿気を多量に吸蔵する。それゆえ32％Znの黄銅試験片は露天の下よりも屋根の下の方がはやく割れる。露天の下では雨露が腐食生成物を洗い流してしまう。

38％Znの黄銅の気候の異なる地帯における腐食割れに対する抵抗性と実験室における加速腐食割れ試験結果との比較を次に示す。

ベーリング海海岸の大気中における各種黄銅の性質は、とりわけ興味がある。試験片表面には、長期間にわたり水の皮膜が残留するにもかかわらず、高負荷応力の下でさえ、6年間全く割れがおこらなかった。これはこの北部で生じる腐食生成物の層が保護作用を有するためであると考えられる。

異なった気候条件の下で行なった試験結果と実験室における加速試験結果（試験片を5％、25％アンモニア水の上につるして行なった）とを比較すれば、表からあきらかなように、加速試験は単に腐食割れに対する抵抗性の比較をあ

たえるにすぎないことがわかる。異なった自然条件の下における黄銅の性質は、条件によって変化するので、アンモニア雰囲気中における加速試験結果から、あるあたえられた自然条件の下における黄銅の腐食割れに対する抵抗性を推定することはできない。

（編注：添付資料No.1, 2, 4略）

証第32号

鑑　定　書

1970年8月11日
東京大学生産技術研究所
原　　善　四　郎

1　総括

鑑定人は昭和45年1月下旬、白鳥事件弁護団より白鳥事件物証弾丸の綫条痕写真計231枚を提示され、これによって3個の弾丸が同一拳銃から発射されたと認められるか否かの鑑定を求められた。

鑑定人はこれらの写真を詳細に検討し、比較・検討した結果、次の結論に達した。

これら3個の弾丸は同一拳銃から発射されたものとは認められない。

2　鑑定資料

弁護団から提示された写真の撮影者、撮影月日、撮影場所、撮影に用いた器材、光源などについて弁護団から付記された説明は別記のとおりである。

条痕の番号は磯部鑑定書に用いられている番号を準用した。

3　鑑定方法

1.　まず磯部鑑定書において一致するものとされている多くのキズがその実体において一致するものか否かを調べた。この目的のために、提示された各種の綫条痕写真の中に同一部位をことなる光源位置から照射して撮影してある写真が含まれている事実に着目し、それら各種の写真を比較することにより、特徴あるキズの実体（溝であるか、突起ないし山であるか；溝の深さ、幅；

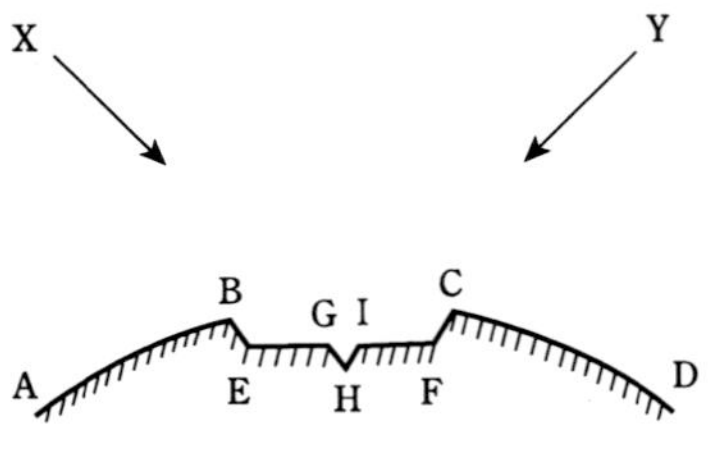

第1図

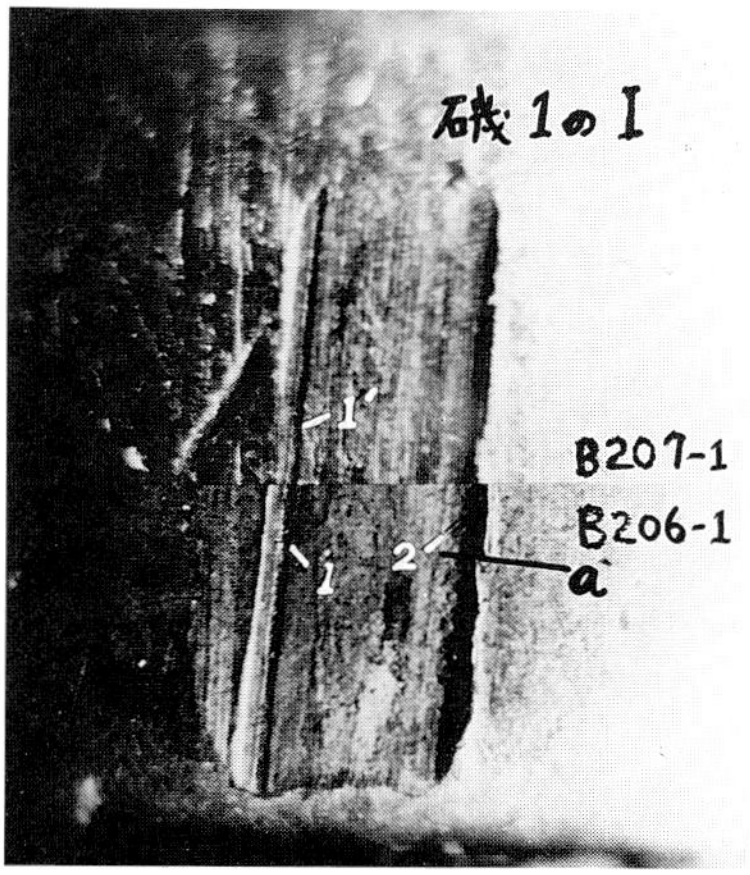

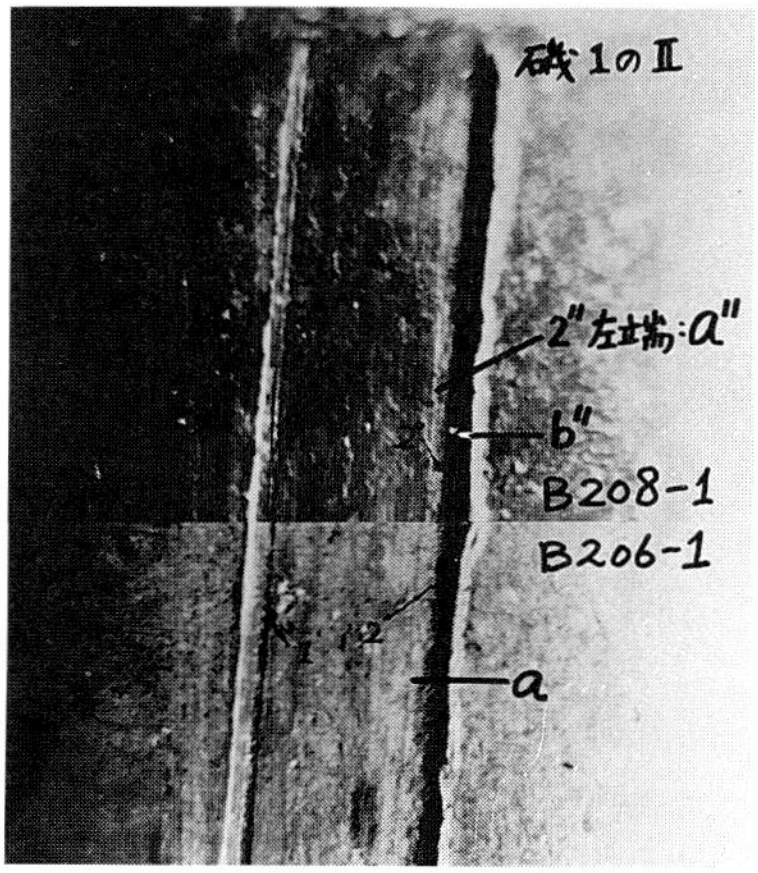

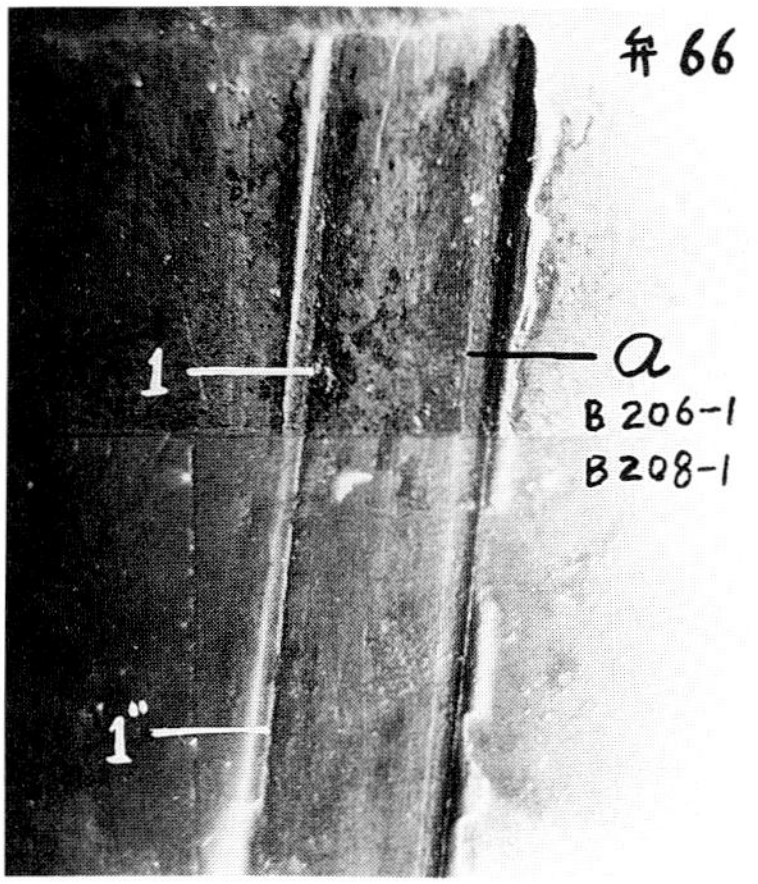

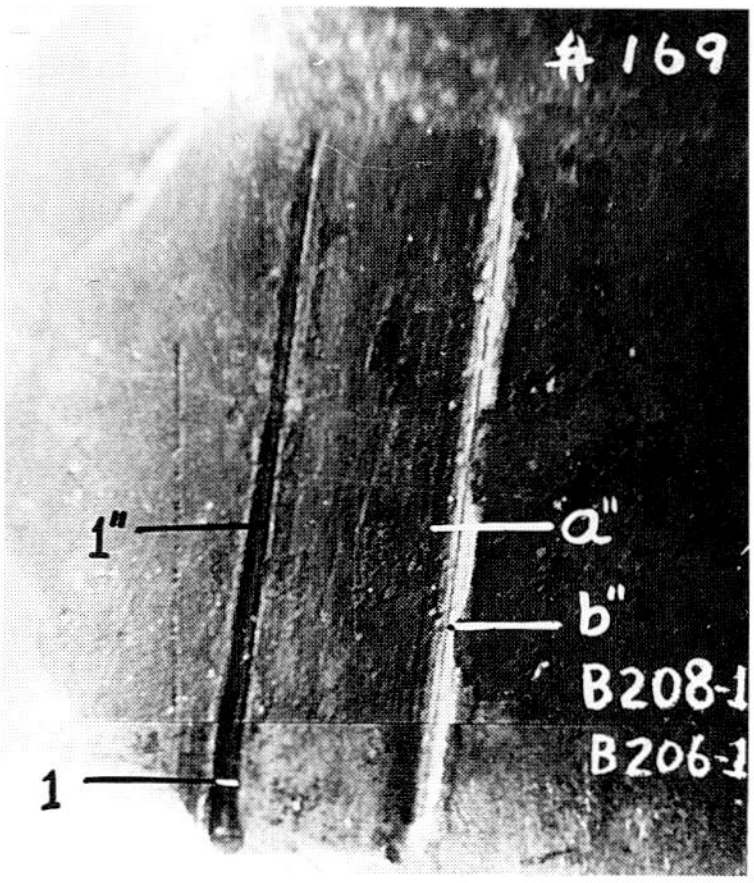

突起の高さ、幅；それらの位置関係、など）を把握することに努めた。

光源位置のことなる写真を比較することによって、キズの実体を明らかにできることを図によって説明する。第1図は弾丸の断面の1部を示したものである。A‐B、C‐Dが弾丸表面である。E‐Fという綫丘痕に、G‐H‐Iという溝形をなしたキズがあるとする。この場合、光源が左方あにあるときは（図中X）写真には溝の右側壁H‐Iが明るく表われ、溝の左壁側G‐Hは暗く表われる。

光源が右方にあるときは（図中Y）、溝の左側壁G-Hが明るく、左側壁H-Iが暗く表われる。

そこで、同じキズを光源位置を左および右にしてそれぞれ撮影した2枚の写真があって、光源位置左の写真では左に暗線、右に輝線があり、光源位置右の写真では左に輝線、右に暗線があるならば、そのキズの実体は溝であると判定できる。

以上と逆に、あるキズの写真が、光源位置左の写真では左に輝線、右に暗線となって表われ、光源位置右の写真では左に暗線、右に輝線として表われている場合には、そのキズの実体は突起（あるいは山）であると判定できる。

2. つづいて綫丘痕や綫底痕の比較写真において、両弾丸で一致しないキズがあるか否かを調べた。

3. 磯部写真には弾丸のすべての部位の比較写真が含まれているのではないため、欠落した部位については弁護団写真で調べた。

4. 写真の比較・検討はまず綫丘痕について、ついで綫底痕について、磯部鑑定書記載の順序に従って行なった。

4 綫条痕写真の比較・検討

1. 第1綫丘痕について

1.1 磯部鑑定書にいうキズ1（「1」と略記する。以下同じ）、「1′」、「1″」について

(1) キズ「1」は、右斜め上の光源による写真磯1のⅠ（磯部鑑定書付属の写真1のⅠ。以下同様に略記する）、磯1のⅡおよび弁66（弁護団写真66番、以下同様に略記する）では、右端に暗線、左端に輝線が表われており、光源が左斜め上の写真弁169では、右端に輝線、左端に暗線が表われていることからみて、溝であると判断される。

この溝は磯1のⅠ、磯1のⅡに見られるようにかなりの幅をもっている。長さは綫丘痕全体にわたって長く走っているが、クビレに接する部分では消えている（弁66）。

この溝の位置は、綫丘痕の左端から若干の距離をもったものと判断される。

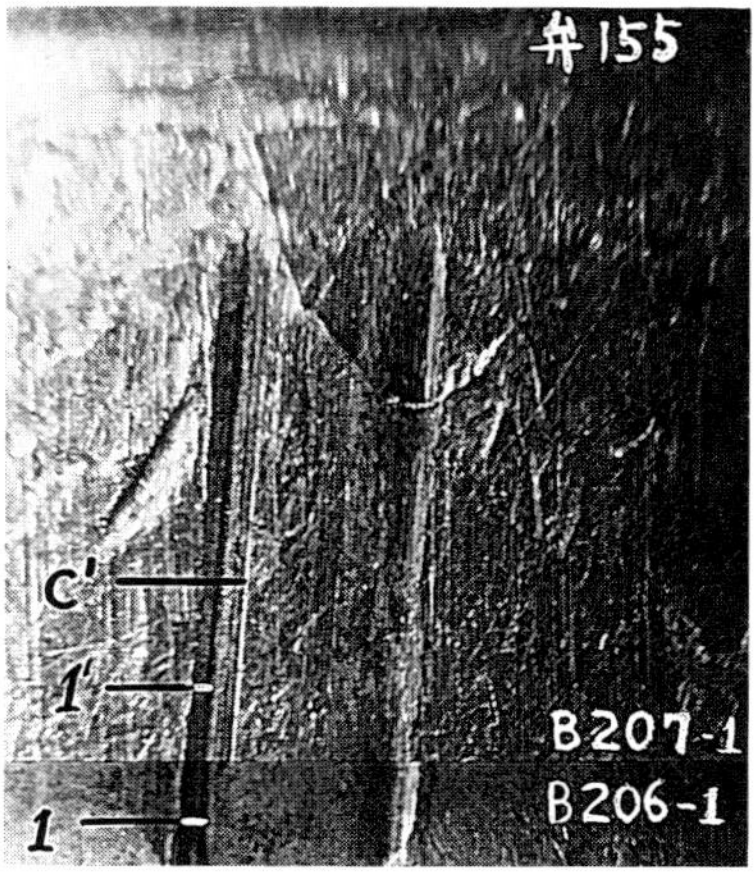

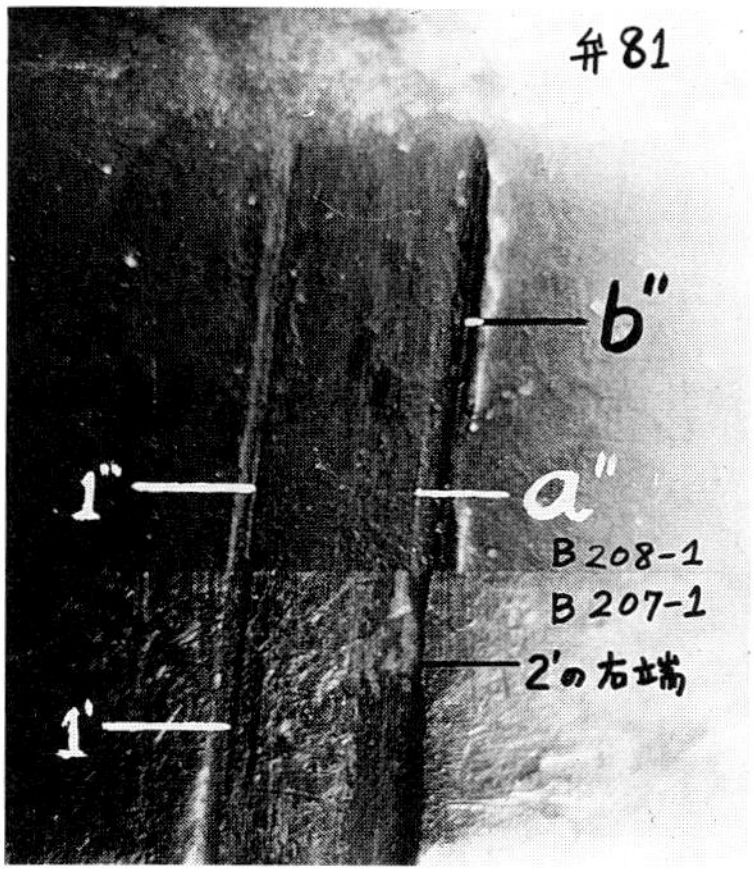

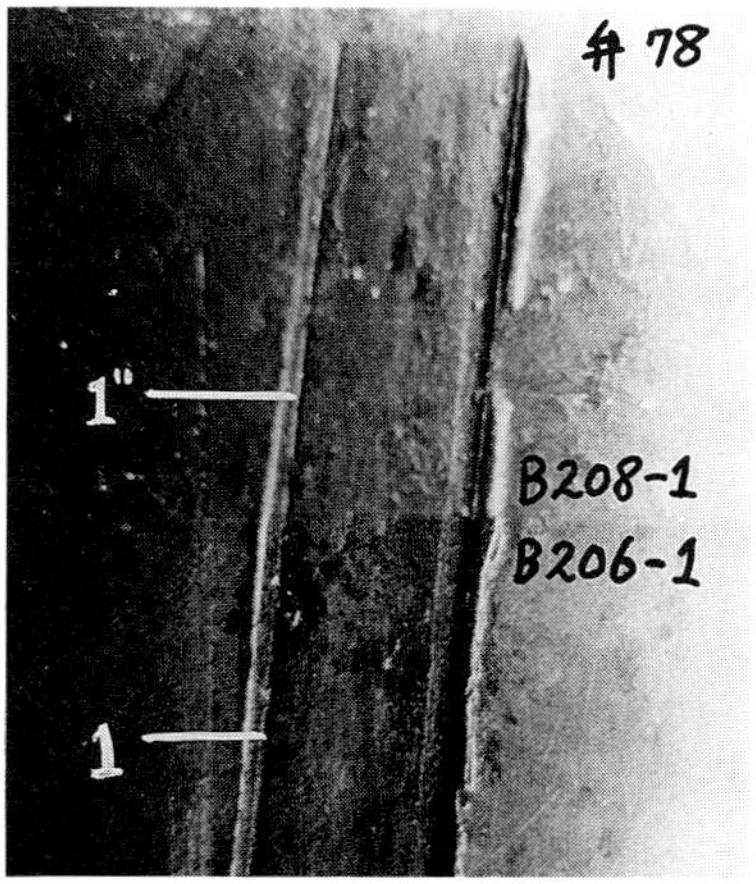

それは磯1のⅠ、磯1のⅡによれば、この溝の左端である輝線の左に続いてやや暗い平坦部分があり、それに続いて綫丘痕の左側壁の明るく光った部分があるからである。つまり、この溝は綫丘痕の左端の側壁から若干右よりに離れた位置に存在している。

(2)「1′」も磯1のⅠ、弁8（略、以下略とあるのはすべて写真略の意）において、左端が明るく右端が暗いこと、および弁155において左端が暗く、右端が明るいこと、から見て溝である。

この溝は綫丘痕の下方では消えている（弁81、弁114（略））。その幅は、磯1のⅠで見るかぎり、前記「1」よりも狭い。その位置は、磯1のⅠで見ると、綫丘痕の左側壁の上端カーブが「1′」の溝で終っていることから見て、このキズは綫丘痕の左端に位置すると判断される。

さらに、弁155ではこのキズの左端に接する部分がややうす暗く、一様の陰になっていることから、この陰の部分は綫丘痕の左側壁そのものであると判断される。この部分は光源右の写真である弁81、磯1のⅠではやや明るく表われている。このふたつの事実から、この綫丘痕の左側壁の部分の傾斜はあまり著しくないと判断される。

(3)「1″」は「1′」と同様に溝である。ただしこの溝は綫丘痕内の各部で消えており（弁66、弁78)、かつその幅は明らかに「1」よりも狭い。その位置は磯1のⅡで見られるように、綫丘痕左側壁の上端カーブがこの溝「1′」の上端と一致していることから、綫丘痕の左端に接していると判断される。

(4)「1」、「1′」、「1″」の実体を比較すると、第1表のようになる。

これによると、「1′」と「1″」は、幅、位置に類似性がみとめられるが、「1」と「1′」、「1」と「1″」の間には幅、位置、長さなどすべての点で類似性がみとめられない。

第1表　第1綫丘痕

キズの番号	実体	幅	長さ	位　置
「1」	溝	広い	上部で消えている	綫丘痕左側壁からやや右より
「1′」	同上	狭い	下部で消えている	綫丘痕左側壁に接している
「1″」	同上	狭い	各所で消えている	綫丘痕左側壁に接している

1.2 「2」、「2′」、「2″」について

(1) 磯1のⅠおよび磯1のⅡで、「2」の左端とされている位置には、僅かな突起がみとめられる。この突起をaと名付ける。aは綫丘痕の最上方と最下方では消えている（弁66では上が消えており、磯1のⅠ、磯1のⅡでは下が消えている)。磯1のⅠでも磯1のⅡでも「2」の右端は、綫丘痕の右端とされている。

すなわち磯部鑑定書にいう「2」の実体は、突起aと綫丘痕右端にはさまれた区域である。

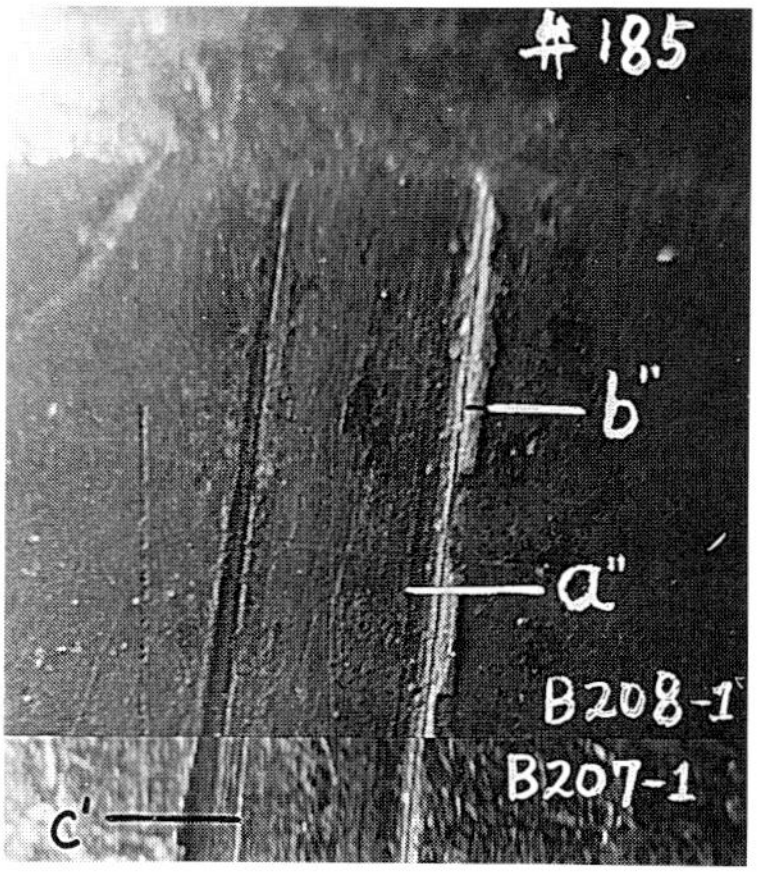

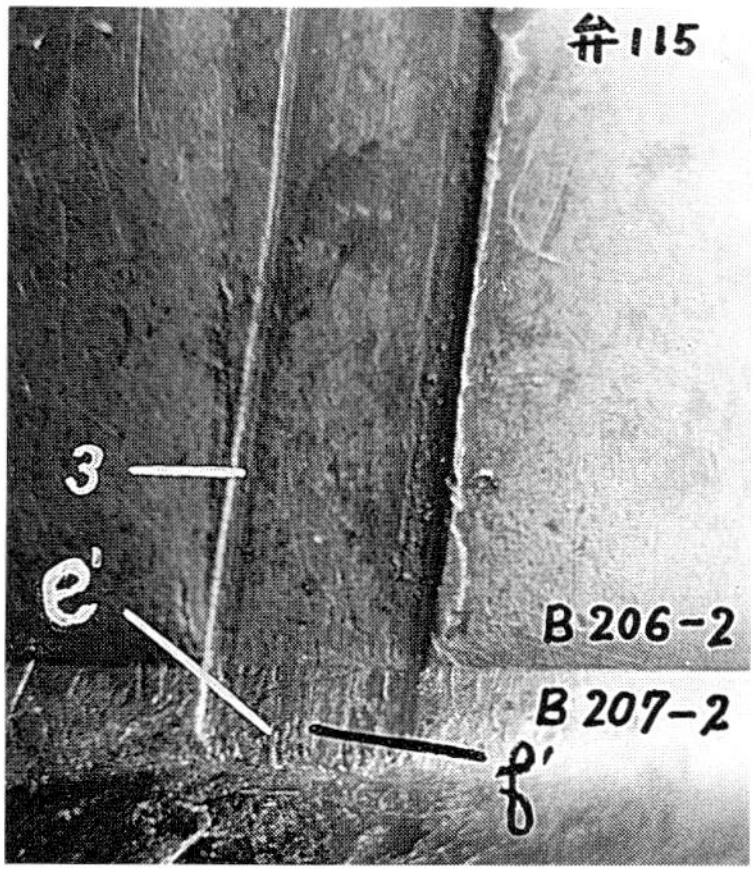

(2) 磯1のⅢには「2′」として2本の透明線が引かれてあり、その右端の線は綫丘痕右端に合わせて引いてあるが、左端の線は綫丘痕内のどのような特徴に合わせて引いてあるのか理解できない。弁8（略)、弁81、弁155などの写真でも、「2′」の左端に相当する位置に、突起も溝も認められない。磯1のⅠには、磯1のⅢの「2′」に相当するキズは指摘されていない。

すなわち、「2′」は、右端は綫丘痕右端に一致するとしても（磯1のⅢ)、そ

の左端の実体を特定することは不可能である。

(3) 磯1のⅡで、「2″」の右端であるとして指摘されているのは、綫丘痕右側壁の中腹にある突起である。これにb″と名付ける。この突起が実存することは弁185からも明白に指摘できる。

ところが磯1のⅢでは、「2″」の右端を示す透明線は綫丘痕右側壁の下端、すなわち綫丘痕右端に引かれている。

してみると、磯部写真によるかぎり、「2″」の右端の実体は何であるかを特定することはできない。

「2″」の左端は磯1のⅡおよび磯1のⅢで、ともにひとつの突起を指しており、この個所に突起が実存することは弁81、弁185でも確認できる。この突起にa″と名付ける。

このようにしてみると、「2″」の実体は、左端はa″という突起であるとして、その右端は位置を特定することができない。以上を要約すると第2表のようになる。

このように実体の全くことなる「2」、「2′」、「2″」を相互に比較して類似性を論ずることは意味がない。

第2表　第1綫丘痕

キズの番号	実　　　体
「2　」	突起aと綫丘痕右端にはさまれた区域
「2′」	綫丘痕右端を右端とし、左端が特定できない区域
「2″」	右端が特定されず、左端が突起a″である区域

1.3　キズ「a」、「a″」、「b″」について

上に述べたように弾丸208の第1綫丘痕右側壁の中腹には「b″」という顕著な突起があるが、このように顕著な突起は弾丸206にも、弾丸207にも認められない。

弾丸206には綫丘痕右端からやや左寄りの位置に突起「a」があるが、上述したように弾丸207にはこの突起に対応する位置には溝も突起も認められない。磯1のⅡを見ると、弾丸208には弾丸206の突起「a」（「2」の左側）と対応する

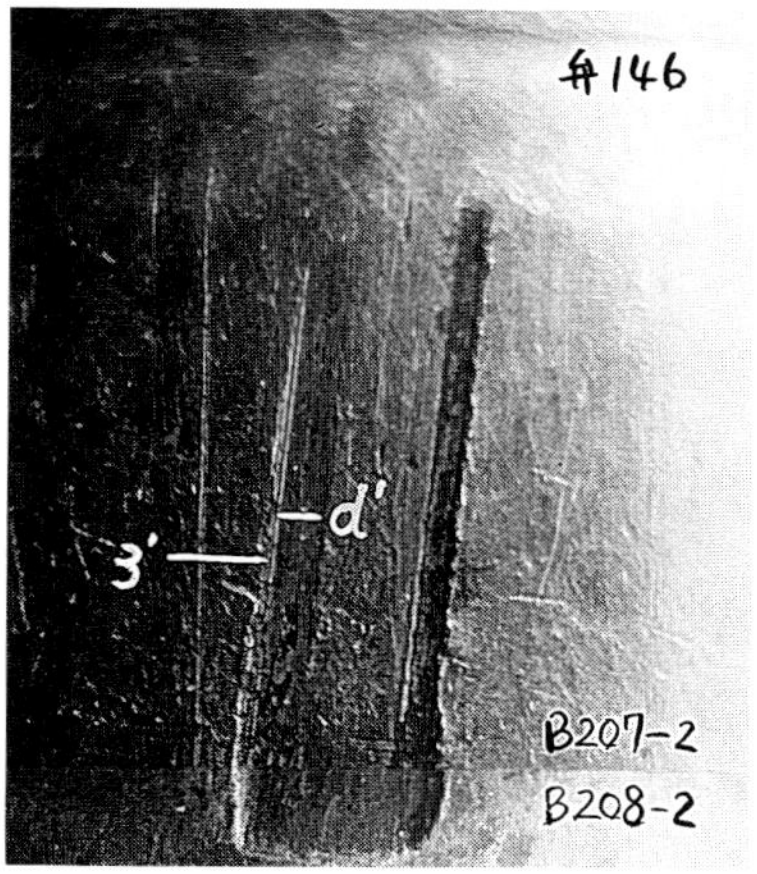

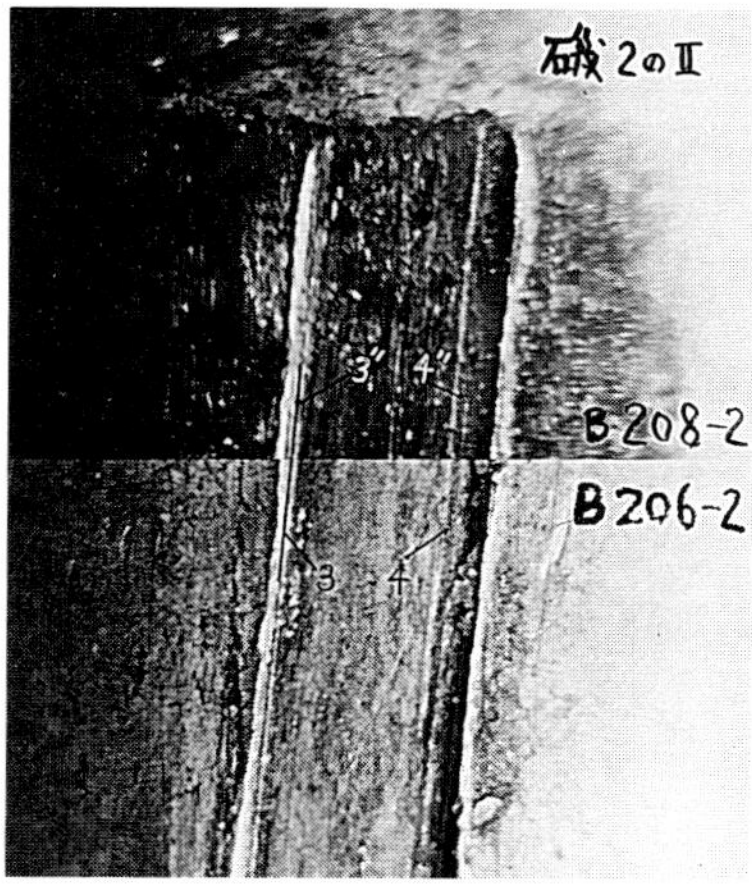

写真上の位置に突起「a″」（「2″」の左側）が認められることは上記のとおりである。しかし、「a」と「a″」の綫丘痕右側壁からの距離を見ると、磯1のIIでは弾丸208の綫丘痕右側壁中腹の突起「b″」が、弾丸206の綫丘痕右端と一致しているのであるから、「a″」の綫丘痕右端からの距離は、「a」の綫丘痕右端からの距離よりも小さいことになる。その点は弁66に明瞭に表われている。

弾丸208の「a″」に対応するキズが弾丸207に存在しないことは弁81、弁185

に表われている。

結局、弾丸206のキズ「a」、弾丸208のキズ「a″」、「b″」は、それぞれ対応するキズが相互の弾丸になく、また弾丸207にも認められない。

1.4　キズ「c′」について

弁185、弁155を見ると、弾丸207の綫丘痕の左端からやや右寄りの位置に、白く光った顕著なキズが認められる。これを「c′」と名付ける。これらの写真と光源位置が逆になった写真弁120（略）には、「c′」の位置に暗線が認められる。このことから「c′」の実体は溝であると判定される。弾丸207と弾丸208との比較写真弁185や弾丸207と弾丸206との比較写真弁155および弁120などにおいて、弾丸206および弾丸208には「c′」に対応するキズの存在は認められない。

2. 第2綫丘痕について

2.1　「3」、「3′」、「3″」について

(1) 弾丸206の第2綫丘痕には、左端に溝の存在が認められる（弁115)。この溝は綫丘痕のほぼ全長に渉って存在するが、中央部から上方では、下半分に比べてやや細い。磯2のⅠでは、この溝の左端の突起（おそらく溝の生成にともなうメクレ）に「3」と名付けている。

(2) 弾丸207の第2綫丘痕左端に溝が存在しないことは、弁159、弁146に明瞭に示されている。ただ綫丘痕の左側壁の基部に1本の突起があることが弁159に明瞭に示されている。これを「d′」と名付ける。磯2のⅠでは、左側壁の中腹部にももう1本の突起があるかのように見え、これに「3′」と名付けている。弁159ではそのような突起の存在は明瞭でないが、弁146には綫丘痕中央部辺にわずかに認められる。すなわち「3′」の実体は、前記突起「d′」の左寄りにある綫丘痕左側壁中腹の突起である。

(3) 弁187、弁67（略）によれば弾丸208の第2綫丘痕左端には浅くてやや幅の広い溝の存在が認められる。ただしこの溝は綫丘痕の上方では消え、さらに弁100（略）によれば下方でも消えている。この溝の左端には突起「d″」が存在し、磯2のⅡではこの突起の左斜面の暗線を「3″」と指示している。

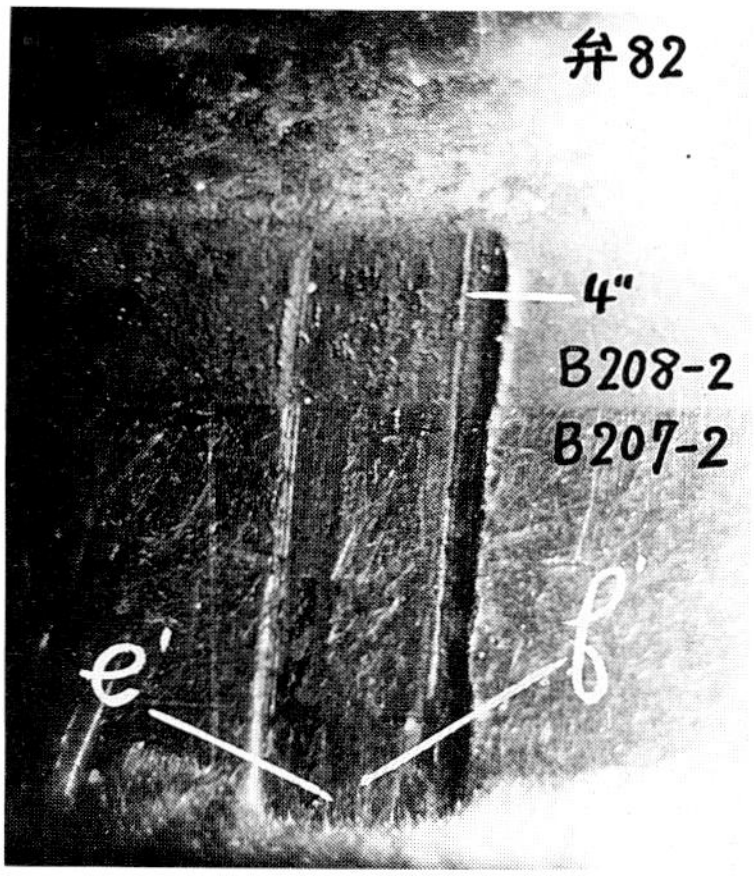

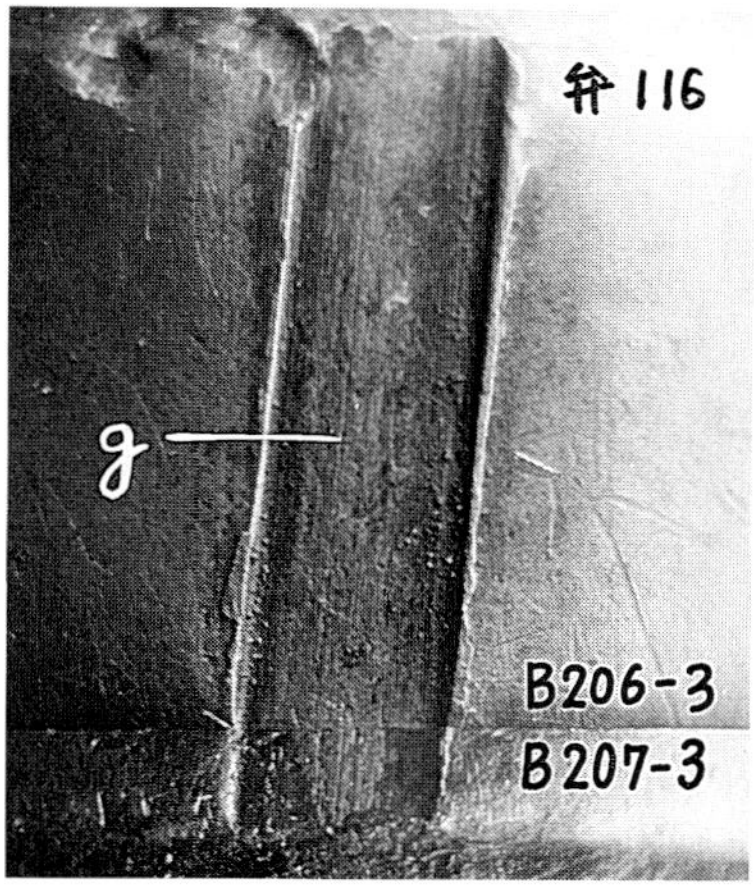

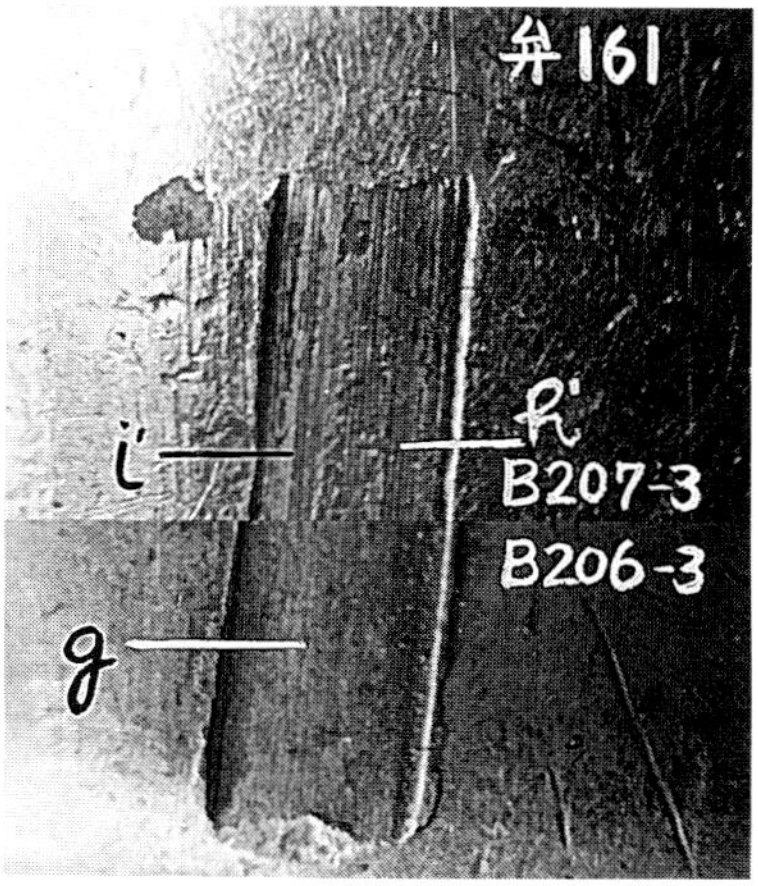

第３表　第２綫丘痕

キズの番号	実　　　体	備　　　考
「３　」	綫丘痕左端の溝の左端の突起	綫丘痕左端の溝は綫丘痕の全長に渉っている
「３′」	綫丘痕左側壁中腹の突起	綫丘痕左端に溝はない
「３″」	綫丘痕左端の溝の左端にある突起の左斜面	綫丘痕左端の溝は、上方、下方で消えている

(4) 以上をまとめると第3表のようになる。この表によれば、「3」と「3″」は実体がやや類似しているが、「3′」は「3」および「3″」と実体が全く異なっている。

2.2 「4」、「4′」、「4″」について

(1) 磯2のⅠで弾丸206の第2綫丘痕右端からやや左寄りの位置で「4」として示しているキズはひとつの溝である。これは光源位置を異にする磯2のⅠと弁159とで明暗が逆になっていることから明らかである。この溝は綫丘痕の下端から中央部にかけて明瞭に認められ（弁159)、弾丸クビレ部をこえてもその存在が認められる（弁19)。

(2) 弾丸207には綫丘痕の右端に沿って溝の存在が認められる。この溝は綫丘痕の下方およびクビレ部上方のクビレ部に近い部分では消えている。磯2のⅢではこの溝に「4′」と名付けている。その位置は弁159で見ると、溝「4」に比べて綫丘痕右端からの距離が小さい。

(3) 弾丸208にも第2綫丘痕の右端からやや左寄りの位置に溝があり、磯2のⅡ、磯2のⅢではこの溝に「4″」と名付けている。この溝は綫丘痕上方では明瞭に認められるが（弁171（略)、弁82)、下方ではややかすれており（弁171)、またクビレ部上方にはほとんど認められない（弁94（略))。その綫丘痕右端からの距離は、「4′」よりも左にずれている（磯2のⅢ)。

(4) 以上の観察結果をまとめると第4表のようになる。

第4表　第2綫丘痕

キズの番号	実　体	位　　置	長　　さ
「 4 」	溝	綫丘痕右端からやや左寄り	綫丘痕全長にわたる
「 4′ 」	溝	「4」、「4″」よりも綫丘痕右端に近い	綫丘痕下方やクビレ部上方の一部で消えている
「 4″ 」	溝	綫丘痕右端からやや左寄り	綫丘痕下方およびクビレ部上方で消えかかっている

2.3 キズ「e′」、「f′」について

弁82、弁115などの写真を見ると、弾丸207には綫丘痕最下端中心線付近に溝「e′」、「f′」の存在が認められる。弾丸206、弾丸208にはこれらに対応するキズは認められない。

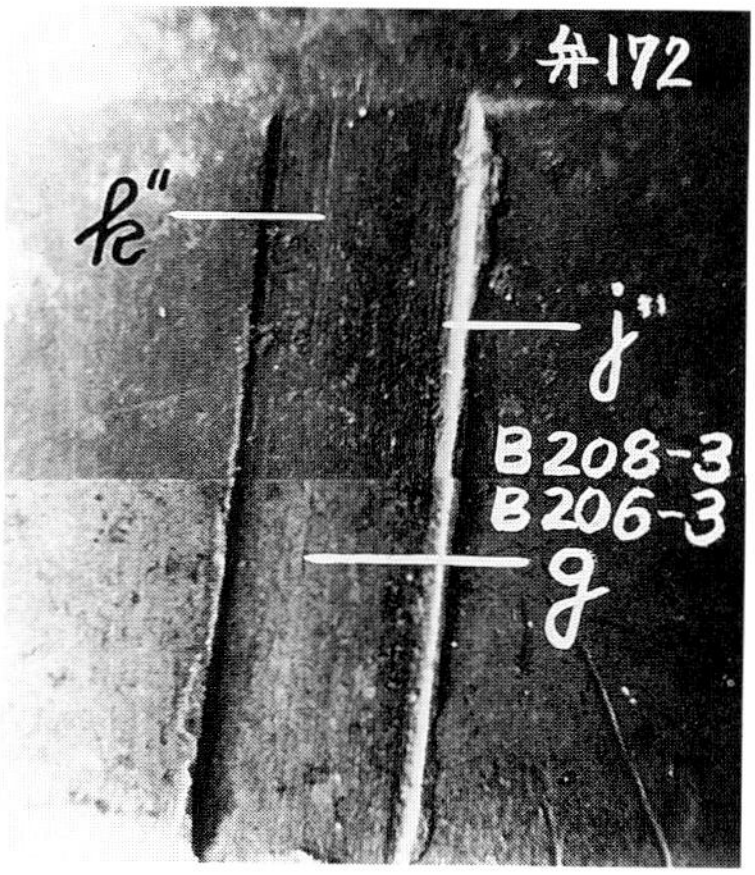

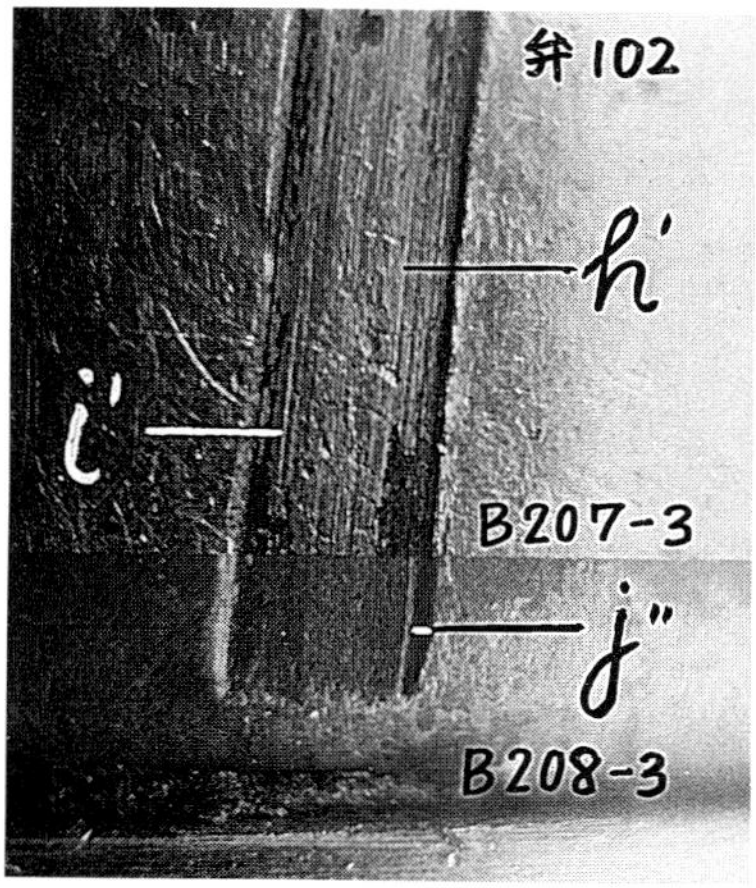

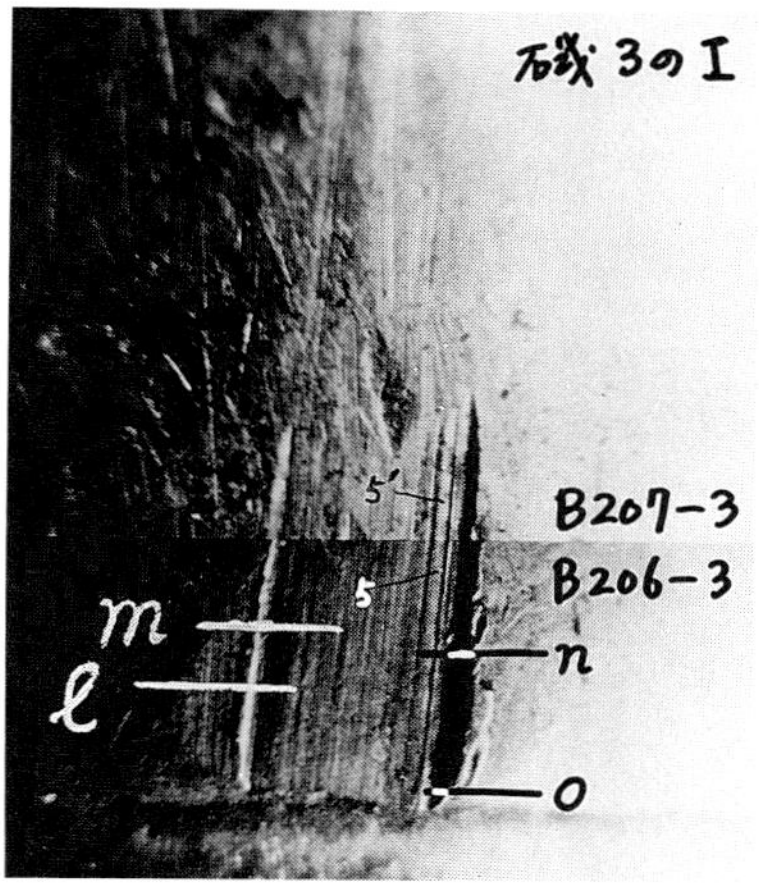

3. 第3綫丘痕について

3.1　クビレ部下方のキズ「g」、「h′」、「i′」、「j″」、「k″」について

磯部鑑定書には第3綫丘痕のクビレ部下方の写真がないので、弁護団写真によってその部分を比較・検討した。

弾丸206の第3綫丘痕には、綫丘痕中心線からやや左寄りの位置に小さな溝の存在が認められる（弁116、弁161）。これを「g」と名付ける。この溝に対応

するキズは弾丸207には認められない（弁161、弁116）。同じく弾丸208にも認められない（弁171（略）、弁51（略））。

弁24によれば、弾丸207の綫丘痕中心線から右寄りの位置に溝が認められる。これを「h′」と名付ける。また中心線から左寄りにも小さな突起が認められる。これを「i′」と名付ける。弾丸206にも、弾丸208にも「h′」、「i′」に対応するキズは認められない。

弾丸208の第3綫丘痕には、その右端に沿って綫丘痕下方から上方まで溝があることが認められる（弁95、弁102、弁172）。これを「j″」と名付ける。弾丸206にも、弾丸207にもこれに対応する溝はない。また中心線左寄りに溝があり（これを「k″」と名付ける、綫丘痕の上半部で顕著である（弁95、弁172）。弾丸206にも弾丸208にもこの溝に対応するキズは認められない（弁102）。

3.2 クビレ部上方のキズ「l」、「m」、「n」、「o」について

弾丸206第3綫丘痕のクビレより上の部分には、弁12（略）および磯3のⅠによれば、中心線から左寄りに2本の溝が、また綫丘痕右端からやや左寄りでクビレからかなり離れた位置に1本の溝が認められる。これらのキズを左から「l」、「m」、「n」と名付ける。綫丘痕の右端には、綫丘痕右側壁の基部に溝があり、その左端が突起になっている。これを「o」と名付ける。

弁12や弁128によれば、弾丸207には「l」、「m」に対応するキズが認められず、弁50や弁74によれば弾丸208にも「l」、「m」に対応するキズは全く認められない。

3.3 「5」、「5′」、「5″」について

磯3のⅠを見ると、弾丸206のキズ「n」と「o」にはさまれた区域を「5」と名付けている。一方、磯3のⅠで「5′」と名付けているキズを弁108で調べてみると、弾丸207の第3綫丘痕右端からやや左寄りにできている溝に「5′」と名付けていることがわかる。さらに磯3のⅡでは、上記の溝の左端の暗線を「5′」と名付けている（弁108）。磯3のⅡで「5″」と名付けたキズは、弁50でみると、クビレ部からかなり上方にかすかに表われている突起の左側壁に該当する。

以上を整理すると第5表のようになる。

第5表　第3綫丘痕

キズの番号	実体	
「5　」	綫丘痕右端の突起「o」と，右端からやや左寄りの溝「n」にはさまれた区域	
「5′」	磯3のI	綫丘痕右端からやや左寄りの溝
	磯3のII	綫丘痕右端からやや左寄りの溝の左端
「5″」	綫丘痕右端に近い突起の左側壁	

この表を見ると「5」、「5′」、「5″」は実体がそれぞれ異なっている。

4. 第4綫丘痕について

4.1 キズ「p」、「p′」、「p″」について

弾丸206の第4綫丘痕のほぼ中心線に沿って突起「p」がある（弁63、弁123（略））。弾丸207の第4綫丘痕のほぼ中心線の位置にもキズ「p′」が認められるが（弁199)、「p′」は溝と判定される。弾丸208にも、中心線付近にキズ「p″」があるが、これは溝である（弁174、弁41（略））。

弾丸208には中心線からやや左寄りに「q″」という溝が綫丘痕の上下を通して走っているが、これに対応するキズは弾丸206には認められない（弁174、磯4のⅡ）。また弾丸207にも存在しない（弁191）。科警研写真其の六には、弾丸206のキズ「p」および弾丸208のキズ「q″」が明瞭に表われ、かつ相互の弾丸に対応するキズが存在しないことが明白に表われている。

4.2 キズ「6」、「6′」について

弾丸207の第4綫丘痕にの右端には幅の広い溝がある（磯4のⅡ、弁174）。磯4のⅡではこの溝の左端の突起の左斜面を「6」として示している。

弾丸207の第4綫丘痕にも右端に浅い溝があるが、幅は狭い（磯4のⅢ）。磯4のⅢでは、この溝の左側壁（写真で明るく光っている部分）を「6′」と名付けている。一方、磯4のⅠでは、綫丘痕右端からやや左寄りにある溝の右側壁に「6′」と名付けている。

弾丸208の第4綫丘痕の右端にも溝が存在することは弁174でも確認される。磯4のⅡ、磯4のⅢではこの溝の左端の突起の左斜面を「6″」と名付けている。

以上を要約すると第6表のようになる。

第6表　第4綫丘痕

キズの番号	写真番号	実　　体
「6」	磯4のⅡ 磯4のⅠ	綫丘痕右端の幅広い溝の左端の突起の斜面
「6′」	磯4のⅠ	綫丘痕右端からやや左寄りにある溝の右側壁
	磯4のⅢ	綫丘痕右端の浅い溝の左側壁
「6″」	磯4のⅡ 磯4のⅢ	綫丘痕右端の溝の左端突起の左斜面

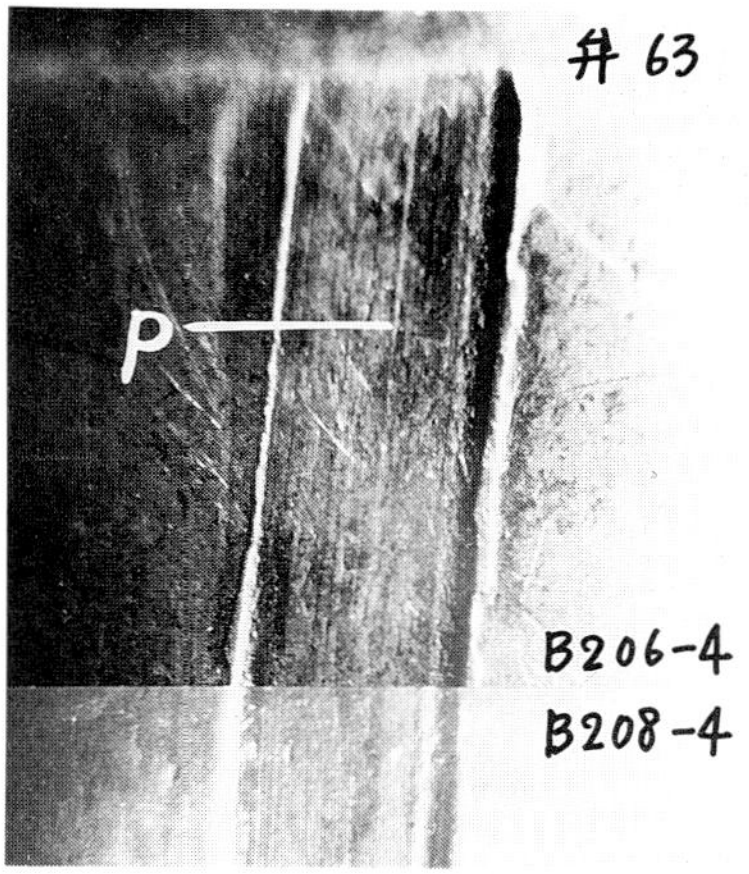

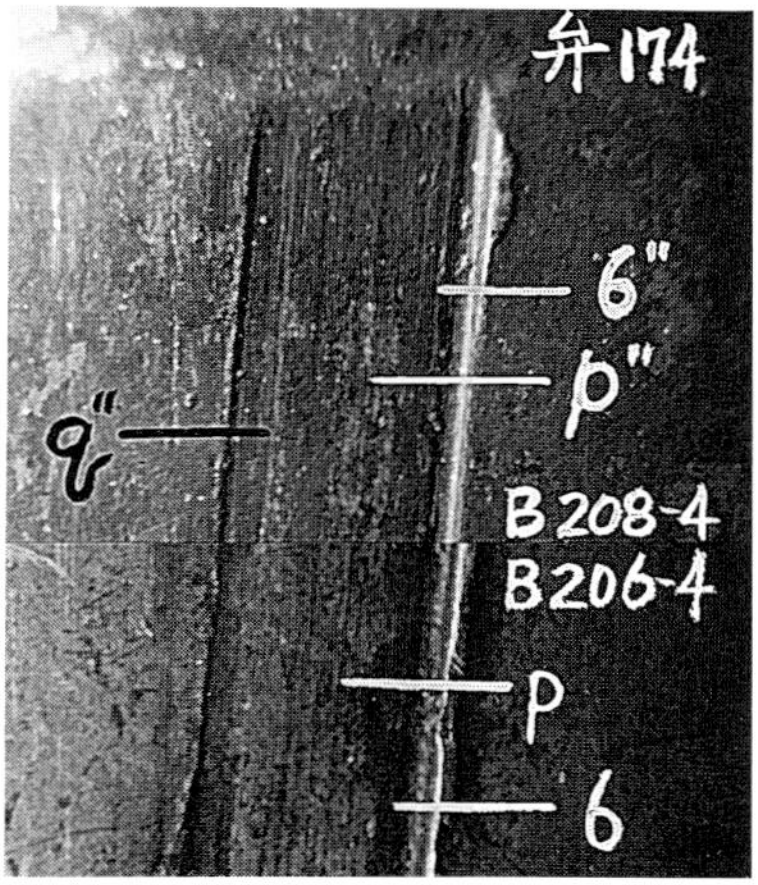

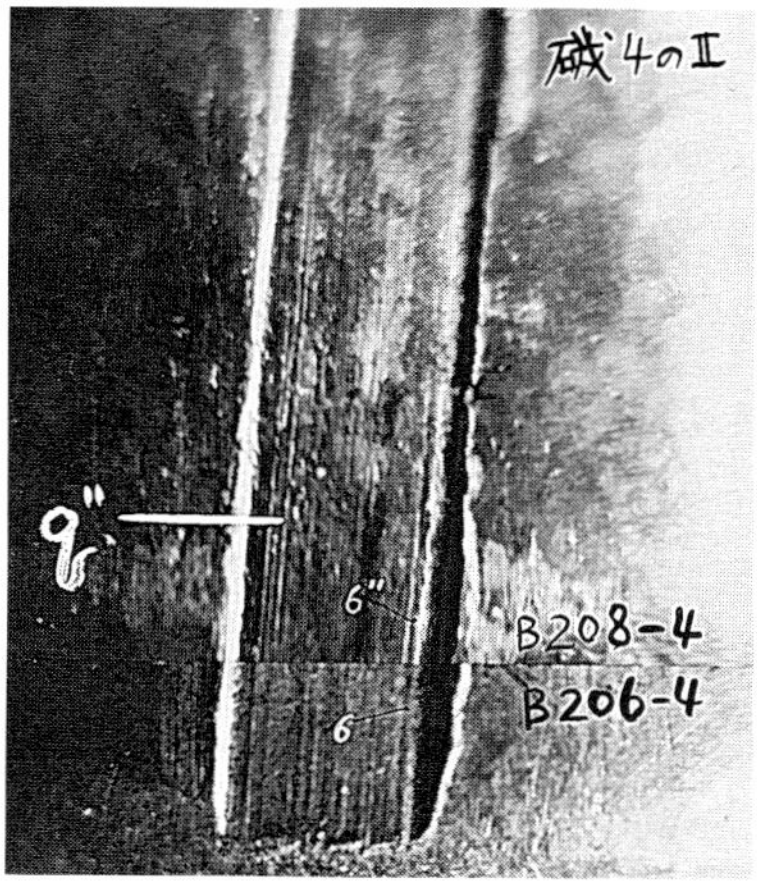

これによれば「6」と「6″」は実体がほぼ等しいが、「6′」は「6」や「6″」と実体が異なっている。

5. 第5綫丘痕について

5.1　キズ「s」について

弾丸206および弾丸208の第5綫丘痕には、それぞれ左端に溝があり、綫丘痕

の全長に渉って走っている（弁64、弁136（略）、弁97、弁104）。

弾丸207の第5綫丘痕にはそのような溝は確認できず（弁104、弁165）、ただ綫丘痕の下方の僅かな部分に溝の存在が認められる（弁97）。これを「r′」と名付ける。

弾丸206の第5綫丘痕の中心線からやや左寄りの位置に溝が認められる（弁165、弁64）。これを「s」と名付ける。この溝に対応するキズは弾丸207にも（弁165）、弾丸208にも（弁64）認められない。

弾丸207の第5綫丘痕の中心線からやや右寄りの位置に突起が走っている（弁165、弁104）。これを「t′」と名付ける。これに対応するキズは弾丸206にも弾丸208にも認められない。

5.2　キズ「7」、「7′」、「7″」について

弾丸206、弾丸208の第5綫丘痕のクビレから上の部分にも、前記の綫丘痕左端の延長と思われる溝の存在が認められる。これらのうち弾丸206の溝に対して磯5のⅠでは「7」と名付け、弾丸208の溝に対して磯5のⅢで「7″」と名付けている。弾丸207の綫丘痕のクビレから上の左端にはこのような溝の存在は確認できない（弁85（略））。ただメッキが剥げて黒く写っている部分があり、磯5のⅠではそこに「7′」と名付けている。

「7」、「7′」、「7″」の実体を表示すると第7表のようになる。

第7表　第5綫丘痕

キズの番号	実　　体
「 7 」	綫丘痕左端の溝の延長
「 7′ 」	綫丘痕左端に接したメッキ剥離部
「 7″ 」	綫丘痕左端の溝の延長

6. 第6綫丘痕について

6.1　キズ「u″」、「v″」、「w″」、「x″」、「y」について

弾丸206の第6綫丘痕はおおむね平坦で、綫丘痕内に著しい突起や溝は認められない（弁23（略）、弁167（略））。ただクビレ上方には綫丘痕の右端近くに僅かな突起「y」がある（弁13（略））。

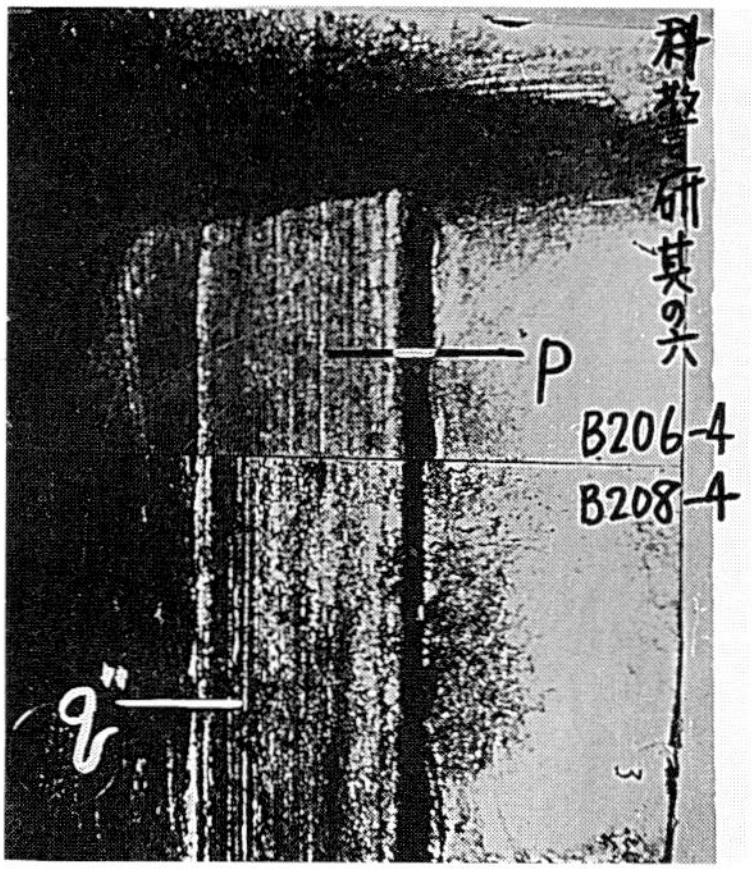

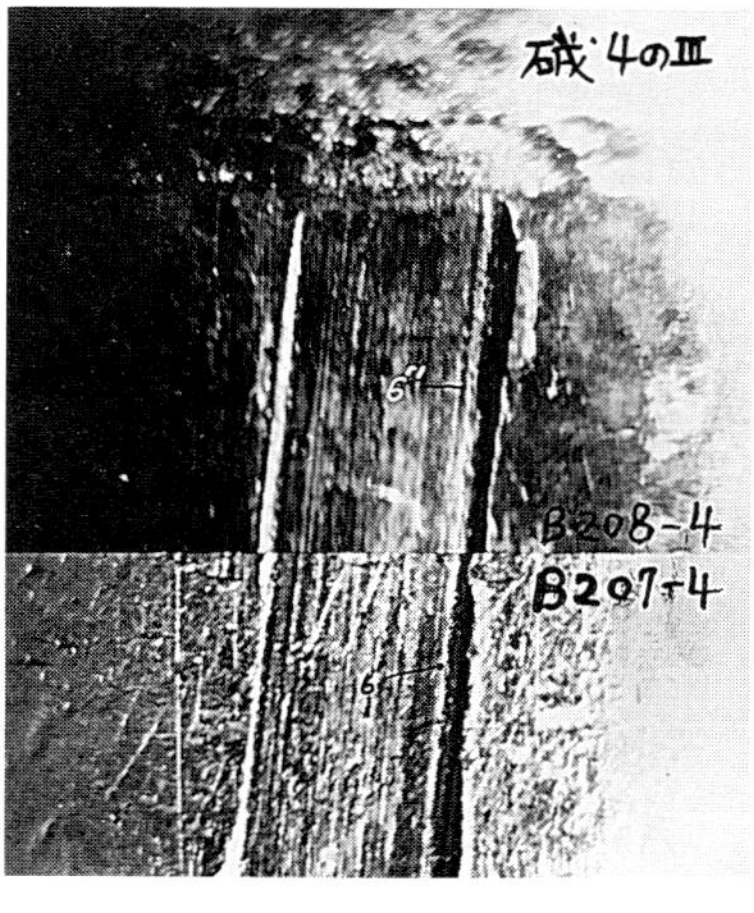

これに対して、弾丸207の第6綫丘痕はその右端近くに、左右にやや深い溝のある台地状の突起が走っていて、台地の頂部には溝がある。これを「x′」と名付ける。この「x′」を含む台地状の突起は弾丸206にはない。その対比は弁23（略）、弁16に表われている。

弾丸208には綫丘痕の左端からやや右よりの位置に溝「u″」、中心線からやや左寄りに突起「v″」があり、綫丘痕の右端からやや左寄りに頂部に溝「w″」の

ある幅広い突起が走っている（弁179、弁105)。「u″」、「v″」に対応するキズは弾丸206、弾丸207には存在しない（弁179、弁105)。

6.2 キズ「8」、「8′」、「8″」について

磯6のⅠでは、上記の「y」に対して「8」、上記の「x′」に対して「8′」とそれぞれ名付け、磯6のⅡで上記の「w″」に「8″」と名付けている。

そこで、「8」、「8′」、「8″」の実体をまとめると第8表のようになる

第8表 第6綫丘痕

キズの番号	実体
「8」	綫丘痕右端近くの突起 クビレ部上方のみ
「8′」	綫丘痕右端近くの台地状突起の頂部にある溝
「8″」	綫丘痕右端近くの幅広い突起の頂部にある溝

7. 綫底痕（3 - 4）*について

注＊ 第3綫丘痕と第4綫丘痕にはさまれた区域

7.1 キズ「9」、「10」、「9″」、「10″」について

磯7のⅠと同一部位を撮影した弁46を見ると、磯7のⅠで「9」、「10」、「9″」、「10″」と名付けたキズが存在することが確認できる。

「9」の実体について検討すると、磯7のⅠでは「9」は一見、突起のように見える。一方、弁46では「9」は溝のように見える。そこで磯7のⅠの「9」をさらにくわしく見ると、「9」の引出線の先端にある暗線の右の輝線よりもさらに右に、暗線が存在することが認められる。そこで「9」は溝であると判定できる。磯7のⅠと弁46とで溝の左側壁の輝線の幅が異なるのは（磯7のⅠが広い)、磯7のⅠの方が光源の位置が高いためと考えられる。

「10」は磯7のⅠで見ると引出線の先端に暗線があり、その左に輝線が接しているから溝であり、弁46でも輝線が左、暗線が右であるから溝と判定される。

「9″」の実体について検討すると、磯7のⅠ（光源右）では、「9″」の引出線先端に暗線があり、その右に輝線があるから「9″」は突起と判定される。一方、弁180（光源左、略）では輝線が左、暗線が右にあるからこのキズは突起と判定される。つまり光源の異なるふたつの写真での判定が一致する。

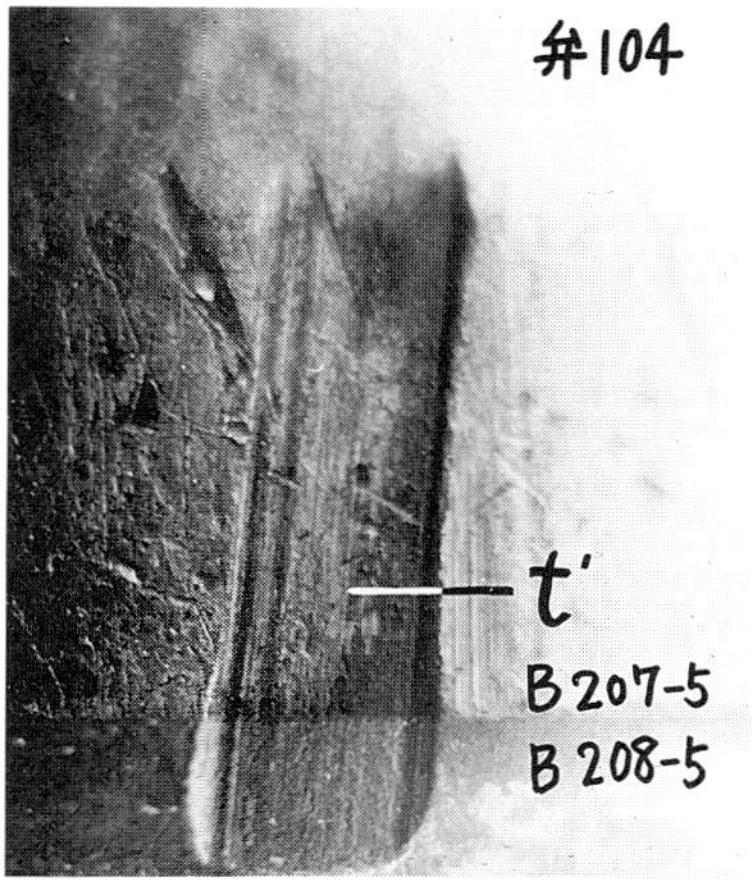

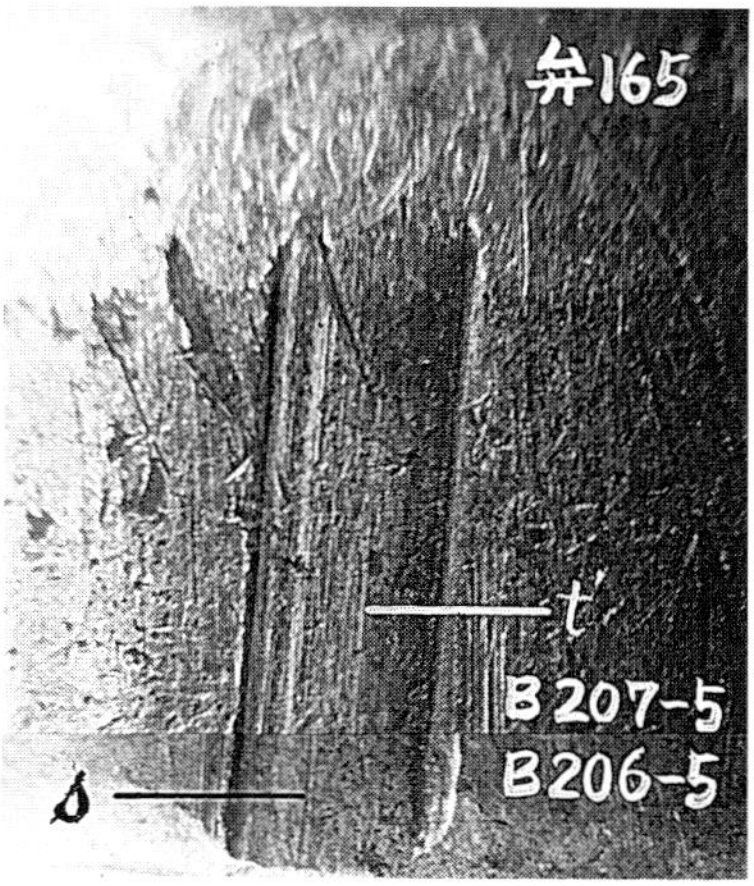

「10″」の実体について検討すると、光源位置が右の磯7のⅠでは、引出線先端の輝線の右に暗線があることから溝と判定される。弁46（光源右）でも同様である。ところが光源位置が左の弁180(略)では、輝線が左、暗線が右であることから突起であるように見える。そこで磯7のⅠをさらに詳細に見ると、「10″」の輝線の左にかすかに暗線が認められることから、「10″」は左に突起をともなう溝であると判定できる。

これらのキズの位置関係は、磯7のＩでは「9」と「9″」、「10」と「10″」がそれぞれ符合しているが、この写真では綫丘痕が画面に表われていないので、この位置の符合が真実のものかどうか検討することはできない。

弁46の写真によれば、「9」と「9″」、「10」と「10″」の位置は食い違っている。

「9」、「10」、「9″」、「10″」の実体についての検討結果を第9表に示した。

第9表　綫底痕（第3綫丘と第4綫丘の間）

キズの番号	実　　　　体
「 9 」	溝
「 9″ 」	突起
「 10 」	溝
「10″ 」	左に突起をともなう溝

7.2　キズ「11」、「11″」について

磯7のＩでは「9」、「10」のほかに「11」の存在を指摘しているが、弁46にはその存在は認められない。また磯7のＩで指摘されている「11″」は、弁180（略）にはその存在が認められない。

第10表　綫底痕（第3綫丘と第4綫丘の間）

キズの番号	実　　　　体
「 11 」	存在が認められない
「 11″ 」	存在が認められない

7.3　キズ「イ」、「ロ」、「ハ」について

磯7のＩでは、弾丸206において「9」、「10」のほかにかなり顕著なキズ「イ」、「ロ」、「ハ」などの存在を指摘でき、弁46でもそれぞれ該当位置にそれらの存在を確認できる。弾丸208にはこれらのキズに対応するキズは存在しない（磯7のＩ、弁46）。

7.4　弾丸206と弾丸207の比較

弁34（略）は弾丸206と弾丸207の比較写真であるが、弾丸206に存在する「9」、「10」、「イ」、「ロ」、「ハ」などに対応するキズは弾丸207には認められず、

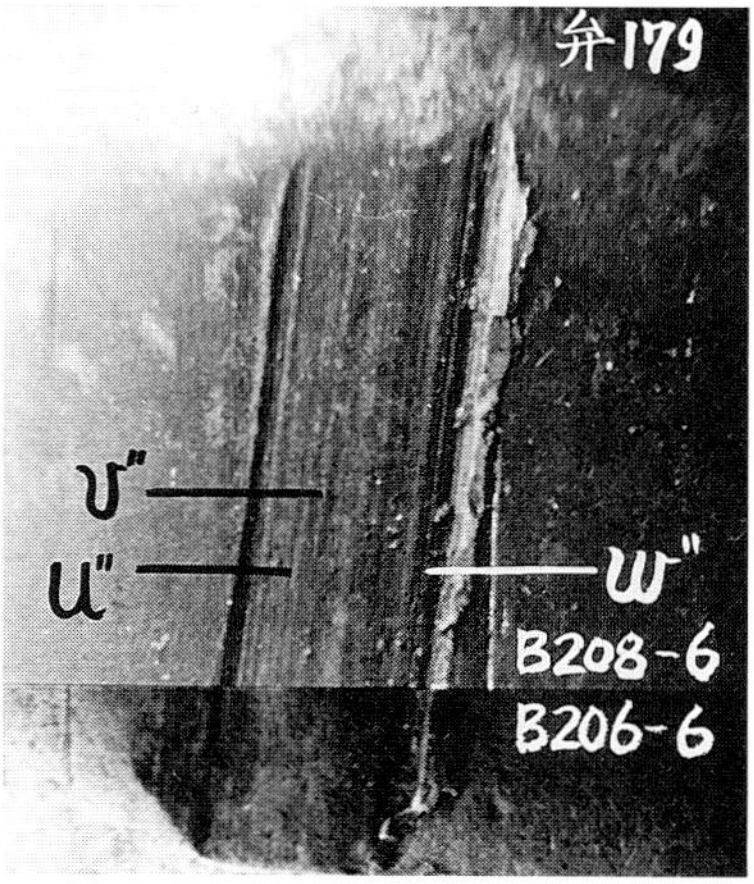

一方、弾丸207に認められる「ニ′」、「ホ′」、「ヘ′」などのキズ（いずれも溝）は弾丸206には認められない。

7.5　弾丸207と弾丸208の比較

弁90によれば、弾丸208の「9″」、「10″」の存在を確認できるが、弾丸207にはこれらに対応するキズは全くない。一方、弾丸207には「ニ′」、「ホ′」、「ヘ′」などのキズがあるが、弾丸208にはそれらに対応するキズは無い。

8. 綫底痕（4 - 5）*について

注＊　第4綫丘痕と第5綫丘痕にはさまれた区域

8.1　キズ「12」、「13」、「14」、「15」について

磯7のⅡと弁181によって「12」、「13」、「14」、「15」を検討する。磯7のⅡ（光源右）では、弾丸206に「12」、「13」、「14」、「15」などのキズが存在することを指摘している。これらを弁181（光源左）で見ると、明暗が磯7のⅡと逆に表われており、これら写真の比較によって、①「13」から「14」にかけて頂部の平らな丘陵状の突起があること、②「12」から「13」にかけて幅の広い溝があること、③「15」は溝「12」-「13」の左に接する突起の左斜面であることが判る。

8.2　キズ「12′」、「13′」、「15′」について

磯7のⅢ、弁196、弁87（略）によって「12′」、「13′」、「15′」の実体を検討しよう。磯7のⅢ（光源右）と弁196（光源左）を比較すると、磯7のⅢの「15′」と「12′」とに挟まれた輝線が弁196では暗線として表われ、磯7のⅢの「12″」の引出線先端の右よりの暗線が弁196ではやや明るく表われている。弁196では「15′」から「13′」のあたりに丸底の溝があることが認められ、「15′」はその溝の左端、「12′」はその溝底である。この溝の右端にはかなり明瞭な突起「チ′」が存在する。この溝の右側に斜面「13′」があり、これが磯7のⅡでは暗線として表われ、弁196では輝線になっている。

なお「14′」は磯部写真にも指摘されていない。

8.3　「12″」、「13″」、「14″」、「15″」について

磯7のⅡ、弁196、磯7のⅢによって、「12″」、「13″」、「14″」、「15″」の実体を検討する。磯7のⅡ（光源右）と弁196（光源左）を比較すると、磯7のⅡの「12″」(幅のある輝線）に対応した幅のある暗線および磯7のⅢの「13″」(暗線）に対応した輝線が、それぞれ弁196に表われていることから、「12″」から「13″」にかけて三角底の溝があり、「12″」はその左側壁、「13″」はその右側壁の右端であることが判る。磯7のⅢでは「12″」はこの三角底の溝の底を指している。

磯7のⅡでは「14″」の引出線の右に輝線が認められるが、弁196ではそれに対応する暗線は無い。磯7のⅢには「14″」は指摘されていないが、該当位置に

暗線が認められる。これらから考えると、磯7のIIの「14″」という引出線先端の右寄りに僅かな突起が存在する可能性が考えられる。

「15″」は磯7のII、磯7のIIIによれば、上記の三角底の溝の左端を意味している。

8.4　キズ「12」～「15」、「12′」～「15′」、「12″」～「15″」について

以上の検討の結果をまとめると第11表のようになる。

第11表　綫底痕（第4綫丘と第5綫丘の間）

キズの番号	実　　体
「12　」	幅の広い溝の左側壁
「12′」	かなりの深さと幅をもった丸底の溝の底
「12″」	三角底の溝の左側壁（磯7のII）、あるいは溝底（磯7のIII）
「13　」	幅の広い溝の右側壁
「13′」	丸底の溝の右寄りにある斜面
「13″」	三角底の溝の右側壁
「14　」	幅の広い溝の右にある頂部の平らな丘陵状突起の右斜面
「14″」	三角底の溝の右に接する平坦部分
「15　」	幅の広い溝の左に接する突起の左斜面
「15′」	丸底の溝の左端
「15″」	三角底の溝の左端

この表によれば、磯部鑑定書で類似しているとして比較されている各組のキズが実体としてはすべて異なるものであることがわかる。

9. 綫底痕（6 - 1）*について

注＊　第6綫丘痕と第1綫丘痕に挟まれた区域

弁31、弁59によれば、弾丸206の綫底痕（6 - 1）には顕著なキズ「リ」が認められるが、弾丸207にも、弾丸208にもこのキズに対応するキズは無い。

第12表　3弾丸で対応しないキズ

綫丘痕番号	弾丸206	弾丸207	弾丸208
第1	a	c′	a″, b″
第2		e′, f′	
第3	g, *l*, m, n, o	h′, i′	j″, k″
第4	p	p′	p″, q″
第5	s	t′	
第6	y	x′	u″, v″, w″
3−4	イ, ロ, ハ	ニ′, ホ′, ヘ′	
4−5		チ′	
6−1	リ		

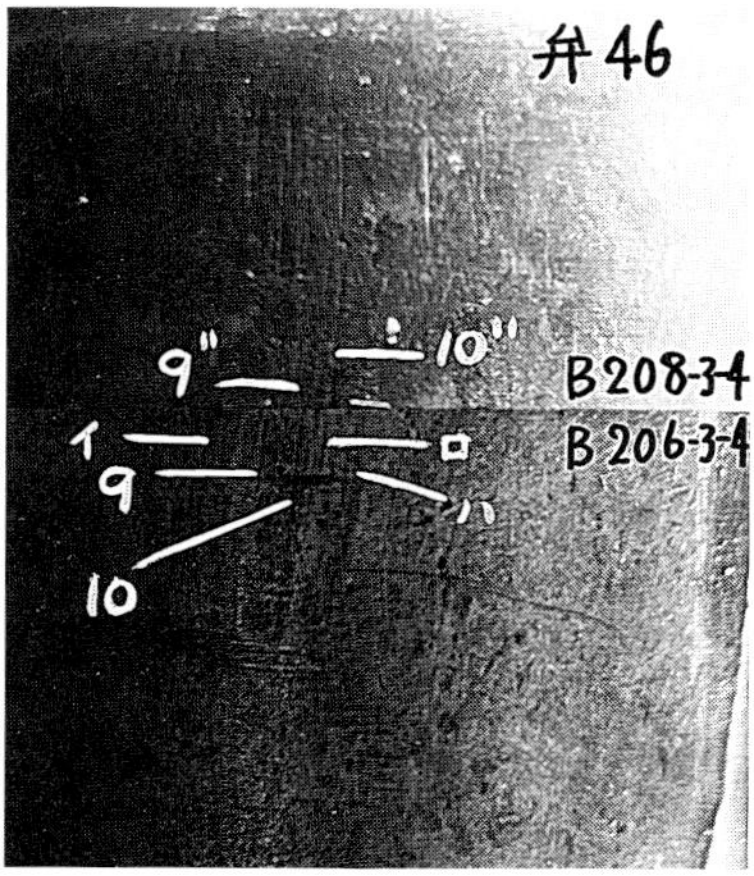

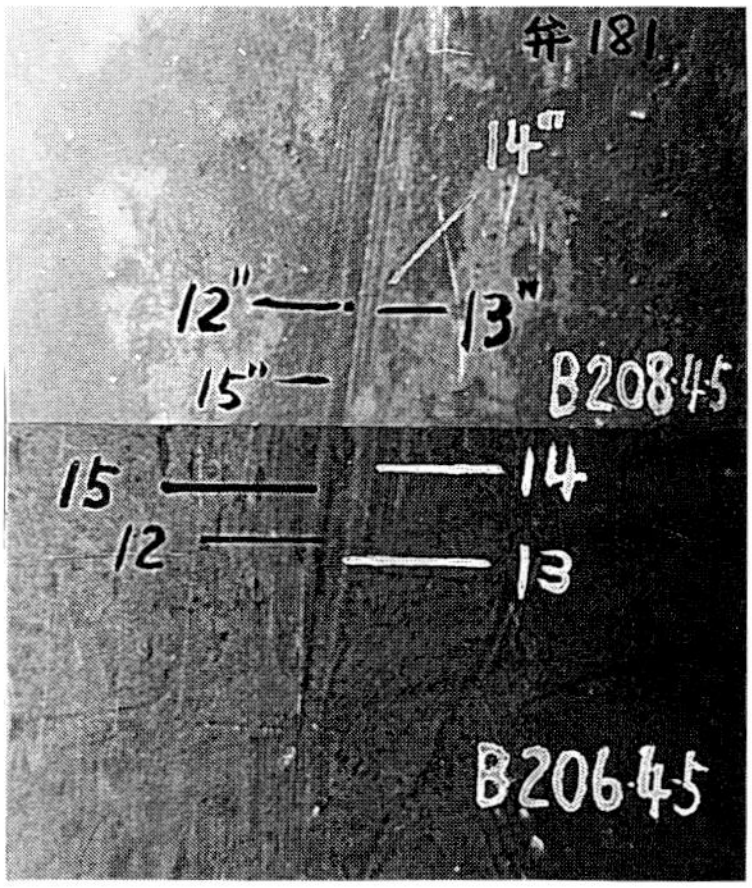

5　綫条痕写真の比較検討結果についての考察

1. 磯部鑑定書で指摘していないキズについて

弁護団から提示された写真を観察し、上記のように比較検討したところ、各弾丸において対応しないいくつかの顕著なキズが見出された。例えば弾丸207の第1綫丘痕のキズ「c′」は、それに対応するキズが、弾丸206の第1綫丘痕に

も、弾丸208の第1綫丘痕にも認められなかった。

このように3弾丸で対応の認められない顕著なキズを表示すると第12表のとおりである。合計34本ものキズがそれぞれ対応するキズを見出すことができなかった。

磯部鑑定書で対応するキズとされている15組のキズのうち、9組は綫丘痕の両端ないしそれに近いキズである(他の6組は綫底痕)。弾丸に綫丘痕がつく限り、その両端部にキズがあることになるから、両端部のキズが各弾丸で類似するのは当然である。

これに対し第12表に示された対応のないキズは、いずれも綫丘痕両端部から離れた位置にある。

3弾丸が同一銃器から発射されたとすれば、綫丘痕の両端部から離れたキズの多くにも当然相互の一致が認められるはずである。したがって、このように多数のキズが相互に対応を見出し得ない本件の場合には、3弾丸が同一銃器から発射されたものとは認めがたい。

2. 磯部鑑定書所載のキズについて

磯部鑑定書で一致するとして指摘されている15組のキズについて、弁護団から提示された写真によってその実体を検討した過程の詳細は前章に示したとおりである。

その結果を、まず弾丸206と弾丸207のキズについて整理して示すと第13表のようになる。

磯部鑑定書では弾丸206と弾丸207のキズにおいて「1」-「1′」、「3」-「3′」、「5」-「5′」、「6」-「6′」、「7」-「7′」、「8」-「8′」の各対が互に一致するとされているが、これらの各対は上に示したようにすべてキズの実体が異なっている。すなわち、これらのキズは弾丸206と弾丸207が同一銃器から発射されたことを証するものではない。

弾丸207と弾丸208についてみると、磯部鑑定書では「1′」-「1″」、「2′」-「2″」、「3′」-「3″」、「4′」-「4″」、「5′」-「5″」、「6′」-「6″」、「7′」-「7″」、「8′」-「8″」、「12′」-「12″」、「13′」-「13″」、「15′」-「15″」の各対でキズが一

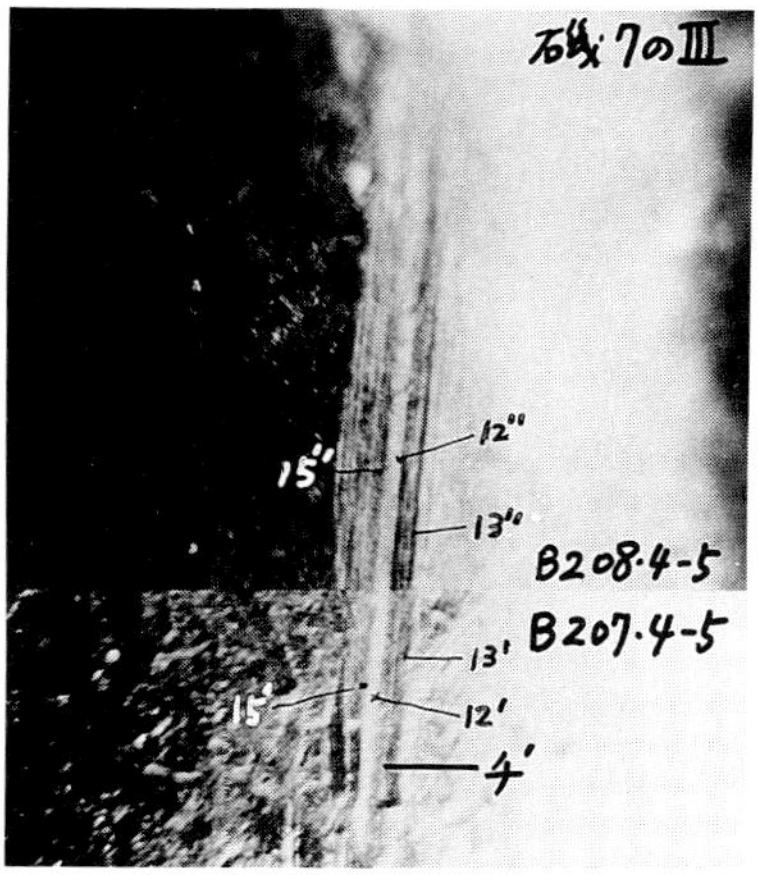

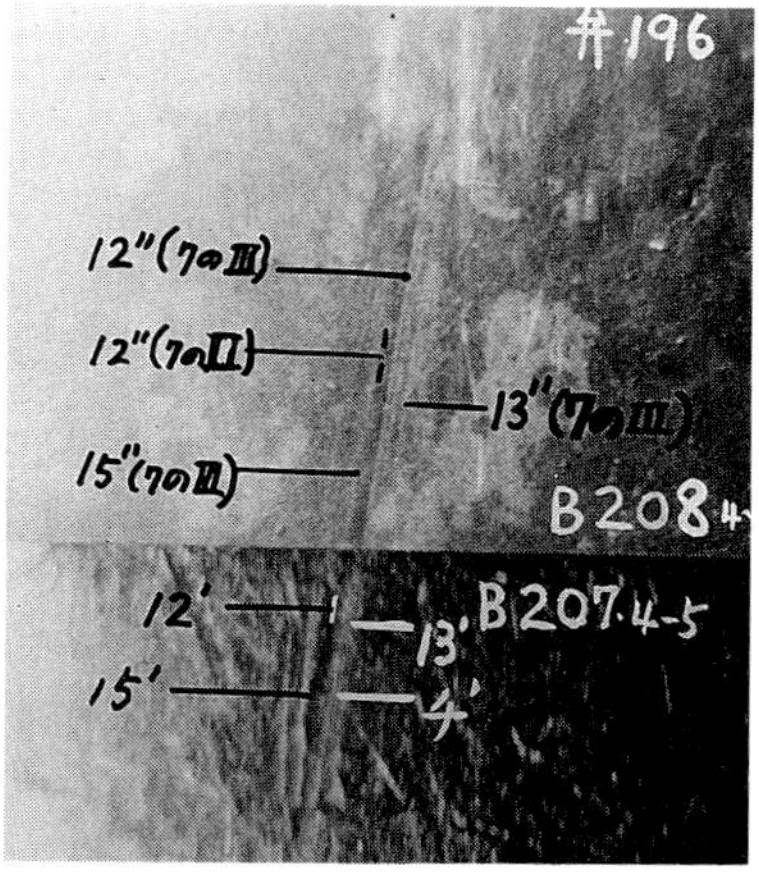

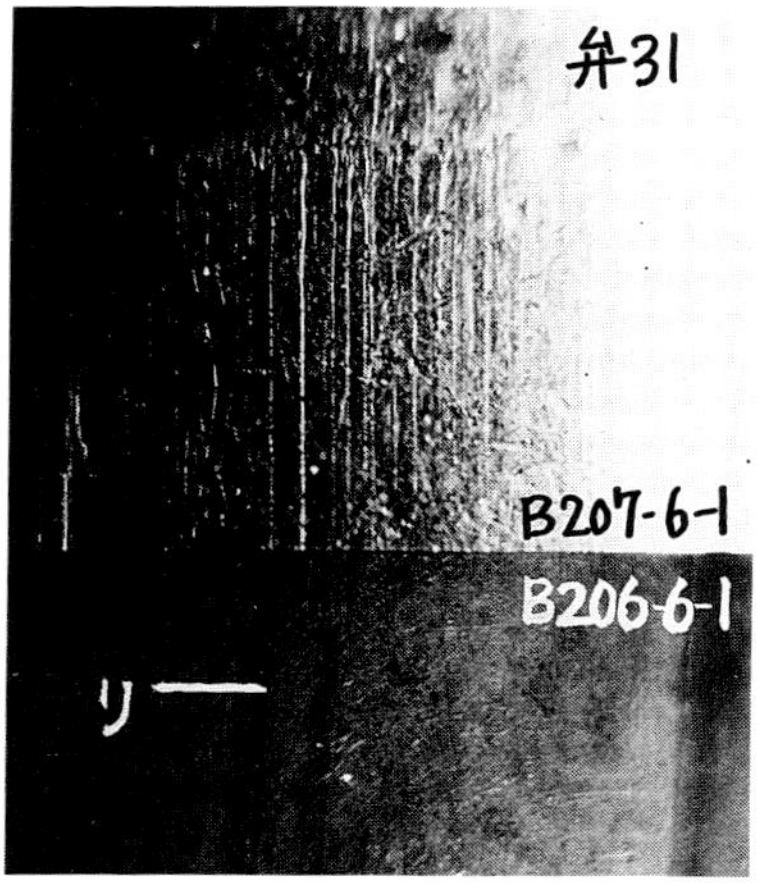

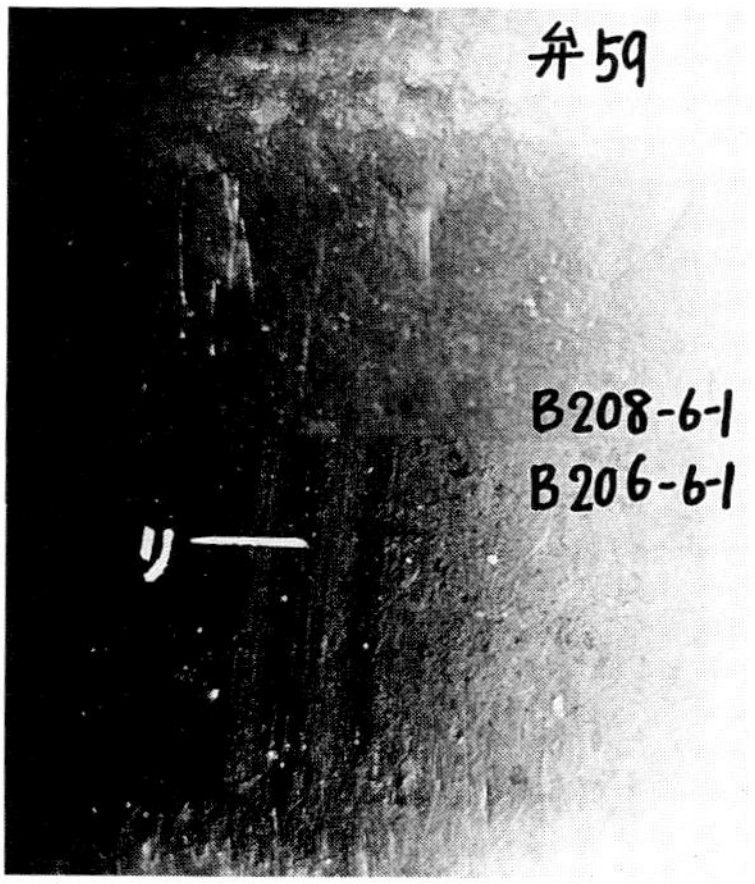

致するとしているが、前章の検討結果によれば、これらのうち「1′」-「1″」の対をのぞき、すべての対においてキズの実体が異なっている。

すなわち磯部鑑定書において、弾丸206と弾丸207、弾丸207と弾丸208のそれぞれにおいて一致するとされたキズの対のうち、「1′」-「1″」だけが実体が類似している。

ひとつの弾丸の多くのキズのうち、ある1本が他の弾丸のある1本のキズと類似しているからといって、それらの弾丸が同一銃器から発射されたものとい

第13表　弾丸206号と207号のキズ

キズの番号	実　　　体
「1　」	綫丘痕左側壁からやや右寄りの幅の広い溝
「1′」	綫丘痕左側壁に接した幅の狭い溝
「2　」	突起aと綫丘痕右端にはさまれた区域
「2′」	綫丘痕右端と、特定できない左端にはさまれた区域
「3　」	綫丘痕左端の溝の左端の突起
「3′」	綫丘痕左側壁中腹の突起
「4　」	綫丘痕右端からやや左寄りの綫丘痕全長にわたる溝
「4′」	「4」よりも綫丘痕右端に近い溝、長さも「4」より短かい
「5　」	綫丘痕右端の突起「o」と、右端からやや左寄りの溝「n」にはさまれた区域
「5′」	綫丘痕右端からやや左寄りの溝、あるいはその溝の左端
「6　」	綫丘痕右端の幅広い溝の左端の突起の左斜面
「6′」	綫丘痕右端からやや左寄りの溝の右側壁、あるいは綫丘痕右端の浅い溝の左側壁
「7　」	綫丘痕左端の溝の延長
「7′」	綫丘痕左端に接したメッキ剥離部
「8　」	綫丘痕右端近くの突起、クビレ部上方のみ
「8′」	綫丘痕右端近くの台地状突起の頂部にある溝
「9　」	溝
「9′」	突起
「10　」	溝
「10′」	左に突起をともなう溝
「11　」	存在が認められない
「11′」	存在が認められない
「12　」	幅の広い溝の左側壁
「12′」	かなりの深さと幅をもった丸底の溝の底
「13　」	幅の広い溝の右側壁
「13′」	丸底の溝の右寄りにある斜面
「14　」	幅の広い溝の右にある頂部の平らな丘陵状突起の右斜面
「14′」	指摘されていない
「15　」	幅の広い溝の左に接する突起の左斜面
「15′」	丸底の溝の左側

うことはできない。

3. 問題の3弾丸について、磯部鑑定書で一致するとされたキズが1対を残してすべて実体が異なっており、しかも、3弾丸において一致しない多数の顕著なキズが認められる。

このことから、3弾丸は同一銃器から発射されたものではないと判定できる。

6　結論

鑑定人は白鳥事件弁護団から提示された白鳥事件物証弾丸の綫条痕写真によって、3個の弾丸が同一拳銃から発射されたと認めうるか否かについて鑑定を行なった。

鑑定するにあたっては、弾丸のキズについて光源位置を異にする写真を比較することによって、その実体を把握することにつとめた。

その結果、磯部鑑定書において一致するとされているキズのほとんどすべてが、実体において異なるものであると判定された。

また写真の詳細な検討によって、各弾丸において相互に対応しない多数のキズがあることが見出された。

以上の結果から、白鳥事件物証の3弾丸は同一拳銃から発射されたものとは認められないと判定される。

記

白鳥事件物証弾丸（証206号、同207号、同208号）に関する比較顕微鏡による綫条痕比較写真　計231枚
（内訳等は下表のとおり）

	弁護団撮影写真	磯部鑑定書添付写真の複製写真	科警研鑑定書（2通）添付写真の複製
写真上の略記	弁	磯	科警研
撮影月日	1970.10.27～10.31	不　詳	不　詳
撮影者	白鳥事件弁護団	ゴードン	高塚泰光
撮影器材	ポッシュ・ロム社　比較顕微鏡カメラ	左に同じ	不　詳
光　源	右＝ドライビングエッジの側から照射 左＝トレーリングエッジの側から照射 の二通り	右	右
枚　数	右光源　153枚 左光源　48枚 計　201枚	右光源のみ　20枚	右光源のみ　10枚

編注

1. 紙面の都合で弁護団写真中他の写真で代用できるもの、不鮮明なものは省略した。
2. 表のタイトルを補筆した。

証第33号

綫丘痕の角度と幅に関する報告書

（別記　綫丘痕角度と弾径の測定方法）

1970年9月26日
株式会社　アグネ技術センター
長　崎　誠　三

目次

筆者は白鳥事件弁護団より「物証弾丸」の測定データの提供を受け、統計的検定と考察とを依頼された。同時に、同一拳銃から発射された弾丸の数値（綫丘痕の角度と幅）には差異があるか、異なる拳銃の場合はどうか、また、同一拳銃の場合でも弾径の大小、ビビリ、ガタツキなどは角度と幅に相関関係があるかなどを実証するために弾丸の測定とその分析を求められ、参考弾丸50発の提供を受けた。

弁護団からの依頼に応えるため、参考弾丸について綫丘痕角度、幅および弾径の測定をし、データの整理と考察をおこなった。

I　「物証弾丸」の綫丘痕の角度および弾径の測定

白鳥事件弁護団は、1969年10月27日から11月1日まで、札幌高等裁判所において「物証弾丸」の角度および弾径の測定をおこなった。測定は筆者が指示した別記の方法に従っておこなった。

§1　角度の測定結果（条痕Noは磯部鑑定の条痕Noに準じている）

1-1　綫丘痕角度の測定値

表1-1　弾丸206の角度の測定値（単位：度分）

弾丸番号	綫丘痕No／測定回数	1	2	3	4	5	6	平均値
206	1	5°29.5′	6°01.0′	5°46.5′	5°54.0′	6°04.0′	5°45.5′	5°50.1′
	2	5°52.0′	5°28.5′	5°40.5′	5°52.5′	5°40.5′	6°01.5′	5°45.9′
	3	5°25.0′	5°33.0′	5°33.0′	6°03.5′	5°57.0′	6°05.0′	5°46.1′
	4	5°34.0′	5°30.0′	5°37.0′	6°10.0′	5°59.0′	6°00.0′	5°48.3′
	5	5°23.5′	5°44.0′	5°50.0′	5°51.5′	5°36.0′	5°56.5′	5°43.5′
	総平均							5°46.78′

表1-2　弾丸207の角度の測定値

弾丸番号	綫丘痕No／測定回数	1	2	3	4	5	6	平均値
207	1	5°38.0′	5°36.0′	5°39.0′	4°57.5′	5°42.0′	5°46.5′	5°33.1′
	2	5°35.5′	5°44.0′	5°41.5′	5°40.0′	5°46.0′	5°37.5′	5°40.7′
	3	5°47.0′	5°31.0′	5°44.5′	5°30.0′	5°24.0′	5°43.0′	5°38.2′
	4	5°39.5′	5°31.0′	5°32.5′	5°27.0′	5°47.0′	5°20.5′	5°32.9′
	5	5°39.5′	5°34.0′	5°39.0′	5°27.0′	5°38.0′	5°37.0′	5°35.7′
	総平均							5°36.12′

表1-3　弾丸208の角度の測定値

弾丸番号	綫丘痕No／測定回数	1	2	3	4	5	6	平均値
208	1	5°48.5′	5°37.5′	6°00.5′	5°20.5′	5°41.0′	5°36.5′	5°40.8′
	2	5°45.5′	5°42.0′	5°46.5′	5°41.0′	5°31.0′	5°37.5′	5°40.6′
	3	5°50.5′	6°00.5′	6°04.0′	5°51.5′	5°43.5′	5°38.0′	5°50.7′
	4	5°36.5′	6°00.5′	6°05.5′	5°38.5′	6°21.0′	5°50.5′	5°55.4′
	5	5°28.0′	6°16.0′	6°04.0′	5°21.0′	5°59.0′	5°37.5′	5°47.6′
	総平均							5°47.02′

1-2　綫丘痕角度の統計的検定

「物証弾丸」206、207、208の綫丘痕角度について、実測値を標本として弾丸相互に相異があるかどうか、分散の均斉性および平均値差の検定を有意水準1%（$\alpha = 0.01$）をもって検定をおこなった。

①　分散の均斉性の検定

ある一つの組合せX-Yの不偏分散推定量の間にとくに有意差が認められるかどうかの検定を次のようにおこなった。また、測定値のバラツキの目安として標準偏差（この場合不偏分散の平方根）の値を示しておく。明らかに有意差がないと思われるものについては分散の均斉性の検定をおこなっていない。

a）仮説：XおよびYについてそれぞれ母分散を共有する正規母集団からの任意の標本である。

b）有意水準：1%（$\alpha = 0.01$）

c）仮説を検定するための統計量：分散比F_0

$$S_X = \text{偏差平方和} \qquad S_X = \sum_{m}^{i=1} (X_i - \overline{X})^2$$

$$S_Y = \text{偏差平方和} \qquad S_Y = \sum_{n}^{i=1} (Y_i - \overline{Y})^2$$

$m = $Xにおける標本数

$n = $Yにおける標本数

V分散　$V_X = \dfrac{S_X}{m-1}$

$$V_Y = \frac{S_Y}{n-1}$$

F_0　：分散比　$F_0 = \dfrac{V_X}{V_Y} (V_X > V_Y)$

d）棄却域：$F_0 > F\left(4 \cdot 4 \cdot \dfrac{\alpha}{2} = 0.005\right)$

e）標準偏差：$s_X = \sqrt{\dfrac{S_X}{m-1}}$

それぞれの検定の結果は表1-4に示すとおりである。

表 1-4　綫丘痕角度の分散の均斉性の検定

組合せ	弾丸別	平均値	s 標準偏差	S 偏差平方和	d・f 自由度	V 分散	F_0 分散比	F (4・4・$\alpha/2$=0.005)
206・207	206	5°46.78′	2.52	25.39	4	6.35	1.77	23.2
	207	5°36.12′	3.35	44.97	4	11.24		
207・208	207	5°36.12′	3.35	44.97	4	11.24	3.65	23.2
	208	5°47.02′	6.40	164.01	4	41.00		
206・208	206	5°46.78′	2.52	25.39	4	6.35	6.46	23.2
	208	5°47.02′	6.40	164.01	4	41.00		

表 1-4 の結果：いずれも分散比は $F_0 < F$ で棄却域になく、分散の均斉性について有意差が認められない。

② 平均値差の検定

ある一つの組合せX-Yの標本について平均値間に有意差が認められるかどうかの検定を次のようにおこなった。

a）仮説：X および Y の標本について平均値間に有意差は認められない。

b）有意水準：1%（$\alpha = 0.01$）

c）仮説を検定するための統計量：$t_0 = \dfrac{|\overline{X} - \overline{Y}|}{s\sqrt{\dfrac{1}{m} + \dfrac{1}{n}}}$

$\overline{X}$ = Xの標本平均

$\overline{Y}$ = Yの標本平均

s = 標準偏差　　$s = \sqrt{\dfrac{S_X + S_Y}{m + n - 2}}$

$$\frac{S_X + S_Y}{m + n - 2} = s^2$$ 不偏分散

d）棄却域：$|t_0| > t(\alpha = 0.01)$

検定の結果は表 1-5 に示すとおりである。

表 1-5　綫丘痕角度の平均値差の検定

組合せ	弾丸別	平均値	s 標準偏差	S 偏差平方和	d・f 自由度	s^2 分散	t_0 分散比	t ($\alpha=0.01$)
206・207	206 207	5°46.78′ 5°36.12′	2.52 3.35	25.39 44.97	4 4	8.795	5.685	3.355
207・208	207 208	5°36.12′ 5°47.02′	3.35 6.40	44.97 164.01	4 4	26.122	3.372	3.355
206・208	206 208	5°46.78′ 5°47.02′	2.52 6.40	25.39 164.01	4 4	23.675	0.078	3.355

表 1-5 の結果：206 と 207 および 207 と 208 は $|t_0| > t(\alpha = 0.01)$ で棄却域にあり平均値間に有意差が認められる。206 と 208 は $|t_0| < t(\alpha = 0.01)$ で棄却域になく、仮説は保留される。

§2　弾径の測定結果

2-1　弾径の測定値

表 2-1　弾丸 206 の弾径の測定値（単位：ミリ）

弾丸番号	正面の綫丘痕	1	2	3	4	5	6	平均値
206	測定値	7.830	7.830	7.840	7.820	7.820	7.815	7.826

表 2-2　弾丸 207 の弾径の測定値

弾丸番号	正面の綫丘痕	1	2	3	4	5	6	平均値
207	測定値	7.795	7.820	7.820	7.780	7.780	7.790	7.797

表 2-3　弾丸 208 の弾径の測定値

弾丸番号	正面の綫丘痕	1	2	3	4	5	6	平均値
208	測定値	7.820	7.840	7.840	7.810	7.840	7.825	7.820

§3　考察

3-1　綫丘痕角度

測定の精度については同一拳銃からの発射痕の考察で詳しく検定している。それによればマシウズの提案した方法以上の精度であり、科警研報告に比べれば変動係数ははるかに小さい。原報告の精度は両者の間にある。

測定結果の統計的検定によれば、206 と 207、207 と 208 との角度の間には高度に有意な差があることが明らかである。

本測定値は原報告の数値よりいく分小さいが、原報告では測定方法からくる

系統的な誤差が含まれているためと考えられる。しかし、相対的な傾向としては原報告と同じである。

3-2　弾径

弾径の値は測定箇所により多少ちがうが、これは発射時に綫丘から受ける圧縮加工によって引起されるものであろう。

§4　結論

「物証弾丸」206、207、208の綫丘痕角度および弾径について、弁護団は精密投影機を用いて測定をおこなった。

測定値について統計的な検定処理をした結果、弾丸206と207、207と208についてはその測定値に高度に有意な差が認められた。

弾丸No / 角度	206	207	208
母平均値	5°43.9<ξ<5°49.7′	5°32.1<ξ<5°41.0′	5°39.1<ξ<5°54.9′
平均値	5°46.8′	5°36.1′	5°47.0′
危険率	$\alpha=0.05$	$\alpha=0.05$	$\alpha=0.05$
標本数	5	5	5
標準偏差	2.52	3.35	6.40
変動係数	0.7%	1.0%	1.8%
弾径平均値	7.826mm	7.797mm	7.820mm

II　同一拳銃から発射された弾丸の綫丘痕角度、幅、および弾径の測定

白鳥事件弁護団は、筆者の立会いのもとに1969年12月から1970年5月にわたり、アグネ技術センターにおいて同一拳銃から発射された弾丸（参考弾丸）の綫丘痕角度、幅および弾径の測定をおこなった。

§1　測定試料

試料はベルギーFN（Fabrique Nationale）社製1910年型ブローニング拳銃No.418369（369と略す）およびNo.437410（410と略す）から綿箱の中に連続して試射し、回収された弾丸である。

弁護団から提供された弾丸は369拳銃弾はチェコ、ベルギー製各10発、計20発、410拳銃弾はチェコ、ベルギー、ドイツ製各10、計30発の合わせて50発であるが、そのうち各種3発を任意に抽出し、計15発を測定に用いた（表1）。

弾丸の材質は369、410拳銃弾ともにベルギーとドイツは七三黄銅製被甲にニッケルメッキを施したもので、チェコは軟鋼製被甲に銅メッキを施したものである。

表1　測定に用いた弾丸の種別表

拳銃No.418369			拳銃No.437410		
製造国	弾丸No	薬莢のマーク	製造国	弾丸No	薬莢のマーク
チェコ	No.4	SBP ◎ 7.65	チェコ	No.2	SBP ◎ 7.65
	No.5			No.5	
	No.8			No.8	
ベルギー	No.27	FN ◎	ベルギー	No.24	FN ◎
	No.30			No.25	
	No.33			No.32	
			ドイツ	No.16	DWM K ◎ K 479A
				No.19	
				No.21	

§2　測定方法

綫丘痕角度と弾径は「物証弾丸」と同じく筆者の指示した方法（別記）に従っておこなった。幅の測定方法は次のとおりである。

2-1　綫丘痕幅の測定

2-1-1　対物レンズ20倍を使用。透過光で回転スクリーンの十字線と載物台のX、Y軸とが一致するようにする。次に弾軸と十字線のY軸とが一致するように載物台の回転盤をまわす。

2-1-2　反射光にきりかえ、綫丘痕の溝下、弾底から2/3の位置を十字線の中心に置く。

2-1-3　回転スクリーンを約5°30′～5°40′回してX軸をずらし、ドライビング・エッジとY軸を一致させ、X軸のマイクロメーターの値をよむ。ついでトレイリング・エッジまで移動させてY軸が一致した所でX軸のマイクロメーターの値をよみ、両者の差を綫丘痕幅の値とする。

2-1-4　綫丘痕幅の端はドライビング・エッジ側は右からみて暗い所から明るい所に移るその境目、トレイリング・エッジ側は右からみて暗い所から明るい所に移る境目として、それぞれの位置にY軸を一致させて測定する。ドライビング・エッジとトレイリング・エッジとが平行でない場合、またトレイリング・エッジが明瞭でない場合は幅を確定できないので測定できない。

2-1-5　同様の手順で順次ゴニオメーターを回転し、各綫丘痕につき5回、全部で30回測定をおこなう。

§3　測定結果

編注

3-1綫丘痕角度の測定値、3-2綫丘痕幅の測定値、3-3弾径の測定値は、いずれもNo.418369発射弾、No.437410発射弾のそれぞれについて詳細な測定値を表で示してあるが、ここでは省略した。§4測定結果の検定の項には、これらの測定値にもとづいた検定結果の総括を表にまとめてあるので、参照されたい。

§4　測定結果の検定

綫丘痕角度と幅について得られたデータの統計的検定をおこなった。

4-1　検定事項

369拳銃から発射されたチェコ、ベルギー、410拳銃から発射されたチェコ、ベルギー、ドイツについて実測値を標本として、

①　同一拳銃であって同一種弾丸の場合、角度および幅の大小に差異があるか。

②　同一拳銃であっても弾丸の種類（メーカー、材質、弾径など）が異なる場合、角度および幅の大小に差異があるか。

③　同一モデルの拳銃であっても同一拳銃でない（製造番号の異なる）場合、角度および幅の大小に差異があるか。

以上3項目について各測定値の分散の均斉性、平均値間に有意差があるかを有意水準1％（$\alpha = 0.01$）をもって検定をおこなった。検定の方法は「物証弾丸」の項で述べたのと同じ方法である。

4-2　綫丘痕角度の検定結果

編注：略

4-3　綫丘痕幅の検定結果

編注：略

4-4　検定結果の総括

検定結果の総括を表30、31に示してある。ブローニング1910年型で発射した弾丸については、弾径、材質が異なっても同一銃である場合には発射痕の角度と幅の値には有意差は認められない。また同一拳銃でない場合には、同一モデルであっても有意差は認められる。No.418369とNo.437410の場合には、角度の測定値の間には有意差は認められなかった。

表 30 綫丘痕角度の平均値差の検定総括表

拳銃	弾丸別	平均値	弾径 mm	平均値	標準偏差	平均値に有意差（有意水準 1%） あり	なし
418369	チェコ・チェコ	チェコ 4	7.817	5°36.11′	131×10^{-2}		○
		5	7.812	5°35.28′	47×10^{-2}		
		5	7.812	5°35.28′	47×10^{-2}		○
		8	7.822	5°34.94′	40×10^{-2}		
		8	7.822	5°34.94′	40×10^{-2}		○
		4	7.817	5°36.11′	131×10^{-2}		
	ベルギー・ベルギー	ベルギー27	7.833	5°36.56′	135×10^{-2}		○
		30	7.817	5°37.26′	162×10^{-2}		
		30	7.817	5°37.26′	162×10^{-2}		○
		33	7.841	5°38.10′	289×10^{-2}		
		33	7.841	5°38.10′	289×10^{-2}		○
		27	7.833	5°36.56′	135×10^{-2}		
	チェコ・ベルギー	チェコ		5°35.44′	60.18×10^{-2}		○
		ベルギー		5°37.30′	76.11×10^{-2}		
437410	チェコ・チェコ	チェコ 2	7.805	5°35.54′	78×10^{-2}		○
		5	7.805	5°34.64′	111×10^{-2}		
		5	7.805	5°34.64′	111×10^{-2}		○
		8	7.815	5°36.34′	121×10^{-2}		
		8	7.815	5°36.34′	121×10^{-2}		○
		2	7.805	5°35.54′	78×10^{-2}		
	ベルギー・ベルギー	ベルギー24	7.842	5°35.64′	211×10^{-2}		○
		25	7.835	5°38.24′	240×10^{-2}		
		25	7.835	5°38.24′	240×10^{-2}		○
		32	7.823	5°36.10′	210×10^{-2}		
		32	7.823	5°36.10′	210×10^{-2}		○
		24	7.842	5°35.64′	211×10^{-2}		
	ドイツ・ドイツ	ドイツ 16	7.847	5°36.22′	201×10^{-2}		○
		19	7.827	5°34.20′	202×10^{-2}		
		19	7.827	5°34.20′	202×10^{-2}		○
		21	7.835	5°35.26′	104×10^{-2}		
		21	7.835	5°35.26′	104×10^{-2}		○
		16	7.847	5°36.22′	201×10^{-2}		
	チェコ・ベルギー	チェコ		5°35.50′	85.04×10^{-2}		○
		ベルギー		5°36.66′	139.1×10^{-2}		
	ベルギー・ドイツ	ベルギー		5°36.66′	139.1×10^{-2}		○
		ドイツ		5°35.22′	101.0×10^{-2}		
	チェコ・ドイツ	チェコ		5°35.50′	85.04×10^{-2}		○
		ドイツ		5°35.22′	101.0×10^{-2}		
	369・410	369		5°36.37′	119.0×10^{-2}		○
		410		5°35.79′	116.1×10^{-2}		

表31 綫丘痕幅の平均値差の検定総括表

拳銃	弾丸別	平均値	弾径 mm	平均値	標準偏差	平均値に有意差（有意水準1%）	
						あり	なし
418369	チェコ・チェコ	チェコ 4	7.817	0.697	26.45×10^{-4}		○
		5	7.812	0.699	19.03×10^{-4}		
		5	7.812	0.699	19.03×10^{-4}		○
		8	7.822	0.698	21.82×10^{-4}		
		8	7.822	0.698	21.82×10^{-4}		○
		4	7.817	0.697	26.45×10^{-4}		
	ベルギー・ベルギー	ベルギー27	7.833	0.697	54.49×10^{-4}		○
		30	7.817	0.700	31.02×10^{-4}		
		30	7.817	0.700	31.02×10^{-4}		○
		33	7.841	0.701	26.96×10^{-4}		
		33	7.841	0.701	26.96×10^{-4}		○
		27	7.833	0.697	54.49×10^{-4}		
	チェコ・ベルギー	チェコ		0.698	10.00×10^{-4}		○
		ベルギー		0.699	21.21×10^{-4}		
437410	チェコ・チェコ	チェコ 2	7.805	0.702	62.60×10^{-4}		○
		5	7.805	0.708	17.66×10^{-4}		
		5	7.805	0.708	17.66×10^{-4}		○
		8	7.815	0.706	40.07×10^{-4}		
		8	7.815	0.706	40.07×10^{-4}		○
		2	7.805	0.702	62.60×10^{-4}		
	ベルギー・ベルギー	ベルギー24	7.842	0.704	36.35×10^{-4}		○
		25	7.835	0.701	17.15×10^{-4}		
		25	7.835	0.701	17.15×10^{-4}		○
		32	7.823	0.702	14.12×10^{-4}		
		32	7.823	0.702	14.12×10^{-4}		○
		24	7.842	0.704	36.35×10^{-4}		
	ドイツ・ドイツ	ドイツ 16	7.847	0.704	30.85×10^{-4}		○
		19	7.827	0.703	40.79×10^{-4}		
		19	7.827	0.703	40.79×10^{-4}		○
		21	7.835	0.701	17.38×10^{-4}		
		21	7.835	0.701	17.38×10^{-4}		○
		16	7.847	0.704	30.85×10^{-4}		
	チェコ・ベルギー	チェコ		0.705	32.20×10^{-4}		○
		ベルギー		0.702	15.81×10^{-4}		
	ベルギー・ドイツ	ベルギー		0.702	15.81×10^{-4}		○
		ドイツ		0.703	13.07×10^{-4}		
	チェコ・ドイツ	チェコ		0.705	32.20×10^{-4}		○
		ドイツ		0.703	13.07×10^{-4}		
	369・410	369		0.699	16.73×10^{-4}	○	
		410		0.703	23.97×10^{-4}		

§5　考察

5-1　測定方法について

5-1-1　綫丘痕角度

発射弾丸から角度をきめることはむずかしい測定とされている。本測定では、弾軸をきめることをより精度高く、かつ確実容易にするために結晶解析用のゴニオメーターに弾丸試料をとりつけて測定をおこなっている。したがって、このような冶具を使っていないマシウズや科警研報告よりもより高い精度で弾軸がきめられている。

拳銃No.418369およびNo.437410はかなり使用された拳銃であるが、測定に使える明瞭なスジがいくつか認められる。

5-1-2　綫丘痕幅

マシウズが推奨しているのは

① 双眼の実体顕微鏡を用いてどこが綫丘痕の底の部分であるかを明瞭に見定める。

② 双眼の鏡筒の一方の接眼レンズにクロスを入れ、これを指標とする。次にマイクロメーターをとりつけ、試料を移動させて測定する。

という方法である。科警研報告でも同様の方法を採用している。

本測定では前述したように、約45°の角度をもって斜めから綫丘痕を照射し、明部と暗部との境目をもって幅として測定した。エッジがシャープでない場合(綫丘が著しく磨滅して)には境目の判定にあいまいさがあるが、このことは双眼実体顕微鏡を用いても同様である。

5-2　測定値について

5-2-1　精度*(測定値のバラツキ)

角度と幅の測定値について科警研報告、原報告、本測定の母平均値、平均値、標準偏差、変動係数などを計算してまとめると表32、33のようになる。

角度、幅ともに本測定が変動係数にみられるように、より高い精度をもっていることが明らかである。原報告がこれにつぎ、科警研報告がもっとも劣っている。

＊精度と正確度

一般には両者を混同して精度といっているが、正しくは区別して使う必要がある。

① 精度は精密度（precision）を意味している。すなわち同一対象をくり返して測定するとき、測定値には偶然誤差によるバラツキが生じるが、このバラツキの程度の小さい測定ほど「精度が高い」という。

② 正確度（正確さ、accuracy）は測定に際して測定値のバラツキ以外に系統的な誤差、測定器械の欠点、測定中の不注意などのため、測定値に平均して真の値からの偏りが生じるが、この偏りが小さい測定ほど「正確度が高い」という。

5-2-2　正確度（測定値は真の値とどれだけちがうか）

マシウズ*のかかげている10挺のブローニング1910年型の値の範囲内に本測定値はいずれも入っている。したがって、今回の測定結果は妥当なものと考えられる（＊マシウズ：J. H. Mathews ; Firearms Identification Vol.1, p.103, The Univ. Wisconsin Press, 1962)。

表32　綫丘痕角度測定の精度の比較

1　原報告＊＊

測定試料	206号	207号	208号*
母平均値	5°06′< ξ <6°46′	4°26′< ξ <6°34′	′
平均値	5°56′	5°30′	(5°58′)
危険率	$\alpha=0.05$	$\alpha=0.05$	
標本数	2	2	
標準偏差	5.65	7.07	
変動係数	1.6%	2.1%	

2　弁護団測定

測定試料	206号	207号	208号
母平均値	5°43.9′< ξ <5°49.7′	5°32.1′< ξ <5°41.0′	5°39.1′< ξ <5°54.9′
平均値	5°46.8′	5°36.1′	5°47.0′
危険率	$\alpha=0.05$	$\alpha=0.05$	$\alpha=0.05$
標本数	5	5	5
標準偏差	2.52	3.35	6.40
変動係数	0.7%	1.0%	1.8%

＊6つの条痕のうちデーターのそろっているのが1つだけのため比較ができない。

＊＊6つの条痕の揃っているものだけをとって平均値を出したので、原報告の平均値とはちがってくる。

3　弁護団測定　　　　4　科警研報告*

測定試料	Browning 7.65mm　1910年 No.418369 発射弾	Browning 7.65mm　1910年 No.437410 発射弾		Browning M-1910 No.179479 発射弾
母平均値	5°43.9<ξ<6°47.9′	5°34.9<ξ<5°36.7′		5°40<ξ<6°02′
平均値	5°36.4′	5°35.8′		5°51′
危険率	α＝0.05	α＝0.05		α＝0.05
標本数	6	9		3
標準偏差	1.19	1.16		4.58
変動係数	0.3%	0.3%		1.3%

＊科学警察研究所報告16巻3号（1963年9月）p.57所載のデーター（池田浩理測定）を用いて計算した。

表33　綫丘痕幅測定の精度の比較

1　原報告*

測定試料	206号	207号	208号*
母平均値	0.706<ξ<0.750	0.687<ξ<0.713	0.712<ξ<0.726
平均値	0.728ミリ	0.700ミリ	0.719ミリ
危険率	α＝0.05	α＝0.05	α＝0.05
標本数	3	3	3
標準偏差	0.009	0.005_2	0.003
変動係数	1.24%	0.　74%	0.40%

＊原報告のデーターをもとに計算したなまのままの数値（平均値）である。

2　弁護団測定　　　　3　科警研報告*

測定試料	Browning 7.65mm　1910年 No.418369 発射弾	Browning 7.65mm　1910年 No.437410 発射弾		U.S.A.32口径 Colt automatic No.543360 発射弾
母平均値	0.697<ξ<0.701	0.701<ξ<0.705		1.15<ξ<1.19
平均値	0.699ミリ	0.703ミリ		1.17ミリ
危険率	α＝0.05	α＝0.05		α＝0.05
標本数	6	9		4
標準偏差	0.0017	0.0024		0.0153
変動係数	0.243%	0.341%		1.31%

＊科学警察研究所報告17巻1号（1964年3月）p.118所載のデーター（池田浩理測定）を用いて計算した。なおブローニング1910年式については測定値がない。

5-3　相対応する綫丘痕幅の測定値

同一銃器から発射された弾丸で綫丘と痕との対応が明らかな場合に、弾径のちがう弾丸について有意差があるか？棄却決定理由では207が206、208より幅の狭いことを、弾径のちがいによって起こる銃身の膨張による綫丘の伸びに帰

している。また、幅というものはビビリやガタツキによって同一綫丘幅でも場所によりマチマチであり、その値に差があるからといって有意な差といえるかどうか疑問を投げている。

今回、弁護団が最初に測った幅の測定値（表4～5、編注：ここでは省略）では綫丘痕の対応を確認していなかったので、対応する綫丘痕を比較顕微鏡を用いてきめ、改めて測定をしたのが表34のデーターである。標準偏差からみても明らかなように、369同士、410同士では、弾径や材質などがちがっても全く有意差がないことが明らかである。

表34　相対応する綫丘痕の幅の測定値

発射拳銃	No.418369				No.437410					
弾丸 / 測定回数	ベルギー 27	ベルギー 30	ベルギー 33	チェコ 4	ベルギー 24	ベルギー 25	ベルギー 32	ドイツ 16	ドイツ 19	ドイツ 21
1	0.685	0.690	0.690	0.685	0.700	0.715	0.700	0.710	0.715	0.715
2	0.700	0.695	0.695	0.700	0.710	0.710	0.710	0.710	0.705	0.710
3	0.685	0.690	0.690	0.695	0.710	0.715	0.715	0.710	0.710	0.710
4	0.700	0.685	0.690	0.690	0.715	0.710	0.710	0.705	0.710	0.710
5	0.685	0.700	0.695	0.695	0.715	0.710	0.700	0.710	0.710	0.715
6	0.690	0.690	0.690	0.695	0.705	0.715	0.710	0.710	0.715	0.715
7	0.690	0.690	0.695	0.690	0.705	0.710	0.700	0.710	0.715	0.710
8	0.690	0.685	0.700	0.700	0.715	0.710	0.705	0.705	0.710	0.710
9	0.695	0.695	0.695	0.690	0.710	0.710	0.705	0.705	0.710	0.710
10	0.690	0.690	0.695	0.690	0.705	0.705	0.710	0.705	0.710	0.710
11	0.695	0.695	0.695	0.685	0.710	0.710	0.710	0.710	0.710	0.710
12	0.690	0.690	0.690	0.690	0.715	0.710	0.705	0.705	0.710	0.710
13	0.695	0.695	0.690	0.685	0.710	0.710	0.710	0.705	0.715	0.715
14	0.685	0.690	0.685	0.700	0.715	0.710	0.705	0.710	0.715	0.710
15	0.685	0.690	0.695	0.690	0.710	0.710	0.705	0.710	0.705	0.710
平均値	0.691	0.691	0.694	0.693	0.710	0.711	0.707	0.708	0.711	0.711

5-4　同一拳銃から発射された弾丸の角度と幅のバラツキ

本測定から明らかなように、同一拳銃である場合には、メーカー、材質、弾径などが異なっても、角度についていえば、369の場合最大値は5°38.10′（ベルギーNo.33）、最小値は5°34.94′（チェコNo.8）でその差はたかだか3分である。410の場合は最大値5°38.24′（ベルギーNo.25）、最小値5°34.20′（ドイツNo.19）でその差は4分である。したがって、複数弾丸の角度の差がこの程度で

あれば、同一拳銃ではないということは断言できない。しかし、「物証弾丸」の場合、206と207の差は10分にも及ぶので、同一拳銃からの発射弾丸とは到底考えられない。

幅についていえば、369の場合最大値は0.701ミリ（ベルギーNo.33）、最小値0.697ミリ（チェコNo.4、ベルギーNo.27）でその差は0.004ミリである。410の場合は最大値0.708ミリ（チェコNo.5）、最小値0.701ミリ（ベルギーNo.25、ドイツNo.21、チェコNo.2）でその差は0.007ミリである。「物証弾丸」の場合は約1桁大きい値であり、到底同一拳銃から発射されたとは考えられない。

§6　結論

6-1　発射弾丸の諸数値の測定に用いた今回の方法は、精度の点において国際的にもっとも信頼のおける方法に比べて勝るとも劣らないものであることが明らかになった。

6-2　この方法によって、ベルギーFN社製ブローニング1910年式拳銃による発射弾について測定をおこなった。

その結果、以下の点が明らかとなった。

①　同一拳銃から発射された場合は、弾丸のメーカー、材質、弾径などの異なる場合でも綫丘痕角度、幅の値には有意差は認められない。すなわち、ビビリ、ガタツキなどによる影響は認められない。

②　綫丘痕角度および幅の測定値を統計的に処理すれば、複数弾丸の発射銃器が同一か否かを検討、鑑識することが可能である。

③　白鳥事件の弾丸は、綫丘痕角度および幅の値差からみて、206と207および208は、いずれも同一拳銃から発射されたものとは考えられない。

別記　綫丘痕角度と弾径の測定方法

白鳥事件弁護団は「物証弾丸」の綫丘痕角度（腔綫角ともいう）と弾径の測定を札幌高等裁判所でおこなうにあたり、与えられた条件下での最良の測定方法について筆者に意見を求めた。

角度の測定については、従来、「物証弾丸」について測定をおこなった原報告書（証第6号）と科警研報告＊およびマシウズ＊＊が測定方法についてまとめた記述がある。原報告書の場合は基準となる弾軸の決定を弾底部でおこなっており、試料をVブロックに載せている。科警研は投影機を使って測定している。マシウズは原報告書と同じように工場顕微鏡を使っているが、試料は回転ホルダーにセッティングしている。

弁護団からの要請は、恒常的に高い精度を得る測定方法を確立することであったので、以上3者の測定を参考にして次のような方法を考えた。

角度測定で一番問題になるのは弾丸をセットすることと弾軸をきめることである。試料のセッティングには結晶解析用のゴニオメーターを使い、弾軸の決定と角度の測定には精密投影機を用いて測定をおこなうことを提案した。

なお、角度の測定方法についての考察は、綫丘痕の角度と幅に関する報告（Ⅱ.5-1）に述べてある。

＊ 科学警察研究所報告：16巻3号（1963年）p 53（池田浩理）

＊＊ J. H. Mathews : Firearms Identification, vol.1 , p56~61

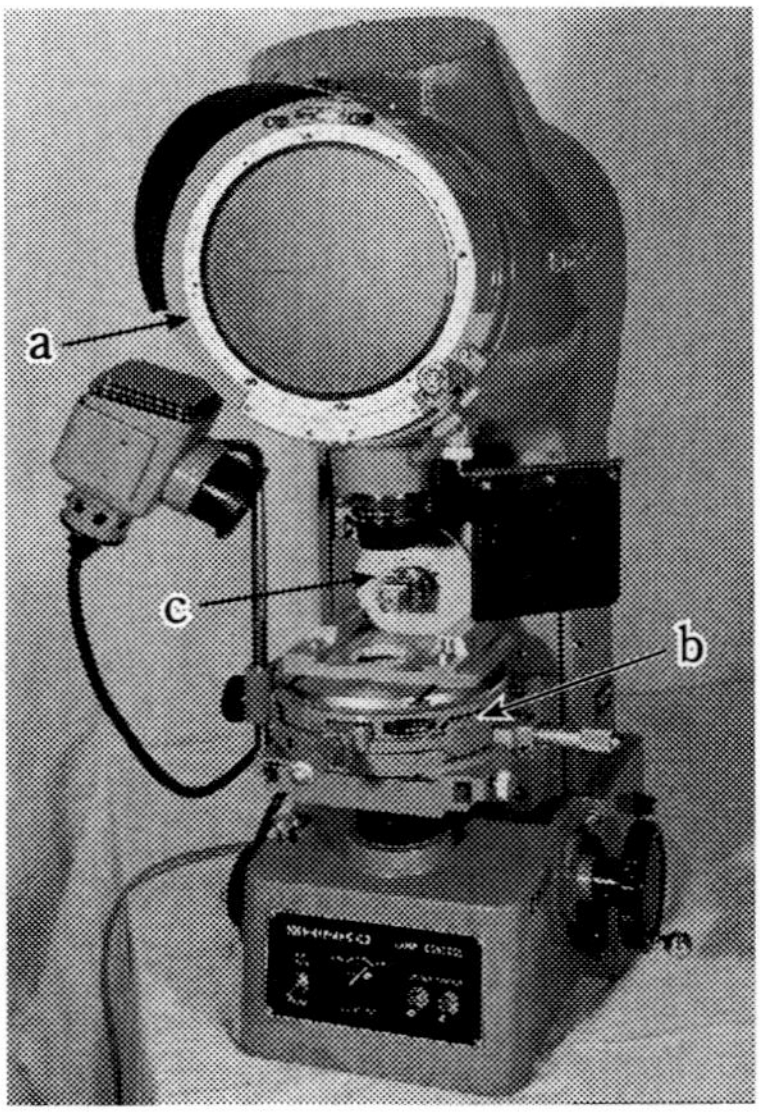

写真1　精密投影機

§1　測定装置

1-1　精密投影機

神港精機株式会社製精密投影機 VM-8型（写真1）

装置の性能

回転スクリーンMⅡ（a）180m/m φ

スクリーンすりガラス十字線入
360°回転
バーニヤによる最小読み１分
簡易微動載物台ＭⅡ（b）
載物面直径165m/m ϕ
十字動範囲25m/m×25m/m
マイクロメーターの最小読み　0.01m/m
360°回転
精密投影機の上下動範囲および測定しうる被検物の最高の高さ
上下動範囲50m/m（正味）

1-2　結晶解析用
ゴニオメーター
（写真1- c、写真2）
XY移動方向±3m/m
アーク回転±20°
360°回転
バーニヤによる最小読み
1/10°

写真２　ゴニオメーター部

§2　測定方法

弾丸試料を写真２のように結晶解析用ゴニオメーターヘッドにとりつける。このゴニオメーターヘッドは度盛回転盤にとりつけられている。これを精密投影機の簡易微動載物台（b）の上にセットする。

次に下部からの透過光（写真3）で投影スクリーンに10倍の弾影をうつす。この弾影をみながらゴニオメーターの調整ネジを動かし、試料の弾軸がゴニオメーター（回転盤）の回転軸と一致するようにする。ブレは0.1mm（スクリーン上で1mm）程度にまで調整する。

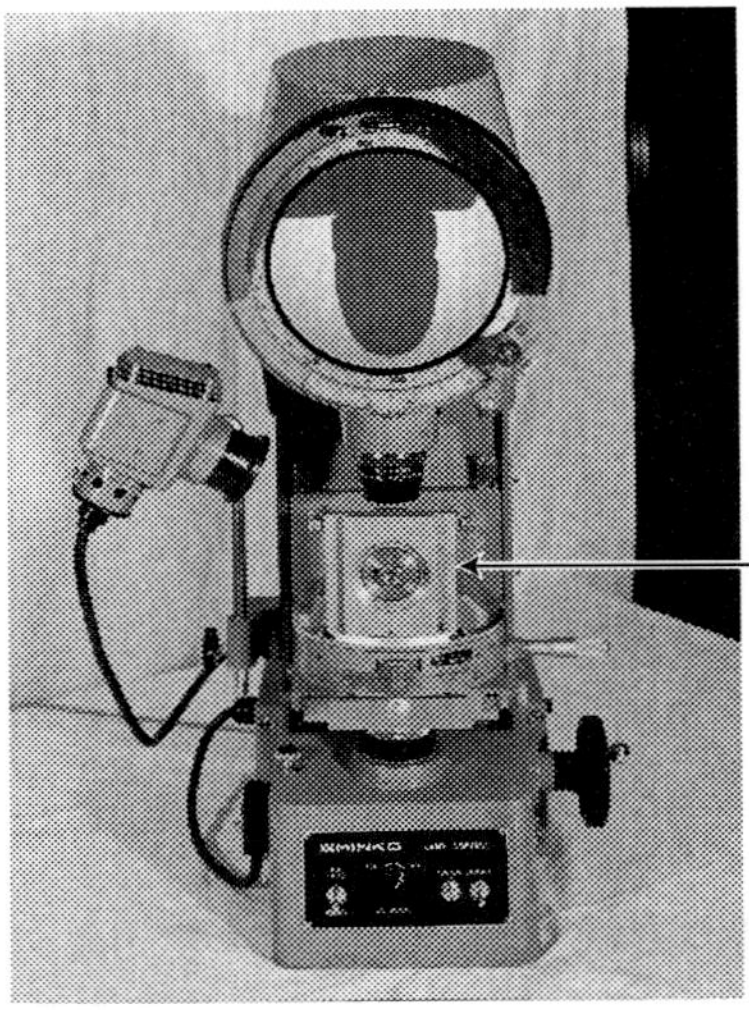

c

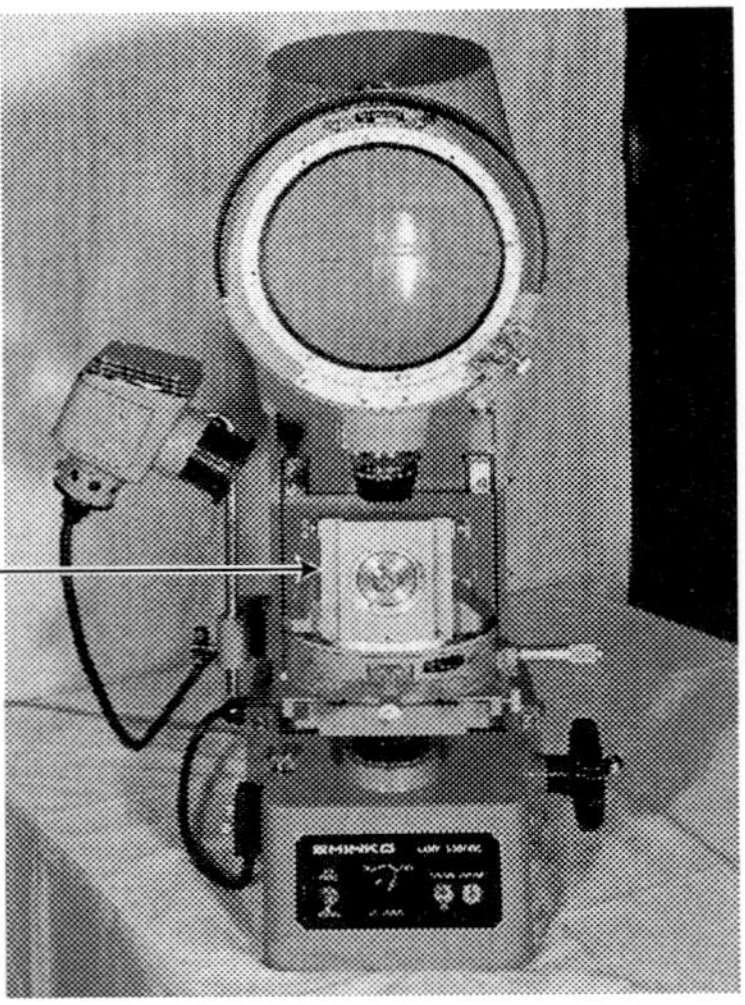

写真3　透過光による影像　　**写真4　反射光による影像**

2-1　綫丘痕角度の測定

2-1-1　対物レンズは10倍を用いる。透過光で回転スクリーンの十字線と載物台のX、Y軸とが一致するようにする。次に弾軸と十字線のY軸とが一致するように載物台の回転盤をまわす。

2-1-2　光源を反射光（写真4）にきりかえ（照明は投影上で斜右横から）、求める綫丘痕の中心が十字線の中心（真上）にくるように弾丸を回転させる。十字線の中心位置は溝下の弾底から約2/3の所におく。

2-1-3　光源を透過光にきりかえる。X軸のマイクロメーターを動かし、弾丸左端（投影上）の溝の上下にY軸が接したときの角度を回転スクリーンでよむ。同様の手順で弾丸右端の側面がY軸に接するようにし、このときの角度をよむ。左右の角度の平均を弾軸のY軸になす角度の値とする。

2-1-4　光源を反射光にきりかえ、十字線の中心に弾丸の中心がくるように動かす。ドライビング・エッジに近い、なるべく長い明瞭に走っている

スジを探し、このスジにY軸を合わせ、その角度をよむ。先に求めた弾軸のY軸になす角度との差から、綫丘痕の弾軸となす角度を求めることができる。

この測定を各綫丘痕について5回、1個の弾丸について全部で30回測定する。

2-2 弾径の測定

2-2-1 対物レンズ10倍を使用。弾軸と十字線のY軸を一致させ、綫丘痕の中心を十字線の真上におく。

2-2-2 弾丸を移動して弾丸左端（投影上）にY軸が接したときのX軸の座標をよむ。同様に、弾丸右端にY軸が接したときのX軸座標をよみ、その差から弾径を求めることができる。

2-2-3 弾丸を回転して綫丘痕を順次十字線の真上においた位置で、測定を全部で6回おこなう。

弾丸各部の呼称（右回転、6綫丘の自動式拳銃から発射された弾丸）

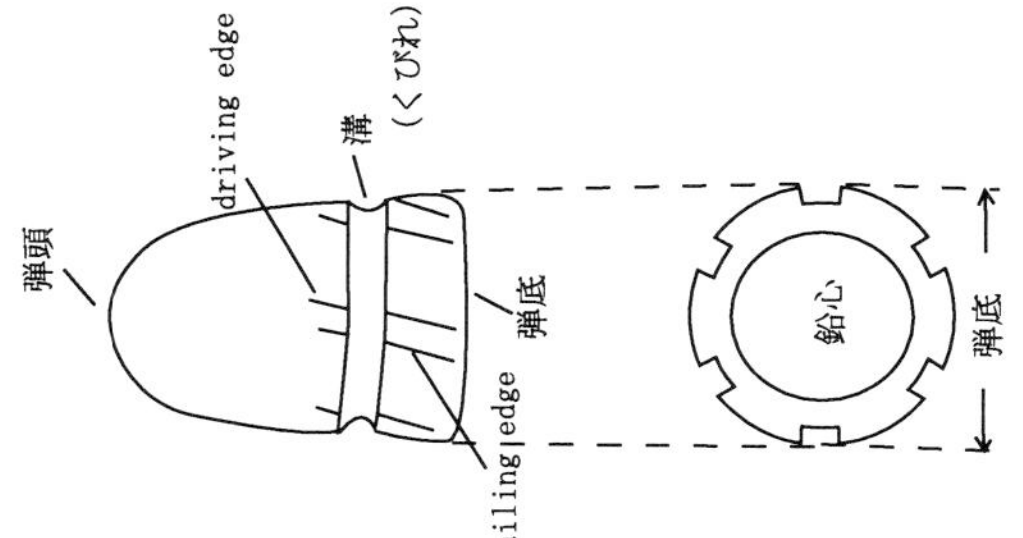

年表に記載された主な事件（記載順）

下山事件

昭和24（1949）年7月5日、日本国有鉄道初代総裁下山定則が、登庁の途中、日本橋三越本店で行方不明となり、6日常磐線綾瀬駅付近の線路上で轢死体となって発見された事件。後に続く三鷹、松川事件とともに当時の政局に一大転機を与えた。

国鉄は9万5千名の人員整理に着手し、7月4日、第一次整理の通告がされ、国労による反対闘争が行われようとした矢先の事件発生であった。政府は即日他殺説を唱え、新聞も共産党員、労組員の犯行を想像させる報道をした。

東大法医学教室古畑種基教授の鑑定は「死後轢断」であった。特捜本部は「生体轢断」の自殺の結論を出していたが、発表されることはなく、事件の真相は明らかにされていない。古畑教授の他殺説と、慶大中館久平教授の自殺説とが対立したが、この論争は法医学鑑定に問題を残した。

三鷹事件

昭和24（1949）年7月15日夜、国電中央線三鷹駅構内で、無人電車が暴走し、駅前の民家などに突入して死者6名、重軽傷者20名を出した事件。

24年5月30日、国鉄定員法が成立し、国鉄労組は全組織をあげて闘争することを決定した。第一次3万700名の整理通告につづき、7月13日、第二次整理6万3千名の通告が出された。この日、国鉄、警察では重大事件が起こるかもしれないという情報、連絡が流れ、暴走電車の直撃を受けた駅前交番の警官は屋外に逃れていて無事であった。

政府は共産党員による暴力事件であると決めつけ、国労三鷹電車区分会の共同謀議による計画的犯行として共産党員ら10名が逮捕、起訴された。10名のうち唯一非党員の竹内景助は単独犯行を自白、その後否認したが、25年8月の一審判決は「共同謀議は空中楼閣」として飯田ら9名に無罪、竹内の単独犯行と断定して、無期懲役とした。二審は事実審理をせず、検事の要求を入れて竹内に死刑を宣告。最高裁は口頭弁論を開かず、30（1955）年6月22日、7対8の

1票の差で上告を棄却した。

無実を主張し続けた竹内は31年2月、東京高裁に再審を請求、再審開始を待っていたが、42年1月18日、獄中で病死した。竹内有罪の根拠は自白のみで物的証拠は何もない。

松川事件

昭和24（1949）年8月17日、東北本線の松川－金谷川間で列車が転覆し、機関士など3人が死亡した事件。この時期には、ドッジ・ラインによる行政整理の強行、民間企業を含め労使対立の激化の中で、国鉄をめぐる不穏な事件が続いていた。事件の翌日、増田甲子七官房長官は、これは「集団組織による計画的妨害行為」であり、「三鷹事件をはじめ各種事件は思想的底流において同じものである」という政治的発言を行った。警察は国鉄労組と東芝松川工場の共同謀議による犯行として共産党員ら20名を逮捕、起訴した。

第一審は検察の主張を全面的に認め、死刑5名を含む全員有罪、第二審の仙台高裁も死刑4名を含む17名有罪、アリバイが明らかになった3名を無罪とする判決を下した。34年8月、最高裁は二審判決を破棄し仙台高裁に差し戻した。仙台高裁は36年8月、全員無罪の判決、さらに最高裁は38（1963）年9月12日、検察側の上告に対し棄却の判決を下して、全員無罪が確定した。

事件が共産党弾圧のための政治的なでっち上げである疑いは初めからあり、被告と犯行を結びつけるものは、共犯者とされるものの検察に迎合した自白のみで物証はなかった。検事は押収した証拠を提出せず、被告の無実を証明する証拠は隠されていた。弁護団の要請によって被告のアリバイを証明する「諏訪メモ」を提出させたのは最高裁の法廷である。

二審判決に疑問をもった作家の広津和郎が「中央公論」に判決批判を連載したことから国民の間に関心が高まり、労働組合をはじめとして被告への支援運動が広範に展開されたことも、無罪確定への力になった。

なお、この事故原因はレールの継目板を外し、犬釘を抜くなど人為的工作によることは確かで、CIAの陰謀説なども存在しているが、真相は不明である。

免田事件

昭和23（1948）年12月29日、熊本県人吉市で起きた強盗殺人事件。翌年1月、免田栄が別件で逮捕され、拷問によって本件の自白を強要された。事件のカギを握る凶器のナタや、免田が犯行時に着ていて血痕が付着していたとされる衣服が破棄されるという「証拠隠滅」があった。ナタについての鑑定は「血痕はO型」というものだったが、発見されれば無罪であることの確証になるものだった。一審第三回公判で全面否認、アリバイを主張したが、25年3月、熊本地裁八代支部で死刑判決、26（1951）年12月、最高裁で死刑が確定した。

判決確定後に着任した八代支部の西辻裁判長は、事件に疑問をもって自ら調査し、第三次再審請求の31年8月、事件当夜のアリバイを裏付ける証言を新たな証拠として再審開始を決定したが、34年4月、検察側の即時抗告で取り消された。免田の再審が始まったのはそれから22年後のことである。第六次請求は51年4月に棄却、免田の即時抗告に対し、福岡高裁は54年9月、「白鳥決定」を採用して再審開始を決定。検察はなおも特別抗告をしたが、55年12月、最高裁は棄却し、再審開始を決定、58（1983）年7月15日、熊本地裁八代支部は無罪判決を下した。死刑確定者が再審無罪となった日本最初の事件である。

青梅《おうめ》事件

昭和26（1951）年9月から27年2月にかけて、東京の国鉄青梅線で起きた5回にわたる列車妨害と貨車流出事件。別件取調べ中の容疑者の自白がきっかけで6名を起訴、さらに共産党員2名を含む4名を起訴して共産党による組織的、計画的事件とした。

判決は一審、二審とも有罪とされたが、事件の物的証拠、目撃者もなく、拷問により強要された自白が唯一の決め手となった。その自白は、検察が差戻し審まで調書を隠していたように、何度も変更され、矛盾に満ちたものだった。

2月19日の貨車流出事件については、国鉄関係者、科学者による実験や鑑定が行われた。検察は貨車を2輌ずつ切り離して押し出したというが、実際には4輌いっしょに到着しており、2輌ずつ押し出してもあとの2輌が追いつかないことは鉄道技研の計測で証明された。車輌が切り離されていないということは

写真鑑定で明らかになった。連結されていないためにエアホースの付け根の部分が衝撃で折れたという主張も、実験により折れないことが確認された。

弁護団は、国鉄が2月19日の事件を駅関係者の過失として処理していたことを示す「事故原簿」があることを突きとめた。最高裁は事実認定に疑問を示し、原判決破棄、差戻しを命じ、43（1968）年3月30日、東京高裁は全員無罪の判決を下した。

辰野事件

昭和27（1952）年4月30日未明、長野県辰野、伊那地方の警察署、税務署など5カ所に爆発物が仕掛けれられ、一部が爆発したという事件。13名を逮捕、ほとんどが一度は犯行を自白したが、その後否認し、裁判で「事件は警察のでっち上げ」と主張した。35年8月、一審判決で全員有罪、12年かかった47（1972）年12月1日の二審判決では全員無罪の逆転判決となった。

事件は大勢の警官を動員して特別警戒が行われるなかで発生、目撃者はすべて警官であった。一審判決では、証拠物と犯罪を自白によって結びつけている。二審で新鑑定、新証拠が提出され、審理のなかで事件現場や証拠物がすべて警察のねつ造であることが暴露され、科学的に証明された。また、捜査段階の自白との間の矛盾が明らかになった。東京高裁判決は「各被告の自白、目撃証人の供述の信用性、真実性に重大な疑問がある。犯行現場に『別の人間』がいた疑いがあり、爆発物の存在も疑わしい。謀議のアリバイもあり、計画的襲撃事件とは認められない」と述べ、犯罪の成立を否定した。

メーデー事件

昭和27（1952）年5月1日の第23回メーデーで、警官隊とデモ隊が衝突、デモ隊側に死者2名、双方合わせて2千数百名の重軽傷者を出し、騒擾罪に問われた事件。

破防法（破壊活動防止法）反対闘争のさなか、4月28日には講和条約が発効、この日東京地裁は皇居前広場の使用を一方的に禁止したことは憲法21条に違反するという判決を出した。中央会場での議事が終わってデモ隊は皇居前広場へ

と向かった。待機していた警官隊はデモ隊を広場へ引き入れ、警告もなくいっせいにガス弾やピストルを乱射してデモ隊に襲いかかった。同じ27年に起こった吹田事件、大須事件とともに戦後三大騒擾事件といわれる。

1,232名が逮捕され、261名が起訴されたが、騒擾罪の適用は指揮、率先助勢、付和随行だけで、「首謀者」としての起訴はなかった。一審判決は「騒擾罪一部成立」、有罪とされた被告のうち100名が控訴した。47（1972）年11月21日の控訴審判決は、「第二次衝突のきっかけになった警官隊の都公安条例に基づく実力行使は違法であり、デモ隊に暴行脅迫の共同意思はなかった」と、被告、弁護側の控訴を認め、騒擾罪については全面不成立、84名無罪、16名は公務執行妨害罪などにより有罪を言い渡し、事件発生以来20年7カ月にわたる長期裁判に終止符が打たれた。

菅生《すごう》事件

昭和27（1952）年6月2日未明、大分県菅生村（現竹田市）の駐在所でダイナマイトが爆発した事件。警察は共産党員による犯行と断定し後藤ら5名を起訴、30年7月、大分地方裁判所は有罪判決を下した。後に、事件は警察が仕組んだでっち上げであったことが明らかになり、33（1958）年6月30日、二審判決で被告らは無罪となった。

事件後、市木春秋という工員が村から消えた。市木は事件3カ月前に村に現れ、共産党の活動に加わっていた。弁護人、後藤らは彼が真犯人とみて、その素性、行方を追った。姿を現したのは昭和33年3月のことである。市木こと戸高公徳警察官は、警察の保護のもとに5年近く逃亡していた。福岡県警の巡査部長らに付添われての証人尋問で、戸高は、上司の命令で菅生村に潜入して後藤に近づいたこと、ダイナマイトを後藤に渡し、爆破計画を話し合ったたこと、事件当夜のアリバイなどを供述した。

事実はまったく異なっていた。事件発生の夜、菅生村は数十名の警察官が待機し、異様な雰囲気であった。後藤らは、市木との約束の時間に、約束の場所に来たに過ぎなかった。現場に来たときに爆発が起こり、包囲していた警官にただちに逮捕されたのである。ダイナマイトは戸高が入手し、駐在所に運んだ

ことが明らかになった。

弁護団は爆破原因の鑑定を東大工学部山本教授らに依頼、鑑定の結果、ダイナマイト入りビールびんは窓から投げ込まれて椅子の上に乗って爆発したのではなく、あらかじめ椅子の上に仕掛けてあったものという内部爆発説を科学的に立証した。戸高は起訴され、一審は無罪、二審は犯罪の責任を認めたが刑は免除され、警察当局に対する疑惑が残された。

吹田《すいた》事件

昭和27（1952）年6月24日夜、大阪豊中市の大阪大学北校で、「朝鮮動乱2周年記念前夜祭」として「伊丹基地粉砕、反戦・独立の夕」が行われ、集会後約900名がデモ行進をし、国鉄吹田操車場に侵入した事件。

吹田駅構内では警官の拳銃発射により大混乱が起こったが、111名が騒擾罪や威力業務妨害罪などの容疑で逮捕、起訴された。38年6月の大阪地裁判決は騒擾罪の成立を認めず、死亡者などを除く102被告のうち87名に無罪、15名に対し個々の暴力行為などで有罪とした。43年7月、検察側の控訴による大阪高裁の判決は、再び騒擾罪は認めなかったが、威力業務妨害罪として46被告をあらためて有罪とした。検察側は控訴を断念したが、4被告が控訴、最高裁は47（1972）年3月に上告棄却を言い渡し、有罪が確定した。

なお、一審公判中、被告の「朝鮮戦争の勝利に拍手し犠牲者に黙祷したい」という希望を佐々木哲蔵裁判長が認めたことが、裁判の中立性を害するものとして衆議院法務委員会裁判官弾劾訴追委員会で問題になり、調査を開始した。これに対し、佐々木裁判長は裁判の独立を害するものとして反対の意見を表明、大阪地裁裁判官も全司法労組大阪支部も反対を表明して記録の提出を拒否した。「吹田黙祷事件」といわれる。

大須事件

昭和27（1952）年7月7日、名古屋市大須球場で開かれた、中国とソ連を訪問して帰国した帆足、宮腰両氏の歓迎集会に集まった一万余名の参会者が、散会後警官隊と衝突し、警官の拳銃発砲により一朝鮮青年が射殺された事件。

名古屋地検は騒擾罪であるとして150名の労働者、朝鮮人、学生を起訴した。審理方式は28年9月までは検察官の選んだ指導者グループ20名のみが出廷する方式がとられたが、その後は被告団が要求した統一方式で被告人全員が出廷する方式に改められた。29年3月に全員が釈放された。

50年3月の控訴審で、名古屋高裁が騒擾罪を認め、3被告の刑を軽くしただけで90被告の控訴を棄却。53（1978）年9月、最高裁は上告を棄却、騒擾罪が確定し、26年ぶりに決着した。戦後最長の裁判であった。

芦別事件

昭和27（1952）年7月29日、根室本線平岸－芦別間の鉄道線路が何者かによりダイナマイトで爆破された事件。

事件6日後、現場から電気雷管を装填したダイナマイト、発破器などが発見され、翌年3月、爆破犯人として共産党員井尻、地主を逮捕、9月に起訴した。

井尻が盗んだことになっていた遺留品の発破器は、実際は坑内に埋没していたものだったが、警察は隠匿して公判廷に提出しなかった。一審は一部有罪、二審に入り、ダイナマイトに装填してあった雷管の腐食鑑定をした結果、7日間ではなく24時間程度しか経過していないことが明らかとなり、判決は偽装証拠として実験結果を採用、38（1963）年12月20日、二審判決は完全無罪、検察官は上告せず確定。この事件の違法な捜査、起訴、公判の総指揮をしたのは白鳥事件と同じ高木一検事である。

帝銀事件

昭和23（1948）年に起きた強盗殺人事件。1月26日、閉店直後の東京都豊島区の帝国銀行椎名町支店に東京都の消毒班の腕章をした中年の男が進駐軍の命令といって現れ、付近に集団赤痢が発生したので消毒する、その前に予防薬を飲むようにと、16人の行員に青酸化合物の毒液を飲ませた。このため12人が死亡、犯人は現金16万4400円と額面1万7450円の小切手を奪って逃げた。捜査は難航したが、8月21日、テンペラ画家平沢貞通が小樽で逮捕され、1カ月後犯行を「自白」したと発表された。

12月10日の第一回公判で、平沢は「自白は精神的拷問の結果」と「犯行」を否認した。「自白」の真偽が問題になったが、25年7月の一審判決は死刑、26年9月の東京高裁は控訴を棄却、30（1955）年4月6日最高裁判所も上告を棄却、異議申立ても棄却、5月7日死刑が確定した。

犯行の状況、犯人の言動を示す証拠はたくさんあったが、いずれも不明のままで、平沢と結びつくものは一つもなかった。有罪判決を支えているのは自白だけであったが、自白も検事聴取書があるだけで、公判段階での自白はない。死刑確定直後から、多い時は年に何回も再審請求申立をしているが、その都度却下された。

昭和37年に作家森川哲郎らが「平沢貞通氏を救う会」を結成して、死刑阻止、新証拠発掘、特赦請願などの運動を進め、獄中画個展を開いた。62（1987）年5月10日、40年近く拘禁された末、平沢は死亡した。

財田川《さいたがわ》事件

昭和25（1950）年2月28日、香川県三豊郡財田村で、ヤミ米ブローカーが包丁で刺し殺され、現金が奪われた事件。約一カ月後に隣村で起きた強盗傷人事件で谷口繁義が逮捕され、警察は財田川事件についても追及。

約2カ月にわたる厳しい拷問に近い取調べの末、犯行を自白、27年1月高松地裁丸亀支部で、古畑東大教授の血痕鑑定などにより死刑判決、32（1957）年1月、最高裁で死刑が確定。二度目の再審請求に対し、最高裁は51年10月、審理不十分として高松地裁に差し戻し、56年3月再審開始決定。59（1984）年3月12日高松地裁は無罪の判決を下した。

最高裁の差し戻しによる再審開始はきわめて異例のケースで、「白鳥決定」の判断を真正面から受け止め、人権尊重の立場から生かしたものといえる。

差戻し後の証拠調べで、有罪や再審棄却の決め手となった血痕についての二度の古畑鑑定を疑問とする北里大船尾教授の鑑定が提出された。はじめの古畑鑑定は、谷口被告のズボンの微量の血痕を集めて被害者と同じ「O型」と判定しているが、この量では判定不可能で、大学院生が行っており信用できない、20年後の第二鑑定では、第一鑑定の時より大きく赤味のある血痕を発見している

というが不自然であるという。

判決では、検察側によって新たに血痕が付着されたのではないかという「証拠偽造」の疑いが示唆された。

砂川事件

昭和32（1957）年7月8日、東京調達局が、米駐留軍が使用する東京都下砂川町の基地拡張のために測量を強行したところ、これを阻止しようとするデモ隊の一部が米軍基地内に侵入した事件。被告人らは、刑事特別法違反で起訴されたが、法廷で安保条約およびそれに基づく米国軍隊の駐留が憲法に違反すると主張したので、一大憲法訴訟となった。

第一審の東京地裁は、34年3月30日、安保条約は違憲で、被告人らを無罪とするという判決を下した（いわゆる伊達判決)。その理由は、米国軍隊の駐留によって、日本が自国と直接関係のない武力紛争に巻き込まれるおそれが絶無ではなく、これは、憲法の精神に違反する疑いがある、しかも、米国軍隊の駐留を日本政府が許容していることは、指揮権の有無等にかかわらず、結局、九条で禁じられている戦力の保持に該当する、というものであった。

検察の跳躍上告に対し、最高裁判所は、34年12月16日、原判決を破棄差戻しする判決を下した。判決は、9条で禁じられている戦力とは、日本が主体となって指揮権、管理権を行使し得る戦力をいい、外国の軍隊は、たとえそれが日本に駐留するとしても、9条でいう戦力には該当しないと述べ、さらに日米安保条約のように高度の政治性のある問題については、裁判所は司法審査権をもたないといういわゆる統治行為論を採用した。38（1963）年12月26日、最高裁上告審判決、有罪で結審。

松山事件

昭和30（1955）年10月18日、宮城県松山町で一家4人が強殺放火された事件。40数日後、別件で斉藤幸夫が逮捕され、拷問に耐えかね、同房のスパイによって虚偽の自白をさせられた。しかし、起訴前にこれをひるがえし、その後一貫して否認。しかし、自白と古畑・三木鑑定が決め手となり、35（1960）年

11月1日、最高裁で上告棄却、死刑が確定した。

44年6月第二次再審請求、54年12月仙台地裁再審開始、59（1984）年7月11日、無罪を言い渡した。50年5月20日の「白鳥決定」後に再審無罪が決定した死刑三事件の一つである（免田、財田川）。

証拠物のねつ造、被告に有利な鑑定の隠匿などが問題となった。証拠となった斉藤が使っていたとされる掛けぶとんの襟当てに80数箇所の血痕が付着し、古畑鑑定は被害者の血液型と一致するとした。ところが、警察が押収した時の写真には一箇ぐらいしか血痕が写っていない。検察官が未提出の記録中には血痕様の汚斑はきわめて少なく、県警では鑑定できないので東北大法医学教室へ持っていったと書かれている。

平事件

昭和24（1949）年6月30日に福島県平市（現いわき市）で、日本共産党員や労働者などが8時間にわたって平市警察署を占拠した事件。

炭鉱労働者の窮状を訴えるため、警察から許可を受けて平駅前に設置した共産党の掲示板を、アメリカ軍政部の勧告で市警察が交通妨害を理由に撤去を命じたことに端を発した。この日午後3時半ころから、共産党石城地区委員会の党員、矢郷炭鉱の労働者、在日朝鮮人連盟の朝鮮人などが掲示板撤去に抗議して警察署前に集まり、次第に人数を増して約500名に達し、所長に面会を求めて署内に入り、玄関に赤旗を立てて完全に占拠し、留置場で検挙者を解放した。市警察は県下の警察に応援を求めたが、午後11時半ころには群集は解散した。

吉田内閣の行政整理が始まり、労働争議が激化するなど社会的不安が背景にあった。この事件で157名が起訴され、一審は騒擾罪の成立を認めなかったが、二審は騒擾罪とし、11年半後の昭和35（1960）年12月、最高裁は上告棄却し最終的に105名の有罪が確定した。

島田事件

昭和29（1954）年3月10日、静岡県島田市で6歳の女の子が誘拐され、3日後死体で発見された事件。約2カ月半後、浮浪生活をしていた赤堀政夫が別件

の盗みの疑いで逮捕された。決め手がなく、いったん釈放されたが、別件で再逮捕され犯行を自白し、殺人罪で起訴された。初公判以来否認したが、33年5月、静岡地裁で死刑判決、35（1960）年12月、最高裁で死刑が確定。四度目の再審請求で昭和61年5月、静岡地裁は再審を開始、平成元（1989）年1月31日、静岡地裁は無罪判決を下した。

検察側が有罪とした根拠は、自白と古畑東大教授の鑑定による犯行順序が一致したというものだったが、太田伸一郎東京医科歯科大教授の新鑑定によってくつがえされた。太田鑑定では「胸や腹部のキズは死後のもので自白によって押収した凶器とキズの形が一致しない」とし、上田政雄京大教授も太田鑑定を支持、これが再審の決め手となった。

八海《やかい》事件

昭和26（1951）年1月24日夜、山口県熊毛郡麻郷村（現田布施町）八海の老夫婦が自宅で殺され、金を盗まれた事件。

容疑者として吉岡晃が逮捕されたが、警察ははじめから数人の共同犯行と信じていた。吉岡は犯行を否認、次に単独犯行、6名共犯、1名が釈放されると5名共犯と、自白は転々と変わった。警察は阿藤ら4名を逮捕、阿藤らは拷問に屈し自白をしたが、その後否認した。

一審、二審とも阿藤に死刑、吉岡は無期懲役。吉岡は上告を取り下げて下獄したが、阿藤ら4人は「冤罪」を主張し続けた。高裁と最高裁の間で、死刑→無罪→死刑→無罪と判決が変遷し、43（1968）年10月25日に最高裁で全員の無罪が言い渡された。

正木ひろし弁護士の八海事件の判決を批判した著書「裁判官」がベストセラーになり、後に「真昼の暗黒」の題名で映画化された。

吉田石松（日本岩窟王）事件

大正2（1913）年8月13日、名古屋市郊外で起こった強盗殺人事件。共犯者2名が、吉田にそそのかされて3人で通行人を殺害したと自白した。

吉田は厳しい拷問に耐えながら終始犯行を否認。着衣に付いた小さな汚点が

人間の血液であるという鑑定が出たが、再審の審理で誤りであることが明らかになった。凶器についての鑑定も読み違いによって誤判になった。吉田は公判で終始アリバイを主張したが、問題にされなかった。

一審死刑、二審無期懲役、上告をしたが、簡単な審理で大正13年11月上告棄却、無期懲役確定。22年に及ぶ服役の間、獄中でも無実を訴え続け、再審請求をくり返した。昭和10年3月10日仮釈放、刑務所の門を出ると直ちに秋田警察署に駆け込み、受付の巡査に手を合わせて「身の証をつけてほしい」と訴えたという。

新聞記者の協力で弁護士を紹介、共犯者とされた2人を探し出して詫び状を書かせ、それを証拠として再審請求をした。第五次再審請求に対し、36年4月、名古屋高裁は再審開始を決定、38（1963）年2月28日、無罪判決。

無実を叫んで数十年、最後は日弁連人権擁護委員会が支援したが、再審開始に至るまでの道は平坦ではなかった。

長沼ナイキ訴訟

自衛隊が合憲か違憲かをめぐって10年以上にわたって争われた裁判。防衛庁は、第三次防衛力整備計画の一環として、北海道夕張郡長沼町に航空自衛隊のナイキミサイル基地建設のために、昭和43（1968）年6月馬追山保安林指定の解除を申請、農林大臣はこれを認める処分を行った。これに反対して地元住民らが、44年8月、処分の取消しを求める訴えを起こした。

45年5月、法務省が福島裁判長を忌避抗告したが、7月10日、札幌地裁は却下決定した。

一審の札幌地裁（いわゆる福島判決）は、48年9月、原告住民らに平和的生存権を認めると同時に、自衛隊の合憲性については司法審査の対象から除外すべき理由はなく、自衛隊は、その編成、装備、能力等に照らして憲法第九条で保持を禁じられた戦力に該当して違憲であるという判断を示し、違憲な自衛隊の基地建設のための保安林指定解除処分は違法で、取消しを免れないとした。

二審の札幌高裁は、51年8月5日、原判決を取消し、原告らの訴えを却下する旨の判決を下した。防衛施設庁が保安林に代わる代替施設を完備させ、洪水

等の危険性がなくなったので、原告らには訴えの具体的な利益がなくなったとするものである。57（1982）年9月9日、最高裁は、控訴審とほぼ同じ理由で、原告住民の上告を棄却する旨の判決を下した。原告側が控訴審判決の破棄差戻しだけを求めていたということもあって、判決は、自衛隊の憲法適合性の問題についてはいっさい言及しないままに終わった。

仁保事件

昭和29（1954）年10月26日朝、山口県吉敷郡大内村仁保（現山口市仁保下郷）の農業・山根保一家6人が惨殺された事件。捜査ミスと誤認逮捕のあげく、1年後の10月19日、仁保出身で当時大阪で浮浪生活をしていた岡部保を別件逮捕、苛烈な取調べによる自白調書を作り起訴した。

裁判になって岡部は「自白は拷問によるもの」と否認したが、一審、二審とも死刑の判決。異例の事実審理をした最高裁は、45年7月、「自白が信用できるとした原判決は認めがたい」と広島高裁に差し戻した。

47（1972）年12月14日、差戻し控訴審判決は強盗殺人については無罪を言い渡した。別件起訴勾留中の取調べは限度を超えていて違法の疑いがあること、自白の裏付けは不十分だとしたが、「疑わしきは被告人の利益に」の原理に従った判決であった。事件発生から18年2カ月、26年に同県内で起きた八海事件をしのぐ長期裁判だった。

参考文献

1) 上田誠吉, 後藤昌次郎：「誤まった裁判－八つの刑事事件－」, 岩波新書, 1960.
2) 青地　晨：「冤罪の恐怖」, 毎日新聞社, 1969.
3) 正木ひろし：「エン罪の内幕　丸正事件ほか」, 三省堂, 1970.
4) 日本弁護士連合会編：「再審」, 日本評論社, 1977.
5) 小田中聡樹：「誤判救済と再審」, 日本評論社, 1982.
6) 朝日新聞社編：「無実は無罪に　再審事件のすべて」, すずさわ書店, 1984.
7) 後藤昌次郎：「真実は神様にしかわからない、か」, 毎日新聞社, 1989.
8) 「世界大百科事典」, 平凡社, 1990.